大陆对台广播史研究

刘洪涛／著

华艺出版社
HUA YI PUBLISHING HOUSE

大陆对台广播史研究 / 刘洪涛著. —北京:华艺
出版社，2015.5
ISBN 978-7-80252-425-5

Ⅰ.①大… Ⅱ.①刘… Ⅲ.①台湾问题－宣传工作－
历史－研究 Ⅳ.①D618

中国版本图书馆 CIP 数据核字(2015)第 120816 号

大陆对台广播史研究

著　　者：刘洪涛
责任编辑：陈娜娜
装帧设计：姚　洁
出版发行：华艺出版社
社　　址：北京市海淀区北四环中路 229 号海泰大厦 10 层
电　　话：010－82885151
邮　　编：100083
电子信箱：huayip@vip.sina.com
网　　站：www.huayicbs.com
印　　刷：北京润田金辉印刷有限公司
开　　本：1/16
字　　数：345 千字
印　　张：20
版　　本：2015 年 11 月第一版第一次印刷
书　　号：ISBN 978-7-80252-425-5
定　　价：38.00 元

目　　录

绪　论

第一节　研究对象与研究价值

一、对象的界定与构成

1. 研究对象的界定

传统的"广播"定义是：通过无线或有线方式传送信息的大众传播媒介。通过无线传送的称为无线广播，通过有线传送的称有线广播。这一概念还有相对广义与狭义之分，广义上的"广播"包括传统的广播电台和电视台，狭义上的"广播"则单指广播电台这种媒介形态。本研究中的"广播"是一个中观概念，它既指媒介形态，也指节目形态，也就是说，这里的"对台湾广播"既特指以对台宣传为主要任务的广播媒介（不包括其他对台宣传的媒介形态），也涵盖以对台宣传为目的的广播节目。比如，业界公认的"对台广播第一声"，就是上海人民广播电台于1949年8月20日开播的一档《对台湾广播》节目，而非一座广播电台。

2. 对台广播的格局

1949年上海解放后，中共华东局台湾工作委员会宣传科就着手筹办对台湾广播，1949年8月20日，上海人民广播电台正式播出了《对台湾广播》节目，这便是新中国对台湾广播的第一声。随着台海危机的爆发，对台广播得到发展：1950年8月1日，福州人民广播电台（即现在的福建人民广播电台）与中共福建省委台湾工作委员会联合开办《对台湾广播》节目；1953年3月，解放军开始在福建沿海的厦门、大嶝、黄岐半岛建有线广播站，分别对大金门、小金门、马祖等岛屿上的国民党军官兵进行广播；1954年8月15日起，上海的对台湾广播由中央人民广播电台接手；1958年8月24日，福建前线广播电台在厦门正式向台湾国民党军官兵广播。

20世纪80年代之后，随着两岸关系的和缓，对台广播又经历了一次较大发展：1986年11月12日，金陵之声广播电台在六朝古都南京正式开播；1987年，厦门人民广播电台开办《对金门广播》节目；1988年1月1日，上海浦江之声广播电台对台播音;1988 年 7 月,福州人民广播电台开办"对马祖广播"节目;1991 年 11 月 1 日,中国大陆唯一一家经原中国广播电影电视部批准,国家工商管理局注册的民间综合性对台广播公司——中国华艺广播公司成立;1993 年元旦,东南广播公司于福州市正式播音。21 世纪,对台方言广播崛起:2005 年 2 月 1 日,厦门人民广播电台的"闽南之声"开播;2005 年 9 月 29 日,泉州市广电中心(集团)的专业闽南语频率"刺桐之声"开播;2010 年 10 月 18 日,福州人民广播电台的福州话频率"左海之声"开始对马祖广播……

对台广播机构	备 注
中央人民广播电台对台中心	拥有"中华之声""神州之声"两个对台广播频率
海峡之声广播电台	拥有新闻广播、闽南话广播两个主打对台频率
金陵之声广播电台	隶属江苏人民广播电台,夜间对台广播 2 小时
浦江之声广播电台	隶属上海第一财经传媒,晚间对台广播 4 小时
中国华艺广播公司	民间专业对台广播频率
东南广播公司	福建人民广播电台的专业对台广播频率
福州人民广播电台	开办了对马祖福州话频率"左海之声"
厦门人民广播电台	开办了对台闽南话频率"闽南之声"
泉州人民广播电台	开办了对台闽南话频率"刺桐之声"
漳州人民广播电台	承担对台广播任务

60 多年间,虽经历了多次调整,但总体来说,对台广播的队伍相对稳定。对台广播从节目到专业广播机构,再到专业频率,稳步发展,地域上一直集中在福建地区和北京、上海、南京三个重点城市。目前,中广协会对台、港、澳节目研委会的对台广播会员台共有 10 个,如上表所示。

二、研究的价值与意义

1. 历史意义

研究对台广播的历史,不仅要对现存的史料进行大量、细致的搜集、考证、整理和归纳,还要尽可能想方设法通过各种渠道去挖掘和发现不为人知的历史资料,这也是浩繁的、颇具开拓性的历史研究工作。比如对已经离退休的"老对台"们进行访谈,本身就是发掘、记录、抢救历史的过程。本研究贡献了一部全面、系统的对台广播史研究著作,这种开创性、奠基性的研究具有重要的历史价值和意义。

2. 理论意义

从研究范畴的划分来看,本研究属于新闻史学研究的专业广播史研究。我国新闻史研究已经相当详尽,不仅相关著作颇丰,且研究的视野广阔,理论高度也与日俱增,广播史的研究也随之不断深化。但是,在新闻史尤其是广播史的研究中,对台广播史研究并未得到足够重视。

虽然对台广播属于新中国广播事业的一部分,但与对内广播相比,对台广播的宣传方针、宣传对象、宣传内容、宣传目的都有其特殊性,因此,对台广播有不同于对内广播的发展规律和经验教训,有必要进行专门研究。目前,只有散见的各个对台广播机构的部门史,还没有一部完整的对台广播通史,也就是说,对台广播整体史研究还是新中国广播史研究的空白。作为一门学科自身的科学性而言,有自己的通史无疑是其开始走向成熟阶段的重要标志。① 所以,本研究最大的理论价值就是"补白",填补对台广播史研究的空白,以丰富对台传播理论成果,完善新中国新闻史以及广播史的研究内容。

3. 实践价值

广播电视史学作为与"广播电视理论""广播电视业务""广播电视播音"并列的"广播与电视"三级学科,其任务就是研究和探讨广播电视事业产生、发展的历史进程,并从中寻求其发展规律和总结历史经验,为办好广播电视服务。② 对台广播史是新中国广播电视史学的一个分支,研究对台广播史的目的也是为办好对台广播提供服务。

对台广播在 20 世纪八九十年代曾经辉煌一时,引领了大陆广播的时代风潮,开主持人节目的先河,其宣传效果也硕果累累。但如今的对台广播却面临诸多新的发展瓶颈,比如新兴对台传播媒介与渠道的挤压、新媒体的挑战、两岸关系的变化、受众的异化,等等。在这样的背景之下,做好对台广播史的研究工作,不仅可以为对台广播的媒介建设和业务创新提供历史借鉴与支撑,还可以促进对台传播理论与实践研究的丰富与深化,更有力、更有效地指导和引导对台广播实践,这就是本研究的实践意义之所在。

---

① 赵玉明、庞亮,《中国广播电视史学研究的历史与现状》,《媒介研究》,2007(2)。
② 赵玉明、庞亮,《中国广播电视史学研究的历史与现状》,《媒介研究》,2007(2)。

第二节　文献综述与研究现状

一、有关对台湾广播的历史文献

1. 工具书和专业史志的记载

改革开放后,《中国广播电视年鉴》以及《广播电视简明辞典》《广播电视辞典》等广播电视工具类书籍相继出版,其为记录和积累对台广播史料起到了积极的作用。比如《中国广播电视年鉴》自 1986 年以来,每年出版一本,各对台广播机构都固定向其供稿,从中可以梳理对台广播的历史变迁及节目沿革,是本研究较为权威的资料来源。但是,这些工具书有关对台广播的资料有些存在错误,比如《广播电视辞典》,它是《广播电视简明辞典》的增订版(北京广播学院出版社 1999 年出版),其在电台条目之下介绍了两家对台广播,分别是海峡之声广播电台和金陵之声广播电台,并没有列出当时已经开播的浦江之声广播电台、华艺广播公司以及东南广播电台,而且这两条简介还错误地将海峡之声广播电台的开播地点说成是福州,也没有说清楚金陵之声广播电台只是江苏人民广播电台的子频率。① 因此,这些史料是宝贵的,但在使用时是需要加以甄别的。

编纂具有中国特色的地方广播电视志,是 20 世纪 80 年代新兴的专业史学活动。进入新世纪后,地方广播电视史志再谱新篇。这些专业史志大致可分为两种模式:第一种模式为广播电视单独成志,作为省、市志丛书之一,第二种模式为广播电视与报纸合为新闻(事业)志,作为省、市志丛书之一。这些史志的框架体例基本相同,但写作水平互有参差。② 与对台广播有关的地方志有《上海广播电视志》(上海科学院出版社 1999 年出版)、《江苏省志·广播电视志》(江苏古籍出版社 2000 年出版)、《福建省志·新闻志》(方志出版社 2002 年出版)、《福州市志(第七册)》(方志出版社 1999 年出版)等。这些志书都有专门记述对台广播的章节或内容,且史料比较详细。比如:《江苏省志》的第 82 卷——《江苏省志·广播电视志》专门有一节介绍金陵之声广播电台的前世今生,先是叙述了最初的对台广播曾经与江苏的联系,江苏台初办对台广播的情况,之后介绍了金陵之声广播电台的创办情况:

---

① 赵玉明、王福顺主编,《广播电视辞典》,北京:北京广播学院出版社 1999 年版,第 447 页。
② 赵玉明、庞亮,《中国广播电视史学研究的历史与现状》,《媒介研究》,2007(2)。

南京在解放前是国民党中央政府所在地,是当时的首都。江苏全境解放前去台湾的人员较多,在国民党军政界上层任职的人物也较多,如严家淦、顾祝同、郝柏村等都是江苏人。江苏台的对台湾广播,立足江苏,面向台湾广大听众,在对台节目中经常报道台湾政界人士所关注的南京的建设和全省城乡经济发展的情况。节目报道,不加政治渲染,多用事实说话。播音上,力求恳切真挚,以诚相见,以情动人。从1983年7月1日起,《故乡与亲人》节目在每星期六晚上(星期日下午重播)的时间里,开始采用节目主持人形式播出。播音员方成(赵顺生)、海琪(伍厚琪)担任主持人,他们的播音受到台湾听众的欢迎。

随着海峡两岸形势的发展,对台湾广播需要增加时间,增加节目,原来的对台广播节目已不能适应形势发展的需要。1985年初,省广播电视厅和江苏人民广播电台向中央宣传部和广播电视部提出设立金陵之声广播电台的申请。1985年12月,中宣部和广播电视部批准同意江苏人民广播电台的对台湾广播改用"金陵之声广播电台"的呼号,并使用短波频率播出。在此期间,江苏台经与南京军区协商,利用其延龄巷80号招待所地址,动工兴建金陵之声广播电台的办公楼和宿舍用房。

1986年11月12日,金陵之声广播电台正式开播。短波频率4875千赫,功率50千瓦。每天晚上19:55—24:00播音。开播之日,正值孙中山先生诞辰120周年纪念日。当天晚上在江苏省人民政治协商会议礼堂举行了有海内外来宾100多人参加的开播典礼,省政协主席钱钟韩宣布金陵之声广播电台正式开播。一年后,1987年11月12日,又启用7215千赫,增加每天上午8:55—11:00播音。

金陵之声广播电台隶属江苏人民广播电台,台长由江苏台副台长韩同文兼任。金陵之声编辑部下设新闻组、专题组、综合组,文艺节目由江苏电台文艺部承担。金陵之声电台开播后,设置的节目有《新闻》《故乡与亲人》《华东大地》《龙的传人》《月色星光》《亲友信箱》和《为您服务》等7个专题节目。文艺节目,除播放音乐、戏曲、文学作品外,还开设了《艺坛群星》《民歌集萃》两个专题。

这些史志关于对台广播的记述少则数千字,多则万余字,对史实的记录颇为详细,为深入和全面研究对台广播史提供了丰富、权威的历史资料。

2. 对台广播机构的整理

文字性的对台广播史料基本都是对台广播机构整理和留存的,这些史料主要

对台广播节目稿选

有这样几种形式：

首先是内部刊物。比如，中央人民广播电台的内部刊物《广播业务》(1993 年改为《中国广播》公开发行)、海峡之声广播电台的《海峡之声通讯》、金陵之声广播电台的《对台广播之友》(已经停办)、浦江之声广播电台的《浦江之友》(已经停办)等等。这些内部刊物既有对台宣传的动态与情况介绍，也有心得体会和经验介绍，还有优秀节目和效果反馈。这些刊物在当时推动了对台广播业务的交流和发展，也为本研究留下了大量宝贵的史料。

其次是广播稿选和征文汇编。对台广播机构以前都非常重视对节目稿件的整理，出版了许多供内部交流的广播稿选以及征文汇编。广播稿选有：福建前线广播电台的"对台广播稿选"系列，有综合编印的，也有按照节目分别编印的，像《台湾同胞在祖国大陆》节目专辑、《爱国一家》节目专辑《归来》《可爱的家乡》节目专辑、《新闻与时事》节目专辑、《青年之友》节目专辑、《故乡之歌》节目专辑、文艺节目专辑《海望》等等；浦江之声广播电台的《江南好》节目稿件精选《能不忆江南》；福建人民广播电台对台湾广播部的《祖地故乡亲人》节目稿选；中国国际广播电台与金陵之声广播电台合编的《全国对外对台报道优秀作品选》……这些稿选类资料广泛汇集和精选了各家对台广播机构以及各个地区、各条战线的各类体裁与风格的作品，为本研究提供了大量的节目原始稿件。征文汇编有：《海峡情》——汇集了中央人民广播电台对台广播部举办的前四届主题征文的优秀作品；《忆烽火岁月 话祖国统一》——中央人民广播电台、海峡之声广播电台、中国华艺广播公司、华艺出版社联合举办的"纪念抗日战争胜利和台湾光复 50 周年对台广播征文"活动的作品汇编……不过可惜的是，不少广播稿选在"文革"中被付之一炬，而且各电台也没有很好地保存这些集子，搜集比较困难。笔者在全国各地淘到了数十本这样的稿选，也搜集了几本征文汇编，这为进行节目研究提供了无比珍贵的历史资料。

再次是纪念(画)册和专著。金陵之声广播电台分别于开播 1 周年、5 周年、20 周年之际出版了纪念画册，福建前线广播电台也印制过《纪念建台 25 周年专辑》。

这些纪念性的册子和专辑，收录不少珍贵的历史图片和文字资料，如福建前线广播电台的《纪念建台25周年专辑》中，就有台湾驾机起义的黄植诚、李大维参观福建前线台的图片以及他们为前线台台庆写的信，信中记述了他们收听前线台的情况、起义归来的艰难过程与心理挣扎，这为对台广播的效果研究提供了宝贵的原始史料。

纪念册与书籍

以台庆为契机编印带有回顾总结或经验总结性的书籍，是20世纪90年代以来广电系统的新兴之事。比如：中央人民广播电台在开办对台广播40周年之际，出版了一本论文集和一本回忆录，即《对台广播文集——中央人民广播电台对台湾广播40周年》（中国广播电视出版社1995年出版）、《对台广播回忆录——中央人民广播电台对台湾广播40周年》（中国广播电视出版社1995年出版）。在50周年时又编辑出版了回忆录和论文集各一本：《路行千里：中央人民广播电台对台湾广播50周年文集》（中国国际出版社2004年出版）、《业精于思：中央人民广播电台对台湾广播50周年论文集》（中国国际出版社2004年出版）。中央人民广播电台在创建60周年之际，出版了一系列图书和音像制品，其中，《全中国都在倾听——中央人民广播电台的故事》（中国广播电视出版社2000年出版）也有关于对台广播的内容。海峡之声广播电台在建台50周年之际，也编辑出版了一本论文集《探索》（中国广播电视出版社2008年出版）。金陵之声广播电台在开播10周年之际出版了《海峡心桥1986—1996》（南京出版社1998年出版），江苏人民广播电台还于21世纪初推出了一本《世纪回响》（江苏古籍出版社2002年出版），也收录了不少江苏对台广播的回忆文章和业务研究论文。另外，《华东人民之声——华东新华广播电台、华东人民广播电台史实》（中国广播电视出版社1994年出版）也收录了大量回忆文章，其中记录了对台广播的初创历史。这类书刊记录和反映了对台广播发展的历程、取得的成绩以及存在的不足，不仅历史地展现了业务研究成果，为本研究提供了一定的启发和借鉴，也具有较大的文献价值,丰富了本研究的资料。

3. 专业报刊和网站的相关文章

多年来,《台声》《两岸关系》等涉台刊物也陆续发表过一些有关对台广播以及对台广播人物的文章,如介绍第一位对台广播闽南话播音员李玲虹的文章《一位台湾女性的人生历程——记老台胞、中央人民广播电台原主任播音员李玲虹》等。此外,对台宣传的其他媒介,如《人民日报海外版》、中国新闻社、中新网等也发表了不少对台广播的消息、动态。这些都是本研究需要搜集的资料。

二、关于对台广播史的研究现状

1. 新闻媒介专门史研究多有涉及,但均衡性与连贯性不足

(1)新闻史关于对台广播的研究现状

对台广播史是新中国广播史、广播电视史和新闻事业史的组成部分,但早期的新闻事业史基本上都是报学史,随着广播电视事业的快速发展,这一情形才有所改观。在中国新闻事业史当中,最详细、完整、权威的当属方汉奇先生主编的《中国新闻事业通史》(中国人民大学出版社2000年出版)。这部鸿篇巨制的第3卷,在"新中国成立到基本完成社会主义改造时期的新闻事业"一章中谈到新闻事业的发展和业务建设时,非常简要地记述了对台广播的业务建设:

> 设在上海的华东人民广播电台,早在1949年8月就开办了对台湾广播节目,一直延续到1954年8月14日,每天用闽南话和普通话广播,并一度用日语广播。和台湾隔水相望的福建电台于1950年8月1日开办了对台湾广播,每天用普通话播音1小时。1954年8月15日,中央电台开办对台湾广播,用普通话和闽南话每天播音4小时,报道国内外要闻,介绍祖国大陆的建设成就和人民生活,播送家信。1955年5月,每天播音时间增加到12小时,成为直接沟通海峡两岸人民思想感情的桥梁。[①]

在"'文化大革命'时期的新闻事业"一章,论述"新闻事业各部分的艰难历程"时首先谈到了广播电视,也提及了对台广播:

> 对台湾广播的一些有特点、有影响的节目,有的被迫停办,有的即使保留下来,

---

① 方汉奇主编,《中国新闻事业通史》第3卷,北京:中国人民大学出版社2000年版,第138页。

也和对大陆听众的广播一样,说空话、假话、大话。对台广播中曾富有人情味的家信节目,成了千篇一律的说教,给台湾听众造成很坏的印象。①

在随后的"社会主义现代化建设新时期的新闻事业"一章中,叙述中共十一届三中全会以后广播事业的蓬勃发展时,先是总结了中央人民广播电台坚持党的十一届三中全会以来的正确路线,坚持改革,为社会主义精神文明和物质文明建设所做出的贡献,第六点贡献是——改进和加强了少数民族语言广播和对台湾广播:

1979 年元旦,全国人民代表大会常务委员会发表《告台湾同胞书》,阐明了关于和平统一祖国的方针、政策,引起台湾省内外广泛反响。中央电台的对台湾广播随之出现了崭新的局面,它坚持实事求是的精神,使节目内容适合台湾听众的需要和兴趣;热情为台湾听众服务,做台湾同胞的知心朋友;改变报纸化的样式,发挥广播的听觉特点,采用节目主持人的形式;变宣讲式的播音为促膝谈心式的播音,使台湾听众消除了疑虑,产生了亲切感、认同感和归属感。除了原有节目以外,1982年 10 月又开办第二套对台广播节目,每天总计播音 37 小时 45 分,丰富了新闻节目内容,开设了一些新的专题节目。文艺节目也多样化,收到了良好的效果。中央电台的对台广播节目被台湾听众誉为"海峡上空的彩虹"。②

紧接着又总结了中共十一届三中全会以后,中国的地方广播事业坚持"自己走路"的方针,不断改进工作的做法,同样有六点,最后一点是——少数民族语言广播、对台湾广播、对国外广播都有较大发展:

地方电台的对台湾广播都加强了针对性,丰富了内容,采用了新的形式,收到良好的效果。台湾同胞的来信逐年增多,普遍认为"和平统一是众望所归","中国的希望在大陆",大陆广播"负起了崇高的责任"。③

这部专著中涉及对台广播的就只有这四个段落,总共只有 700 多字。其他的

---

①方汉奇主编,《中国新闻事业通史》第 3 卷,北京:中国人民大学出版社 2000 年版,第 389—390 页。

②方汉奇主编,《中国新闻事业通史》第 3 卷,北京:中国人民大学出版社 2000 年版,第 563 页。

③方汉奇主编,《中国新闻事业通史》第 3 卷,北京:中国人民大学出版社 2000 年版,第 567 页。

中国新闻事业史著作关于对台广播的研究也基本类似,都相当粗略甚至根本不提。在这样的史著中,对台广播的发展完全淹没在整个新闻事业发展的洪流当中,偶尔露出的一鳞半爪也是残缺不全的,既不能看到对台广播的发展脉络和全貌,也无法客观反映对台广播的经验和成就。当然,作为把中国整体新闻事业作为研究对象的著作,不可能对其中很小的一个分支——对台广播进行过多过细的描述和探讨,但对台广播在中国新闻事业的进程中其实有很多可以书写的贡献和特色,值得着墨的地方不仅仅限于现有的这些,这也正说明对台广播史的研究太滞后、太不充分,没能贡献更多的研究内容和研究成果,自然难以浮到宏大叙事的表面上来。

(2)广播电视史关于对台广播的研究现状

如果说,新闻事业史的研究对象过于庞杂,无法细化对局部的研究,那么,广播史以及广播电视史关于对台广播的研究会不会相对全面和深入一些呢?

由于20世纪50年代后期受"左"的指导思想的影响,特别是十年"文革"的破坏,从新中国成立到中共十一届三中全会召开,这期间的广播史和广播电视史研究时兴时衰,成果不大。改革开放后,在广播电视领导部门的统筹安排下,当代广播电视史研究取得了显著成绩。在一系列当代广播电视史研究的重大工程当中,左漠野主编的《当代中国的广播电视》(中国社会科学出版社1987年出版)颇引人注目,它是《当代中国》系列丛书之一,全书分上下两卷,84万余字,系统、完整、全面地介绍了1949—1984年中国大陆广播电视事业成长历程的概貌,总结了社会主义初级阶段广播电视事业发展的基本经验。《当代中国的广播电视》一书的编写和出版还推动了各省、自治区、直辖市广播电视史调查研究工作的开展,编印了一批本地广播电视事业资料性文稿,呈现了一派盛世修史的景象。① 这部《当代中国的广播电视》,虽出版时间较早,但关于对台广播的研究却是最全面和详细的。该书在第二编——"对国内的无线广播"中专门辟出一章书写对台广播,共9000余字。这可能与主编左漠野曾经是中央人民广播电台的副总编辑有关,实际上,对台广播这一章就是由中央人民广播电台对台湾广播部的三位同志共同完成的。"对台湾广播"是该书第二编的第八章,全章分三节:概况、节目的设置、对台湾广播的影响。第一节首先以各个对台广播机构为条目,分别记述了早期的华东人民广播电台、中央人民广播电台、海峡之声广播电台、福建电台、江苏电台的对台广播发展概况,之后记录了各界人士对对台广播的关心。第二节分门别类地介绍了各个对台广播机构的新闻性节目、专题节目、服务性

---

① 赵玉明、庞亮,《中国广播电视史学研究的历史与现状》,《媒介研究》,2007(2)。

节目和文艺性节目的设置与播出情况,最后介绍了中央电台和福建台的闽南话和客家话方言对台广播以及受欢迎的节目主持人形式。该章的第三节以具体事例印证了对台广播的影响和效果:促进海峡两岸同胞的相互了解,使台湾同胞感受到祖国的亲切和温暖,增强了台湾同胞对祖国的凝聚力。这种为对台广播辟专章的写法在目前的广播电视史著作中是相当少见的,这样的处理手法便于完整呈现对台广播自身的发展脉络,但因缺少与大陆广播媒体发展进程的横向联系,造成研究的割裂感,叙述也比较表象化,深度不够,启发性不足。

改革开放后,中国广播史也出现了高质量的专著。赵玉明的《中国现代广播简史》(中国广播电视出版社 1987 年出版)是第一部中国广播史专著,堪称中国广播史研究的开山之作,而且对史料的搜集、整理非常扎实,论述较为全面,但该书的时间下限截止到 1949 年 10 月新中国成立,基本没有涉及对台广播。后出版社数次催促作者补写《简史》一书,2008 年,由赵玉明和自己曾经指导过的博士生、后来的同事艾红红合作,终于完成补写工作。但补写之后,不再是一部广播专门史,而变成了广播电视史。一方面,电视从 20 世纪 50 年代异军突起,该书无意撇开电视单独为广播做史,另一方面该书的补写就是在赵玉明后来主持编写的《中国广播电视通史》的基础上删节、补充而成,补写后的著作因考虑与系列教材的名称一致,定名为《中国广播电视史教程》(中国广播电视出版社 2009 年出版)。

《中国广播电视史教程》在史料的整理和归纳上延续之前的高质量,对对台广播的关注几乎贯穿了新中国广播史的始终。比如该书在第五章——"向社会主义过渡时期的广播事业",介绍对内广播宣传初学"自己走路"时,也介绍了"自己走路"方针之下的对台湾广播节目:

对台广播原由华东人民广播电台开办。1954 年华东台撤销后,改由中央电台承办,并于 1954 年 8 月 15 日正式开播。对台广播为综合性节目,使用汉语普通话、闽南话播出,后又增设客家话,每天播出 4 小时,后又陆续延长。对台广播传达了中国共产党和中央人民政府有关对台工作的方针、政策,为台湾人民了解祖国大陆的情况开辟了一个渠道。①

该书在第六章——"初步探索建设社会主义道路时期的广播电视事业",提到了三年经济困难时期对台广播的规模调整:

①赵玉明、艾红红,《中国广播电视史教程》,北京:中国广播电视出版社 2009 年版,第 87 页。

1961 年,中央电台的对台湾广播节目压缩时间,从全天播音 16 小时减为 13 小时 30 分钟。①

第七章——"'文化大革命'时期的广播电视事业","第八章——改革开放前后的广播电视事业",都简略提到对台广播。该书对于改革开放后的对台广播研究较多。比如在第九章——"全面改革时期的广播电视事业",用两个段落总结了对台湾广播的加强:

在祖国大陆和台湾省不能通邮、通航、通商,两岸同胞音讯受阻的情况下,大陆电台的对台湾广播始终是海峡两岸同胞沟通联系、加深了解、增强感情的主要渠道。中央电台从 1982 年 10 月开始对台湾广播频繁调整节目,在内容上加强了服务性、娱乐性,在形式上推陈出新,不断推出适合台湾听众收听的新节目,迎来了蓬勃发展的阶段。

江苏电台从 1982 年 7 月起就开办了对台湾广播节目,为了适应对台工作的新形势,进一步发挥沿海对台宣传阵地的作用,广播电视部在 1985 年年底批准江苏电台对台湾广播改用"金陵之声广播电台"的呼号,使用短波频率,于 1986 年 11 月 12 日正式开播。金陵之声广播电台面向台湾各界民众,侧重于江苏和华东地区的去台同胞,兼顾港澳同胞和东南亚华侨。1986 年 10 月,厦门电台开办《为金门同胞服务》节目。这个节目于 1990 年 7 月改为对台湾广播。1987 年上海电台筹办专门对台湾和海外广播的浦江之声广播电台,并于 1988 年元旦正式播音。1988 年 7 月,福州电台开办对马祖广播,1991 年改为对台湾广播。1991 年 11 月,福州创办的华艺广播公司用五个频率对台湾广播。1993 年元旦,东南广播公司(其前身是福建电台对台湾广播,1972 年中断)作为福建电台的系列台之一,重开对台湾广播。至此,全国已有 8 家电台办了对台湾广播,充实了对台湾广播宣传的力量。②

第十章——"深化改革时期的广播电视事业",既介绍了对台广播节目版块化、频率化的创新,也详细介绍了对台广播宣传质量的明显提高:

---

①赵玉明、艾红红,《中国广播电视史教程》,北京:中国广播电视出版社 2009 年版,第 99 页。
②赵玉明、艾红红,《中国广播电视史教程》,北京:中国广播电视出版社 2009 年版,第 140—141 页。

　　1995 年,中央电台又对对台湾广播的第五、六套节目进行了改造、调整,以适应海峡两岸形势的发展。对台湾广播在此期间注意发挥广播系统的整体优势,开展反"台独"、反分裂,揭批分裂祖国言行的舆论攻势。1996 年,全国 8 家电台的对台湾广播为配合中央对台舆论斗争的需要,发挥横向联合的优势,在共同开办大型系列报道《中国统一大家谈》基础上,同时合作举办"一国两制知识有奖征答"活动,在一个多月内,收到台湾、海外及祖国大陆各地听众寄来的答卷 2 万多份,取得了良好的社会效果。与此同时,还先后开设听众热线、听众点歌台等与台湾听众直接交流的节目渠道,增加节目吸引力。1998 年,8 家电台的对台湾广播再度联合,举办《两岸关系大家谈》有奖征文活动,又一次取得了很大的成功。事实证明,对台湾广播的横向联合,无论在宣传报道声势还是在宣传报道效果上,都远胜于"单兵作战"。

　　1998 年 5 月和 1999 年 8 月,中央电台对台湾广播分别在云南和内蒙古举行台湾听众座谈会,邀请台湾岛内的听众 30 多人与会,就现阶段对台湾广播的节目进行了深入坦诚的探讨,这是对台湾广播尚无条件到台湾岛内进行听众调查工作的情况下所采取的变通措施。来自台湾岛内的听众在座谈会上所提出的意见和建议,对于如何办好对台湾广播,提高宣传报道效果,具有极为重要的参考价值。例如,关于对台湾广播中各种时段收听情况的评价,以往只能凭借间接的了解主观判断,而由台湾听众直接提供的第一手资讯,最具真实性和可靠性。根据台湾听众的要求和建议,中央电台对台湾广播自 1998 年起,开始组织一系列宣传报道重大项目,如"台湾问题知多少"有奖征答活动等。①

　　进入新世纪,当代广播电视史研究更是遍地开花,尤其是上面提到的赵玉明主持编写的《中国广播电视通史》(2000 年先出版了上卷,2004 年,北京广播学院出版社出版了上下卷合印本),标志着广播电视史学已进入成熟阶段。随着广播电视史著作层出不穷,对台广播史的研究也有所发展。如另外一本具有通史性质的研究成果——乔云霞的《中国广播电视简史》(内蒙古人民出版社 2001 年 12 月出版,2007 年又以《中国广播电视史》的名称由中国广播电视出版社再版),该书除简略提到 1949 年上海人民广播电台第一台曾经开办《对台湾广播》节目之外,还提到1981 年中央人民广播电台对台湾广播部开办《空中之友》,开中国主持人节目先河;中央人民广播电台的《乡亲在大陆》节目请从台湾回大陆定居的白少帆教授主

---

　　①赵玉明、艾红红,《中国广播电视史教程》,北京:中国广播电视出版社 2009 年版,第 168—169 页。

持,增强了节目的可信度和亲切感。陈卫平主编的《中外广播电视简史》(上海外语教育出版社 2006 年出版),在改革开放时期的对台广播研究方面又有所发展:

在改革开放时期,中国的对台湾广播也有了较大的发展。在 1978 年党的第十一届三中全会公报中,"台湾回到祖国怀抱,实现统一大业"取代了"解放台湾"的提法,表明大陆对台湾的政策开始发生变化。第二年元旦,全国人大常委会发表了《告台湾同胞书》,郑重宣布了台湾回归祖国、实现国家统一的方针。1981 年,全国人大常委会委员长叶剑英对新华社记者发表谈话,进一步阐述了台湾回归祖国、实现和平统一的九条方针。1984 年,邓小平在一次谈话中讲到台湾问题时,首次提出了"一个国家,两种制度"的构想,海峡两岸关系出现了历史性转折。

为顺应这一形势的变化,对台湾广播从内容和形式上都开始了全面改革。1982 年,中央人民广播电台增办了第二套对台湾广播节目,一套节目以普通话为主,另一套节目以闽南话、客家话为主,其播音风格亲切柔和,充满了两岸同胞的亲情。1988 年,上海也创办了对台湾的上海浦江之声广播电台,节目涉及新闻、专题、服务、文艺等内容。上海市市长江泽民为电台开播题词:"传播乡音乡情,弘扬爱国主义"。这以后,各地陆陆续续开办了对台湾广播。中央电台和地方电台的对台湾广播在"和平统一,一国两制"原则的指导下,加强调查研究,从台湾听众的需要和兴趣出发,多采用主持人节目的形式。节目内容丰富,并能够热情地为听众服务。其中影响最大的是中央人民广播电台的《空中之友》,节目在台湾岛内的反应是好评如潮,反响很大。80 年代后期,海峡两岸经济贸易交流加强。在 1987 年和1988 年,中央人民广播电台又先后增办了《空中服务台》和《经济信息》节目。节目根据台湾工商界人士的需要,在广播内容中解释国内的有关政策和规定,介绍各地的投资环境和条件,播送内地的经济、文化和商品信息,赢得了有志于来内地进行投资、贸易和经济、文化交流的台湾同胞的欢迎。在这一时期,各地方电台的对台湾广播也充分展现地方特色,为两岸交流拓展了信息渠道。

海峡之声广播电台在 1989 年创办了《空中立交桥》节目。这是一个比较全面反映内地经济、政治、文化等方面发展的综合性节目,它采用主持人的形式,集时政性、知识性、服务性、娱乐性于一体,以轻松、活泼、幽默、风趣的风格打破了以往对台广播的严肃模式。电台另外还有多种节目样式,在台湾岛内也产生比较热烈的反响。①

---

①陈卫平主编,《中外广播电视简史》,上海:上海外语教育出版社 2006 年版,第 269—270 页。

相比新闻事业史,中国广播电视史对对台广播的研究前进了一大步,对台广播史的脉络在新中国的广播电视史进程中越来越明显,但缺陷仍比较突出:一方面,对台广播史的呈现不均衡,时有时无,时重时轻;另一方面,对台广播被捆绑在对内广播的主线上,没有像对外广播那样单独成线,与对内广播平行描述。对台广播既不同于对外广播,也不同于对内广播,对台广播史与对内广播史的脉络有较多重叠,但并非完全相同。之所以造成对台广播史被对内广播史的线条遮盖,也从另一个侧面说明对台广播史的研究亟待加强,对台广播史研究成果本身的不连贯使其无法单独成线。

2. 相关机构部门史研究较为详细,但立体性与理论性不足

改革开放后的盛世修史热潮也带动了广播电视系统的部门史编写工作,各级广播电视机构开始利用台庆等时机推出本机构的史书。进入 21 世纪之后,"台史"的研究成果更加丰硕,如《中央人民广播电台简史》(北京广播学院出版社 2000 年出版)、《中央人民广播电台简史(续编)2001—2005》(中国广播电视出版社 2005 年出版)、《江苏人民广播电台 50 年》(江苏人民出版社 2003 年出版)、《厦门广播电视史略(1935—2007)》(厦门大学出版社 2009 年出版),等等。另外,从 2000 年起,中国广播电视出版社延续了上个世纪的出版规划,陆续推出《当代中国广播电视台百卷丛书》等数十种,总字数超过千万字,堪称一幅从总体上反映我国各地广播电视事业在改革开放的伟大进程中不断发展壮大的壮丽画卷。[①] 这一丛书中就包括《海峡之声广播电台卷》(中国广播电视出版社 2000 年出版),这也是这家专业对台广播至今唯一公开出版的台史著作。

在开办对台广播的电台出版的台史著作中,虽然史著的体例和结构不尽相同,但对对台广播的历史研究与梳理都比较细致和详尽。比如百卷丛书的《海峡之声广播电台卷》分五章描述了海峡之声广播电台在炮火中诞生、在斗争中成长、在建设中发展、在曲折中前进、在改革中辉煌的历程,虽然主体篇幅只有 9 万余字,且多为材料化的语言,但海峡之声广播电台从 1958 年成立到世纪之交的整个历史脉络在这本著作中被梳理得非常清晰,也比较全面。

《中央人民广播电台简史》对对台广播史的研究延续了《当代中国的广播电视》的思路和体例,即首先简要回顾总结了中央人民广播电台的沿革、建立及发展的历程,之后便以不同的节目类型,不同对象的广播及业务、技术、管理的区隔,分门别

---

①赵玉明、庞亮,《中国广播电视史学研究的历史与现状》,《媒介研究》,2007(2)。

部分对台广播机构出版的部门史

类地予以介绍。对台湾广播单独成章,共分四节:概述、方针任务、节目设置、两岸交往。该书的两次续编也延续此体例,对台广播单独成章,把 2001—2005 年和 2006—2010 年的资料进行了补充,从概述、节目方针与任务、节目设置与业务建设、重点报道、大型活动、听众调查与反馈等几个方面反映了新世纪后的两个五年间中央电台对台广播的情况。这三本史书全面梳理了中央电台对台湾广播 2010 年之前的历史脉络,资料翔实,梳理清晰,不足之处是历史资料铺陈多,理论反思与总结少。

《江苏人民广播电台 50 年》和《厦门广播电视史略》的体例类似,都是以时间发展为序,把对台广播(电视)融入台史的整体进程。比如江苏台史分诞生、初创、挫折、改革、巨变五个部分,每一部分都有专门记述对台广播的条目。而厦门广电史则是按照广播、电视、有线广播(电视)、广电集团出现的时间顺序为框架,与对台广播有关的内容在相应的历史阶段分别予以记录。这样的叙述方式把对台广播与本机构的整体历史进程很好地融合在一起,较充分反映了对台广播与大陆广播生态之间的有机联系。

虽然这些对台广播机构的部门史限于部门的局限性,不能提供全局性的视角,而且表面叙述多,理论性缺乏;平面呈现多,立体性不够。但这些研究成果为本研究提供了丰富和珍贵的史料,也为本研究奠定了很好的研究基础,存在的不足正是本研究的着力点和创新点。

3. 对台广播整体史研究已经起步,但准确性与细致性不足

2008 年后,两岸关系逐步进入和平发展的新时期,两岸的新闻交流、合作、研究也更加热络。2008 年 6 月 8 日,复旦大学新闻学院、厦门大学新闻与传播学院、海峡导报社在厦门共同成立了"海峡两岸新闻与传播研究交流中心";两岸的新闻传播学者还不定期举办"两岸新闻传播高峰论坛";在大陆新闻传播教育与研究的快速发展中,厦门大学、福建师范大学等高校的新闻传播学院因地缘关系纷纷把涉台传播作为研究的重点和特色加以推动;对台传播机构也开始重视研究工作……各种因素促成了涉台传播研究的初步繁荣,研究论文的数量不断攀升,专著也相继

问世。仅 2009 年这一年,就有张铭清主编的《海峡两岸新闻与传播研究》(九州出版社 2009 年 5 月出版)、颜纯钧主编的《传播地理与传媒互动》(上海三联书店 2009 年 11 月出版)、杨胜云的《对台传播引论》(中国广播电视出版社 2009 年 12 月出版)3 部著作问世,这几部著作中都有从历史角度对涉台传播进行研究的成果。关于对台广播的研究论文,虽然几乎都是具体业务操作的探讨,少有涉及对台广播的历史考察,但是,不同时期的业务总结,从长期来看,也带有历史研究的意味,同样能够对本研究有所助益。

在著作方面,《海峡两岸新闻与传播研究》是一部两岸新闻传播研究的论文集,全书 70 多万字,收录了 34 篇论文,不仅研究视野广阔,研究方法多样,理论层次也颇高,可谓是厦门大学新闻与传播学院关于两岸新闻传播研究优秀成果的集中展示。虽然其中没有对台广播历史方面的研究,但同样作为涉台传播的研究,其研究方法、理论视角以及一些理论观点都给本研究提供了较为直接的启发和借鉴。

《传播地理与传媒互动》是一部关于海峡两岸传媒文化的比较研究专著,是福建师范大学传播学院组织编写的,该书从两岸关系、传媒文化、传播与地缘等多重视角着重审视了两岸的报纸、广播、电视、电影、网络等媒介形态。该著作的第四章是广播研究专章,共分三节:第一节——"对台广播的历史与现状",把对台广播的历史分为政治对峙时期的对台广播、和平统一理念和对台广播、顺应形势变革发展等三个阶段;第二节——"两岸广播节目形态比较",分别梳理了大陆与台湾的广播节目形态发展历程及其发展趋势;第三节——"有声语言传播与政治语境",研究了对台广播目标受众的构成及其收听需求、对台传播语种的定位、播音主持风格的演变过程。由于该书由多人共同完成,比如第四章的这三节都是由不同的作者分别执笔,在章节的衔接上不太顺畅,而且史料占有不全使该研究还属于粗线条的梳理。不过也正如编者所说:该书是一个"急就章",一个营养不良的"早产儿",后来人很容易看出其笨拙与慌乱的身姿,但当他们继续前行时,有用的还是脚底下开始踏出的那条路。① 的确,该书为本研究提供了迈步的路基,对本研究的开展颇有启发,不仅在历史阶段的划分方面,更在研究的视角方面。

《对台传播引论》是第一本对台传播的专著,由于作者长期从事对台广播的业务实践,因此,该书的立足点和着眼点都放在业务层面上。该书在阐述了对台传播的概念、特点及基本原则之后就回顾了对台传播的历史,把包括对台广播在内的对

---

① 颜纯钧主编,《传播地理与传媒互动——海峡两岸传媒文化比较研究》,上海:上海三联书店 2009 年版,第 389 页。

台传播史划分为三个阶段:政治广播阶段(1949—1978)、转型发展阶段(1979—1999)、逐步成熟阶段(1999 年至今)。之后,作者对近 15 年来的对台传播进行了反思,总结了五点启示:制定目标要从长计议,防止急功近利;"正面宣传"要讲求效果,避免报道失衡;突发事件要信息透明,争取舆论主动;政治传播要转变语态,拉近受众距离;"统一口径"要灵活处理,避免伤及媒体公信力。对于作者就历史的反思,本人赞同这些操作层面的观点,但对于历史阶段的划分,本人觉得值得商榷。首先,"政治""转型""成熟"不是同一个层面的概念,用不同的标准区分历史阶段是否科学? 其次,对台广播应该说至今都是政治广播,这里的"政治广播阶段"是指其内容还是功能? 作者没有加以明确区分和说明。再次,"成熟"的标准如何界定?今天的对台传播一定比之前成熟? 就对台广播的历史划分,本人更倾向于《传播地理与传媒互动》一书的划分思路:以两岸关系或者对台方针政策的阶段来区隔。本研究在此基础上要做的就是详尽占有史料,综合大陆对台方针政策、台海局势、岛内政局、对台广播自身等多个发展线条,进一步细化对台广播发展节点的区隔和历史阶段的划分,深化和丰富对台广播史的研究。

第三节　研究设想与研究方法

一、研究设想

1. 结构:纵向与横向结合

本研究致力于书写一部中国大陆对台广播的"通史",而通史必须完成"三通"的任务,即:直通、旁通、会通。① 所谓直通,就是要具体地划分出历史的各个阶段,做到历史纵向的贯通;所谓旁通,就是揭示历史现象之间的有机联系与依赖关系,做到历史横向的贯通;所谓会通,就是完整、全面地再现历史,做到历史的融会贯通。

纵向发展和横向发展是历史进程的两个基本方面,把纵向与横向结合也就兼顾了直通与旁通,而同时做到了直通与旁通,也就抵达了会通的境界,因此,本研究在结构上力求纵横结合:在大的框架上,采取编年史的体例,追求历史逻辑与思维逻辑的统一,以时间为经来构建全局,按时间节点划分出不同的历史阶段。在每个历史阶段,则采取纪事本末体的体例,以历史事件为纲,从政治、经济、社会、大陆与台湾广播生态等诸多方面进行横向联系和对比,揭示出历史"其然"背后的"所以然"。

---

①贾东海主编,《史学概论》,北京:中央民族学院出版社 1992 年版,第 257 页。

2. 视角:微观与整体结合

从历史研究的角度讲,历来有两种相反的路数。一种可以称为微观史,另一种可以称为整体史。微观史主张,研究历史应从文本或事实出发,特别是从考据出发,而后形成一定的理论。而整体史认为,历史的每个细节并不重要,关键在于从整体的层面和系统的角度把握历史脉动,从而形成某种起承转合的历史图景。微观史突出的是局部,而整体史更强调整体或全局,把两种路数结合起来,才能兼顾历史的全局与局部。①

对台广播作为特殊的政治性广播,它背靠大陆,面向台湾,又是大陆整个对台工作的其中一环,既与大陆的对台方针政策息息相关,又与大陆的媒介发展尤其是大陆广播媒介的发展历程紧密相连。对台广播直接受对台方针政策的指导,对台广播的从业人员、宣传理念,甚至组织机制都直接来源于对内新闻教育和对内新闻媒体,因此,研究对台广播既要从微观的局部入手,也要从宏观的整体把握。本研究就是从两岸关系的视角、大陆对台方针政策的视角、大陆与台湾广播生态变迁的视角来局部考察对台广播自身发展的特点,确定历史节点的划分时,综合考虑多种因素,从整体、系统和全局的高度梳理对台广播的发展脉络。

3. 手法:描述与解释结合

随着新闻史研究的不断深入,研究侧重点和研究视角也不断发展和变化。陈昌凤教授总结了新闻史研究的变迁过程②。如下图所示:

新闻史研究的变迁

这与黑格尔在其名著《历史哲学》里提出的三种观察历史的方法:原始的历史、反省的历史、哲学的历史颇为类似。不论如何称谓,描述性的历史研究、原始的历史或克罗齐所说的"纪念碑式的历史"都是基础,没有扎实的基础研究,也难以产生

①李彬,《中国新闻社会史(1815—2005)》,上海:上海交通大学出版社 2007 年版,第 25 页。
②陈昌凤,《中国新闻传播史:传媒社会学的视角》,北京:清华大学出版社 2009 年版,第 3 页。

高质量的后续研究,因为没有历史的理论往往只是空头理论。但是,没有理论的历史也往往成为史料的堆砌。出色的历史研究应该提供深入的解释,为什么会在某时某地发生某事? 它的意义何在? 历史研究应该以思想性见长,而不是以资料多著称。①

作为第一部对台广播的通史,以史料考证和描述为重无可厚非,但作为一篇博士毕业论文,适当的理论阐释也是不可或缺的。所以,本研究力争将描述性研究与解释性研究结合,在书写原始历史的同时进行必要的反省,重视归纳,史论结合,提高研究的质量和层次。

4. 叙事:历史与故事结合

有人说,史学就是讲故事,讲人物、事件、制度,以及产生这些故事的自然生态环境、社会生存环境和人文环境。换言之,史学工作者就是要将读者感兴趣的历史故事,能够发人深思的历史知识,用富有文采的笔法表现出来,使人将阅读的过程变成为一种美的享受和追求,在增长知识、提高生活情趣和生活质量的同时,也启迪智慧。基于此,有学者认为史学"游弋于科学与艺术之间"②。就对台广播史来讲,某种意义上也是对台广播人在两岸关系的大背景下所开创和经历的故事。因此,本研究尽量避免对历史事实和人物的枯燥罗列,力争完整生动地呈现历史的前因后果和人物故事,把事件与人物、历史与故事紧密结合。

总之,本研究希望立足局部,整体把握;史论结合,揭示规律;立足当代,着眼未来;事人结合,展现过程。凸显研究成果的系统性、思想性、启迪性、可读性,这也是本研究的亮点所在和创新之处。

二、研究方法

1. 历史研究法

本研究将运用当事人的回忆性资料、与对台广播相关的历史资料、有关社会背景的历史资料,就对台广播的历史进行纵向研究。

2. 深度访谈

仍健在的"老台播"和依然活跃在对台广播领域的前辈是本研究宝贵的资料来源和重要的思想启迪者,他们的亲历与记忆可以补充文字资料的不足,他们的总结

---

① 陈阳,《大众传播学研究方法导论》,北京:中国人民大学出版社 2007 年版,第 349 页。
② 冯尔康,《"说故事"的历史学和历史知识大众文化化》,《河北学刊》,2004(1),第 165 页。

与反思能够深化对历史的认知。因此,本人有选择地进行了人物深度访谈,搜集"活资料",还原历史本真,探求历史经验,寻找理论灵感。

3. 田野调查

本研究涉及多家对台广播机构及其对台传播实践,为了实地感受其他对台广播机构的日常运作,本人走访了主要的几家对台广播机构,在参与式观察中与不少一线从业者进行了座谈交流,也搜集了大量的资料,扎根田野的调查为本研究打下了较为坚实的基础。

4. 文本分析

在研究过程中,本人对所搜集的资料文本进行了定性和定量分析,运用相关理论进行细致的考察和阐释,通过图表化、数字化等手段使研究有理有据、形象直观。

5. 个案研究

本研究还运用了个案分析的研究方法,对具有标本意义的节目或人物进行了个体考察,做了一些必要的总结思考和梳理,以期有助于对节目改革经验的研究借鉴和对人物精神的传承。

上　篇

"解放台湾"战略下的对台广播

第一章 "武力解放"时期的对台广播

（1949—1955）

第一节 "解放台湾"的对台方针

一、"解放台湾"口号的提出

1949 年前后，国民党军事上败局已定，国民政府岌岌可危，蒋介石开始筹划其大陆失败后的栖身之地。当时曾拟过三种方案：一是以四川为中心，退守西南，与共产党顽抗到底；二是以海南岛作为最后坚守的阵地；三是撤退台湾，以东南沿海岛屿为前沿，以台湾海峡为屏障，在此建立"反攻大陆，光复党国"的基地。此后随着战局的变化，蒋介石在定海举行的军事会议上最后确定了第三个方案。① 随后，蒋介石对撤退台湾进行了一系列准备和部署。

中共中央估计到国民党要把最后的落脚点放在台湾，因此，早在解放战争胜利前夕，中国共产党也开始了解放台湾进而结束内战的战略部署，不仅旗帜鲜明地提出"解放台湾"的口号，确定了"一定要解放台湾"的战略，还开辟了专门对台湾进行宣传的舆论阵地，其中，对台湾广播便是最主要和重要的阵地和载体。

1949 年 3 月 15 日，新华社发表题为《中国人民一定要解放台湾》的时评，指出："中国人民（包括台湾人民）将绝对不能容忍美国帝国主义对台湾或任何其他中国领土的非法侵犯，同时地亦绝对不能容忍国民党反动派把台湾作为最后挣扎的根据地。中国人民解放斗争的任务就是解放全中国，直到解放台湾、海南岛和属于中国的最后一寸土地为止。由于中国形势已发生巨大变化，中国人民解放斗争的胜利一定要在不久的时间内全部实现。中国人民一定要解放台湾，一定要解放全中国。"②这是中国共产党首次提出"解放台湾"的口号。同年 9 月 4 日，《人民日报》又发表《打到台湾去，解放台湾同胞》的时评。

---

①张春英主编，《海峡两岸关系史》第三卷，福州：福建人民出版社 2004 年版，第 576 页。
②《人民日报》，1949 年 3 月 16 日。

二、"解放台湾"成为新中国对台基本方针战略

新中国成立后,中国共产党和中央人民政府在巩固新生政权,恢复国民经济,肃清国民党反动派在大陆残余势力的同时,解放台湾、统一祖国也被视为紧迫的任务。如 1949 年 12 月 31 日,中共中央发布《告前线将士和全国同胞书》指出,中国人民解放军在 1949 年内已经解放了除西藏以外的全部中国大陆,1950 年的战斗任务就是"解放台湾、海南岛和西藏,歼灭蒋介石匪帮的最后残余势力,完成统一中国的事业"①。1950 年元旦,《人民日报》发表《完成胜利,巩固胜利》的社论,提出的1950 年四大主要任务中,将解放台湾、完成统一中国大业放在了第一位。由此可见,"我们一定要解放台湾"成为新中国对台基本方针战略,且这时的"解放"是着眼于"武力解放"。

在"一定要解放台湾"的方针下,军事上,人民解放军继续解放沿海岛屿,对国民党蒋介石"反攻大陆"的叫嚣和国民党军队对沿海城市、岛屿的袭扰、窜犯,予以严厉的惩罚,开展了解放东南沿海岛屿的战斗。至 1950 年 9 月,人民解放军解放了苏南、浙东北的全部海岛。至 1952 年 10 月,人民解放军全部解放了广东沿海岛屿,打退了国民党军队对闽东南东山岛的窜犯。与此同时,建立健全了各级军事组织,积极为解放台湾做准备。实践上,人民解放军开始着手攻打台湾。如 1949 年 7月,中国人民解放军进入福建,在发动了福州战役、平潭岛战役、漳厦战役之后,于10 月 24 日渡海进攻金门,发起了金门战役(台湾当局称古宁头战役)。由于缺乏两栖作战工具和登陆作战经验,加之受其他主客观因素影响,金门战役失利,人民解放军伤亡巨大,损失近万人。但作为人民解放战争的继续,"一定要解放台湾"成为中国共产党和中国政府的一项基本方针和激励全国人民的战斗口号。

三、"解放台湾"再掀高潮

1. 再次明确提出"解放台湾"

朝鲜战争爆发后,为了防止战局恶化,毛泽东审时度势要求全力以赴支援抗美援朝作战,打乱了"解放台湾"的战略计划。1953 年 7 月,抗美援朝战争结束。随着形势的变化,中国共产党适时调整政策和策略,再次提出"解放台湾"的口号,掌握了解放台湾斗争的主动权。1953 年 10 月 1 日,中国人民解放军总司令朱德发布《中国人民解放军总部命令》,命令说,朝鲜战争虽已停止,但台湾还未解放,国民党

---

①《人民日报》,1950 年 1 月 1 日。

军队还在扰乱和威胁沿海的安全,全军指战员要为巩固国防、保卫祖国的安全而斗争。中国的注意力开始转向台湾海峡。①

1954年6月以后,美国为使其侵略台湾合法化,蒋介石也为了进一步投靠美国,美国和台湾当局加紧了《共同防御条约》的谈判进程。这一动向引起中共高层的高度关注,毛泽东再次明确提出"解放台湾"的口号,并于1954年7月23日打电报给周恩来,指出:为了击破美蒋的军事和政治联合,必须向全国、全世界提出"解放台湾"的口号。8月12日,周恩来在干部会议上作《关于外交问题的报告》时指出:"解放台湾是中国的主权、内政问题",我们现在提出是适时的。"现在朝鲜战争停了,印度支那战争也停了,剩下来的就是美国加紧援助台湾进行骚扰性的战争。如果我们不提出解放台湾,保持不了祖国的完整版图,我们就会犯错误,也对不住自己的祖先","因此,我们要提出解放台湾的任务,各方面进行工作,军事上、外交上、政治上、经济上都要做工作。对于国际共管的主张,我们绝对不能同意"。② 解放台湾的任务明确地摆在全国人民面前。

面对新的形势和任务,大陆掀起"解放台湾"的舆论宣传攻势。1954年7月23日,《人民日报》发表《一定要解放台湾》的社论。7月24日,《人民日报》再发《人民解放军的光荣任务》的社论,社论指出:在美帝国主义仍然侵占我国领土台湾和驱使蒋介石残余势力来破坏我国的建设和全国人民的和平生活的情况下,人民解放军今后工作的任务应该是努力建设成为一支优良的现代化的革命军队,以保卫我国的社会主义建设,防御帝国主义的侵略,解放台湾,消灭蒋介石残余的反革命势力。1954年8月22日,第一届全国政协常委会第五十八次会议通过《中华人民共和国各民主党派各人民团体为解放台湾联合宣言》,提出"解放台湾,反对美国干涉"的口号。宣言指出:"台湾是中国领土不可分割的一部分,绝对不允许美国占据,也绝对不允许联合国托管。解放台湾和消灭蒋介石卖国集团,是中国行使主权,也是中国的内政事项。"③宣言号召全国人民团结起来,为解放台湾、保卫世界和平而奋斗。宣言的发表,显示了中国人民解放台湾的坚定信心和决心,解放台湾的宣传攻势达到高潮。

2. 解放台湾成为一项战略任务

1954年8月27日,周恩来接见朝鲜外相南日时说:"在台湾问题上,我们总的

---

①张春英主编,《海峡两岸关系史第三卷》,福州:福建人民出版社2004年版,第649页。

②中共中央文献研究室编,《周恩来年谱(1949—1976)》上卷,北京:中央文献出版社1997年版,第407页。

③《人民日报》,1954年8月22日。

口号是:解放台湾。但是,这要有步骤地进行,因为中国海军还未锻炼好,各方面的准备还需要时间。我们开展这个斗争,摆在美国面前有一个问题:全面的干涉抑或有限的干涉。我们估计,美国要干涉,但又不敢全面干涉。"①1954 年 9 月 1 日,周恩来召集陆定一、廖承志、邓拓、吴冷西、朱穆之开会,修改《中共中央关于解放台湾宣传方针的指示》。《指示》指出:解放台湾是"我国的既定方针",但又是一个战略任务,是长期的复杂的斗争。说"斗争是长期的,因为我们没有强大的海空军,就要有时间去把它建设起来",说"斗争是复杂的,因为这个斗争有国际和国内两个方面"。对内,解放台湾是我国的内政,要采取军事斗争的方法;对外,"在美国尚未参加战争的时候,要采取外交斗争的方法"。"除了军事斗争和外交斗争以外,还必须在宣传工作、政治工作、经济工作等方面同时加紧努力,动员全国人民从各方面加强团结,提高警惕,瓦解敌人,加强国防建设,加强海军和空军的训练,增加生产,完成和超额完成国家建设计划,扩大国际和平统一战线,孤立美国侵略集团,最后达到解放台湾。"②修改后的《指示》于 25 日下发,说明在新的形势下,"解放台湾"在战略上、在斗争方式上都有所变化。

第二节　对台广播的初创

一、上海早期的对台广播

1. 对台广播的萌芽

为了配合华东战场的解放战争,华东新华广播电台在山东临朐程家庄开始筹建,并于 1948 年 12 月 20 日宣布正式播音。据电台当时的负责人回忆,正式开播之初,"每天播音五个半小时:早晨 6 点半到 7 点对华东战场国民党军广播,以瓦解敌军,主要内容有在华东战场放下武器的国民党军军官介绍、书信、讲演和文章,有华东我军对国民党军的文告、讲话等;7 点到 8 点对华东我军广播,以鼓舞我军斗志,主要内容有军人家书、后方情况、对战斗英雄和先进单位事迹的表扬、军中文化娱乐材料等;17 点到 18 点对南京、上海、杭州、福建、台湾等地蒋管区广播,主要内

---

①中共中央文献研究室编,《周恩来年谱(1949—1976)》上卷,北京:中央文献出版社 1997 年版,第 411 页。

②中共中央文献研究室编,《周恩来年谱(1949—1976)》上卷,北京:中央文献出版社 1997 年版,第 412 页。

容是新闻、言论、华东解放区介绍等;18 点到 21 点转播陕北新华广播电台的节目"①。由此可见,华东新华广播电台在正式播音之初就有对台湾地区的广播时段,虽然不是单独面对台湾的广播宣传,而是针对包括台湾在内的华东蒋管区,但是这是有史可查的最早明确把台湾纳入广播对象范围的大陆电台,因此,此时的华东新华广播电台可以说是对台湾广播的萌芽和雏形。

2. 对台广播第一声

随着战争形势的发展,1949 年 1 月中旬,华东局决定华东新华广播电台的干部要按三套配备,准备渡江后分别到上海、南京、杭州接收广播单位和兴办广播。3 月 20 日,南下人员分别离开济南前往南京、杭州和上海。上海解放后,华东新华广播电台前往上海的人员于 1949 年 5 月 27 日接管了国民党的上海广播电台,当晚便开始以"上海人民广播电台"的呼号开始播音。从 7 月份起,因为已经搬迁到济南的华东新华广播电台停止了播音,部分对华东地区的广播任务便由上海人民广播电台承担。为配合当时的形势,加强对台宣传,1949 年 8 月 20 日,由中共华东局台湾工作委员会宣教科主办,在上海人民广播电台正式开办了专门针对台湾的广播节目,使用 5985 千赫的频率,用普通话、闽南话对台湾广播,这被称为"大陆对台湾广播的第一声"②。开始,每天晚上广播 15 分钟的闽南话节目,不久增加了 15 分钟的普通话节目,1950 年初又办了日语广播,每天广播时间一共 90 分钟。1953 年夏,取消了日语广播,增加了文艺节目。广播的主要内容是:解释中国人民政治协商会议第一届全体会议在 1949 年 9 月 29 日通过的《中国人民政治协商会议共同纲领》,广播中共中央和中央人民政府的各项政策、法令;报道国内外政治、经济、文化等方面的情况。③ 1951 年,又安装了我国自行生产的 1 千瓦和 7.5 千瓦短波发射机各一部,用于对台湾地区广播。④

3. 发展沿革及机构设置

1949 年 9 月 1 日起,上海人民广播电台对华东地区广播开始使用"上海人民广播电台第一台"的呼号(担负对上海本市广播任务的频率称上海人民广播电台第二台),

---

① 北京广播学院新闻系编选,《中国人民广播回忆录》,北京:广播出版社 1983 年版,第 225 页。

② 蔡子民,《忆华东台对台湾广播》,《华东人民之声》,北京:中国广播电视出版社 1994 年版,第 332 页。

③ 左漠野主编,《当代中国的广播电视》(上),北京:中国社会科学出版社 1987 年版,第 290—291 页。

④ 刘洪才、邱世杰主编,《广播电影电视专业技术发展简史(广播电视)》,北京:中国广播电视出版社 2007 年版,第 118—119 页。

对台湾广播节目也以该呼台播出。1949 年和 1950 年,大陆各地相继都获得解放,一段时间里各省、区、市由各地中央局和大区军政委员会分区管理,上海市人民广播电台第一台乃在 1950 年 4 月 1 日起改称华东人民广播电台①,对台湾广播节目也改以"华东人民广播电台"呼号播出。1950 年 6 月 25 日,美国发动朝鲜战争,同时派第七舰队进入台湾海峡,阻止我解放台湾。为便于同华东军区联系,对台湾广播科工作人员于 1950 年 12 月 20 日搬迁到南京电台办公,节目仍在华东人民广播电台播出。1952 年 9 月,对台湾广播科工作人员又迁回上海的华东人民广播电台。

上海早期的对台广播是由中共华东局台湾工作委员会宣教科主办的,对台广播的人员编制最初都在华东局台工委,与广播电台无关。华东人民广播电台成立后,对台湾广播编制由华东局台工委转到了华东台,归华东台领导,设立了对台湾广播室(后改为科)。② 对台湾广播科除了编播组,还内设台情研究组,有专人调研台情,编印《台情简报》《台湾近况》两种刊物。前者为信息类,反映台湾党政和社会动态;后者就一些重大问题作系统分析研究。曾编写过"台湾人民生活情况""台湾各阶层的分析""台湾工商业情况""台湾土地关系及限田政策"等专题。③

1954 年,中央的领导和管理日益加强,决定撤销大行政区这一级机构,由中央直接领导各省、市和自治区的工作。加之 1954 年,朝鲜战争已签订停战协定,解放台湾再次提到日程上来,同年"八一"建军节纪念大会上,朱德总司令发出了解放台湾、统一祖国的号召,对台工作成为全国人民的任务。④ 1954 年 8 月 15 日,中央人民广播电台接办了华东台的对台湾广播,华东人民广播电台对台湾广播科的主要人员调到中央电台,上海早期对台湾广播告一段落。⑤ 华东人民广播电台也在 8 月 14 日停止对台湾广播之后,于同年 12 月 31 日的播音后完全停止工作,走入历史。

二、福建电台的对台广播

1. 转播华东台对台广播节目

1949 年 8 月 24 日 19 时,福建人民广播电台开始播音。同年 9 月,福建电台根

---

①周新武,《华东新华广播电台纪事》,《华东人民之声》,北京:中国广播电视出版社 1994 年版,第 201 页。

②蔡子民,《忆华东台对台湾广播》,《华东人民之声》,北京:中国广播电视出版社 1994 年版,第 332 页。

③上海市专志系列丛刊《上海广播电视志》,上海:上海科学出版社 1999 年版,第 297 页。

④蔡子民,《忆华东台对台湾广播》,《华东人民之声》,北京:中国广播电视出版社 1994 年版,第 333 页。

⑤上海市专志系列丛刊《上海广播电视志》,上海:上海科学出版社 1999 年版,第 298 页。

据上级有关规定,以省会所在地命名,改名福州人民广播电台(1951 年 3 月 26 日起,根据中央广播事业局的有关规定,呼号恢复为"福建人民广播电台")。因为福建是台湾同胞的主要祖籍地,同时又是解放台湾的前沿阵地,于是,面对 1949 年台湾同祖国大陆被人为阻隔的局面,"中共福建省委台湾工作委员会、福州人民广播电台(如今的福建人民广播电台)考虑到无线电广播是唯一能够超越阻隔,把中国共产党和人民政府的声音传进宝岛的宣传工具,联合筹办对台湾广播"①,筹办的第一步便是"转播"。1949 年 11 月 1 日起,福建电台开始转播上海人民广播电台一台的对台湾广播节目,转播持续到 1950 年 3 月。

2. 自办对台广播节目

1950 年 8 月 1 日,福建电台自己的对台广播节目终于筹办完成,《对台湾广播》节目正式开播。当天起,每天 21:30—22:30,分别使用普通话、闽南话、客家话三种语言广播,以台湾国民党军、政人员为主要宣传对象,兼顾台湾民众。这是继华东人民广播电台之后,大陆第二家开办对台湾广播的电台。

根据当时的对台方针政策,福建台这一阶段的对台广播"紧密配合国内外形势,宣传中国人民一定要解放台湾的决心和信心。邀请省人民政府副主席陈绍宽、省政协副主席刘通作广播讲话,揭露美帝国主义武装侵占台湾,干涉中国内政以及台湾国民党当局媚美卖国等罪行,并选播有关介绍祖国大陆人民生活安定,团结一致搞生产,积极支持人民解放军的报道。"②福建台的对台广播只持续了两年多,根据对台湾广播统一由华东人民广播电台承办的精神,1952 年底,福建电台的《对台湾广播》节目停止播出。不过,短暂的自办对台广播经历为福建台积累了对台广播的经验,为炮击金门时复办对台广播节目奠定了基础。

三、厦门的对台有线广播

1953 年,朝鲜战争结束,"解放台湾"再次成为大陆"最重要的战斗任务"。为配合"解放台湾"的宣传,中国人民解放军先后在福建沿海建立有线广播站,对大金门、小金门、马祖等岛上的国民党官兵进行广播喊话。

1. 各自设立对台有线广播站

1953 年 3 月 5 日,中国人民解放军第 29 军率先在厦门的一座无人岛,距金门最

---

① 福建省地方志编纂委员会,《福建省志·广播电视志》,北京:方志出版社 2002 年版,第 72 页。

② 福建省地方志编纂委员会,《福建省志·广播电视志》,北京:方志出版社 2002 年版,第 72 页。

立于何厝海边俗称"九头鸟"的广播喇叭

近处只有 1800 米的角屿设立了对金门广播组,开始对金门进行广播喊话。当年对金门广播的喊话人,已年过八旬的吴世泽回忆说:"广播组开始用的喇叭是美军舰艇之间喊话的工具,一个扩音器的功率是 250 瓦,我们把 9 个扩音器合成一个大喇叭后,戏称'九头鸟',这样广播起来威力无比,声音可传至 10 公里远的地方。"①

1954 年 4 月 20 日,驻守厦门地区的中国人民解放军第 31 军又奉上级之命成立敌工处,曾任文化干事、政治干事的姜风才第一个奉命报到,随后马上着手筹办对台广播点。经过认真勘察、选址,最终确定了厦门岛南面何厝村正对小金门最前沿的海边突出部——香山,在此设立有线广播站。1954 年年底,香山广播站建成,命名为"香山对敌广播组",随即将声音清亮且有力度的第 31 军文艺工作团的演员、时年不满 20 岁的陈斐斐调到炮火纷飞的香山广播站,和同组的另外 4 位男同志一起,开始对小金门广播。同年建成的广播站还有隶属厦门海军警备区的位于黄厝村的石胃头对小金门岛广播站,位于曾厝垵村白石头炮台主要对大担、二担岛的广播站。

厦门的对台有线广播以短语喊话为主,配以音乐歌曲,简明扼要,通俗易懂。当有线广播的宏大声响越过海面到达台湾离岛上空时,当时的国民党当局大为震惊和害怕,采取种种方法进行干扰,有时甚至集中炮火轰击我有线广播设施,但厦门的对台广播喊话从未间断。

2. 宣传及技术概况

各广播站建成后,因为刚解放不久,国家还"一穷二白",科学技术很落后,广播组成员住的都是建在小山头的防炮钢筋水泥碉堡,播音室面积仅十几平方米,基本都是播音室、办公室兼宿舍三位一体。同时,只能各自配备小发电机。广播器材设备也很差,所使用的广播话筒、扩音器、"九头鸟"喇叭和直流收音机等,都是在朝鲜战场上缴获的美国军用品,只有一台电唱机、一台旧钢丝录音机。几十张唱片是国产的,而旧钢丝录音机因为钢丝经常断,声音的质量也不好,所以工作时口播多,口

①钟岷源,《两岸政治炮兵的"心战"记忆》,《南风窗》,2009(22),第 60 页。

播累了就放一段唱片。当时的稿件都是喊话稿,每篇 100 到 300 字左右。白天比较少工作,主要是晚上夜深人静时工作,分上半夜和下半夜轮流值班。轮到值班,不管天气多冷,值班人员都要多次起床到外面看天气(三级风以下才能进行广播),一晚上都睡不好觉,因为绝对不能漏掉好天气。广播站工作人员都很有责任心,如果听到台军在喊话就着急了,也马上进入工作状态。

厦金之间的有线广播,是大陆与台湾双方都极为重视的"第二战线"。平时以广播战为主,在炮战中我们的广播经常配合炮兵作战。炮兵称播音员是第二炮兵、政治炮兵,喇叭是炮筒,广播稿是炮弹。炮兵的有形炮弹在敌人的阵地上开花,播音员清亮的声音是无形炮弹,在敌人的心里开花。①

四、中央电台接办对台广播

1954 年,中央撤销大区行政机构,对各省、市、自治区实行直接管理,华东区撤销,华东人民广播电台也面临停办。同年,朝鲜战争结束,解放台湾再次提到日程上来,对台工作成为全国人民的任务。而对台湾宣传工作是整个对台工作的一个重要组成部分,为此,中央发出了关于迅速采取措施加强对台湾宣传工作的指示,中央人民广播电台对台湾广播的筹备工作也就紧锣密鼓地开始了。"1954 年 7 月 15 日,广播事业局关于在中央人民广播电台设立对台广播节目的报告起草出来了。7 月 16 日,中共中央宣传部、组织部发出了关于组织中央电台对台湾广播编辑部的几项具体办法的通知。根据这个通知,广播事业局局长梅益同志立即着手筹建编辑部事宜。7 月 25 日,《关于对台湾及其他敌占区广播的筹备工作的报告》送到了中央有关部门。8 月 11 日,中央人民政府委员会正式批准了周恩来总理的外交报告,以这个报告为依据制订的对台宣传工作方针定下来了"②。1954 年 8 月 14 日,华东人民广播电台对台湾广播停播,中央人民广播电台接办了华东台对台湾广播,8 月 15 日,以"中央人民广播电台对台湾广播"的呼号开始播音。中央电台对台广播的编播人员由中央组织部发出调令,从华东、西南、东北和天津等地调入,华东台对台湾广播科的主要人员苏新、蔡子民、李玲虹、黄清旺、徐森源、郭炤烈被调到中央电台,③还从上海《解放日报》、重庆《新华日报》、沈阳《东北日报》等单

---

①钟岷源,《两岸政治炮兵的"心战"记忆》,《南风窗》,2009(22),第 62 页。

②罗弘道,《周恩来与对台湾广播》,《对台广播回忆录——中央人民广播电台对台湾广播 40 周年》,北京:中国广播电视出版社 1995 年版,第 5—6 页。

③蔡子民,《忆华东台对台湾广播》,《华东人民之声》,北京:中国广播电视出版社 1994 年版,第 333 页。

位调入一批干部,共 20 多人,组成对台湾广播部。应运而生的中央电台对台湾广播部(简称台播部),其机构及宣传业务归中央广播事业局对外部领导,主任为鲁西良,副主任为谭天铎、胡懋德。① 中央电台的对台湾广播开始的时候设有 1 小时的综合节目,内容有国内外要闻、建设成就、人民生活、家信等,分别用普通话、闽南话在早晚各广播一次,每天播音共 4 个小时。随着形势发展的需要,播音时间逐渐增加。1955 年 5 月,每天播音时间增加到 12 小时。② 1955 至 1956 年,中央在福建的福州和泉州各建设一座广播发射台,当时称 564 甲台和乙台,即今 552 台和 641 台,各装设 7.5 千瓦屏极调制中波发射机 4 部及相应的木桅杆天线,担负转播中央电台对台湾广播节目。③

第三节　宣传对象与节目类型

一、宣传对象与宗旨

"武力解放"时期的对台广播虽然数量不多,但各自都有明确的广播对象和节目宗旨。因广播主体的不同,尤其是广播手段(无线与有线)的不同,对台广播的节目对象有以下区隔:

1. 台湾全岛的各个阶层

因为无线广播"无远弗届"的优势,通过无线发射的对台广播都把广播对象设定为台湾全岛的社会各阶层。如上海早期的对台湾广播设定的节目任务是:向台湾各阶层介绍中国共产党对台方针政策,祖国大陆解放后的建设和人民生活情况。④ 福建台的对台广播则立志"立足本省,报道全国,面向台、澎、金、马广播的编辑方针,宣传中国共产党的主张和人民政府的有关政策;报道祖国大陆人民生活安定,生产恢复,经济发展的新气象、新成就"⑤。中央电台接手华东台对台湾广播后,作为国家级的媒体,在对象的设定上自然包括台湾省的军政公教等所有民众。

但是,各个对台广播节目因所用语言的不同,在节目对象与节目宗旨上又各有

---

① 杨波主编,《中央人民广播电台简史》,北京:北京广播学院出版社 2000 年版,第 253 页。
② 左漠野主编,《当代中国的广播电视》(上),北京:中国社会科学出版社 1987 年版,第 291 页。
③ 刘洪才、邸世杰主编,《广播电影电视专业技术发展简史(广播电视)》,北京:中国广播电视出版社 2007 年版,第 121 页。
④ 上海市专志系列丛刊《上海广播电视志》,上海:上海科学出版社 1999 年版,第 297 页。
⑤ 福建省地方志编纂委员会,《福建省志·广播电视志》,北京:方志出版社 2002 年版,第 72 页。

侧重。如华东台对台湾广播,根据台湾听众的阶层和语言使用情况,开办了普通话和闽南话节目。因考虑到当时台湾一般老百姓还不大懂普通话,比较习惯用日本话,从1950年4月到1952年9月,还曾开办日本话节目。其中,普通话节目的主要对象是从大陆到台湾的国民党军政人员、公教人员、知识分子和青年学生,注意介绍有较多去台国民党军政人员的地方的近况,在文艺节目里播送大陆人民喜爱的优秀戏曲、歌曲,还注意选播去台较多的地方戏剧,慰藉他们对家乡的思念。闽南话节目的对象是台湾本地的工人、农民、知识分子、中小工商业者和一切爱国人士,多是报道台胞较熟悉的祖国各地,特别是福建、广东地区的各项建设、工业生产、土改后的农村生活新气象。① 福建台的对台广播总体来说,以台湾国民党军、政人员为主,兼顾台湾民众。但因为分别使用普通话、闽南话、客家话三种语言广播,在节目对象及宗旨上也有相应的区隔和侧重。中央电台对台湾广播除了大力揭露美国霸占台湾、侵略我国以外,也集中揭露台湾当局的种种卖国行径,反复强调中国人民一定要解放台湾,实现祖国的统一。②

2. 台湾离岛的蒋军官兵

设在厦门的对台有线广播相对无线广播来讲,传播距离有限,且对天气状况也有一定的要求,因此,有线对台广播站的广播区域就是大小金门、大担、二担等这些台湾离岛,加之对台有线广播的主体是解放军,台湾离岛基本都是蒋介石集团的驻军,因此,厦门对台有线广播站的"喊话"对象就是台湾离岛上的蒋军官兵。由于晚上夜深人静时,有线广播的喊话效果最好,有的广播站甚至把"蒋军晚上站岗的士兵"作为广播对象。

有线广播的接收方式比较简单直接,不需要收音机等设备,国民党驻军对大陆对台有线广播"不听也得听",因此,受众对象与接收方式的不同也决定了厦门对台有线广播的广播宗旨比无线对台广播更加具体和直接,以宣传"和为贵,爱国一家,我们都是中国人,不要跟着美国人和同胞为敌"为目的,号召蒋军官兵起义投诚,经常广播五条保证、奖励规定等。③ 更直白一点讲,厦门对台有线广播的广播宗旨就是"揭露国民党黑暗统治和瓦解敌军"④。

①蔡子民,《忆华东台对台湾广播》,《华东人民之声》,北京:中国广播电视出版社1994年版,第333—334页。
②杨波主编,《中央人民广播电台简史》,北京:北京广播学院出版社2000年版,第261—262页。
③钟岷源,《两岸政治炮兵的"心战"记忆》,《南风窗》,2009(22),第61页。
④厦门对台有线广播站第一位闽南话女播音员陈菲菲之语。

二、节目类型与内容

对台广播虽然处于初创阶段,但是由于有对内广播母体的滋养,节目类型比较齐全,内容也紧扣对台方针政策,较为丰富。

1. 新闻节目

上海早期的对台广播一开办就设有《简明新闻》节目,闽南话节目中也有《新闻简报》。国内新闻主要有文化教育、农业生产、工业建设成就等。国际新闻的主要来源为新华通讯社、中国新闻社、《新闻日报》《解放日报》等传媒的消息。[①] 1953 年10 月调整节目时,依然在 30 分钟的综合节目中设有《简明新闻》专栏。"武力解放"时期,福建台自办的 3 个对台广播节目中也有一档《新闻》节目,报道祖国大陆人民生活安定,生产恢复,经济发展的新气象、新成就,厦门有线对台广播站也有新闻播报。中央电台对台广播从接办的第一天起就设置了《新闻》节目(包括评论),最初开设时一次 15 分钟,在一般情况下,大致有祖国大陆新闻、台湾岛内新闻、国际新闻和台湾问题的评论及国际问题的评论等。[②] 可以说,新闻节目是早期对台广播的基本类型,在对台湾广播中处于骨干地位,以报道大陆生产、生活及各项建设情况为主要内容。

2. 专题节目

专题节目也是早期对台广播节目的基本类型之一。上海早期的对台广播节目中,专题节目主要有《祖国通讯》《伟大祖国》《时事讲话》等专栏,报道台胞和大陆去台人员熟悉的祖国各地,特别是福建、广东地区的各项建设、工业生产、土地改革后的农村生活新气象等,针对台湾国民党方面对大陆的攻击、诬蔑和不实之辞,心平气和地摆事实、讲道理,作正面回答。福建台对台广播的专题节目有《伟大的祖国》《对国民党军政人员讲话》,宣传中国共产党的主张和人民政府的有关政策;报道祖国大陆人民生活安定,生产恢复,经济发展的新气象、新成就;介绍国民党军政人员家乡的近况。

3. 文艺节目

上海早期的对台湾广播还开办有文艺节目,辟有《国语周末文艺》《台语周末文艺》等,遇节日还会举办特别文艺节目。文艺节目开始多为革命歌曲介绍,后增加

---

① 上海市专志系列丛刊《上海广播电视志》,上海:上海科学出版社 1999 年版,第 300 页。
② 杨波主编,《中央人民广播电台简史》,北京:北京广播学院出版社 2000 年版,第 264 页。

了台湾的民谣、歌剧和客家山歌,还播送一些从大陆去台听众喜爱的京昆剧、越剧、评弹等,以慰藉他们的思乡之情。闽南话文艺节目多用芗剧、南音等与台湾相近的戏剧音乐,有时请在大陆的台胞到电台演唱台湾民歌、歌仔戏、客家山歌、高山族歌曲,以引起台胞对祖国大陆的亲近感。

4. 服务类节目

华东台对台广播1953年10月调整节目,把原来的新闻、通讯、讲话各10分钟的节目,改为30分钟的综合节目。节目除设有《简明新闻》《祖国通讯》《时事讲话》等专栏之外,还开设了《听众服务》专栏,为听众提供服务。

5. 方言节目

用方言播音是对台广播初创期的主要特征之一。被称为对台广播第一声的上海人民广播电台第一台对台湾广播节目,就是用闽南话向台湾广播,这也"揭开了我国汉语方言播音史的第一页"[①]。尽管上海早期的对台广播经历多次呼号和编制调整,但闽南话播音一直是其主要广播形式,正式编配的播音员都是闽南话播音员,普通话播音则是由华东台对内广播的播音员代播。中央电台接手华东台对台广播后,闽南话节目依然得以延续。开播的第一天,就设置了"闽南话"节目,每天4个小时的播音时间就有2个小时是闽南话广播节目。厦门对台有线广播也以闽南话为主,陈菲菲、吴世泽等第一代有线广播播音员都是因为会讲闽南话才被抽调到有线广播站。福建台对台广播的节目不但以闽南话播音,还使用客家话对台播音。

6. 对象性广播

严格来说,对台广播本身就是一种对象性广播,且"对象性广播"也不是与新闻、专题等并列的节目类型。但是,如华东台对台广播开设的普通话专栏《广播信箱》和闽南话节目《对台胞讲话》等,其内容多是播送写给台湾国民党军政人员的信件,或是经常请在大陆的台籍知名人士来对家乡亲人讲话。[②] 这些广播内容针对特定的人群甚至特定的个人,指名道姓,娓娓道来,具有鲜明具体的对象性。这一类节目在对台广播中是很有反响和特色的节目,因此,在服务节目之外,将"对象性广播"单列为一类节目类型,这种对象性广播被厦门对台有线广播发挥得更加淋漓尽致。由于对台有线广播以短语喊话为主,且在厦门对台有线广播站借助望远镜,

---

①杨波主编,《中央人民广播电台简史》,北京:北京广播学院出版社2000年版,第321页。

②蔡子民,《忆华东台对台湾广播》,《华东人民之声》,北京:中国广播电视出版社1994年版,第334页。

在天气晴好的条件下甚至用肉眼就能够直接看到国民党驻军的日常活动,因此,搞一些有针对性的对象广播就成为对台有线广播站的拿手好戏,时不时搞搞"现场直播"。比如,看到金门守军开始修防御工程,挖坑道,就喊话说"又挖工事啦,不要这么辛苦啦";有时天气不好,可能要下雨,从望远镜里看见金门守军晒着被子,马上通过广播对他们喊"要下雨啦,大家快收被子吧"。遇到节假日,还会通过有线广播问他们"想不想家呀,全家都在吃年糕了,就缺你一个人呀"。到了农历八月十五,就问对岸的守军"有没有月饼吃啊"。①

第四节　对台广播宣传的效果

"武力解放"时期,两岸处于军事对峙状态,台湾严禁收听大陆广播,且大陆与台湾也不能通信。台湾有没有人收听大陆对台广播,广播宣传的效果如何,对台广播从业者的心里也没底。这一时期的对台广播效果没有数据或资料可以加以研究和佐证,只能够从一些直接或间接的反馈和观察中管窥。

一、"隐蔽听众"大有人在

1. 冒险"偷听"

虽然当时的对台广播从业者无法直接取得台湾听众的反馈,但他们还是从其他渠道了解到了一些收听情况。如据蔡子民先生回忆:对台广播开始时我们收不到台湾听众的反映,只是隐隐约约地听说台湾听众在"偷听"我们的广播。使我们比较清楚地了解到台湾收听情况的是,1952年8月我们接到上海台广播之友徐玉林(学生)来信说,最近有人从香港来,谈到台湾听众的收听情况,在台北市街头时常可见写着"据华东人民广播电台广播"的报告。虽然国民党当局多方迫害,可是这种大字报在台北市很少间断,尤其是对国民党军政人员广播和信箱节目的影响更大。又说,希望对台广播节目能加多,时间不宜太长,因为收听大陆广播毕竟是很危险的。这些反映给我们对台湾广播工作人员以极大鼓舞和启发,这说明有一些台湾听众在冒着危险主动"偷听"大陆的对台广播,毕竟这是他们了解大陆真实讯息的极其有限的渠道之一。②

---

①据厦门有线对台广播员吴世泽、田万恭的口述。

②周新武,《华东新华广播电台纪事》,《华东人民之声》,北京:中国广播电视出版社1994年版,第201页。

2."被迫"收听

驻守台湾离岛的国民党军队官兵,每天必听厦门的有线对台广播。每当厦门的大喇叭一响,不听也得听。为了阻止收听,金门的国民党军官们就让士兵往耳朵里塞棉花,甚至命令他们一起跑步,还要敲锣打鼓,挖空心思"扰乱视听"。但是,这种干扰不能完全杜绝对有线广播喊话的"被迫"收听。据陈菲菲讲,那时,她就常在望远镜里看到那些国民党士兵呆呆地望着大陆这边,"显然,是在听广播"。"有一次,一个当官模样的人,指手画脚把听广播的士兵都赶跑了,自己却坐在海边独自听了起来。"①当年国民党军队有21个师,驻守金门等岛屿的就有7个师,其中光金门岛就有10万兵力,驻兵一年换防一次,一轮下来几十万人全部都得听大陆的有线广播喊话。在20世纪50年代初,有线对台广播经常号召蒋军官兵起义投诚,经常广播五条保证、奖励规定等,他们经常听,有的人甚至还能背下来。那时经常有泅水投诚归来的蒋军官兵(20世纪50年代有60多人起义投诚)。② 可以说,以当时的效果评价标准,有线广播取得了相当不错的宣传效果。

二、"亲情广播"尤为显效

虽然1949年随蒋介石集团到台湾的人数没有精确的统计,但据估计有数百万人,他们还有亲人在大陆,亲情的牵挂是他们心底无法割舍和压制的力量,因此,对台广播的"亲人讲话"和书信节目是最受台湾听众喜爱的节目,也是最见宣传成效的内容。据说,国民党元老张群在吃饭时,收听到了他八旬老母对他的广播讲话,筷子都掉到了地上。厦门对台有线广播探知金门守军27师师长林初耀是广东梅县人,即派专人接林母到厦门,将其讲话录音带送到角屿,通过有线广播播放林初耀母亲给儿子的讲话。母亲向儿子喊话,盼望林初耀早日回乡团圆。"母亲喊话"的消息传到了林初耀的耳朵里,一开始他还半信半疑,因为他接到的消息是他母亲早已经被"整"死了,后来终于忍不住,就以查岗的名义来到海边听广播。当他听到母亲的声音,还有母亲讲的家事:"儿啊,你当时说一两年就回来,怎么现在还不见人啊?你给我的光洋我现在还留着没用,你老婆现在做了文化教员,你小孩在小学读书,现在我们都过得很好,就是缺你一个……"他听了之后就愣了,回去的路上一句话都不讲,得了"思乡病",一连两三天都没上班。时任国民党军"总政战部"主任的蒋经国知道此事,说"他的脑子被中共洗了",即把这个师长调回台湾岛。不仅是当官的,普通士兵也会听

①陈菲菲的讲述。
②周军,《大嶝见闻:"炮击金门"停止三十年后》,《文史精华》,2009(12),第41页。

到家属喊话。当年国民党撤退时,从厦门沿海带走了许多船夫。小嶝岛有个年轻妇女叫张阿签,丈夫被国民党带走后,她就经常上广播哭诉,"家里老的老小的小,你让我怎么活?"结果几年后的农历腊月,张阿签的丈夫竟冒着生命危险,抱着一口倒扣的大锅游了回来。[①] 据吴世泽讲,"对台广播的几年间,特别是在1954年到1960年那段时期,投诚过来的太多了,很多蒋军晚上站岗时想家,听到广播后抱着一个篮球,或者抱两个水壶,抱一根木头、一个轮胎从海上漂过来。我念得出名字的就有50、60个,还有整个排整个班过来的。1956年,还有7、9个国民党军飞行员驾飞机回了大陆,也有人开着军舰过来。"可见,"亲情广播"不仅增加了对台广播的吸引力,也提升了对台广播的必听性,取得很好的宣传效果。

问题与思考

一、如何界定和看待对台广播

1. 对台广播诞生的标志

由传播要素构成可知,要建立一个完整的传播链条必须要有传播者、媒介和受众。就对台广播而言,对台广播的诞生也必须具备三个要件:传播者——专门的编播力量;媒介——专门的播出时段或频率;受众——明确的广播对象。正是由于缺少专门的对台广播主体以及明确、单一指向的广播受众,华东新华广播电台曾经的对包括台湾在内的华东蒋管区广播只能算是对台湾广播的萌芽。当中共华东局台湾工作委员会宣教科在上海人民广播电台正式开办专门针对台湾的广播节目时,才第一次完备了最基本的三要素,因此被称为"大陆对台湾广播的第一声",标志着中国大陆对台广播的诞生。

2. 对台广播的界定

从大陆对台湾广播的诞生过程来看,它脱胎于对内广播的母体。从广播宣传的目的和听众对象来看,它又是介于对内广播与对外广播之间的特殊广播形态。杨胜云曾经为对台传播下过这样一个定义:对台传播是在两岸尚未完成统一的特殊历史情势下的一种特殊传播,其特殊性尤体现在两处:一是传播目的是为实现两岸统一创造有利的舆论环境及进行充分的民意动员;二是传播对象是同属一个中

---

①钟岷源,《两岸政治炮兵的"心战"记忆》,《南风窗》,2009(22),第60页。

国但又处于政治对立状态下的台湾同胞。① 那么,对台广播是否也只存在于"两岸尚未完成统一的特殊历史情势下"呢? 从对港澳广播的实际来看,随着香港与澳门的回归,对港澳广播并没有停止。从传播的功能与作用来看,沟通也是任何时候都需要的,因此,对台传播也不应该终止于两岸统一之时。只要广播形态仍存在,还有市场,对台广播可能收缩或削弱,但不会也不应该随着两岸的统一而消失。

也有学者专门为对台湾广播下过定义:对台湾广播是祖国大陆以居住在台湾地区的听众为目标受众的定向性广播。② 该定义强调了受众的目标性和对台广播的指向性,但是否仅仅指向台湾地区呢? 从目前大陆对台广播的实际来看,一些对台广播已经将重点指向了本地的台胞,比如上海浦江之声广播电台的对台广播节目,就是以在上海生活的台商为主要受众。

那么,如何更为准确地界定对台广播呢? 本人也尝试为本研究语境中的"对台湾广播"画一个轮廓:特定历史条件下,由中国大陆设立的专门对特定对象进行特定内容传播,履行特定任务的政治性广播机构。

特定历史条件:以国民党集团退守台湾,衍生出一系列主权与领土问题为起点,以台湾问题解决并实现民心统一为终点。也就是说,对台广播诞生于台湾问题出现之际,存在于台湾问题解决前、解决过程中甚至解决后相当长一段时期内,直至两岸间消除认知差异,宣传式传播丧失存在必要之时。

特定对象:主要是居住在台湾的军政人员和各界民众。随着两岸交流交往的深入,也包含了在大陆居住和生活的台商、台属、台生等;广义上的对台广播对象还包括分布在世界各地的台湾同胞甚至关心台湾问题的公众。

特定内容:在两岸关系发展的各个历史时期,对台广播的内容随着中央对台方针政策、台海局势和国际形势的发展变化而不断调整,但都有一定的规定性和相对于对内广播与对外广播的特殊性。

特定任务:对台广播的根本任务是消除台湾民众对祖国大陆的误解、疑虑和隔阂,增进他们对祖国大陆的了解、理解和认同,促使台湾与大陆由对立走向和解,实现政治与民心的完全统一。

从对台广播的目标任务来讲,对台广播属于政治传播的范畴。更具体地说,对台广播是以政治性的传播机构来组织和实施传播,以期发挥传播的政治作为。因

---

①杨胜云,《对台传播引论》,北京:中国广播电视出版社 2009 年版,第 1 页。

②颜纯钧主编,《传播地理与传媒互动——海峡两岸传媒文化比较研究》,上海:上海三联书店 2009 年版,第 153 页。

此,政治性也是中国大陆对台广播的本质属性。

二、华东台对台广播停办的原因有哪些

1954 年,华东人民广播电台的对台广播停办,由中央人民广播电台接办,这其中主要有以下原因:

1. 大行政区机构被撤销

新中国成立后,为了"既利于国家统一,又利于因地制宜",党中央在整个大陆地区实行大区一级的行政区域制度,相继建立了 6 个大行政区,华东区便是其中之一。1954 年 6 月 19 日,中央人民政府委员会第三十二次会议通过了《中央人民政府关于撤销大区一级行政机构和合并若干省市建制的决定》,决定指出:现在,国家进入了有计划的经济建设时期,要求进一步加强中央集中统一的领导。为了中央直接领导省市以便于更能切实地了解下面的情况,减少组织层次,增加工作效率,克服官僚主义;为了节约干部加强中央和供给厂矿企业的需要,并适当地加强省市的领导,撤销大区一级的行政机构。[①] 1954 年 12 月 31 日,随着华东区行政机构的撤销,华东人民广播电台也停止播音,不能继续承担对台广播任务。

2. 对台工作成为全国人民的事

朝鲜战争结束之后,"解放台湾"重新被提上日程,成为全国人民的主要任务之一。在解放台湾的全方位准备中,对台宣传也成为全国人民的事,国家级的中央人民广播电台举办对台广播成为必然。此外,当时的广播事业建设也正处于"支持中央"的时期,在干部不足的情况下,不得不从地方广播电台抽调大批骨干,包括技术、宣传和管理骨干,补充和加强中央广播机构,采取集中力量建设中央广播的方针。[②] 因此,原华东人民广播电台对台广播的骨干被调入中央人民广播电台,继续从事对台广播宣传工作。

3. 应对台湾"中广"的攻势

以上两个原因在章节中曾简略提及。其实,中央人民广播电台举办对台广播还有一个重要原因,就是应对台湾"中央广播电台"对大陆广播的宣传攻势。

国民党的"中央广播电台"1928 年于南京成立,1947 年改组为"中国广播股份

---

①《人民日报》,1954 年 6 月 20 日。

②左漠野主编,《当代中国的广播电视》(上),北京:中国社会科学出版社 1987 年版,第 53 页。

有限公司"，简称"中广"（BCC）。"中国广播公司"在1949年迁台后，为了"善尽'政治登陆'前驱与'军事反攻'先导的职责"①，台湾国民党当局决定，运用"中国广播公司"的一架中波发射机，于1950年12月18日正式开始对大陆播音，设置专门节目，使用"中央广播电台"呼号，每天播音6小时。1951年8月6日，为了加强宣传力度，台湾国民党中央改造委员会成立"大陆广播组"，专门负责对大陆广播节目的编播工作。当时的节目内容，除新闻报道外，还设有《每日评论》《想一想》《广播通讯》《综合报道》等栏目。1954年5月20日，"大陆广播组"扩大改组为"大陆广播部"，并启用"中央广播电台"名称。②"中广"对大陆广播节目设计巧妙，具有一定的蛊惑性。譬如，当时有一档颇有影响的节目叫作"三家村夜话"，其宣传口号是"你想知道中共的内幕信息吗？请听三家村夜话"，还采用戏剧的形式，设置三个角色人物，在谈心的表象中传达心战的信息。③而且，台湾"中广"具有很强的发射功率，电波可以覆盖整个大陆。为了达到更好的宣传效果，还使用一种美国生产的"360度旋转天线"，可以不定时、不定角度发射无线电波，甚至发射频率也可以随时更改。如果要对山东广播，把角度调到山东方向就可以了。这些设备最初安装在美国军舰上，20世纪60年代美国转赠给台湾后，被安置于台湾中部的嘉义民雄，这里地表潮湿，地势平坦，是进行无线电波传输的绝好位置。④针对"中广"的攻势，1954年8月，大陆中央人民广播电台接办了华东人民广播电台的对台广播，对台宣传全方位升级，改变了电波战"敌强我弱"的态势。

三、早期的对台广播对当下有哪些启示

早期的对台广播虽然人员不多，时段不长，但起点颇高，至今看来仍有诸多值得借鉴之处。

1. 编播人员熟悉和了解台湾

上海早期对台广播的编播人员多是地道的台湾人，且有丰富的媒体从业经历。如苏新、蔡子民等，都是台湾的高级媒体人，既熟悉台湾社情民意，也能熟练驾驭媒体。即使部分来自福建的编播人员，也基本到过台湾，对台湾比较了解，这种传播

---

①陈扬明、陈飞宝、吴永长，《台湾新闻事业史》，北京：中国财政经济出版社2002年版，第148页。

②赵玉明、艾红红，《中国广播电视史教程》，北京：中国广播电视出版社2009年版，第209页。

③曾在台湾"中广"担任播音员和编审员的朱筱萍的介绍。

④钟岷源，《两岸政治炮兵的"心战"记忆》，《南风窗》，2009(22)，第62页。

主体优势确保了传播势能的形成。如今,虽然两岸交流交往已经相当热络,但还有相当多从事对台广播的编播人员没有到过台湾,对台湾缺乏深入的了解,使宣传的针对性大打折扣。以本人所供职的海峡之声广播电台为例,85%以上的编播人员没有去过台湾,对台湾的了解仅仅局限于媒体,缺乏真正的体悟和认识,难以准确把握台湾受众的心态与兴趣,这也是目前对台广播的一个短板。

2. 重视调研对编播的促进作用

即使编播人员对台湾相当了解,但早期的对台广播还是非常注重调查研究听众的思想动态,分析研究台湾问题。在无法到台湾深入调查的情况下,上海早期的对台广播专门设立了一个台情调研组,由专人调研台情,并经常向所有编播人员汇报,为编稿和播音提供参考。对台情的调研既有反映台湾党政和社会动态的信息,也有"台湾人民生活情况""台湾各阶层的分析""台湾工商业情况""台湾土地关系及限田政策"等专题研究。就重点问题作系统、深入的分析,使当时的对台广播能够紧扣台湾听众的思想问题,做到有的放矢,"对克服宣传中的盲目性起了一定的作用"。① 这种做法随着上海早期对台广播的大部分编播人员调入中央人民广播电台而得以发扬,"进行深入细致的台情调研,便成了(中央电台)台播部成立初期的重要课题"②。当时的台情调研主要通过以下途径:一是研究从香港邮寄来的台湾报纸;二是成立了一个收听小组,专门收听台湾的广播节目内容;三是组织召开国民党起义归来人员座谈会。加强调查研究,研究与编播紧密结合,以研究促进编播,以编播引导研究,这也是对当今对台广播的重要启示。

---

①蔡子民,《忆华东台对台湾广播》,《华东人民之声》,北京:中国广播电视出版社1994年版,第334页。

②蔡子民,《一个"老台播"的回忆》,《对台广播回忆录——中央人民广播电台对台湾广播40周年》,北京:中国广播电视出版社1995年版,第2—3页。

第二章 "和平解放"时期的对台广播

（1955—1966）

第一节 对台方针的第一次战略调整

20 世纪 50 年代中期，随着国内外形势的变化，中国共产党不失时机地提出了"和平解放台湾"的主张，并首倡第三次国共合作，以和平协商的方式解决台湾问题，达到海峡两岸的统一。从"武力解放"到"和平解放"，这是中共对台政策的重大变化和历史性发展。

一、"和平解放台湾"主张的提出

20 世纪 50 年代，国内外形势有了新的发展变化。首先，随着美国进一步插手台湾事务，台湾问题出现复杂化和国际化的倾向。其次，美国和台湾当局的矛盾逐渐暴露，并进一步激化。再次，新中国综合国力增强，国际地位日益提高，这既为武力解放台湾奠定了基础，又为和平解放台湾提供了前提。① 在此背景下，中国共产党和中国政府调整了对台政策，适时提出了"和平解放台湾"的主张，同时主动提出愿意同美国就缓和台海紧张局势坐下来谈判。

1955 年 4 月 15 日，周恩来总理在出席万隆会议前夕访问缅甸，与缅甸总理吴努会谈时说："中国同蒋介石集团之间的战争是内战的继续，过去没有现在也不允许外来干涉。如果美军撤退，我们是可能用和平的方式解放台湾。只要蒋介石同意中国的和平和统一，同意和平解放台湾，并派代表来北京谈判，我相信即使蒋介石本人中国人民也可以宽恕他。"②首次向外界表达了中国在可能的条件下和平解放台湾的信息。

1955 年 5 月 13 日，周恩来在全国人大常委会第十五次会议上报告亚非会议的

---

①张春英主编，《海峡两岸关系史》第三卷，福州：福建人民出版社 2004 年版，第 664 页。

②中共中央文献研究室编，《周恩来年谱(1949—1976)》上卷，北京：中央文献出版社 1997 年版，第 463—464 页。

情况时明确提出："解放台湾有两种可能的方式,即战争的方式和和平的方式。中国人民愿意在可能的条件下,采取和平的方式解放台湾。"①这是中国政府第一次正式、公开地提出"和平解放台湾"的新的政策主张。周恩来指出:和平解放台湾的主张,标志中国共产党对台湾政策的重大转变。② 同年7月30日,周恩来在一届全国人大二次会议的报告中再次重申了上述和平解放台湾的主张后,进一步指出:"只要美国不干涉中国内政,和平解放的可能性将会继续增长。"并向台湾当局传递,"如果可能的话,中国政府愿意同台湾地方的负责当局协商和平解放台湾的具体步骤"③。

二、"和平解放台湾"方针的确立

1956年,中国大陆进入全面建设社会主义的时期,需要一个和平、安定的环境。为了加快和平解放台湾的进程,团结一切可以团结的力量,中共中央进一步将和平解放台湾的主张发展为和平解放台湾的号召。1956年1月30日,周恩来在政协第二届全国委员会常务委员会的工作报告中,提出"为争取和平解放台湾,实现祖国的完全统一而斗争"的号召。他号召台湾同胞和一切从大陆撤到台湾的人员,站到爱国主义的旗帜下,同祖国人民一起,为争取和平解放台湾、实现祖国完全统一而奋斗。④ 同年2月4日《人民日报》发表了《为和平解放台湾而奋斗》的社论,重申了为争取和平解放台湾而奋斗的号召。至此,中共"和平解放台湾"的方针得以确立。

三、"和平解放台湾"内涵的充实

1. 首倡第三次国共合作

和平解放台湾的主张和号召提出后,中国共产党和中国政府根据两岸的具体情况进一步宣布了具体的政策和谈判的方式,使和平解放台湾有了确切的内涵。毛泽东于1956年4月提出"和为贵""爱国一家""爱国不分先后"等政策主张,以及周恩来于1956年1月30日、6月28日分别在政协第二届全国委员会常

---

①《中华人民共和国国务院公报》,1955年第7号。
②张春英主编,《海峡两岸关系史》第三卷,福州:福建人民出版社2004年版,第666页。
③中共中央文献研究室编,《建国以来重要文献选编》(7册),北京:中央文献出版社1993年版,第54页。
④《周恩来选集》下卷,北京:人民出版社1984年版,第499页。

务委员会、一届全国人大三次会议上的报告,充分阐发了中共和平解放台湾的政策主张。归纳起来主要是:和平解放台湾总的原则是"爱国一家",既往不咎。具体是:爱国一家,不分先后;省亲会友,来去自由;既往不咎,宽大对待;立功受奖,适当安置。① 此外,在和平解放台湾的主张提出后,中共中央还立即首倡第三次国共合作。中国共产党和平解放台湾和实行第三次国共合作的主张,是对台方针历史性的转变,对于海峡两岸关系的发展和祖国的统一具有重要意义。②

为了促进台湾和平解放的进程,中共中央还印发了《关于加强和平解放台湾工作的指示》,同时在周恩来的直接领导下,成立对台工作办公室,专门开展对台工作。自 1958 年"第二次台海危机"至 1979 年 1 月《全国人大常委会告台湾同胞书》发表的 20 年间,海峡两岸关系由过去的激烈军事对峙,转变为以政治对峙为主、军事对峙为辅的冷战对峙状态。③

2. 提出"一纲四目"方针

在海峡两岸的冷战对峙期间,祖国大陆的对台工作仍然沿着和平解放台湾的轨迹向前发展,并提出了"一纲四目"方针,分批释放了国民党战犯和美蒋特务,缓和了海峡两岸的紧张局势,表现出和平解放台湾的诚意,也为实现祖国和平统一提供了一种可供选择的适当方案。

1960 年 5 月 22 日,毛泽东主持中共中央政治局常委扩大会议,根据国内外形势的变化,研究了台湾问题,确定了对台工作的总方针。会议认为:台湾宁可放在蒋氏父子手里,不能落到美国人手中;对蒋介石我们可以等待,解放台湾的任务不一定要我们这一代完成,可以留交下一代去做;现在要蒋过来也有困难,问题是总要有这个想法,逐步地创造条件,一旦时机成熟就好办了。毛泽东讲:你不来白色特务,我也不去红色特务。中共中央领导人还一再表示:台湾当局只要一天守住台湾,不使台湾从中国分裂出去,大陆就不改变目前对台湾的关系。④ 为使蒋介石了解中共对台政策,同年 5 月 24 日,周恩来约见张治中等民主人士,请张治中致信蒋介石,说明中国共产党的对台政策。周恩来将毛泽东和中共中央讨论的意见概括成为"一纲四目",于 1963 年初通过张治中致陈诚的信转达给台湾当局。"一纲"

---

① 《周恩来选集》下卷,北京:人民出版社 1984 年版,第 202～203、499 页。
② 张春英主编,《海峡两岸关系史》第三卷,福州:福建人民出版社 2004 年版,第 670 页。
③ 张春英主编,《海峡两岸关系史》第三卷,福州:福建人民出版社 2004 年版,第 684 页。
④ 童小鹏,《风雨四十年》(第二部),北京:中央文献出版社 1996 年版,第 277 页。

是:只要台湾回归祖国,其他一切问题悉尊重蒋介石与陈诚的意见妥善处理。"四目"包括:台湾回归祖国后,除外交必须统一于中央外,所有军政大权人事安排等悉由蒋介石与陈诚全权处理;所有军政及建设费用,不足之数,悉由中央拨付;台湾的社会改革可以从缓,必俟条件成熟,并尊重蒋介石与陈诚的意见协商决定,然后进行;双方互约不派人进行破坏对方团结之事。[①]

周恩来概括的"一纲四目"的方针,经过了毛泽东审定,较之 1955 年至 1956 年提出的"和平解放台湾"的方针前进了一步,在内容上更具体化,既维护了民族大义,又尊重了台湾的现实,是一个合情合理的两岸统一方针。[②]

总之,从 1958 年金门炮战后至"文化大革命"前,中国共产党为了和平解决台湾问题,尽快实现祖国和平统一,无论是在政策上还是在措施上,都前进了一步。特别是"一纲四目"方针的提出,它既丰富和发展了"和平解放台湾"的政策与实践,又成为后来"和平统一、一国两制"的基础。[③]

第二节　对台广播的扩建

随着对台宣传攻势的升级,中央人民广播电台对台广播在技术建设上也不断加强。1955 年,建成了福州(552 台)和泉州(641 台)两个对台湾广播的中波发射台,发射机为 20 千瓦,采用木杆悬挂倒"L"形定向天线。[④] 1955 年,为加强对台湾的广播,491 台 8 号工程开出 8 部 7.5 千瓦短波机,采用国产的"双菱形天线"。[⑤] 1957 年,将 552 台和 641 台的 7.5 千瓦屏极调制发射机改造为 150 千瓦自动屏调机。[⑥] 此外,由于对台前线宣传形势的需要,对台广播迎来了一次发展和扩建,原有的分散力量被整合,停办的广播重新开播,还新建了无线广播电台,用以加强前线的对台广播宣传。

---

①中共中央文献研究室编,《周恩来年谱(1949—1976)》中卷,北京:中央文献出版社 1997 年版,第 321 页。

②张春英主编,《海峡两岸关系史》第三卷,福州:福建人民出版社 2004 年版,第 690 页。

③张春英主编,《海峡两岸关系史》第三卷,福州:福建人民出版社 2004 年版,第 693 页。

④刘洪才、邸世杰主编,《广播电影电视专业技术发展简史(广播电视)》,北京:中国广播电视出版社 2007 年版,第 146 页。

⑤刘洪才、邸世杰主编,《广播电影电视专业技术发展简史(广播电视)》,北京:中国广播电视出版社 2007 年版,第 147 页。

⑥刘洪才、邸世杰主编,《广播电影电视专业技术发展简史(广播电视)》,北京:中国广播电视出版社 2007 年版,第 121 页。

一、厦门对台有线广播的整合与扩建①

1. 对台有线广播被对方压制

厦门对台有线广播的宣传搞得国民党当局紧张不安,他们先是炮击我广播设施,而后要求守岛官兵在我广播时敲锣打鼓制造噪声或用纸团塞住两耳。在各种方法使用无效后,赶紧向美国紧急求援,于1957年初在厦门岛对岸的金门、大担等岛屿架起最先进的有线和无线广播电台,昼夜不停地广播,并且组建成立了以蒋经国为主任的"政战部",负责日常监督前线国民党官兵的思想动态和对大陆的反宣传。

大功率的无线广播和有线喇叭,不但压制了厦门对台有线广播的声音,使我方宣传失去效果,而且还覆盖了整个厦门地区,对我前线军民进行反宣传。另外,经过三年多的运行后发现,我方的厦门对台有线广播由于四个广播站隶属三个部门管辖,特别是岛内的三个广播站距离相近,广播对象一致,同是大小金门、大担和二担岛屿上的蒋军官兵,广播内容因隶属不同,侧重点亦有所不同,可能会造成蒋军的误解。而且多机组、多机台、多人员等造成大量的人、财、物的浪费,不符合当时提倡要多、快、好、省地建设社会主义的方针和政策。为了应对这一形势的变化,1957年上半年,上级部门决定将厦门战区的四个有线广播组合并,成立"对敌广播站厦门总站"。同时,委托中国科学院声学研究所马大猷所长等声学专家研制超大功率的喇叭,要求喇叭广播的声音能越过金门岛北太武山,让躲避在山后的金门料罗湾的国民党官兵都能听得见广播。

2. "福建前线对敌广播站厦门总站"成立

1957年下半年,经有关部门批准,将厦门岛内的无线广播电台和白石头、香山、石胄头有线广播站全部划归第31军管辖,成立福建前线对敌广播站厦门总站。总站下设有线广播电台和无线广播电台两项,第31军政治部敌工处副处长姜风才奉命负责筹划建立厦门前线对敌广播站总站的工作。姜风才等人在厦门岛内各处勘察比较,经过数月的奔波,初步选定两个濒临海边的地点:一是在曾厝坂社前的国民党高级将领汤恩伯的公馆(现在的珍珠湾花园),二是在胡里山社旁的胡里山炮台。经过仔细分析比较后,有关部门决定同意在胡里山炮台内建立福建前线对敌广播站厦门总站,并由福州军区敌工部部长韩光同志挂帅指挥、组织、筹备,利用

①部分资料引自原胡里山炮台管委会主任韩栽茂的研究文章《胡里山炮台曾经开展"攻心战"》,http://blog.cntv.cn/? uid-1097790-action-viewspace-itemid-798802

原有两座百年前德造克虏伯旧海岸炮垒,拆除其中一尊克虏伯大炮,改建安装起数十千瓦大型有线广播机器设备。炮台弹药库为播音、录音控制设备室,将石胄头、白石炮台、香山几个广播电台以沿海滩十余里长,下埋一米深的传输电缆连结,将播音节目向前沿各广播站传输,形成一个大

"世界之最"大喇叭

型、科学、系统有序的有线广播联播网。

1958年初,时任广播站机务组组长的马昭智到福州的福建人民广播电台,亲自挑选一台7.5千瓦的主机运回厦门。从中央人民广播电台拨给厦门前线的一台7.5千瓦的主机,由中国科学院声学研究所研究特制的几组超大功率的气动高音喇叭、胶带录音机等广播器材,亦同时运抵胡里山炮台广播站。1958年上半年,两台主机被秘密地安装到拆空的西炮台内。设备安装后,用电缆将信号输送到安装在白石头炮台、石胄头和香山等地点的大功率高音喇叭。这些超级广播喇叭体型巨大,每个喇叭长5米,口径2.86米,其功率相当于20个常见的挂在学校操场和农村电线杆上的普通电动喇叭,现在环岛路椰风寨公路对面"一国两制统一中国"大宣传牌后面石胄山上有个方形的喇叭堡,就是其中一个。这是一座除了厦门、金门以外,世界其他地方看不到的奇特建筑,堡高12米、宽8米、厚6米,正面横5排、30个喇叭就等于600个普通喇叭,功率15千瓦。这30个喇叭同时发出声音时气势磅礴,广播时,人站在喇叭堡前都会被震伤。

3. 建立"福州军区厦门对敌有线广播站"

1958年,震惊中外的"八·二三"炮战后,"中国人民解放军福州军区厦门对敌有线广播站"正式建立,广播站的机组人员和播音员及通讯连队进驻胡里山炮台,用其铿锵有力的声音开始对金门广播。广播站建制健全,吕长秀为第一位站长,下设协理员、保卫干事等,各方面配备较为齐全。"兵营"的西营房为通讯连的住房,后山区西边的三间弹药库作为播音室和播音员的宿舍,左边(东房)为男播音员宿舍,中间房以过道为线,一分为二,靠北为有线播音室,靠南的为无线播音室,右边(西房)为女播音员宿舍。后来随着广播站的扩大,在弹药库屋顶加盖一层作为播音员的宿舍。这样,西炮台、西营房和弹药库连成有机的一体(东营房为海军岸炮部队的连队住房)。

二、福建前线广播电台的开播与扩建

1. 艰难中筹备①

1958 年夏天,毛泽东主席主持召开中央军委紧急会议,决定炮击金门,中国人民解放军福建前线部队奉命立即进入紧急战备状态。当时,大陆前线对国民党军队宣传的主要手段是有线广播,由于有线广播功率太小,只有在风平浪静的夜晚,金门岛才能听到,激烈的炮战中根本无法收听。为了改变前线对国民党军队宣传上的劣势,上级决定准备扩建广播站。当时战事已迫在眉睫,用于改装的大功率喇叭还远在外地工厂试制当中,远水解不了近渴。时任福州军区联络部部长的韩光与福建省广播事业局副局长兼省台台长黄明研究后,提出了自己组建一个专门对国民党军队广播的无线广播电台的主张。他们的想法和建议很快得到上级的同意,韩光和范景岳便来到前线,开始了对国民党军队宣传的各项准备工作。

虽然只是筹建一个功率不大的小电台,但在当时一无设备、二无人员的情况下,困难重重。韩光和黄明等同志一起调机器、选场地、找机房,一项一项落实。机器是借用厦门市实验台的一部 1 千瓦中波发射机,台址就选在厦门大学对面。机房利用厦门市一个区广播站的房子,并为加强播出效果,采用强定向天线,弥补发射机功率小的弱点。天线的架设是请正在泉州施工的中央广播事业局安装工程队来完成的,仅用了 5 天时间。经过短短十多天的紧张工作,电台的编播、发射等各项工作已准备就绪。

2. 炮火中开播②

1958 年 8 月 23 日,福建前线炮兵部队奉命炮击金门。第二天,即 1958 年 8 月 24 日 18 时整,福建前线广播电台在炮火的弥漫硝烟中,正式开始向金门国民党军广播。播出的第一篇稿件是中国人民解放军福建前线司令部《告金门蒋军官兵书》,广播在《社会主义好》的乐曲声中结束。电台发射功率 1 千瓦,频率 860 千赫。电台开播的第二天,厦门市街头贴出很多红红绿绿的标语,为电台广播《告金门蒋

---

① 资料见《当代中国广播电视台百卷丛书·海峡之声广播电台卷》,北京:中国广播电视出版社 2000 年版,第 1—2 页。

② 资料见《当代中国广播电视台百卷丛书·海峡之声广播电台卷》,北京:中国广播电视出版社 2000 年版,第 2—5 页。

福建前线广播电台的诞生地

军官兵书》拍手称快。前线部队指战员们认为电台广播紧密配合炮击金门的军事行动,大涨了自己的士气,大灭了对方的威风。

福建前线广播电台开播时,因时间紧迫,工作人员少,还来不及研究设置正规的节目,主要是反复广播《告金门蒋军官兵书》、报纸新闻、短语喊话和音乐。几天以后,才正式设置了节目,每天播音 8 小时,分早、中、晚三次,其中,有 1.5 小时是转播中央电台对台湾广播部的新闻节目、综合节目和国际生活节目。福建前线广播电台诞生于金门炮战,其宣传也紧密配合炮战。

(1)编播与技术概况

福建前线广播电台开播后,范景岳具体负责电台的领导工作,汤文林担任总编辑。只有 5 个文字编辑:张若丹、孙兆永、冯宝龙、王乾德、黄文法,一个文艺编辑:秦茂华,一男一女两名播音员:鄢冠雄和梁淑瑶。

电台领导对节目质量要求很严,经常和编辑们一起研究他们编写的稿件,认真推敲,反复修改。还经常审听节目,并建立了每周一次的编播联席会议制度,沟通思想,交流情况,提出问题,互相帮助,研究改进措施,提高编播质量。上级业务主管部门对前线台的工作十分关心,经常给予及时的帮助指导。编辑部撰写的重要稿件,都直接传到北京由上级审查把关,以保证中央的方针政策在宣传中得到贯彻执行。

福建前线广播电台当年的胡里山播音室

前线台的技术设备部分设在与敌占岛屿隔海相望的厦门大学实验台内,低周部分设在实验台后院的一个"马棚"里,设备仅有一部旧"菲利普"录音机、一部与厦门有线广播站合用的增音机、一部电唱机和 20 多张唱片。只有一个机务员:周恩科。

由于人手紧张,中央人民广播电台曾派两名播音员支援前线台的工作,不久又增加了3个播音员和3个机务员,加强了前线台的播音和技术力量。由于人员增加,10月下旬,前线台的低周部分同有线广播站一起移到胡里山前沿的地堡(弹药库)里。

(2)马棚精神

前线台初创时期,技术设备简陋,工作生活条件也非常艰苦。电台的编辑部(初期称编辑组)设在厦门市公园东路108号,它是一座二层小楼,二楼是编辑部办公室,楼顶天台搭了个小房间作为部分编辑人员的宿舍。虽然条件艰苦,但是工作人员的精神非常高昂,仅有的几名工作人员担负着编播6个语言节目(每周约7万字)和文艺节目的繁重任务,此外,每月还要为有线广播站提供几十篇稿件。他们都从未干过编辑业务,但热情很高,干劲很大,每天上午不管多忙,都抽出一个小时坚持学习文件、学习政策、掌握动态、熟悉敌情、研究编辑业务,不断提高自己的政策水平和业务能力,以适应工作的需要。

在厦门大学实验台后院有一个"马棚",位置靠近海堤,屋顶是用圆木盖起来的,上面覆盖着一米厚的土。这间不到20平方米的"马棚",既是前线台的录音室,又是办公室,同时还是播音员和机务员的宿舍。里面放着3张双人床,女同志睡在上面,男同志睡在下面。人员增加后,又拓展了胡里山前沿的地堡,地堡是石头砌成的,中间隔成3间,每间约有18平方米,两边做宿舍、办公室,中间做录音、增音室。

由于没有隔音设备,他们多在深夜录制节目,比较急的稿件就在炮战间隙录制。一篇稿件常常要录几次,半天才能录完一组。录音时经常遇到打炮,有时国民党军的炮弹就在附近爆炸,但编播人员仍镇静而紧张地坚持工作。有一次,女播音员陈菲菲正在播音,突然国民党军的一发炮弹在离她工作的地堡外仅一米的地方爆炸,把她震得跳了起来,但她仍继续播音。还有一次,中央电台女播音员赵丽萍正在播音,国民党军的炮弹把她的眼镜震落摔碎了,她从地上摸起破碎的镜片,用手拿着看稿,继续播音。编辑组通常是头天晚上编写并审定稿件,第二天一早由责任编辑骑自行车送到五六里外的胡里山录音、播出。遇有急稿,无论白天和黑夜,刮风还是下雨,都是随到随编、随编随送。在炮战激烈的日子里,前线台的工作人员冒着炮火往返送稿件、录节目,把个人安危置之度外。编辑们除了编写稿件和到前沿送稿,还要轮流到前沿值班。播音员和机务员们除了播音录音外,也要担任增音值班任务,并要轮流买菜做饭。这种在艰苦环境中锻炼出来的忠于职守、不怕牺性、勇于奉献、视事业为第一生命的敬业精神,被统称为"马棚精神",成为福建前线广播电台宝贵的精神财富。

3. 两次扩建与搬迁①

(1)从厦门前线到厦门郊区

考虑到前线斗争形势,1959 年初,福建前线广播电台扩建工程动工,新台址选在离前沿较远的厦门杏林锦园。1960 年 3 月,扩建工程全部竣工,新台的总建筑面积 1460 平方米。6 月初,电台全部编播技术人员从厦门市迁到了西北郊的杏林锦园新台址。

扩建后,福建前线广播电台不但生活和办公条件得到改善,两座崭新的楼房与昔日的"马棚"不可同日而语,红砖平房的播出机房宽敞,录音间具备隔音性能,宿舍一般两人一间,办公室窗明几净,而且技术与编播力量也得到加强。在机器设备上,除了原有的发射机、播出频率继续使用外,增加了一部 7.5 千瓦中波发射机,新频率 930 千赫。在编播人员方面,1960 年 2 月,上级调长期从事宣传工作、文字功底好、业务能力强、经验丰富的毛哲民任前线台总编辑,使前线台宣传和编播业务工作得到加强。此外,编辑部还设了新闻组、评论组、专稿组,成立了播控组(包括播音、增音和机务)和发射机房,全台人员增加了一倍多,达到 30 多人。编播、监听、机器维修和机房安全等方面的规章制度,也逐步建立起来。

(2)从厦门郊区到省会福州

1961 年 2 月,罗荣桓视察福建前线,并就福建前线广播电台的工作做了指示。他对前线台在宣传祖国建设成就和有关对国民党军政人员政策方面取得的成绩给予肯定,同时也指出了存在的不少问题,主要是宣传软弱无力,还处于比较被动的状态,掌握情况慢,宣传内容一般化,针对性不强,不够生动,技术力量也没有压倒对方。他认为,电台现有功率太小,力量太弱,我们的政治攻势严格地讲只能算是政治守势。因此,他指示:要立即改变这种状况,要在对国民党军宣传的各个方面,变守为攻,压倒对方。随后,罗荣桓立即打电话回北京,要求派人到福建共同研究解决前线台存在的问题。

上级有关领导接电话后,当即与中央广播事业局的领导一起,带领一班人于 3 月初来到福州,听取了情况汇报后,决定在厦门召开业务会议,研究解决对国民党

---

① 资料见《当代中国广播电视台百卷丛书·海峡之声广播电台卷》,北京:中国广播电视出版社 2000 年版,第 12—13、15—17、25—26、28—31 页。

军广播技术力量问题。3月12日至15日,对国民党军宣传业务会议在厦门召开。这次会议的指导思想是端正宣传方向,加强宣传力度,从政治上、技术上压倒对方。会议以整风的方式检查了前线对国民党军宣传工作,认为存在的主要问题是:对中央"联蒋抵美"的斗争策略理解不够全面,对蒋介石集团的黑暗统治揭露不够,对国民党的造谣污蔑进行针锋相对的驳斥不够。会议强调要"端正方向",加强宣传主动性,从政治上、技术上加强对国民党军宣传。

中央广播事业局领导从北京带来了一个方案,提出给前线台增加16部发射机,其中8部为7.5千瓦中波机,8部为15千瓦短波机,大幅度提高前线台的发射功率。同时,在福建沿海地区增加6个对敌台的干扰台。经过会议协商,中央广播事业局对方案做了调整。会议之后形成了《关于加强福建地区对国民党军广播技术设备的报告》,于1961年4月8日以电报的形式上报中央。5月11日,中共中央对"报告"回电批复,决定加强福建地区对国民党军广播和对敌干扰设备建设,把它作为国家重点建设项目之一,列为国家七〇〇工程。20世纪60年代初,大陆因"大跃进"和三年自然灾害而造成国民经济极为困难。在这种情况下,中共中央批准了这个经费开支超过1000万元的方案,充分说明了中央对前线对国民党军宣传工作的重视。

1961年底,根据中共中央《关于加强福建地区对国民党军广播技术设备的复示》精神,成立了七〇〇工程基本建设委员会和办公室。根据七〇〇工程的总规划,前线台将建一个台本部和下属4个分台,新安装120千瓦中波发射机1部,15千瓦短波发射机8部,7.5千瓦中波发射机6部,以及一座具有现代化电声设备的中型播音馆。此外,该工程规划还要建6个对敌台的干扰点以及小嶝岛有线广播工程。

1962年初,选择场址、勘察地形的工作开始。福建前线广播电台本部场址的选择,按照福建省政府提出的"上山,不占平地"的原则,选定了福州北郊新店的秀山,4个分台分别选在福州的井店、厦门的后溪、长乐的下洋和古田的新城镇郊。与此同时,七〇〇号工程办公室向中央广播事业局提出了前线台中短波频率晶体申请,经有关领导与中央广播事业局和邮电部联系协商,对前线电台频率尽量做合理的调整。至1964年8月,经调整定案后新分配前线台的13个短波频率晶体26块需急速生产。1963年初,根据上级机关和中央广播事业局批准的《关于七〇〇号工程1963年施工进度计划的报告》方案,工程施工按计划全面展开。1964年10月中旬,福建前线广播电台由厦门杏林锦园迁到了福州市北郊新台址。

搬到福州新址后,前线台在结构和体制上形成了全新的格局,进入空前兴盛的新的发展时期。首先在编制上增加了台长、副台长,于 1962 年 12 月,从北京调来老新闻干部曹曲水担任前线台第一任台长。按照新的编制,前线台不仅有一个健全的台部机关,而且有了形成二线布局的几个分台,已是一个具有相当规模的电台了。编制规定,台部机关由编辑部、技术部、政治处、管理科组成。编辑部设总编办公室、评论科、新闻科、政策科、文艺科,技术部设技术科、器材科、控制室。总台下辖 4 个分台,即发射中心福州分台和厦门、古田、下洋 3 个转播台。全台增加 10 多部中短波发射机,广播频率由原来的 2 个增加为 24 个,发射总功率增强了约 35 倍。从古田、福州、长乐、厦门不同方向发射的电波互相交错,相互衔接,像一个大的扇面,形成了一个场强分布图,可覆盖整个台、澎、金、马地区。

前线电台不仅发射功率大大增强,编辑队伍和技术力量也不断壮大。1962 年以后,为了加强前线台的采编力量,上级领导机关分批调配了领导干部和采编人员,从全国各地抽调文字能力较强的干部到前线台任编辑,从各地大专院校调配了三批编辑和技术骨干。为保障播出,改变技术力量比较薄弱的状况,上级业务主管部门先后为前线台调进了几批技术人员,并有计划地组织人员去中央电台、上海台、江苏台培训。1965 年 3 月 15 日,上级业务主管部门与中央广播事业局联合发出了有关对前线台的技术管理等问题的通知,对前线台的技术指导和器材供应的归口等问题作了明确规定。此后,中央广播事业局在指导设备维修、代训技术骨干、交流技术经验、统一指配频率、供应晶体、协助器材维护、协助解决当地无法购置的广播专用器材、通知参加广播技术性会议等方面,给予前线台很多关心、帮助和指导。

(3)建立健全各项规章制度

发射功率的增强,广播覆盖面的扩大,对电台的宣传工作提出了更高的要求。为更好地完成宣传任务,前线台领导提出了各项业务工作要制度化、规范化的要求,抓紧建立健全各项规章制度。

为把好编播质量关,保证宣传质量,前线台于 1964 年 11 月制定了《关于编、播若干问题的意见》和《值班编辑监听的目的、职责和注意事项》。《监听职责》明确规定,监听对电台播出负政治上监督的责任,目的是及时发现播出的差错和存在的问题,以便不断改进对台广播工作。因此,审听节目应严肃认真,精力集中,把它作为严肃的政治任务来完成。《意见》对各文字节目换稿时间,上交播出计划和稿件时间,临时更换节目或稿件,录制、审听和保留节目等问题都做了具体的规定,这样就从职责上加强了编播人员的政治责任感,减少和杜绝了重大差错和事故。这两个制度规定都先以"初稿"形式试行一段时间,加以补充修改后正式颁布实行。经过实践证明,这些制度规定对于提高编播质量、减少和杜绝重大差错和播出事故,起了很大的作用。

在技术管理方面,技术部按照关于加强业务建设、健全业务制度的意图,制定下发了《技术、器材管理规定》,对当时技术、器材管理急需执行的问题作了具体规定,要求各分台及控制室将设备运行情况以及库存器材统计上报,以便及时解决存在的问题。1965 年 8 月 10 日,前线台《关于下半年工作安排》又强调,要加强技术建设与管理,进一步熟练掌握各项专业技术。9 月 23 日,技术部在《当前技术管理执行情况及存在问题》的情况通报中强调,必须加强机房全体同志工作责任心,严格执行制度。同时,准备对现行技术器材管理与维护检修等制度重新进行研究,修订补充,年内召开一次技术器材管理工作会议,进行研究讨论后,正式颁布试行。还制定了《停播、事故分类办法(草案)》,进一步明确了停播和事故的定义及停播的分类,这对分清事故的性质、责任,加强责任心具有重要意义。10 月,技术部在全台技术人员中认真开展了岗位技术练兵活动,提高值班人员实际维修操作能力。同时,又在各分台、室开展了单项设备的"优质零秒"评比活动。这些措施,对提高业务水平、防止事故发生起到了重要作用。1966 年 4 月,技术部鉴于电台设备已逐渐趋向稳定,对停播率指标提出了更高的要求。为此,要求各分台对限制放大器工作状态、质量指标,认真做一次检验调整,合理使用,充分发挥设备的潜力,努力提高平均调幅度,解决让宣传对象听得响、听得清的问题。按照技术部的要求,各分台(室)针对播音质量存在的问题,组织了一次讨论,统一了认识。还组织学习兄弟电台的成功经验,针对自己的问题进行研究,提出了改进意见,并组织力量逐个解决,从而增强了播出效果。

三、福建台对台广播的复办

炮击金门的过程中,对台广播宣传不断得以加强,曾经开办过对台广播的福建人民广播电台也着手复办对台广播。1959 年 6 月 16 日 22:10—22:40,福建电台举办的《对马祖地区广播》节目正式播音,每天在第一套节目使用普通话广播 1 次,30 分钟,为综合性专题节目。之后,播音时间不断增加。1960 年 5 月 16 日,改称《对金门马祖地区广播》节目,确定以台、澎、金、马民众为主要对象,积极向知识界、工商界和渔民开展宣传,同时注意做好对国民党军政人员的宣传。每天在第一套、第二套节目使用普通话各广播两次,每次 30 分钟。1961 年 7 月 1 日起,每次节目增到 40 分钟。1963 年 5 月 6 日起,每天用普通话广播 5 次、闽南话广播 3 次。同年的一段时间里,将每天 8∶00—8∶40 播出的时间延长 20 分钟。[①]

第三节　宣传对象与节目调整

一、宣传对象与宗旨

1. 宣传对象的细分与扩充

从宣传对象的范围与阶层涵盖上来讲,总体上各家对台广播都基本没有变化。比如,作为中央级的广播电台,中央电台对台湾广播的宣传对象仍然以台湾人民和军政公教人员为主要对象,位于厦门的对台有线广播在宣传对象上仍以离岛国民党军为主,福建人民广播电台的对台广播节目仍面向台、澎、金、马。在对象上有所调整的只有福建前线广播电台,在开播初期,前线台以金门岛上的国民党军为宣传对象,第一次扩建后,随着发射功率增大,广播的对象和宣传内容也相应扩充,确定电台宣传范围包括台湾,宣传对象以国民党军队为主,重点对象是中上层军官,并适当照顾国民党军队中有影响的国民党上层党政人员,宣传工作贯彻中央关于"长期打算,细水长流","台、澎、金、马一盘棋"的方针。[②]

如果从宣传对象的具体区分上看,对台广播的对象意识更强了,宣传更有针对性,针对不同的对象设计和推出了不同的节目,在对象区分上更加细化。如中央电台对台广播开办了客家话节目,针对台湾各阶层的客家籍人士,同时兼顾去台客家籍人士的中上层人物,在祖籍广东、福建、广西、江西、湖南的台湾客家同胞中发挥乡音的贴近作用。以国民党军为主要宣传对象的福建前线广播电台,则根据不同的军种分别开办《对国民党海军广播》《对国民党空军广播》《对国民党空军喊话》等节目。

2. 宣传宗旨突出"和"与"爱国"

在宣传基调与宗旨上,对台湾广播随着中央对台方针的调整而调整,开始由"武力展示"为主变为强调"和为贵"和"爱国一家"。如,中央电台对台广播以"努力

---

①福建省地方志编纂委员会,《福建省志·广播电视志》,北京:方志出版社 2002 年版,第 72—73 页。

②《当代中国广播电视台百卷丛书·海峡之声广播电台卷》,北京:中国广播电视出版社 2000 年版,第 12 页。

扩大和平解放台湾的影响,为和平谈判创造条件"为宗旨,宣传"强调同,不强调异;强调爱国就是一家,不强调对立仇恨;强调一致对外,不强调内部纷争。用事实说明'爱国不分先后,爱国一家,既往不咎'的政策。宣传'和为贵',提出和平解放台湾功在国家,利在自己,是台湾国民党军政人员最光明的道路"[①]。福建前线广播电台的宣传宗旨是紧密配合炮战,"广播我福建前线司令部《告金门蒋军官兵书》和各种通知;揭露美帝国主义的侵略扩张政策和侵略罪行;揭露蒋介石集团对祖国大陆的破坏活动和残害沿海同胞的罪行;结合我炮战的胜利,宣传我陆、海、空军的强大威力和我对国民党军政人员的政策;强调以和为贵,以爱国为重,号召国民党军官兵团结、爱国、反美"[②]。前线台以短小精悍、具有战斗性的宣传,配合前线的军事斗争,以反美爱国为中心内容,集中力量打击美帝国主义,大力宣传祖国建设成就,宣传爱国一家,宣传和平解放台湾的政策。[③]

　　福建人民广播电台的《对金门马祖广播》节目继续宣传中国人民一定要解放台湾的决心,报道祖国大陆社会主义建设成就,突出介绍台湾同胞祖籍地福建的新面貌,邀请各界爱国人士撰写文章或作广播讲话。本着晓以大义,陈以利害,动以感情,摆事实、讲道理的精神,讲清台湾依赖外力,难以苟安,跟着走下去,是没有前途的。1962 年 1 月间,趁全国人大代表、全国政协委员来闽视察之机,邀请原国民党"行政院"负责人翁文灏对台湾国民党军政界老朋友作广播讲话,着重揭露美帝国主义者企图在国、共两党的历史纠纷中插一手,命令中国人做这样、做那样,这是损害中国人的利益,决不能上当,并先后广播茅以升的《从福建桥梁建设看我国人民的智慧》、汪胡桢的《福建水利建设成果大》、王历畔的《返回故乡古田观感》等广播稿,从一些侧面生动而具体地向台湾同胞介绍祖籍地福建的新貌。以典型事例,宣传"爱国一家""爱国不分先后""一切爱国者都有出路"的政策。1963 年 6 月初,邀请原国民党空军上尉飞行员徐廷泽作广播讲话。之后,以宣传徐廷泽驾驶美制 F－86 喷气战斗机起义归来的爱国正义行动为中心,结合宣传国家公安部两次公布东南沿海军民全歼美蒋武装特务和中国人民解放军空军部队击落美制蒋机的重大胜利,以及金门和云南境外国民党军人员投诚归来等事件。在这期间,福建电台对台广播还集中一段时间广播人民政府对国民党海、空军人员起义、投诚奖励规定,

　　①杨波主编,《中央人民广播电台简史》,北京:北京广播学院出版社 2000 年版,第 262 页。

　　②《当代中国广播电视台百卷丛书·海峡之声广播电台卷》,北京:中国广播电视出版社 2000 年版,第 5 页。

　　③《当代中国广播电视台百卷丛书·海峡之声广播电台卷》,北京:中国广播电视出版社 2000 年版,第 12 页。

联络办法和安全通行证等有关政策。①

为了落实宣传宗旨的调整,对台广播在播音基调的末端上开始降调,不断摸索和逐渐形成"生动活泼、通俗易懂,播音顺口,使听者有兴趣,感到亲切"②的语言风格。这些探索虽然在"文化大革命"中受到冲击,但对 20 世纪 80 年代对台广播播音风格的成功改革提供了颇有价值的思想启蒙和实践经验。

二、节目调整的特点

1. 播出时间不断增加

随着编播与技术力量的加强,对台广播的播出时间不断增加。中央电台对台广播开始只有 4 小时,到 1955 年 5 月 1 日,每天播音时间增加到 10 小时 15 分钟,分早晨、中午、晚上 3 次。到 1956 年,播音时间进一步增加到 12 小时,并形成独立的对台广播频道。1956 年 10 月 3 日,播音时数延长为 13 小时 15 分钟。20 世纪 60 年代,每天的播音时间先后增加到 14 小时、17 小时。③ 福建前线广播电台开始每天播出 8 小时,分早、中、晚 3 次,后增加到 11 小时 30 分。1963 年 6 月,再次增加到 16 小时 30 分。1965 年下半年,前线台各分台开机发射后,每天有 12 至 13 个频率同时播出。根据频率资源较为丰富的情况,前线台讨论了节目调整问题,并研究了设置两套节目的方案。经报上级机关批准后,前线台于 1965 年 12 月 1 日正式开办两套节目,根据宣传对象的作息时间特点安排节目,部分节目时间交错安排。第一套节目播音 16 小时 5 分钟,第二套节目播音 10 小时 45 分钟,两套节目总播音时间为 26 小时 50 分④。每天从早晨 4 点 30 分至次日零点 55

福建前线广播电台早期节目时间表

---

①福建省地方志编纂委员会,《福建省志·广播电视志》,北京:方志出版社 2002 年版,第 73 页。

②李玲虹,《难忘的播音生涯》,《对台广播回忆录——中央人民广播电台对台湾广播 40 周年》,北京:中国广播电视出版社 1995 年版,第 29 页。

③杨波主编,《中央人民广播电台简史》,北京:北京广播学院出版社 2000 年版,第 254 页。

④《当代中国广播电视台百卷丛书·海峡之声广播电台卷》,北京:中国广播电视出版社 2000 年版,第 29 页。

分,都可以听到前线台的广播。

2. 节目数量不断增多

对台广播在初创时期的节目类型就已经比较丰富,基本涵盖了新闻、专题、服务、文艺、方言等节目类型。"和平解放"时期,对台广播在节目类型上没有大的突破,但各个对台广播机构的节目类型更加完备,各类节目的数量逐渐增多。中央电台对台湾广播到 20 世纪 60 年代时,节目已经由最初的综合性节目分类扩大为新闻性、知识性、文艺性、服务性和方言等节目,分早晨、中午、晚上、深夜 4 个时段,用普通话、闽南话、客家话轮流播送。其中,《新闻》《伟大祖国》《听众服务》和《闽南话》等重点节目,都安排在听众最多的时间播出。① 福建前线广播电台从开播时来不及设置正规节目,反复广播《告金门蒋军官兵书》、报纸新闻、短语喊话和音乐,到自办了 6 个语言节目,再到开办两套对台广播,推出 20 个节目。前线台第一套节目是该台的重点节目,主要是政策性、揭露性、评论性和成就性宣传的内容,宣传对象侧重于国民党中上层人员,兼顾台湾同胞;第二套节目侧重于政策性宣传内容以及文艺节目,宣传对象侧重对国民党海、空军人员、军眷和台胞。

3. 新闻评论节目得以加强

中央电台对台湾广播开办之初就设置了《新闻》节目,之后,新闻节目不断增加。福建前线广播电台开设有新闻类的《简明新闻》《时事》节目。中央电台对台广播的新闻节目中不但有祖国大陆新闻、台湾岛内新闻、国际新闻,还有台湾问题的评论及国际问题的评论等。1961 年 6 月 11 日,中共中央批转中央宣传部《关于对台湾宣传工作的情况和今后意见的报告》,重申了对台湾宣传的方针策略,肯定了对国民党军宣传的成绩,同时指出:"前线对国民党军宣传斗争,应当比北京和其他地方更紧一些、严一些、强一些;应当随时对敌人的反动宣传和造谣污蔑进行有力的驳斥,保持对国民党军宣传的主动性。电台应根据前线斗争的需要,自行编排节目。有关对电台的广播技术指导和器材供应问题,由广播事业局归口解决。"之后,福建前线广播电台根据中央的指示精神和厦门对国民党军宣传业务会议的精神,对节目进行了调整,增强了对国民党军宣传的针对性、战斗性,恢复了一度停办的言论性节目《广播谈话》,增设《今日台湾》节目,着重加强评论性、揭露性和政策性的宣传。

4. 专题服务节目更受重视

1955 年,中央电台对台广播正式开办以报道祖国大陆成就为内容的《伟大祖

---

① 杨波主编,《中央人民广播电台简史》,北京:北京广播学院出版社 2000 年版,第 254 页。

国》节目,以弘扬爱国主义为基本指导方针,以社会主义建设的重大成绩和大陆各行各业的新气象、新变化为主要内容,帮助台湾听众了解大陆的发展、变化情况。1962年以前,《伟大祖国》节目每次广播10分钟。1963年,节目时间增加为20分钟。20世纪50、60年代,《伟大祖国》节目组织了一系列内容比较丰富的专题报道,请李四光、梁思成、吴世昌、马连良、容国团等各界知名人士,通过他们自身的体会来谈祖国建设成就和祖国风貌。

1954年,中央电台对台湾广播《听众服务》节目开播时,就播出了去台湾人员大陆亲属的信件。1955年挂牌开办《听众服务》节目,以大陆去台湾的军政界人士为主要服务对象,以后扩大到从大陆去台的军、政、公、教等各行各业的人士,它的方针是"叙家常,报平安"。节目播出以后,引起台湾当局的恐慌,曾多次命令严禁收听。

1958年10月3日,中央电台开办《对国民党军广播》,1960年改名为《对国民党军政人员广播》,其广播对象是台湾军政界中上层人士。起初,一些在台湾军政界有影响的起义将领和著名民主人士,如李济深、傅作义、张治中、程潜等人写的对台湾的指名讲话或公开信的稿件,都由周恩来总理亲自审定。当年,对台湾军政界广播曾经用过《光明之路》《讲话》《对台湾空军简短喊话》《回忆录》等专栏名称。

福建前线广播电台开办有政策性服务的《光明之路》,以反映国民党军上层人员家乡变化为主的服务节目《对国民党军政人员讲话》(主要对象为国民党军中上层人员)、《蒋军家属信箱》(对国民党军家属政策)、《在祖国各地》等。

5. 文艺节目占比上升

1955年5月,中央电台对台湾广播开始设置固定的文艺节目,文艺节目占全天播音时间的20%,20世纪60年代上升至40%。对台湾文艺广播虽然基本上移用对大陆广播的文艺节目,但有所选择,选择标准是"民族、传统、优秀"。由中央电台对台湾广播部自己制作的1963年《中秋文艺晚会》,是这一时期最有代表性的文艺节目,节目很有对台湾广播特点,受到普遍好评。福建前线广播电台也开办了《音乐》《歌曲》《京剧选段》《戏曲选段》(地方戏)、《文学》《曲艺》《音乐会》《周末晚会》《家乡晚会》等9档文艺节目。

6. 方言节目篇幅扩大

闽南话、客家话是台湾同胞最主要的地方语言,对大多数人来说,方言比普通话更亲切,因此,对台广播都比较重视开办方言节目。中央电台对台湾广播有《闽南话》节目,每天播出两次,每次60分钟。1956年10月2日,还开办了30分钟的

《客家话》综合节目,内容有新闻、专稿、国际评论、台湾问题评论、听众服务、去台湾人员家属的书信、客家籍爱国人士介绍和文艺等,使台湾各阶层的客家籍人士了解大陆、了解祖地、了解中央政府的方针政策。福建前线广播电台开办有闽南话广播节目。恢复对台广播的福建人民广播电台从 1963 年 5 月 6 日起,也重新使用闽南话进行播音,每天安排 3 次闽南话广播时间。

第四节　重大宣传方式的奠基

这一时期的台湾海峡形势非常紧张,两岸大事不断,前线斗争异常尖锐、激烈,对台重大宣传的任务繁重,对台广播因应形势,结合重大事件和时间节点掀起一波又一波的宣传攻势,也由此奠定了对台广播重大宣传的基本模式。

一、形势宣传

对台广播紧密地配合了当时的形势,组织了多次规模较大的对国民党军宣传攻势,较充分地体现了对台宣传的主动性,这其中最主要的就是炮轰"瘟神"的宣传。1960 年 6 月,美国总统艾森豪威尔窜至台湾活动,中央军委命令福建前线三军举行武装大示威,以炮击金门的行动打击美帝的阴谋。根据有关指示,定于 17 日 17 时广播福建前线司令部发布的《告台澎金马军民同胞书》,要求事先不做预告。为此,福建前线广播电台立即调整了节目内容和广播时间,严格按照规定的时间播出。从 6 月 17 日艾森豪威尔抵达台湾起,解放军万炮齐鸣,怒轰"瘟神",使艾森豪威尔的台湾之行狼狈不堪,于 19 日灰溜溜地离开了台湾。3 天内,前线台反复广播了福建前线司令部《告台澎金马军民同胞书》,并广播了大量揭露美帝侵略面目的专稿和新闻,以及各界人士拥护炮轰"瘟神"的讲话。《告台澎金马军民同胞书》广播后约半个小时,国民党军方就有了反应。金门防卫部除了将"文告"内容上报外,还按照前线台的广播,通知所有官兵都进入洞内,这次政治攻势取得了显著效果。美联社 6 月 17 日发出消息说:"北平关于它的大炮开火的宣告,是在中共军队向金门居民广播警告以后两小时发表的。"美联社 6 月 21 日的另一则消息说:"星期五和星期日(即 17 日、19 日两天)对金门岛进行仇视美国炮轰的一个值得注意之点是:守军能够把这一次炮轰看成是无所谓的事,因为共产党人事先宣布了他们的意图。"此后,前线台每次广播停炮通知,金门国民党军官兵就纷纷从洞里出来换空气,晒太阳,视为"自由时间",对前线台广播的通知,深信不疑。

在配合前线反美武装大示威期间,前线台新安装的 7.5 千瓦发射机发挥了有力的作用。6月19日第一次用930千赫频率试播,有效地发挥了广播宣传的威力。7月1日,新发射机进入正常定向广播,原有的860千赫,暂以转播930千赫进行播出。前线台还增加了一部7.5千瓦机器,但由于技术水平不高,技术资料缺乏,加上所使用的录音机型号规格不统一,所录制的节目不能通用。在机器设备差、技术力量弱的情况下,全体工作人员以高度政治思想觉悟和责任心,勤奋工作,保证了播音质量,较好地完成了万炮轰瘟神的宣传任务。[1]

再如,1962年初,蒋介石集团趁大陆三年困难时期,蠢蠢欲动,妄图窜犯大陆,对大陆进行大规模军事冒险。为打击其气焰,中央电台对台湾广播从1962年4月至1963年11月,共编写评论稿件140多篇,主要内容是蒋介石集团"反攻大陆"无异是以卵击石,揭批蒋介石集团在大陆、台湾的种种罪行。[2] 福建前线广播电台发动了持续两个多月的宣传攻势,共播出稿件376篇,国民党军亲属家信287封。除广播新华社的评述文章外,主要从以下几个方面开展宣传:宣传解放战争和抗美援朝战争的伟大胜利,说明解放军的强大;揭露蒋介石集团在美帝的唆使与支持下妄图窜犯大陆东南沿海的阴谋,警告他们胆敢进犯,无异于以卵击石,必遭可悲下场,指出它将给台湾军民带来深重的苦难;加强了对国民党军官兵的政策宣传,反复广播以福建前线司令部名义公布的《对蒋海空军人员起义投诚政策和奖励办法》的通告等。

针对台湾当局的反动宣传和对中国大陆的攻击污蔑,对台广播还组织了一系列配合形势的反击宣传攻势,进行有力还击,针锋相对地驳斥蒋介石集团的反动谬论和造谣污蔑。

二、事件宣传

围绕两岸之间的重大事件展开宣传是这一时期对台广播宣传的又一个重要形式和手段。这一时期最著名的事件宣传就是"炮击金门"的宣传。1958年8月23日,解放军福建前线炮兵奉命炮击金门,"八·二三"炮战被外界称为"第二次台海危机",是当时的国际重大事件,也是对台广播的主要宣传任务和内容。

1958年10月初,毛泽东主持召开的中共中央政治局常委会议在讨论了台湾海峡局势及其对策后,决定对金门还是打而不登,断而不死,让金、马留在蒋军手

---

①《当代中国广播电视台百卷丛书·海峡之声广播电台卷》,北京:中国广播电视出版社2000年版,第14页。

②杨波主编,《中央人民广播电台简史》,北京:北京广播学院出版社2000年版,第254页。

里,不让美国脱身,以利于同美国的"两个中国"政策作斗争。向金门打炮也可以打打停停,一时大打,一时小打,但在宣传上要加大力度,要大张旗鼓,武戏、文戏一起唱。随后,毛泽东亲自撰写并发表了《中华人民共和国国防部告台湾同胞书》《中华人民共和国国防部再告台湾同胞书》等4篇文告。对台湾广播也遵照中央精神,围绕"炮击金门"展开了大张旗鼓的宣传攻势。中央电台对台广播编写了100多篇评论,对美国搞"两个中国""一中一台""台湾独立"等阴谋加以揭露;同时,揭露和谴责美帝国主义在台湾的各种暴行,支持台湾人民的反美爱国斗争;揭露和谴责美帝国主义对台湾的经济、文化、教育、宗教等方面的侵略活动;揭露和抨击蒋介石集团媚美卖国的言行和在台湾的黑暗统治。① 福建前线广播电台更是和《人民日报》一起首先播发了毛泽东于10月6日亲自起草的《中华人民共和国国防部告台湾同胞书》,且连续几天反复广播,引起国际舆论的关注和反应。10月8日,美国国务院宣布暂停护航,这引起了蒋介石集团的不满,激烈抨击这是"国际政客们"的"交易",攻击《中华人民共和国国防部告台湾同胞书》是"中共的诡计"。针对这种情况,《人民日报》于10月9日发表经毛泽东主席亲自修改的社论,指出:"看来,问题尚有待于观察和考验,离解决之期尚很远。帝国主义到底是帝国主义,反动派到底是反动派,且看一看他们究竟怎样动作吧!"对台广播也反复广播了这篇社论。

10月13日和10月20日,前线广播电台又连续广播两个《中华人民共和国国防部命令》。这两个《命令》也是毛泽东主席为粉碎美国政府插手干涉中国内政的阴谋,争取台湾当局接受和谈而亲自起草的。毛泽东在《命令》中强调:暂停炮击,使金门同胞得到充分补给,以利他们固守,"这是为了对付美国人的,这是民族大义。有益于台、澎、金、马的同胞和全体中国人民,就是不利于美国人……中国人的事绝不允许美国人插手,这是民族大义,执迷不悟的人究竟是少数。台湾当局迷途知返接受和平解决的

周恩来总理拟定的炮击金门广播稿

①杨波主编,《中央人民广播电台简史》,北京:北京广播学院出版社2000年版,第254页。

时机,看来尚有所待,我们继续寄以希望"。为了配合中央对美蒋的政治攻势,前线台加强了政策性和评论性的宣传,并根据中央于 10 月 17 日发出的《关于当前对美斗争的通知》精神,制定了这个时期的宣传要点:根据文告精神,截然划清国际和国内两类问题的界限,大力宣传与台湾直接进行和谈,而决不同美国谈判所谓"停火";美蒋之间有一致性,但彼此猜忌很深,要扩大他们之间的矛盾;进一步揭露美国纸老虎本质,彻底把美国搞臭。根据这个要点,前线台在组织采编人员自己撰写稿件的同时,还到大陆各地采访报道全国人民要求解放台、澎、金、马的呼声,宣传大陆军事力量的强大威力。

1958 年 10 月 25 日,毛泽东又亲自撰写了《中华人民共和国国防部再告台湾同胞书》,进一步揭露了美国的阴谋,并规劝蒋介石不要依赖于美国。次日,福建前线广播电台首先播发,并连续几天反复广播。毛泽东在《再告台湾同胞书》中指出:"我已命令福建前线,逢双日不打金门……以利你们长期固守。"从此,炮击金门变成了纯粹的政治仗,不但双日不打,就是单日也不一定打。前线台在这期间,不断地通知金门国民党军不打炮的消息,让国民党军抓紧机会进行补给,实际上成了一个"指挥"敌人的通讯工具。金门的国民党军官兵和美国人,把电台当作两岸政治斗争的晴雨表,天天"看表"行事。①

另外,这一时期对台广播还先后结合公安部两次公布大陆东南沿海军民全歼美蒋武装特务、解放军空军部队先后击落美制蒋机的重大胜利,以及金门和云南境外国民党军人员投诚归来事件,宣传大陆对国民党海空军起义投诚奖励规定、联络办法和安全通行证等有关政策。如 1963 年 6 月,国民党空军第二联队 11 大队 43 中队中尉飞行员徐廷泽驾驶 F−86 型喷气战斗机起义归来,受到祖国大陆同胞的热烈欢迎。中央电台和福建电台的对台广播请徐廷泽发表广播讲话。福建前线广播电台也立即利用这一事件迅速展开宣传,从徐廷泽回大陆后受到热烈欢迎,空军司令员刘亚楼上将接见,国防部授奖、授衔,接着周恩来总理和叶剑英元帅接见,到他在各地活动的情况,前线台都及时地进行了全方位的报道,宣传了大陆对国民党军起义投诚人员"一视同仁,量才录用"的政策。接着,同年 8 月,国民党军上士郭志平从金门泅水投诚归来,1964 年 10 月,国民党海军大金门水面侦察队下士赵宗礼驾登陆艇起义归来,对台广播都立即组织宣传。通过这些事件,宣传大陆对台政策的吸引力,宣传国民党军人员心向祖国大陆,唾弃黑暗统治,殊途同归,奔向光

---

① 《当代中国广播电视台百卷丛书·海峡之声广播电台卷》,北京:中国广播电视出版社 2000 年版,第 8 页。

明。1965 年 7 月,前国民党政府代总统李宗仁携夫人郭德洁从海外归来。对台广播对这一重大事件也进行了充分的宣传报道,及时报道了李宗仁夫妇回到祖国大陆后的情况,突出报道了毛泽东主席接见李宗仁夫妇的谈话:"跑到海外的,凡是愿意回来,我们都欢迎。他们回来,我们都以礼相待。"1965 年 8 月 6 日,解放军海军在福建东山岛海面的战斗中击沉美制蒋舰"剑门号"大型猎潜舰和"章江号"小型猎潜舰,取得了毙敌巡防第二舰队少将司令胡嘉恒以下 170 余人、俘虏"剑门号"中校舰长王韫山及中校参谋黄致君以下 33 人的重大胜利。福建前线广播电台派出记者进行采访报道,及时充分地宣传大陆海军的强大和大陆的俘虏政策。

三、纪念日宣传

为了壮大宣传的声势,对台广播还充分利用一些节日和纪念日开展集中宣传,以期形成规模效应。如,在台湾人民举行反美大示威 5 周年之际,对台广播组织了纪念"五·二四"事件的宣传。这个宣传主要矛头是指向美国,通过揭露美国军事顾问团上士罗伯特·雷诺无故开枪打死国民党少校军官刘自然后,被美国军事法庭以"误杀"判为"无罪"释放,并将杀人犯偷送回美国的无理行径,揭露和抨击美帝侵略台湾、掠夺台湾资源、欺压奴役台湾人民等种种暴行,揭露蒋介石集团媚美卖国的罪行,支持台湾人民的反美爱国行动等。还组织刘自然在湖南的岳母以及在他家乡江苏无锡的同学、朋友等写稿,为刘自然鸣冤。

1965 年 6 月下旬至 7 月上旬,对台广播组织了反对美帝侵占台湾 15 周年的宣传,反映我国人民坚决反对美帝侵占我国领土台湾,一定要解放台湾的坚强意志和决心。为加强宣传声势,福建前线广播电台还对各地民兵举行声势浩大的示威游行进行了录音报道,以显示全民皆兵的威慑力。此外,还播发了董其武、曾泽生、刘善本等国民党起义将领以及其他各方面人士的文章,也组织了一批有对台特点的文学音乐节目,如《太平洋的风》《孤岛残冬》《全民皆兵保国防》《一定要解放台湾》等。这次宣传内容集中,重点突出,战斗性强,声势大,有现场气氛,较好地发挥了广播宣传的特点。

1965 年 8、9 月间,对台广播还进行了抗日战争胜利 20 周年的宣传,根据抗日战争历史事实,系统地揭露了蒋介石在日本帝国主义的侵略面前消极抗战,积极反共、反人民的罪行,并联系当时反美斗争形势,指出美帝国主义的侵略政策和战争政策一定要失败。9、10 月间,对台广播举办建国 16 周年专题宣传,突出报道我国工农业生产掀起新高潮,各条战线捷报频传的大好形势,全面地反映中国共产党的政策和大陆人民的精神面貌,宣传社会主义制度的优越。

此外,在这期间,还组织了纪念淮海战役、渡江战役胜利,中国人民解放军志愿军入朝参战 15 周年和元旦、春节、中秋、国庆等节日的专题宣传,使对台广播宣传富有声势。

虽然这些宣传方式并不是对台广播的创造,但在这一时期的对台广播中是第一次被如此频繁地大量使用,为对台广播奠定了重大宣传的基本形式和模式,之后每一个时期的重大宣传,对台广播都较为普遍地采用了以上的宣传思路与方式。

第五节　对台广播宣传的效果

一、反馈所体现的效果

1. 信件反馈

虽然两岸之间仍不能通信,但对台广播还是陆续收到一些辗转寄来的信件反馈。如 1961 年底,中央电台对台广播收到从台湾经菲律宾转来的一封短短几行字的信:"我们喜欢听闽南话的歌仔戏节目。"1962 年,居住在台湾、香港两地的一位姓吴的先生从特殊渠道传来在台湾收听广播的反映:"货物好,包装差"(意即对台广播内容好,但形式不理想)。后来,吴先生到北京访问,要求见为中央电台对台广播代播普通话节目的夏青和中央电台对台广播闽南话播音员李华(李玲虹的播音名)。隔年,吴先生又来信表扬说:"闽南话节目在台湾声誉载道。"[1]这一时期,各家对台广播机构收到多少来自台湾的信件反馈,至今已经无法精确统计,但这些有限的反馈还是给对台广播的编播人员莫大的鼓舞,也为对台广播宣传的改革提供了宝贵的参考意见。

2. 口头反馈

对台广播非常重视搜集台湾受众的反馈,因此,每有投诚或被俘的国民党军官兵,对台广播都希望从他们那里取得直接反馈。如 1963 年夏天,台湾国民党空军上尉徐廷泽驾机起义归来,中央电台特地请徐廷泽到台播部座谈,了解台湾国民党军政人员收听大陆对台广播情况,提出今后改进意见。徐廷泽说,台湾国民党军政人员都很想听到大陆的广播,这是因为他们去台以后,与大陆音讯隔绝,台湾对大陆的宣传又不真实不可信,他们很想从大陆的广播中了解到自己的家乡和亲人的一些真实情

---

①李玲虹,《难忘的播音生涯》,《对台广播回忆录——中央人民广播电台对台湾广播 40 周年》,北京:中国广播电视出版社 1995 年版,第 28 页。

况以及大陆的具体政策。但是,台湾当局控制很严,一旦被发现收听大陆广播就要受处罚。不过,台湾空军人员,每天要驾机上天,进行飞行训练,这时收听大陆广播,台湾当局就较难控制了,所以,这是收听大陆广播最有利的时间。可是,天上飞行的时间短暂,所以对他们广播要短些再短些,使得在较少的时间听到较多的内容。[①] 中央电台对台广播根据这次座谈所做的调查研究,着手改进和加强对台湾国民党军政人员的宣传,特别增设了对台湾国民党空军官兵的喊话节目,以百余字的简短篇幅,用喊话的形式,在每天上午 10 点左右,直接对台湾国民党空军官兵广播。

另据国民党空军俘虏毕武麟供称,国民党军金门防卫部对大陆对台广播深感不安,曾下令登记收音机,并禁止收听。他本人"曾片断收听一些大陆广播","从电台听到过同事王琨之姐的一封广播信,自己也很想能听到亲人们的广播信"[②]。

3. 媒体反应

其他媒体的报道往往也可以从侧面体现对台广播的效果。如福建前线广播电台初建时期只是一个小功率的电台,但它产生的影响,使台湾当局和外国通讯社很快有了反应。前线台开播的当天,美国合众社就进行了报道。台湾当局立即打电报给金门防卫部了解前线台的广播情况,要金防部每天将前线台广播内容详细记录上报。

1958 年 12 月 31 日,国民党中央社报道前线台广播解放军除夕和元旦停止炮击两天的消息,同一天,"美国之音"就转播了这一消息。1959 年 1 月 6 日,美国合众社对福建前线广播电台广播金门国民党军炮击大陆沿海居民住房提出警告进行分析猜测,声称"国民党当局现在深信,中共的大炮不久将对金门发动另一次规模大于以前任何一次炮击的袭击"。

国民党的报刊也不时对大陆对台广播的报道做出反应。1958 年 11 月 26 日,香港出版的国民党杂志在一篇"金门战地通讯"中,说大陆宣传手段包括"空中广播、发射宣传弹、海上浮漂、陆地喊话等……其内容着重在对美国的攻击,利用中东紧张局势,制造反美高潮……夸耀其陆海空三军力量如何强大,口口声声一定要解放台湾和外围岛屿",并攻击大陆"妄称优待俘虏","想用心战来削弱国军的战斗意志,而达到其不战而屈人之兵的目的",称大陆对台广播宣传是"学古代战争时期的

---

①何松,《对台湾军政人员宣传点滴回顾》,《对台广播回忆录——中央人民广播电台对台湾广播 40 周年》,北京:中国广播电视出版社 1995 年版,第 22—23 页。

②《当代中国广播电视台百卷丛书·海峡之声广播电台卷》,北京:中国广播电视出版社 2000 年版,第 10 页。

张良,用一支洞箫教士兵在敌方阵前深夜奏着怀乡曲,使项羽八千子弟兵解体"。这些反应说明对台广播被密切关注,这也是一种宣传效果。

4. 上级评价

上级部门非常重视对台广播,经常对宣传工作进行指导,这些指示和评价都是在经过调查了解后作出的,也可视为对台广播宣传的反馈。如,对于徐廷泽驾机起义归来,国家和军队领导人很重视,周恩来总理、叶剑英元帅、刘亚楼空军司令员先后接见徐廷泽,同时,对围绕徐廷泽驾机起义组织的对台广播宣传也很关心,周总理就曾专门批示:"点名时,要考虑对方处境困难。"周总理的批示,使对台广播工作者认识到,对台湾国民党军政人员广播宣传,既要了解对方对大陆各方面的思想疑虑,又要考虑对方在美蒋控制下的困难处境,真正做到知己知彼,才能使我们的宣传化敌为友,而不是增加对立情绪。① 1965 年 4 月,上级领导机关派出工作组,对福建前线广播电台的宣传工作进行全面检查。检查后认为,前线台在执行中央对台方针政策方面"总的情况是好的,成绩比较显著",在加强宣传针对性方面也积累了许多经验。主要表现在:注意紧跟国际形势,加强了反美宣传;大力宣传了我国社会主义建设的辉煌成就,宣传自力更生建设方针的伟大胜利,宣传我国际威望不断提高;配合了沿海对敌斗争,积极宣传我军事斗争的胜利,打击了美蒋反动宣传的气焰;抓住了赵宗礼、程一鸣、陈子威等人投诚起义归来等时机,集中宣传了我对国民党军政人员的政策;加强了对蒋介石集团在台湾黑暗统治与各种反动措施、欺骗宣传的揭露,增强了对国民党宣传的战斗性、针对性;逐步明确了对台文艺宣传的指导思想,文艺宣传在配合现实斗争与提高节目的思想性、艺术性方面都有了进步。同时,也指出了存在的问题,主要是:对国内建设的重大成就宣传得不够充分;有的节目过分强调与对方"挂钩",局限于广播国民党军家属的一般见闻,宣传没有很好体现人民奋发图强的精神面貌;报道起义投诚人员的工作和生活,从政治上阐明党的政策不够,而较多地用自然景物去触动对方思乡;报道土特产和地方小吃,没有同生产发展、人民生活改善联系起来等。② 上级工作组对前线台对台宣传的成绩和问题的分析,比较到位、准确和细致,对改进对台广播的宣传具有非常直接和有力的促进作用。

---

① 何松,《对台湾军政人员宣传点滴回顾》,《对台广播回忆录——中央人民广播电台对台湾广播 40 周年》,北京:中国广播电视出版社 1995 年版,第 23、24 页。

② 《当代中国广播电视台百卷丛书·海峡之声广播电台卷》,北京:中国广播电视出版社 2000 年版,第 26 页。

二、"投诚"所体现的效果

对台广播的起义、投诚宣传在这一时期仍在继续,在大陆对台广播的政策宣传下,不少国民党军官兵弃暗投明,冒险回到大陆。《当代中国广播电视台百卷丛书·海峡之声广播电台卷》有不完全统计:

1959年6月,金门国民党军27师29团1营1连中士班长贺业臣从大金门泅水起义归来。

1960年3月,国民党军海上支队517远征艇少尉轮机长陈进等4人起义归来。

1961年1月,国民党海军"中万"舰三级帆缆上士吴本祥起义归来。

1961年7月,国民党军19师57团2连8班二等兵甘裕郎(台湾籍)从金门泅水起义归来。

1961年10月,国民党军"反共救国军"总指挥部本部中队汽车分队驾驶兵陈鸡公起义归来。

1962年5月,国民党海军"中治"舰雷达下士李聿晖起义归来。

1963年6月,国民党空军第二联队11大队43中队中尉飞行员徐廷泽,在我政策的感召下,在我广播宣传的影响下,驾驶F-86型喷气战斗机起义归来,受到祖国大陆同胞的热烈欢迎。

1963年8月,国民党军上士郭志平从金门泅水投诚归来。

1964年10月,国民党海军大金门水面侦察队下士赵宗礼驾登陆艇起义归来。

对台广播对国民党军官兵起义归来的宣传,在国民党海、空军中产生了很大的影响。据说,当时在国民党空军中流行一句口头禅,说:"那边明天要开你的庆祝会了!"台湾当局对我宣传的影响,感到惶惶不安,加紧采取控制内部的措施,明令禁止使用耳机等。但这些控制措施,封锁不住国民党军官兵向往祖国的心,国民党军官兵仍不断有人以各种不同方式起义投诚,归向祖国大陆。[①]

问题与思考

一、这一时期的对台广播有哪些宣传经验

这一时期对台广播不断进行整改,在加强调查研究的基础上提高节目宣传的

---

①《当代中国广播电视台百卷丛书·海峡之声广播电台卷》,北京:中国广播电视出版社2000年版,第21—22页。

质量,改进和活跃了节目的形式。

1. 以台情研究为指引,节目契合受众需求

这一时期,调研为编播提供参考的做法被对台广播继承并进一步发展,更加重视以调查研究为指引,调整和改革节目,增加贴近性和针对性。比如,福建前线广播电台每天通过报刊研究新的台湾情势,资料室专门收集和剪贴台湾报刊上的资料送各编辑组,供各节目编辑参考使用,编辑部每月进行一次系统的台情研究报告。针对台湾中上层军政人员爱好京剧、相声的情况,前线台加强京剧和相声的播出;针对台湾不少大陆籍人士为喜爱黄梅戏而掀起"凌波热"(凌波是黄梅戏《梁山伯与祝英台》中饰演梁山伯的女演员)的情况,编播安徽黄梅戏名演员(如严凤英等)唱段;选录播出 20 世纪 30 年代抗日进步优秀歌曲,如《渔光曲》《铁蹄下的歌女》等。这些节目的播出,在台湾内外都产生了较大的影响。据台湾报纸透露,台湾有一对夫妇曾为争听前线电台播出的相声大师侯宝林的相声而发生争吵。台北有一家商店,因转播前线电台播出的京剧,引来不少人围听,后被警察发现,以台湾当局禁止收听大陆广播为由加以制止。①

2. 以重点对象为靶标,用"围攻"激发叠加效应

这一时期,对台广播为了在内容上体现战斗性和主动性,经常针对特定群体甚至特定对象进行叠加宣传,以强势激发强效。比如,福建前线广播电台针对当时国民党海、空军收听条件比陆军好,且易于投奔大陆的特点,大力加强了海、空军节目。针对国民党空军人员的思想状况和只有在空中短暂飞行中方便收听的实际情况,在节目与节目之间增加"似匕首、如投枪"的短语广播和喊话节目,以他们的习惯用语召唤他们弃暗投明,起义归来,如"离地三尺就有自由"等。在特定对象宣传方面,前线台曾经针对国民党军金门防卫部司令王多年,专门组织了他的亲属、同乡、同事、同学写信写稿,持续进行广播宣传。据说王多年听后,感动得泪流满面。因这种家信都是谈家常、报平安、叙亲情、盼亲人,情真意切,感人至深,被国民党当局称为中共的"勾魂战术"。② 这种抓住重点对象来组织稿件,"逐个瓦解、个个击破"的手法,收到了较好的触动和感化对方的效果。

---

① 《当代中国广播电视台百卷丛书·海峡之声广播电台卷》,北京:中国广播电视出版社2000 年版,第 23 页。

② 《当代中国广播电视台百卷丛书·海峡之声广播电台卷》,北京:中国广播电视出版社2000 年版,第 20 页。

3. 以台湾广播为镜鉴,宣传方式较为生动活泼

对台广播学习借鉴了台湾广播的某些长处,加强了节目的设计研究,部分节目的内容与形式很有特色。如,福建前线广播电台《广播谈话》节目把缴获的一本国民党军官日记,摘录编成《蒋军少校日记》,并在每篇日记后面,加一篇短评,联系国民党军官兵思想实际,对国民党军内部矛盾、黑暗统治、思想苦闷、对前途悲观失望等加以分析评论,形式生动活泼。文艺宣传方面也借鉴了台湾对大陆广播的形式,前线台专门去上海组织创作和录制了反美揭蒋的广播剧,把台湾报刊登载的去台人员思乡怀亲的诗词谱成歌曲播出……这些精心选择内容的构思和灵活、新颖的形式增加了宣传的吸引力,达到了宣示式宣传难以企及的效果。

此外,在节目制作上,对台广播也比较注重广播的特点,稿件短小精悍,通俗易懂,大量运用具有广播特点的音响元素。

4. 以健全制度为保障,稳步提高宣传质量

在繁重的宣传任务与压力之下,仍处于成长期的对台广播不断健全各项规章制度,以制度建设来规范和加速宣传力的生成。如,福建前线广播电台加强了对播音工作的领导、健全了播音制度、建立了播音质量评比制度、改进了机房工作责任制度、建立了编辑组会务制度,并定期召开编播联席会议,总结编播工作经验教训,提出改进意见。这些制度的建立健全,为对台广播的业务建设提供了保障,加快了成长的进度,提高了宣传的质量。

二、炮战中前线对台广播的媒介依赖实现与效果辨析

炮击金门期间,作为非地域性的区域广播,前线的对台广播受到密切关注。据反映,1958 年 10 月 6 日,大陆宣布停炮期限的最后一天,国民党金门防卫司令胡琏曾守候在收音机旁到深夜,以了解解放军的下一步行动。解放军每次对国民党军的重要通告,如圣诞节停止炮击半天,除夕、元旦停止炮击两天等,他们从我电台播中收听到后都有反应,马上抓紧时间进行补给。可以说,炮击金门期间的前线对台广播俨然成了指挥对方的通讯工具,具有相当的影响力,这在整个对台广播的历史进程中都极具标本意义和研究价值。

从传播生态学来审视,金门的国民党驻军对大陆前线对台广播的密切关注,其实就是一种异常的"媒介依赖"。媒介依赖论(Media Dependency Theory)是美国大众传播社会学家桑德拉·鲍尔—洛基奇(Sandra Ball—Rokeach)最先于 1974 年在《信息观念》一文中提出,又于 1976 年在同美国传播学家梅尔文·德福勒(M. L.

DeFleur)合作的《大众传播媒介效果的依赖模式》一文和《大众传播学诸论》(1989年)一书中对"依赖模式"及"媒介系统依赖论"进行了详细阐述。媒介依赖理论的基本思路是,把媒介作为"受众——媒介——社会"生态系统中的一个有机组成部分,认为一个人越依赖于通过使用媒介来满足需求,媒介在这个人生活中所扮演的角色就越重要,而媒介对这个人的影响力也就越大。

1. 媒介依赖的实现

炮击金门中的前线对台广播是如何实现受众对其的依赖的呢?最主要的原因当然是危机情境之下危机信息的提供。在炮击金门的准战争状态下,受到炮击威胁的金门受众出现了对危机信息的饥渴,而前线的对台广播在开炮前会一遍遍地广播:"我们炮打的不是村庄,不打民房设备,只打空地,打海滩……"还经常通知打炮与停炮的时间,提醒对方及时补给。如此一来,前线对台广播就成为金门受众满足特定信息需求的唯一危机媒介,自然时刻关注,甚至彻夜收听。

其次,通过信用与关怀实现。炮击信息通过前线的对台广播反复播出后,指挥员通过望远镜发现原本在施工的国民党士兵都不见了,才下令发炮。据金门居民讲:"你们大陆的广播我们听得很清楚,你们很守信用,说不打就不打。"而且,前线的对台广播还会在快下雨时提醒金门的台军收被子,如此,信赖也增加了依赖。

由此可见,这种媒介依赖非工具性的依赖,而是内容依赖,或者叫信息依赖。这种依赖也不是一种基于对一般信息需求的日常依赖,而是基于危机情境之下的异常依赖,且比日常依赖更加集中和明显。但是,这种依赖是短暂的,难以形成长久的忠诚度,随着危机解除,依赖即可能解除。

2. 依赖就等于效果吗

实现了媒介依赖是否就意味着产生了较好的传播效果呢?依赖本身就是效果吗?媒介依赖论也认为,媒介效果的产生和形成取决于受众,取决于特定信息与受众的信仰、情感和行为等关键变量的相关程度。因此,受众对媒介的使用决定了媒介的影响力,但这种影响力不能等同于传播的正效果。如果仅仅满足受众对特定信息的主动索取,认为依赖就是强效,无疑是肤浅的。但同时也应该看到,当人们置身于越来越复杂的社会之中,不仅需要依赖媒介做出选择和应对,还需要通过媒介帮助放松精神、减轻压力,甚至可能通过媒介形成新的认知。而且,媒介依赖可以促使受众异化,使受众在对媒介的过度依赖中,丧失清醒的认识和对信息的批判性审视,从而消解自身的主体性,处于被信息支配的处境。也就是说,虽然媒介依赖不等于传播效果,但媒介依赖对效果的产生具有促进作用,为产生传播正效果提供了可能。

炮击金门期间的前线对台广播不仅提供危机信息,促动受众的异化,也安排了温情的家信、轻松的文艺、严肃的政策内容,在受众被动的依赖中影响他们的信仰、情感与行为,激发传播效果。需要说明的是,媒介依赖以及依赖中的传播效果很难通过经验主义研究加以证实。

第三章 "文化大革命"与两年
过渡时期的对台广播
（1966—1978）

第一节 对台工作的重创与恢复

自 1957 年反右派斗争扩大化开始，"左"的思想不断发展，并最终导致了十年浩劫，国家的政治、经济受到严重冲击，中共对台政策同样遭受极左思潮的干扰和影响，直到"文化大革命"后期，周恩来努力采取措施纠偏时才逐渐得以恢复。

一、对台方针政策倒退

"文化大革命"开始后，中共对台政策受到极左思想的严重干扰，在舆论宣传上一度从"和平解放台湾"退回到"一定要解放台湾"的口号上。"和平解放台湾"的提法代之以"我们一定要解放台湾"的空洞口号，这不仅仅是提法上的改变，更代表着对台方针政策的倒退。

1966 年 6 月 27 日，《人民日报》发表了题为《一定要把五星红旗插到台湾省》的社论。社论重提"中国人民一定要解放台湾"的口号，认为美国在越南问题上继续兜售它的"和谈"骗局，对中国发起了所谓"和平攻势"，"假惺惺地"散布愿意改善中美关系的空气。社论的观点代表了"文化大革命"开始后中共对台政策的主要立场，也标志着大陆放松了争取用和平方式解决台湾问题的努力。这便造成不少对台胞、台属的过"左"做法，大批国民党爱国人士、台胞、台属及与之有联系的人都被视为"牛鬼蛇神""国民党特务"，遭到无端迫害，严重损害了中共的形象，也使海峡两岸关系蒙上了一层阴影。

从"和平解放台湾"的立场退回到"武力解放台湾"的立场，主要有两方面的原因：一是毛泽东认为，"文化大革命"是在社会主义条件下"一个阶级推翻一个阶级的政治大革命"，与资产阶级的斗争就是与国民党反动派斗争的继续。这一思想的出现，使全党全国人民与台湾当局的对抗情绪急剧增长。从这种认识出发，很难使对台工作继续沿着"和平解放台湾""一纲四目"的方向发展。二是强调战争的紧迫性,认为美国正在操纵包括蒋介石集团在内的一些国家、地区组织新的侵略同盟,部署对中国、朝鲜和越南的战争。针对美国的"战争的一手",为"把美国侵略者从台湾省赶出去",完成祖国统一的伟大事业,必须用革命战争反对反革命战争。这样,"武力解放台湾"就取代了"和平解放台湾"。① 在此基调的影响下,1968 年 10 月 1 日,周恩来在庆祝中华人民共和国成立 19 周年招待会上的讲话中也提出,"我们一定要解放台湾"。《人民日报》社论也指出:"我们一定要解放祖国的神圣领土台湾!"②10 月 31 日,中国共产党八届十二中全会公报,认为我们的国际、国内形势一片大好,重申"我们一定要解放台湾"。③ 至此,既有的对台方针政策被彻底打乱。

二、对台工作遭受冲击

"左"倾思想的泛滥,对台方针政策的倒退,不可避免地对实际对台工作造成重创,中共对台工作部门及人员均受到严重冲击。"文化大革命"中,阶级斗争扩大化,中央对台工作办公室被江青集团诬陷为"特务据点";中共中央统战部被彻底砸碎,民主党派被看作"牛鬼蛇神"的"黑窝子",全国政协、各民主党派机构相继停止办公。林彪、江青反革命集团无端指责这些组织"向资产阶级投降",执行了一条"修正主义路线",把这些组织的领导人,甚至一般干部诬蔑为"走资本主义道路的当权派"。"文化大革命"开始后,中央对台工作领导干部罗瑞卿、杨尚昆首先被打倒,徐冰、孔原被撤销了职务,罗青长也被造反派挂在孔原的"黑线"上。④ 曾经与台湾人士联系较多,对大陆与台湾的关系发展起了纽带作用的台湾民主自治同盟、中国国民党革命委员会等民主党派,受到的冲击尤为严重。这些组织从中央到地方的领导机关,都被"造反派"组织查封和"砸乱"了,正常的工作都无法开展,只得停止一切活动。他们的领导人和一般干部有的遭到揪斗、劳改,有的被隔离审查、非法逮捕、关押、刑讯逼供,有的甚至被迫害致死,这就致使对台工作领导机构瘫痪,对台工作被迫中断。

除此之外,大陆的这些错误被台湾当局控制的新闻媒体加以大肆渲染,甚至歪曲事实,在混乱的局面下,加剧了台湾同胞对大陆的恐惧心理,人为地在台胞和大陆之间设置了沟通的障碍,使海峡两岸本来就较少的往来基本断绝了。而且,对传

①张春英主编,《海峡两岸关系史》第三卷,福州:福建人民出版社 2004 年版,第 699—700 页。

②《人民日报》,1968 年 10 月 1 日。

③《人民日报》,1968 年 11 月 2 日。

④张春英主编,《海峡两岸关系史》第三卷,福州:福建人民出版社 2004 年版,第 701 页。

统文化的抛弃和否定,还使两岸的共同民族心理和民族感情受到不应有的伤害。经济建设的曲折,使大陆经济发展水平与台湾经济发展水平的差距越来越大,也使台湾同胞心有疑虑。这些都增加了解决台湾问题的难度。

三、对台工作逐渐恢复

鉴于中央对台工作遭到严重破坏以及大批爱国民主人士、党外朋友遭到冲击、迫害的事实,也为了减少台湾同胞对祖国大陆的疑虑,维护祖国大陆对台工作的大局,一直主持对台工作的周恩来力挽狂澜,尽力纠正"左"的错误,对台工作在艰难中逐步得以恢复。

1. 恢复对台工作方向

"文化大革命"期间,即使在极左思想泛滥的情况下,中共中央仍然对蒋介石"维护祖国统一问题的一贯态度"和坚持"一个中国"的立场表示积极赞赏。周恩来一方面明确表示愿意与蒋介石进行"面对面的晤谈",另一方面根据国内外形势的变化,尽力恢复和改善对台工作。

在大陆面临巨大困难时,周恩来仍不忘关心台湾同胞。1969 年 8 月,周恩来指出:今后遇有台风等重大灾害性天气可能袭击台湾省时,要及时发布预报、警报,告诉台湾同胞以防袭击,并亲自修改审定了首次对台湾省同胞发布的台风警报的广播稿。[①] 1973 年 6 月 15 日,周恩来指示新华社:《参考资料》每天要登一篇有关台湾的消息和言论,骂街的不要。[②] "文化大革命"开始后,孙中山诞辰纪念活动一度中断,给两岸人民造成了一定的思想隔阂,于是,周恩来提议恢复这一重要纪念活动。1972 年 11 月 12 日,周恩来批准恢复孙中山诞辰纪念活动,由全国政协、民革中央和中共中央统战部出面举办纪念仪式。[③] 1975 年 3 月 10 日,重病中的周恩来还通过邓颖超转告中共中央统战部:中央关于纪念孙中山逝世 50 周年的活动安排,已提高了规格,请告各地有关部门也应相应提高纪念活动的规格。[④] 此外,周

[①]中共中央文献研究室编,《周恩来年谱(1949—1976)》下卷,中央文献出版社 1997 年版,第 318 页。

[②]中共中央文献研究室编,《周恩来年谱(1949—1976)》下卷,中央文献出版社 1997 年版,第 599 页。

[③]中共中央文献研究室编,《周恩来年谱(1949—1976)》下卷,中央文献出版社 1997 年版,第 563 页。

[④]中共中央文献研究室编,《周恩来年谱(1949—1976)》下卷,中央文献出版社 1997 年版,第 699 页。

恩来还尽力保护大批民主人士和党外朋友,指示中共浙江省委将被红卫兵破坏的蒋母墓与毛福梅墓修好,并将修复后的照片交章士钊带到香港转交蒋介石。

为了纠正"左"的错误,周恩来指示要落实台胞、台属政策,与此同时,台湾民主同盟总部也在周恩来的直接关怀下开始恢复活动。

2. 校正对台宣传口径

1971 年 5 月,由于中美关系的解冻,中国共产党和中国政府对美、对台政策开始回归正轨,甚至还有所发展。

一是重提"和平解放台湾"。中共中央政治局认为,在中美关系以及与此相关的台湾问题上,中国应该采取的原则是:(1)美国一切武装力量和专用军事设施,应规定期限从中国的台湾省和台湾海峡地区撤走,这是恢复中美关系的关键问题。(2)台湾是中国领土,解放台湾是中国内政,不容外人干涉。(3)我力争和平解放台湾,对台工作要认真进行。(4)坚决反对"两个中国"或"一中一台"的活动,如果美国欲与中国建交,必须承认中华人民共和国是代表中国的唯一合法政府。(5)如因前三条尚未完全实现,中美没有建交,可在双方首都建立联络机构。(6)我不主动提出联合国问题,如美方提出联合国问题,我方则明确表示绝不接受"两个中国"或"一中一台"的方案。(7)我不主动提中美贸易问题,如美方提及,在美军从台湾撤走的原则确定后,可进行商谈。(8)中国政府主张美国应从印度支那、朝鲜、日本和东南亚撤军,以保证远东和平。[①] 这表明,中国共产党和中国政府在处理中美关系、海峡两岸关系时,既坚持原则性,又有一定的灵活性。

二是采用"台湾回归祖国"的新提法。1971 年 6 月 21 日,周恩来在会见美国新闻界人士时,根据 5 月 26 日中共中央政治局会议精神,进一步阐述了中国政府对台湾问题的立场。一方面,周恩来没有使用"一定要解放台湾"的口号,而是采用"台湾回归祖国"的提法;另一方面,强调"台湾人也是中国人","蒋介石也反对制造'两个中国'和'一中一台'",承认国共两党在"一个中国"这一点上"有共同性";[②]再一方面,对台湾回归后台湾的发展前景提出了几点设想。周恩来说:"我们有可能在他们原来的基础上逐步提高他们的生活水平。"周恩来设想的台湾回归祖国后所享有的优待政策的具体内容共五点:(1)"不仅不增加税收,还减少税收,如同祖国各地一样"。(2)"不需要讨债,祖国可以帮助他们建设"。(3)"我们是低薪制,不收所得税。在台湾的人,他们原来有多少收入,还可以保持多少收入,但因为不收

①熊志勇,《中国与美国》,郑州:河南人民出版社 1995 年版,第 251—252 页。
②张春英主编,《海峡两岸关系史》第三卷,福州:福建人民出版社 2004 年版,第 705—706 页。

他们的所得税,生活就会更加改善"。(4)"有些失业的人,从大陆上去的,生活很困难,可以回到大陆,回到他的家乡,我们不会歧视他们"。(5)"如果台湾回归了祖国,在台湾的人对祖国做出了贡献,那么,祖国就应该给他们报酬。所以,我们不仅不会报复,而且还会给他们奖励"。周恩来还说:"这样做只会使台湾得到更多的好处,不会使台湾受到任何损失。"①

三是不再坚持台湾问题不解决其他一切问题都不谈的立场。中共中央政治局会议所定对美对台原则与周恩来对外国记者的谈话表明:(1)中共中央出于改善中美关系的考虑,在坚持反对"两个中国""一中一台"的前提条件下,不再坚持台湾问题不解决其他一切问题都不谈的立场。(2)要改善中美关系,必须改善同台湾的关系,中共中央从强调"一定要解放台湾"的立场又开始转到"和平解放台湾"的立场,使对台工作朝着积极的方向发展。(3)周恩来关于台湾回归后民众生活水平与生活方式的考虑,照顾到了台湾社会各方面的利益,又与中共中央对台方针相吻合,将中共对台政策进一步具体化了,这种考虑也表明中共对台政策有了新的进展。②

四是力戒急躁情绪,强调做认真的工作。1972年8月初,周恩来向回国述职的大使和外事单位负责人作了长篇讲话。谈到台湾问题时,周恩来说:现在还不是马上能解决台湾问题的时候。我们现在也不好去,现在我们把别的事情搁下来搞台湾问题划不来。但是我们要着眼于另一个问题,要使台湾逐步起变化。现在马上要台湾起变化是不可能的,但我们要做工作。过去23年,我们对台湾没有做什么工作,只是向金门、马祖打炮、广播,号召官兵起义,对台湾同胞没有做认真的工作,实际上我们对台湾的工作做得很差。毛主席八年前就讲了,要我们做台湾的工作。现在我们要通过在日本、美国的台湾人做些工作,叫他们回祖国看一看,让他们知道,祖国是关心他们的,大陆的政策不会损害台湾人民的利益。③ 1973年6月19日,周恩来会见并宴请台湾知名人士陈逸松和夫人,阐明对台湾问题的看法,指出:我们希望尽快解决台湾问题,但"传檄而定"的时候还没有到。要造成一种形势,把各种条件都估计足,目前,国际形势是最主要的条件。④

就在对台工作取得一定进展之际,由于江青反革命集团的干扰,中国共产党和

---

① 《周恩来外交文选》,北京:中央文献出版社1990年版,第476—480页。

② 张春英主编,《海峡两岸关系史第三卷》,福州:福建人民出版社2004年版,第706页。

③ 王永钦编著,《统一之路:两岸关系五十年大事记》,广州:广东人民出版社1999年版,第136页。

④ 中共中央文献研究室编,《周恩来年谱(1949—1976)》下卷,北京:中央文献出版社1997年版,第600页。

中国政府的对台政策和工作在"文化大革命"后期又出现了不稳定的情况。1974年,在纪念台湾人民"二·二八"起义27周年时,虽然强调"我们党和政府的一贯政策是:爱国一家,爱国不分先后",但基调又从"和平解放台湾"转变为"随时准备歼灭入侵之敌和解放台湾"①。在纪念"二·二八"起义28周年和29周年时,仍是一方面强调"爱国一家,爱国不分先后",另一方面再度重复"我们一定要解放我国的神圣领土台湾省"的口号。这种状况一直延续到1978年12月中共十一届三中全会。随着中共十一届三中全会的拨乱反正,对台政策才发生了根本性的转变。

第二节 对台广播的冲击与挫折

"文化大革命"的风暴一来,对台广播从业者的思想被搞乱了,许多好的对台宣传经验与做法被批判,一味强调对台宣传要突出政治,对台湾广播也被拉入了极左的泥坑,使对台广播遭受了史无前例的冲击和挫折。

一、宣传平台的萎缩

从1966年夏天开始,由于"文化大革命"中极左思潮泛滥,对台工作受到冲击,对台广播也受到林彪、"四人帮"极左路线的严重干扰。首先,原来一些有特点、有影响的节目纷纷被迫停播。如"文革"开始后,中央人民广播电台对台广播深受听众欢迎的节目《伟大祖国》等被撤销②,《对台湾国民党军政人员广播》节目也受到种种干扰,特别是《听众服务》节目,被认为不讲政治,不分敌我界限,是"绣花枕头"(一去台人员亲属在广播中提到,每当看到结婚时的一对绣花枕头,便抑制不住思亲之情),成为当时批判的典型事例。不久,这个开办时间较早、宣传效果较好的《听众服务》节目,被决定撤销。③ 福建前线广播电台很多有特点的内容也被砍掉,有对台特点的节目先后被撤销,文艺节目原占播出时间的44%被压缩到20%～25%。原有自办的11个文字节目,除保留《广播谈话》和《伟大的人民军队》两个节目外,全部停办。④ 福建人民广播电台的《对金门马祖广播》节目也于1967年1月

---

①《人民日报》,1974年3月1日。

②杨波主编,《中央人民广播电台简史》,北京广播学院出版社2000年版,第255页。

③何松,《对台湾军政人员宣传点滴回顾》,《对台广播回忆录——中央人民广播电台对台湾广播40周年》,北京:中国广播电视出版社1995年版,第24页。

④《当代中国广播电视台百卷丛书·海峡之声广播电台卷》,北京:中国广播电视出版社2000年版,第32页。

停止播出。①

其次,对台广播机构也受到严重冲击,被摧残和削弱,这导致即使面对拨乱反正的指示和举措,对台广播也丧失了基本的执行力。如 1968 年 7 月 11 日,中央就福建前线对台宣传问题批示:对台湾人民和国民党军官兵的宣传,要坚决遵照毛主席关于对外宣传工作的重要指示,"注意区别不同对象,有针对性地进行"。但由于当年 10 月,前线台台部机关大部分同志被调去参加"清队"学习班,加上全国各地对台工作机构瘫痪,对台宣传组稿工作无法进行。接着,许多长期从事对台宣传工作的同志陆续离队,编播、技术干部队伍大大削弱,对台宣传工作根本无法正常进行。② 此外,"文革"期间,前线台原有的两套节目被改为一套,1969 年 11 月 4 日,为对台宣传立下赫赫战功的 860 千赫也退出前线台编制,移交给厦门市广播电台。此外,福建人民广播电台的《对金门马祖广播》节目停播,也意味着对台广播平台的萎缩。

二、节目设置政治化

对台广播自创建以来,就形成了考虑对象特点,从台湾实际出发,注重对台调研,讲究宣传策略的良好传统,但"文革"期间,中央正确的对台宣传方针政策受到批判,对台广播经多年实践证明行之有效的宣传内容、形式也被否定,一味强调对台宣传"必须高举阶级斗争的旗帜",对内广播中"打倒一切、批判一切"的一套,照搬到了对台广播中来。如要求对台广播必须突出无产阶级政治,宣传阶级斗争思想,宣传世界革命的思想,宣传国际共产主义运动的学说,宣传无产阶级专政下的继续革命等等,好的传统做法遭到破坏,爱国主义宣传受到削弱。

这个时期的对台宣传不分对象、不讲政策、不讲策略、不问效果,保留下来的节目以及新开设的节目都强调"突出政治",充满政治说教。"几乎是台湾听众害怕什么就广播什么,结果把台湾听众都吓跑了。多年来,在党中央毛主席战略思想指导下,在周恩来同志亲切关怀下制订的一整套明确的方针政策,被破坏得荡然无存"③。比如,中央电台对台广播深受听众欢迎的节目《伟大祖国》《听众服务》等被撤销后,取而代之的是《无产阶级文化大革命专题》《活学活用毛主席著作》《毛著选播》等节目或栏目,有幸被保留下来的对台广播节目,也是空话、大话、套话连篇。

①福建省地方志编纂委员会,《福建省志·广播电视志》,北京:方志出版社 2002 年版,第 73 页。

②《当代中国广播电视台百卷丛书·海峡之声广播电台卷》,北京:中国广播电视出版社 2000 年版,第 32—33 页。

③罗弘道,《周恩来与对台湾广播》,《对台广播回忆录——中央人民广播电台对台湾广播 40 周年》,北京:中国广播电视出版社 1995 年版,第 10 页。

最富人情味的家信节目,除了落款的人名不同以外,成了千篇一律的政治说教。甚至子女给长辈的家信,当年的学生给老师的信件,都是指责、训斥的口气,不分长幼、不顾情理,给台湾听众造成不良的印象。至于古今中外优秀的文艺作品,在对台湾广播中也是禁绝演播的,听众非常不满。[1] 再如,福建前线广播电台的许多节目被撤销后,甚至有一段时间允许播出的歌曲只剩下《东方红》和《大海航行靠舵手》等8首"革命歌曲",对台宣传失去了针对性,缺乏感染力。1969 年 10 月,福建前线广播电台逐步恢复自办节目,设置的节目却多是政治说教的内容:《毛主席著作选播》《伟大的社会主义祖国》《伟大的人民军队》《广播谈话》《闽南话广播》及"临时节目"(主要是时事)。这时,在对台宣传工作上虽然重新开始注意对台宣传特点,但仍念念不忘"突出政治",对台宣传中仍比较突出地存在着极左的影响。[2] 对台宣传中的极左倾向,直到"文革"结束,甚至改革开放以后,才逐渐得到真正克服。

三、播音状态逆向发展

1. 播出状态由"直播"改"录播"

"文化大革命"之前,广播(包括对台广播)以直播为主,这既有录音设备所限形成的传统,也有广播发展的必然。直播不仅能提高广播的时效,也有利于播音员形成积极、良好的播出状态。但是,"文化大革命"开始后,为了"政治审查",广播节目统统改为"录播"播出,开了广播发展的倒车。更为严重的是,"录播"成了广播播出的习惯,以"录"为主在"文革"之后依然延续,从"录播"为主再次改为"直播"为主,尤其是追求时效的广播新闻的直播化改革,直到 20 世纪 90 年代才蔚然成风,重新回归了广播播出的常态。

2. 播音风格从"平和亲切"到"帮八股"

随着对台广播业务建设的发展,对台湾广播的语言风格也在不断探索。"文化大革命"之前,对台湾广播已经初步形成了一种"生动活泼、通俗易懂、播音顺口,使听者有兴趣、感到亲切"的语言风格。1964 年,周恩来总理在指导对台湾宣传工作时做出了"晓以大义,明以利害,动以感情,待以诚意"[3]的重要指示,使得对台湾广

---

①杨波主编,《中央人民广播电台简史》,北京:北京广播学院出版社 2000 年版,第 255 页。

②《当代中国广播电视台百卷丛书·海峡之声广播电台卷》,北京:中国广播电视出版社 2000 年版,第 33 页。

③罗弘道,《周恩来与对台湾广播》,《对台广播回忆录——中央人民广播电台对台湾广播 40 周年》,北京:中国广播电视出版社 1995 年版,第 11 页。

播在语言风格上进一步明确。尽管在当时的政治环境中,对台湾广播不可能突破说教灌输、居高临下的范式,但强调人情味、突出亲切真诚已成为对台广播的一种理念,这为以后新闻语态基本风格的形成打下了良好的基础。对台广播语态追求平和亲切,播音风格强调谈心式、家常式,以理服人,态度中肯,明显区别于当时的对内广播。① 但"文革"开始后,极左思潮无可避免地侵入了对台广播这"另一片天地",对台广播机构内部也搞起了大批判,在以阶级斗争为纲的背景下,为了突出"革命性""战斗性",对台广播的播音一改之前的风格特色,变成了"高、平、空、冷、僵、远"的"文革"式语言和腔调,充满着居高临下,动辄训人的口气,走上了"帮八股"的广播路线,"在语言风格上走向了自己的反面,完全否定了之前业已形成的亲切平等的对台广播语言风格,重新回到高腔大嗓,并走入极端"②。

第三节　对台广播的重组与新生

一、排除干扰,肃清流毒

1. 努力排除极左的干扰

1968 年,毛泽东针对对外宣传作了一系列批示:"要注意,不要强加于人","国家不同,做法也不一样"等,虽不是针对对台宣传,但区别于对内宣传的对台广播也受到触动,不分对象、不讲政策、不讲策略、不问效果、强加于人的极左做法有所遏止。当然,在这一时期的大环境之下,不可能从根本上认识和纠正极左路线问题,但对台广播由此开始有意识地尝试排除极左思潮的干扰。1969 年 8 月和 9 月,中央电台对台广播编辑部以张书祥为组长的宣传小组,派罗弘道和汪振清等同志先后两次到中央有关部门了解台湾的全局情况,请他们对改变对台广播工作现状提出指导性意见。该部门主管对台工作的同志严厉批评对台广播不执行中央对台方针政策的做法极端错误,重申了对台工作方针是反美爱国,"中国人的事决不允许美国人插手","我们都是中国人","必须把中美界限划得清清楚楚,这是民族大义"等指导思想。③ 两次访问后,几位同志写了两份情况汇报,宣传小组又起草了一个

---

①杨胜云,《对台传播引论》,北京:中国广播电视出版社 2009 年版,第 25—26 页。

②谢琪瑛,《试论对台湾广播语言风格的形成及其基本特征》,《业精于思:中央人民广播电台对台湾广播 50 周年论文集》,北京:中国国际广播出版社 2004 年版,第 266 页。

③罗弘道,《周恩来与对台湾广播》,《对台广播回忆录——中央人民广播电台对台湾广播 40 周年》,北京:中国广播电视出版社 1995 年版,第 11 页。

改进中央电台对台广播工作的报告,重新明确了对台宣传的一系列政策思想,写进了要"划清中美界限""划清爱国与卖国的界限""对台广播应把斗争锋芒始终指向美帝国主义""对台斗争是反美斗争的一部分"等原则,并作了明确的阐述。1971年1月18日,一个经中央广播事业局军管小组审定的《关于改进对台湾广播的请示报告》,送到了周恩来总理手上。周总理逐字逐句审阅了报告,连一个个标点符号都用炭黑笔重新标了一遍,最后批了"拟同意,周恩来。21/1·1971"。批文于1月23日退到了中央广播事业局,并很快向中央电台对台广播编辑部的全体同志作了原原本本的传达。因为有了周恩来总理的批示,文件精神很快落到了实处①,加快了对台广播排除干扰的步伐。

在排除干扰中,除了对台广播自下而上的努力,也有来自上级部门的主动作为。1970年7月,对台宣传的上级业务部门在福州召开对台宣传工作座谈会,会后形成了《关于对台湾宣传工作座谈会会议纪要》,其中对福建前线对台宣传的基本任务虽仍坚持"宣传战无不胜的毛泽东思想"的提法,但比较客观地指出了当时对台宣传中存在的问题:"对中央对台斗争的方针政策理解不够,掌握不稳,特别是集中力量打击帝国主义的精神还体现不够;对台湾情况缺乏调查研究,宣传的针对性不强,结合台湾实际情况不够,宣传对象偏重于对国民党军队的官兵,对广大台湾同胞的宣传有所忽视。"《纪要》强调:"对台宣传要从台湾实际情况出发,结合斗争形势,区别不同对象,内外有别,有的放矢,注意效果。""不要把对内宣传的稿件,原封不动地照搬于对台宣传。"②虽然当时还不可能对整个对台宣传中存在的问题做系统的分析、检查,但指出这些问题,对于端正被扭曲了的对台宣传方向和指导思想,加强针对性,具有积极的指导作用。福建前线广播电台依据这一精神,对宣传对象和节目设置进行调整:宣传对象由以国民党军官兵为主,改为台湾军民同胞,加强了对在大陆的台湾籍同胞情况的报道,增加了闽南话广播时间,政策宣传也逐渐恢复。

2. 全面肃清"四人帮"的流毒

1976年10月,"四人帮"被一举粉碎,历时10年的"文化大革命"结束,全国掀起声势浩大的声讨和揭批"四人帮"的群众运动,对台广播战线也开始拨乱反正,全

---

①罗弘道,《周恩来与对台湾广播》,《对台广播回忆录——中央人民广播电台对台湾广播40周年》,北京:中国广播电视出版社1995年版,第11~12页。

②《当代中国广播电视台百卷丛书·海峡之声广播电台卷》,北京:中国广播电视出版社2000年版,第35页。

面肃清极左的流毒。在中央和上级的统一部署下,对台广播多次组织工作人员揭批"四人帮"歪曲、违背中央对台方针政策,破坏对台宣传工作的罪行,联系实际,摆事实,谈危害,肃清"四人帮"的流毒和影响,分清是非界线,进行思想建设和业务建设上的拨乱反正。

在这一过程中,上级部门更加直接和有力地指导了对台广播的拨乱反正工作。1976 年 12 月 31 日,上级机关提出《关于当前对台宣传问题的意见》,要求对台广播针对台湾情况进行有的放矢的宣传,充分发挥政治上的优势,主动进攻,压倒敌人。1978 年 1 月 25 日,中央批转上级领导机关《关于加强对台湾宣传几个问题的请示》,重新明确对台湾宣传的根本任务是大力进行爱国主义宣传,对台广播宣传的基调得以修正。再如,1978 年 7 月 20 日至 8 月 6 日,上级业务部门在福州召开对蒋军宣传工作座谈会,认为"对蒋军宣传必须拨乱反正",并指出要"弄清对台宣传的具体路线、方针和政策,消除顾虑,解放思想,大胆改革,勇于创新";要"把经过长期实践形成的对国民党军宣传行之有效的一整套传统做法恢复过来,结合新的情况加以发展和运用";要"加强调查研究,从实际情况出发,加强宣传针对性"。会议还强调要改进文风,把对国民党军队的宣传"办得生动活泼,新鲜有力,独具一格"。这次会议对恢复和发扬对台广播对国民党军队宣传的传统也起了积极的促进作用。

二、恢复传统,重获新生

1971 年 10 月 25 日,第 26 届联合国大会通过决议,恢复中华人民共和国在联合国的合法席位和一切合法权利,并驱逐台湾当局的代表。1972 年 2 月 28 日,中美双方在上海签订《中美联合公报》,美国政府承认台湾是中国领土不可分割的一部分。国际形势的变化也改变了对台宣传的形势,加之在前期排除极左思潮干扰的努力下,对台广播开始一步步地复苏。

1. 提供气象服务

1972 年 8 月 14 日,周恩来在审阅中央气象台送去的强台风消息预报时,在消息中的"台湾"二字后边加了一个"省"字,增加了"祝台湾同胞晚安"一句,并批示:"要对台湾同胞广播","告以预防台风袭击和表达祖国的关心"。几小时后,1972 年 8 月 15 日的零点和 1 点,中央人民广播电台对台广播第一次向台湾广播了预报强台风的消息。接着,中央人民广播电台对台广播编辑部遵照上级指示派阎玉和罗弘道到中央气象台商谈有关对台湾省长期定时广播海峡地区天气预报的问题,最后把有关具体事宜写成了一个协议书,经领导批准后立即付诸实施了。① 从此,中央电台对台湾广播新闻节目中增加了"气象预报"的内容②,不只是台风消息,每天海峡地区的天气预报都成为对台广播新闻节目的一个组成部分。1973年,根据周总理的指示及国务院等部门发出的(73)110号文件精神,为了表达对台湾同胞的关怀,便于台湾渔民在海上安全作业,福建前线广播电台也恢复了《台湾海峡地区天气预报》节目,为台湾渔民服务。③ 1973年10月1日,福建人民广播电台也开播了《台湾海峡地区天气预报》节目,为台湾渔民生产、生活服务,每天广播两次,每次5分钟。④ 一档气象服务节目,虽无什么内容与形式的重大创新,但为当时的对台广播宣传注入了一剂清新剂,放下了身段,也贴近了受众,为对台广播的复苏提供了滋养。

2. 调整节目设置

除了开办气象节目,对台广播的政治说教节目也逐渐被取消。例如,福建前线广播电台于1972年撤销了《毛主席语录》《毛主席著作选播》和《时事》节目,增设了《光明前途》节目,针对国民党军政人员对我的误解疑虑,加强了政策宣传。宣传中不再号召国民党军官兵起义、投诚,而是号召台湾爱国军民同胞团结一致,共同反对帝国主义,为解放台湾、统一祖国做出贡献。纠正了十年动乱前期号召台湾人民进行武装起义,推翻蒋政权等不切实际的提法。节目的称呼,除了专门对国民党军官兵的外,一般节目的称呼都改为"各位听众"⑤,这说明此时的对台广播虽然仍没有完全摆脱"文革"式的政治说教思维,但已经开始有意识地进行调整,改变正在发生。

3. 重组宣传阵地

1972年5月15日,福建人民广播电台重新恢复了《对金门马祖广播》节目,每天使用普通话广播4次、闽南话广播3次,每次30分钟,仍为综合性专题节目。⑥

---

①罗弘道,《周恩来与对台湾广播》,《对台广播回忆录——中央人民广播电台对台湾广播40周年》,北京:中国广播电视出版社1995年版,第12页。

②杨波主编,《中央人民广播电台简史》,北京:北京广播学院出版社2000年版,第255页。

③《当代中国广播电视台百卷丛书·海峡之声广播电台卷》,北京:中国广播电视出版社2000年版,第34页。

④福建省地方志编纂委员会,《福建省志·广播电视志》,北京:方志出版社2002年版,第73页。

⑤《当代中国广播电视台百卷丛书·海峡之声广播电台卷》,北京:中国广播电视出版社2000年版,第35页。

⑥福建省地方志编纂委员会,《福建省志·广播电视志》,北京:方志出版社2002年版,第73页。

1975 年 9 月 30 日,福建前线广播电台也恢复了自办的两套对台广播节目。至此,对台广播机构的数量与规模基本恢复到之前的水平。

"文化大革命"结束后,对台工作机构也得以重组,对台广播的力量编成得到逐步加强。1977 年后,福建前线广播电台陆续调回一些被处理离队的老同志担任电台和编辑部的领导,编播力量也逐步充实加强,编播与技术人员总数由 332 人增加到 504 人,1979 年更是增加到了 655 人。① 同时,随着各地对台工作机构的相继恢复,来稿逐年增加。1977 年以后,仅前线台每年来稿都达 1 万多篇,各地到电台研究工作、送稿的人员也逐年增加。粉碎"四人帮"以后,福建台的对台广播也加强了对台部的编辑力量,并加强了与各地对台办的联系②,为办好对台广播节目提供了保证。

4. 恢复业务传统

1972 年 4 月,福建前线广播电台编辑部恢复评论组、新闻组、文艺组、通联组编制,加强了业务建设和对台湾情况的调研工作,并开始开展经常性的业务学习和训练,强调整顿文风、精编稿件,提倡写短文章,用事实说话,注意通俗化、口语化等,加强调研力量,广泛搜集台湾各阶层的思想情况、社会情况以及台湾当局反动宣传情况,并编印《台湾情况参考》,供该台编播人员以及各地对台宣传部门研究台情、组写稿件参考,对加强对台宣传针对性起到积极作用。1973 年,福建前线广播电台编辑部采取措施,进一步加强了对台宣传针对性措施,包括利用重大事件和传统节日,突出宣传中心;选择有特点的宣传内容,注意有的放矢;注意对台湾同胞的宣传,体现骨肉感情;不照搬对内宣传材料,注意内外有别;整顿文风,力求宣传内容丰富多彩,形式生动活泼;以事实说话,实事求是,留有余地,不说过头话;降低播音声调,增加亲切感;加强调查研究,明确调研为加强宣传针对性服务等。多次邀请台胞开座谈会,派人去闽南、闽东、广东等地,访问来大陆避风修船的台湾渔民及台湾归来人员,请他们提意见以改进电台广播工作。

福建人民广播电台的《对金门马祖广播》复办后,坚持正面宣传祖国大陆社会主义建设的各方面成就,同时继续做好几个政策性问题的宣传报道。选播在"爱国一家""爱国不分先后"政策感召下,一切爱国者团结起来为祖国统一大业而献策的

---

① 《当代中国广播电视台百卷丛书·海峡之声广播电台卷》,北京:中国广播电视出版社 2000 年版,第 38 页。

② 陈方,《拨乱反正 迎接改革开放新时期》,《回眸 50 年》,福州:海峡文艺出版社 2000 年版,第 68 页。

典型人与事。特别是加强广播言论的力度,有针对性地揭批那些坚持搞分裂、极端顽固的"台独"分子的丑恶言行。《对金门马祖广播》节目还着重体现中国共产党和人民政府对台湾同胞的关怀、爱护,体现祖国大陆人民对台湾同胞的骨肉情谊。①同时,还"特别加强了台情研究,时任福建人民广播电台台长的黄明同志曾亲自抓这项工作,要求把每天收录的台湾电台广播抄印出来,送省委和军区有关部门参考"②。

1976年,"文化大革命"结束后,通过拨乱反正,对台广播逐步恢复了对台宣传的优良传统,同时,在宣传方式上也有改进,特别强调注意充分做到摆事实、讲道理、循循善诱、以情动人;注意编写短稿,制作节目生动活泼,播音语调亲切平和,文艺方面注意选择有对台特点的闽南文艺、台湾民歌等;重视对台湾情况的调查研究,加强了资料室的工作,组织台胞座谈会,提高了宣传的针对性。以福建前线广播电台为例,经过拨乱反正,前线台重新明确了宣传对象,即以国民党军队为主,同时搞好对台湾人民的宣传。同时强调重视调查研究,从台湾实际出发,加强宣传针对性和及时性,逐步恢复了对国民党军队宣传行之有效的一些传统做法。如注意发挥国民党军起义、投诚人员以及俘虏、特赦人员的作用,宣传"爱国一家""爱国不分先后"和宽待俘虏等政策,增加对去台国民党军政人员较多地区的建设成就的报道等,并恢复广播对国民党海、空军起义人员的奖励规定、联络办法和《安全通行证》。1978年6月,前线台与中央电台联合组织了一次以纪念徐廷泽驾机起义15周年为由头的宣传攻势,历时一个月,以《飞向光明十五年》为题,通过对徐廷泽的录音访谈,介绍他当初驾机起义的动机,起义后得到共产党和人民政府的关怀和信任,职务提升,并被选为第四届、第五届全国人大代表,工作愉快,家庭美满,生活幸福,说明了中国共产党对起义人员的一贯政策。此外,节目设置也进行了调整。1978年8月30日,福建前线广播电台根据上级业务部门"对蒋军宣传工作座谈会"的精神,调整了广播节目,设置《社会主义祖国》《人民军队》《广播谈话》《光明前途》《对台湾同胞广播》《台湾海峡地区天气预报》《文艺》等节目,并转播中央电台新闻节目,另有短语喊话内容分散安排于各节目播出。"文革"中,中央电台被斥为"绣花枕头"的《听众服务》节目在拨乱反正中也得以恢复。

---

① 福建省地方志编纂委员会,《福建省志·广播电视志》,北京:方志出版社2002年版,第73页。

② 吴徕、陈方、黄祖惠,《福建广播史上闪光的篇章——悼念黄明同志》,《回眸50年》,福州:海峡文艺出版社2000年版,第12页。

第四节　技术建设的加强与成果

一、技术力量与技术设备得到加强

十年动乱严重地干扰和破坏了对台广播的宣传工作,但由于当时对"宣传舆论阵地"特别重视,广播技术建设获得了较有利的发展机会,对台广播在技术力量和技术设备方面得到较大的发展。例如,1966年10月8日和1970年7月9日,上级先后两次批复福建前线广播电台扩建古田分台,在光泽建立新的转播台,并增加了几部短波发射机。12月8日,上级业务领导部门根据周总理加强对台广播和加强干扰的指示,以及依据对台宣传工作会议精神上报的《关于加强对台广播宣传力量的请示报告》,由国家第四机械工业部和中央广播事业局转报中央。该"请示报告"要求为电台增加一部大功率中波机、两部大功率短波机。1973年1月20日,中共中央批复原则同意四机部和广播事业局的报告,并要求切实组织实施,分期分批对计划逐项落实。同年4月17日,上级领导机关同意再给前线台解决一部大功率中波、两部大功率短波机,前线电台的技术设备得到进一步加强。1976年,前线台发射功率较大的光泽分台建成,接着又进行其他工程的续建工作,前线台从4个分台,增加到5个分台,广播频率和发射总功率都成倍增加,两套节目每天播音36小时。[①]

二、技术革新与技术管理取得成果

在加强技术设备的同时,对台广播在技术革新方面也取得了一定的成绩。如,福建前线广播电台于1970年先后完成了几部短波机冷却设备由水冷却改为蒸发冷却,减少了维修量和由于机器设备庞大所占的面积;古田分台一台120千瓦中波机体积由大改小,实现了中短合一、一机两用;全台实现了收讯机遥控;古田和下洋分台实现了收讯台和发射台合一;播音实现了遥控录音、自播自录;厦门分台对200千瓦国产机的大型电子管帽进行了革新,获得良好效果,得到四机部和中央广播事业局的好评,并加以推广;下洋分台研制成功自动开关机和部分故障自动报警器,为实现主要广播设备自动化摸索了一些经验;将电子管整流改成硅整流,避免了因电子管和激励器出毛病而造成的停播事故,大大保证了安全

[①]《当代中国广播电视台百卷丛书·海峡之声广播电台卷》,北京:中国广播电视出版社2000年版,第38页。

播音。① 1973年,中央电台也将564乙台(即641台)的发射机改造为两部50千瓦屏调机(736乙工程)。② 这些技术革新活动,培养了技术力量,节约了大量人力、物力和财力,对稳定机器,保证安全播音,减少技术事故,发挥了一定的作用。

此外,对台广播还加强了技术管理工作。如福建前线广播电台制定出《机房规程》,经过3次修改补充,于1977年6月修订颁发了比较全面的《无线电广播技术维护管理条例》,使全台各级技术主管和技术人员有了明确的岗位责任,为各项维护工作制定了标准,统一了要求,加强了技术管理和维护工作。同时,狠抓了业务训练,使安全优质播出工作有较大进步,发射机三大指标有明显改善。福州分台5号机组曾创造连续安全运行770天的先进纪录,停播率逐年下降,频率偏差允许度和调幅度合格率多次受到中央广播事业局的表扬,器材供应保障工作方面也较好地完成了任务。技术部于1973年7月开始编印《技术简报》,每月一期,对总结交流技术工作经验,推动加强技术管理工作起了较好作用。

但是,不可否认的是,在"文化大革命"中,有一段时间包括对台广播在内的很多电台在军管会的指挥下,为了提高覆盖区的场强,盲目以提高电子管屏极变压器抽头、降低屏极限流电阻等方式来提高发射机的末级屏压,改变了发射机的工作状态,给设备造成不可逆转的损伤;不尊重科学,采取群众运动的方式强行推广小天线,既影响了广播发射技术的进步,又浪费了国家宝贵的资金。③

第五节　对台广播宣传的效果

一、"文革"式宣传的反效果

"文化大革命"中,受到台湾听众欢迎的节目都被撤销,有幸被保留下来的节目,也多半变成了强加于人的板起面孔的政治说教。这种语态下的对台广播,实际上起到的作用就是"反宣传",收到的也是"反效果"。据后来走访过若干个台湾客人的"老台播"回忆,"记得有一位台湾客人说'有恐怖感',这句话,给我留下

---

① 《当代中国广播电视台百卷丛书·海峡之声广播电台卷》,北京:中国广播电视出版社2000年版,第39页。

② 刘洪才、邱世杰主编,《广播电影电视专业技术发展简史(广播电视)》,北京:中国广播电视出版社2007年版,第121页。

③ 刘洪才、邱世杰主编,《广播电影电视专业技术发展简史(广播电视)》,北京:中国广播电视出版社2007年版,第124页。

深刻印象。"①据 1970 年代回到山东老家的原国民党兵袁相隆说:"大陆与台湾靠得那么近,大陆那么大,台湾那么小,谁能忽视大陆的存在? 台湾本地人虽然害怕大陆,也想知道大陆的事情。我们这些人,在大陆有父母兄弟和妻儿老小,能不关心大陆吗? 大陆的广播在台湾还是有人听的。不过,听的效果,却是与你们的愿望相反……听你们的广播,就像在劳改营里听训,那口气都是居高临下,声色俱厉的。连女播音员都那么厉害,声如金刚,可见共党是多么可怕了。台湾的国民党宣传大陆没有自由,共党六亲不认。你们这样的广播,不但没有打破台湾的欺骗宣传,反而印证了他们的论点:共党果然没有人情味。"②一些港台人士也反映,这个时期的对台广播节目,"严肃有余,活泼不足","宣传味太浓","讲大道理多","训斥多,劝告少",特别是书信稿缺乏感情,"像做报告一样,听到的是一种训人的口气,想到的是一副严肃的面孔",播音总是"高了半音","听了产生恐惧感"。③

二、复苏中的回归受到肯定

在"文化大革命"后期及结束之后,随着排除极左干扰的努力和拨乱反正的进程,对台广播的业务建设和台情调研不断加强,宣传针对性和宣传质量都不断增强和提高,再次受到台湾受众的肯定,听众来信和其他媒体的关注增加,出现积极正面的反馈。

比如,对台广播开始为台湾受众提供气象预报服务后,特别受到台湾同胞的欢迎,他们一再赞扬大陆对台广播的气象预报准确,对他们海上作业的安全起到了良好的作用。④ 1973 年以后,国外以及香港、台湾的报刊、杂志、通讯社经常对大陆对台广播的内容、基调等发表评论。如 1973 年 7 月 14—15 日,福建前线广播电台《广播谈话》节目先后 6 次广播福建省农工民主党陈炯煊致谢东闵(时任台湾"省主席")的公开信。美国合众国际社就此发了消息,香港《快报》和《星岛日报》同时刊登合众社电文。电文认为:"这一甚少为人注意的广播,乃是北京最近加强其与台湾公开接触的运动之一。"电文把信中所说的"台湾是我们祖国神圣领土不可分割

①何松,《对台湾军政人员宣传点滴回顾》,《对台广播回忆录——中央人民广播电台对台湾广播 40 周年》,北京:中国广播电视出版社 1995 年版,第 24 页。

②于礼厚,《他促使我试办主持人节目——忆〈空中之友〉诞生前的一幕》,《对台广播回忆录——中央人民广播电台对台湾广播 40 周年》,北京:中国广播电视出版社 1995 年版,第 68 页。

③《当代中国广播电视台百卷丛书·海峡之声广播电台卷》,北京:中国广播电视出版社 2000 年版,第 33 页。

④杨波主编,《中央人民广播电台简史》,北京:北京广播学院出版社 2000 年版,第 255 页。

的一部分,台湾同胞都是我们的亲骨肉。我们这一代的历史任务……便是结束我国的分割状态"一段话,视为"最动人的呼吁",并认为这"已在海外华侨中间引起了深刻兴趣"。1973年之后,美国合众国际社、《纽约时报》《明星与新闻报》,日本共同社、《诸君》杂志,香港《快报》《星岛日报》以及台湾《中央日报》《联合报》等报刊、通讯社先后对前线电台广播发表评论。美国《明星与新闻报》撰稿人布雷德发自香港的一篇文章,认为前线台的广播"现在更经常的是心平气和地谈到要使台湾归属北京的中央政府,从而实现'祖国统一'"。1973年8月,前线台对台湾当局大肆兜售美国小说《天地一沙鸥》发表评论,美联社、合众国际社和台湾《中央日报》都报道了这件事。合众国际社的电讯说:"做梦也没有想到这部畅销的小说,竟会卷入中国共产党人和国民党人之间的一场宣传战。"1973年,前线电台还陆续收到大量国外和台港澳听众来信,是建台以来收到听众来信最多的一年。① 此后,许多台湾同胞、港澳同胞、海外侨胞和外国朋友写信给前线台,反映收听该台广播的情况和意见,每年收到来自五大洲许多国家和地区的听众信件达100多封。

另外,对台广播在技术建设方面的加强,也使对台广播的覆盖范围和收听效果得到提升。如1972年10月1日,日本横滨市听众大山哲夫来信,反映他收听福建前线广播电台的感想,称"收听情况电波强度比较强"。在这之前,福建前线广播电台还收到菲律宾、澳大利亚、新西兰、加拿大、美国、印尼和苏联等国的听众来信,反映他们收听的情况。这一方面反映了前线电台对外所产生的影响,另一方面也反映了前线电台在技术上的飞速发展。②

问题与思考

包括对台广播在内的大陆传媒在"文化大革命"中遭受冲击,教训是惨痛的,也是深刻的。但是,"犯错误的经验也是财宝。不利用错误经验,把它当财宝,那错误就白犯了"③。挫折之后,对台广播也应该总结和反思,在汲取教训中把错误变为财宝。

---

① 《当代中国广播电视台百卷丛书·海峡之声广播电台卷》,北京:中国广播电视出版社2000年版,第42页。

② 《当代中国广播电视台百卷丛书·海峡之声广播电台卷》,北京:中国广播电视出版社2000年版,第38页。

③ 胡绳,《历史经验是宝贵的财富——谈社会主义时期党史研究》,《中共党史研究》,1995(6),第6页。

一、对台广播当时有无可能抵御"文革"的冲击

一场由领导者错误发动的运动,不仅"给党、国家和各族人民带来严重灾难"①,也严重冲击了包括对台广播在内的整个大众传媒的正常发展,传媒"社会守望者"的角色异化为"无产阶级全面专政的工具",沦为阶级斗争的宣传利器,充当了"大鸣大放"的马前卒②,酿成了一个个新闻灾难。这场政治运动之所以传导到传媒领域,传媒体制充当了重要的导线作用。

我国的媒体是党、政府和人民的喉舌,是上层建筑的一部分,这是中国大陆媒体的根本性质,对台广播也不例外。在这样的传媒体制之下,"文革"期间,"大众传媒几乎被林彪、江青集团等左倾政治文化主体所掌握、利用,成为传播错误政治文化信息的工具"③,因此,面对"文化大革命"的汹涌洪流,大陆的传媒无力抵抗方向性的偏移,对台广播更无法避免地遭受冲击。

况且,在20世纪80年代的改革开放之前,中国大陆传媒体制的主要推动力量还是政治因素,仍处于政治主导阶段,所以,方向的校正还得依靠政治的力量。比如,1970年9月27日,周总理亲自审批修改了以福建前线广播电台为主起草的福建前线《国庆宣传的请示报告》,在原稿中加上了"宣传我国政府9月21日声明";将"反美反蒋"的提法改为"反对美帝及其走狗",删去了"瓦解敌军的规定",并将"蒋匪军"的提法改为"国民党军官兵"。总理的批示,不仅"是一副有效的清醒剂,给人们以深刻的教育和启迪"④,而且也使对台广播的偏向得以纠正。批示下达后,前线电台修改了国庆宣传计划,取消了原定在10月10日前后集中揭蒋的打算,重新编审稿件,撤销了与批示精神不符的稿件,修改了与批示口径不符的字句,暂停广播1962年7月以中国人民解放军福建前线司令部名义公布的《通告》(即《对蒋海空军起义人员的奖励规定》《联络办法》和1961年9月15日以同样名义公布的《安全通行证》,即"六条保证")。还根据形势的变化和中央有关指示,在反美宣传上降调,"反美爱国"改为"反帝爱国"。

---

①《中国共产党中央委员会关于建国以来党的若干历史问题的决议》,北京:人民出版社2009年版,第20页。

②曾丽红,《新中国报纸新闻评论角色和功能的嬗变》,《新闻爱好者》,2011(11),第46页。

③李月军,《论"文化大革命"时期的政治社会化》,《武汉理工大学学报(社会科学版)》,2003(2),第127页。

④《当代中国广播电视台百卷丛书·海峡之声广播电台卷》,北京:中国广播电视出版社2000年版,第33—34页。

再如之前提到的,1971 年 1 月 18 日,一个由中央人民广播电台对台广播起草,经中央广播事业局军管小组审定的《关于改进对台湾广播的请示报告》,送到了周恩来总理那里。周总理逐字逐句审阅了报告,连一个个标点符号都用炭黑笔重新标了一遍,他最后批了"拟同意,周恩来。21/1·1971"。批文于 1 月 23 日退到了中央广播事业局,并很快向中央电台对台广播编辑部的全体同志作了原原本本的传达。因为有了周恩来总理的批示,文件精神才很快落到了实处。① 1971 年 9 月 13 日,林彪坠机事件发生以后,毛泽东主席决定由周恩来总理主持中央的日常工作,周恩来更多地过问了台湾问题,他亲自同从海外回来的台湾同胞彻夜交谈,亲自做调查研究。由于周总理的重视,对台广播宣传工作才比较早地冲破"左"的干扰。1972 年 7—8 月间,毛泽东主席部署了"批林整风",周恩来发出了"新闻单位批林整风要从批判林彪的资产阶级反动文风入手"的指示。8 月 1 日,周恩来在一次谈话中还明确指出:"宣传领域的极左思潮没有批透。"周恩来的这些指示在中央电台对台广播编辑部引起了十分热烈的反响。由于有周恩来总理的引导,中央电台对台广播编辑部借"批林整风"的东风,自动发起了一次以"划清思想界限"为中心的大讨论,提出许多问题:政策和策略思想方面——准备武力解放和努力争取和平解放的关系;求同存异,争取蒋介石集团中上层人员以扩大爱国统一战线与思想右倾;丧失原则立场的界限问题,促进爱国大团结与搞阶级调和的界限问题,做争取中上层人员与多做人民群众工作的关系问题。宣传业务思想方面——从台湾听众的认识水平出发与迁就迎合的界限问题,动以感情、待以诚意与搞人情味、人性论的界限问题(当时,人情味、人性论是和资产阶级思想画等号的)。文风方面——要求丰富多彩、生动活泼、平易可近与所谓追求资产阶级趣味性的界限问题。经过讨论,开始从思想认识上划清了这些问题的是非界限,较早地做了一些拨乱反正的工作。"老台播"罗弘道也在回忆这段历史时不无感慨地说:"回想起来,在'文化大革命'期间,能这样做真是难能可贵的。但如果没有周恩来总理的批示精神作靠山,我们又能做什么呢?"②

二、对台广播今后能否避免类似的冲击

1984 年之后,大陆传媒体制变革的主要推动力量渐渐从政治力量过渡到经济力量,开始从政治主导向经济主导阶段转变。1992 年之后,随着改革的深化,大陆

---

① 罗弘道,《周恩来与对台湾广播》,《对台广播回忆录——中央人民广播电台对台湾广播 40 周年》,北京:中国广播电视出版社 1995 年版,第 11—12 页。

② 罗弘道,《周恩来与对台湾广播》,《对台广播回忆录——中央人民广播电台对台湾广播 40 周年》,北京:中国广播电视出版社 1995 年版,第 12—13 页。

传媒的产业属性得到确立和凸显,经济力量成为传媒体制变革的主要推动力量。就对台广播而言,在这样一个全球化的时代,要确保宣传的效果,必须做大做强,而做大做强就需要巨大的经济投入。为了提高媒体的经济盈利能力,绝大多数对台广播也进行了不同程度的改制,以不同的方式和途径发展传媒的产业属性。那么,传媒体制的改革能否保证对台广播不再遭受类似的冲击呢?

虽然包括对台广播在内的传媒体制改革取得了很大进步,但必须看到,在我国传媒体制的变革中,政治力量是贯穿始终的,虽然如今它已经不是主导力量,但仍是决定性力量。换言之,喉舌性质是"我国广播电视体制改革的前提条件"[1],传媒的这一根本性质是不容改变的。在这样的传媒生态环境之下,对台广播要避免类似的方向性错误,只有依赖于不再发生类似"文化大革命"这样的灾难。

那么,"文化大革命"这样的灾难还会重演吗?回答这个问题,就必须说说发生"文革"的原因。关于"文化大革命"发生的原因,有不少的总结和反思,概括地说,既有极左错误极端发展的因素,也有个人崇拜、人民盲从、各种制度建设落后的因素,还有国际方面的因素,这其中最主要的还是制度建设上的失误。第一个从制度弊端深刻检讨"文革"的人是邓小平,1980 年 8 月,他在《党和国家领导制度的改革》的讲话中明确指出:"我们过去发生的各种错误,固然与某些领导人的思想、作风有关,但是组织制度、工作制度方面的问题更重要。"邓小平认为,由于没有在实际上解决带有"根本性、全局性、稳定性和长期性"的领导和组织制度问题,才在其他一些原因的合力下导致了"文化大革命"的十年浩劫,"如果不坚决改革现行制度中的弊端,过去出现过的一些严重问题今后就有可能重新出现。"[2]正是因为有此深刻认识,邓小平主导了政治体制的改革,采取一系列建设性的措施健全和完善政治体制。通过系统的政治工程,使我国的政治制度成为一个高度民主、法制完备、富有效率的政治体制。[3] 应当说,一个完善的、良好的政治体制能够从制度上阻止类似"文革"的灾难再次发生。但是,不再犯大方向错误有了基本的保证,对台广播还要根据形势,及时修正媒介建设的小方向,只有方向正确且精准,努力才有意义,才不会"犹至楚而北行也"。

---

①刘成付,《中国广电传媒体制创新》,广州:南方日报出版社 2007 年版,第 3 页。
②《邓小平文选》第二卷,北京:人民出版社 1994 年版,第 333 页。
③王沪宁,《"文革"反思与政治体制改革》,《世界经济导报》,1986 年 5 月。

下 篇

"和平统一"实践中的对台广播

第四章 "和平统一、一国两制" 初期的对台广播

（1979—1990）

第一节 对台方针的第二次战略调整

一、《告台湾同胞书》的发表

1976 年 10 月，长达十年的"文化大革命"结束了，"左"的错误思想得到遏制。1978 年 5 月关于"实践是检验真理的唯一标准"的大讨论，更是冲破了"左"的思想和教条主义的束缚，在全国范围内掀起了解放思想的高潮，重新树立了实事求是的思想路线。1978 年 12 月邓小平作了《解放思想，实事求是，团结一致向前看》的讲话，成为此后不久召

《全国人大常委会告台湾同胞书》发表

开的中共十一届三中全会的基本指导思想。1978 年中共十一届三中全会的召开，正式拉开了改革开放的大幕，也揭开了中国大陆对台政策转变的序幕。1979 年 1 月 1 日，《全国人大常委会告台湾同胞书》发表，郑重宣布了中国共产党和中国政府关于台湾回归祖国、实现国家统一的大政方针：一是强调要考虑现实情况，完成祖国统一大业，在解决统一问题时尊重台湾现状和台湾各界人士的意见，采取合情合理的政策和办法，不使台湾人民蒙受损失；二是肯定台湾当局一贯坚持一个中国的立场，反对台湾独立，指出这是两岸共同的立场和合作的基础，并提出寄希望于1700 万台湾人民，也寄希望于台湾当局；三是主张"首先应当通过中华人民共和国政府和台湾当局之间的商谈"结束台湾海峡目前仍然存在的双方的军事对峙状态，以便为双方的任何一种范围的交往接触创造必要的前提和安全的环境；四是希望

"双方尽快实现通航通邮","发展贸易,互通有无,进行经济交流"(即后来概括的"三通"——通商、通航、通邮)。①

《告台湾同胞书》的发表具有里程碑意义,这表明中国共产党对台湾回归和祖国统一方针由"和平解放台湾"向"和平统一"的重大转变,是新时期中国共产党和中国政府对台方针政策的重要宣示,标志着对台方针政策的重大转变和战略性调整。

二、"和平统一、一国两制"基本方针的确立

20世纪70年代末,国际国内形势都发生了深刻变化。国内方面,中共十一届三中全会决定将党和国家的工作重心转移到经济建设上来。岛内方面,经过20世纪70年代的发展,台湾经济起飞,成为"亚洲四小龙"之一。政治上岛内相对稳定,特别是蒋氏父子坚持一个中国的立场,反对台湾的分裂势力,对"台独"分子进行了坚决的打击。国际方面,中美、中日相继互相承认并建立外交关系。

为了适应新形势,打破两岸的僵局,中国共产党和中国政府主动捐弃前嫌,顺应时代潮流,积极推动中华民族的统一大业。1978年12月15日,中共中央政治局会议专题研究了中美建交后的对台工作。邓小平根据形势变化,提出实行第三次国共合作、完成祖国统一的主张,口号是"爱国一家",搞爱国主义;统一后,台湾社会制度、经济制度不变,生活方式不变,外国投资和商业往来不变,军队变成地方武装。中共中央政治局同意邓小平的意见,明确地把和平解放台湾调整为和平统一祖国方针。② 随后,中共十一届三中全会公报指出:"随着中美关系正常化,我国神圣领土台湾回到祖国怀抱、实现统一大业的前景,已经进一步摆在我们的面前。全会欢迎台湾同胞、港澳同胞、海外侨胞,本着爱国一家的精神,共同为祖国统一和祖国建设事业继续作出积极贡献。"③台湾当局面对新形势,也做出有限回应:有限开放赴大陆探亲,解除戒严,取消戡乱,海峡两岸30年来首次出现松动与缓和的局面。④

1. "和平统一"方针的制定

为了推动祖国统一大业的进程,党和国家领导人在不同场合多次发表谈话,具

①《人民日报》,1979年1月1日。

②邓力群主编,《当代统一战线》(下册),北京:当代中国出版社1996年版,第234页。

③《人民日报》,1978年12月24日。

④张春英主编,《海峡两岸关系史》(下册),福州:福建人民出版社2004年版,第899页。

体阐明了和平统一方针的基本精神和内涵。

首先,表明海峡两岸的统一是中国的内政,实行和平统一,但不承诺放弃使用武力。1979 年 1 月 2 日,邓小平在会见美国众议院访华团时说:"解决台湾回归祖国,完成国家统一的问题,是中国的内政。我们的态度是真诚的,是合情合理的。我们尊重台湾的现实,我们允许包括美、日在内的各国同台湾继续保持民间贸易、商务、投资等关系。但'中华民国'的旗子总要降下来才行,我们不允许有'两个中国'。"①1 月 5 日,邓小平在会见美国记者时说:"台湾回归祖国,完成祖国的统一大业,这完全是中国的内政。正是在这个基础上,我们实现了同美国关系的正常化。""卡特总统曾表示一种愿望,希望能够用和平方式解决台湾问题。我们注意到这个愿望,但是我们同时也表示这是中国的内政问题。我们当然力求用和平方式来解决台湾回归祖国的问题,但是究竟可不可能,这是一个很复杂的问题。在这个问题上,我们不能承担这么一个义务:除了和平方式以外不能用其他方式来实现统一祖国的愿望,我们不能把自己的手捆起来。如果我们把自己的手捆起来,反而会妨碍和平解决台湾问题这个良好的愿望。"邓小平同时表示,全国人大常委会发表《告台湾同胞书》,是我们采取的第一步,我们将用多种方法同台湾当局,特别是同蒋经国先生商谈祖国统一的问题。② 1 月 30 日,邓小平访问美国期间,在美国参众两院发表演说时,重申:"我们不再用'解放台湾'这个提法了。只要台湾回归祖国,我们将尊重那里的现实和现行制度。"③

其次,呼吁两岸交流交往,实现"三通",表达诚意。1979 年 5 月 21 日,廖承志在东京记者招待会上说:"为了消除祖国大陆同台湾近 30 年来人为隔绝的不幸局面,我们曾向台湾方面多次建议,互相通商、通航、通邮,进行经济贸易、科学技术、文化体育等方面的交流活动。我们欢迎台湾各界人士到祖国大陆探亲访友,参观访问,投资建设,也希望台湾当局允许大陆各界人士到台湾参观访问,以便增进理解,消除隔阂。我们现在完全可以坐下来谈。""我们希望台湾当局理解我们的诚意,以民族利益为重,为祖国统一大业作出应有的贡献。"④1980 年 1 月 1 日,邓颖超在全国政协新年茶话会上说:"我们在这里重申,《告台湾同胞书》所明确宣告的大政方针,是我国政府坚定不移的、要诚挚执行的决策,不是权宜之计,更非'统战攻势',完全是以中华民族的大义和整个国家的根本利益为出发点,是尊重台湾现

---

①《人民日报》,1979 年 1 月 3 日。
②《大公报》,1979 年 1 月 6 日。
③《人民日报》,1979 年 2 月 1 日。
④《中国新闻》,1979 年 5 月 22 日。

实充分考虑了台湾全体人民和台湾当局的利益和前途的。希望台湾当局审时度势,打破疑虑,顺应历史潮流,以国家民族利益为重,爱国一家,朝着祖国统一伟大目标前进。"①

2."一国两制"方针的提出

"和平统一"的方针提出以后,各方反应强烈,一方面是积极欢迎和平方式,另一方面很多人想知道怎样实现和平统一,如何对待台湾的现状。为了让台湾同胞、台湾当局和海内外关心台湾问题的人士进一步了解祖国大陆的政策,同时也为了更加明白地表达和平统一的诚意和方针政策,1981 年 9 月 30 日,在中华人民共和国成立 32 周年前夕及辛亥革命 70 周年即将到来的时候,全国人大常委会委员长叶剑英就台湾问题向新华社发表谈话,进一步阐明关于台湾回归祖国、实现和平统一的九条方针政策(即"叶九条"),勾画了"一国两制"的雏形。

"叶九条"是新时期中国共产党和中国政府对台方针政策的进一步深化和发展。叶剑英在谈话中虽然没有明确提出"一国两制"这个概念,但从谈话内容上可以非常明显地体现出"一国两制"的内涵。九条方针政策中明确提出:国家实现统一后,台湾可作为特别行政区,享有高度的自治权,并可保留军队;中央政府不干预台湾地方事务;台湾现行社会、经济制度不变,生活方式不变,同国外的经济、文化关系不变;私人财产、房屋、土地、企业所有权、合法继承权和外国投资不受侵犯;台湾当局和各界代表人士,可担任全国性政治机构的领导职务,参与国家管理。② 邓小平在 1982 年 1 月 11 日接见来华访问的美国华人协会主席李耀基时说:"九条方针是以叶副主席的名义提出来的,实际上是'一个国家,两种制度'。"③这是邓小平首次提出"一个国家,两种制度"的概念。

1982 年五届全国人大五次会议通过《中华人民共和国宪法》,其中第 31 条对特别行政区作出了专门规定,从而为"一国两制"构想的具体实施提供了法律依据,也标志"一国两制"科学构想的正式形成。④

3."和平统一、一国两制"方针的完备

把"和平统一、一国两制"作为一个整体进行论述,并形成完备的理论形态的是邓小平。这一方针最先是为解决台湾问题而提出,却首先在解决香港、澳门问题的

---

①《人民日报》,1980 年 1 月 2 日。

②《人民日报》,1981 年 10 月 2 日。

③中共中央文献研究室编,《邓小平思想年谱》,北京:中央文献出版社 1998 年版,第 212 页。

④张春英主编,《海峡两岸关系史》第四卷,福州:福建人民出版社 2004 年版,第 907 页。

过程中,得到了实践上的发展。

1983 年 6 月 26 日,邓小平在会见美国新泽西州西东大学教授杨力宇时,进一步阐述了实现台湾和祖国大陆和平统一的构想(即"邓六条")。1984 年 2 月,邓小平进一步指出:"统一后,台湾仍搞它的资本主义,大陆搞社会主义,但是是一个统一的中国。"①同年 6 月,邓小平更为明确地指出:"我们的政策是实行'一个国家,两种制度',具体说,就是在中华人民共和国内,十亿人口的大陆实行社会主义制度,香港、台湾实行资本主义制度。"②1984 年 5 月,六届全国人大二次会议的《政府工作报告》首次把"和平统一、一国两制"作为国家的基本国策。随后,邓小平在多种场合,就如何解决香港、台湾问题,对"一国两制"构想的产生背景、依据、内容、前景、意义等作了全面系统的阐述。9 月 26 日,中英关于香港问题的联合声明签字,确认中国在 1997 年 7 月 1 日恢复对香港行使主权,中国政府根据"一国两制"的政策,在香港设立特别行政区,实行"港人治港",高度自治。

"和平统一、一国两制"由构想到成功解决香港问题,逐渐形成为一种完整的有理论基础、有政策方针、有实践经验的科学体系,它也成为中国共产党和中国政府解决台湾问题的大政方针和指导对台工作的基本出发点。

第二节 对台广播的繁荣

中共十一届三中全会以后,中国大陆进入改革开放的新阶段,思想解放的程度随着改革开放的力度而不断提升,逐渐为对台广播的改革解除了思想上的束缚。特别是 1979 年元旦,全国人大常委会发表了具有历史意义的《告台湾同胞书》,同日,中国人民解放军福建前线司令部奉命宣布,从即日起停止对大金门等岛屿的炮击,弥漫在台湾海峡上空的硝烟渐渐散去,台湾回归祖国,完成祖国统一大业提上日程,实现祖国和平统一成为全国人民 20 世纪 80 年代乃至 90 年代的三大任务之一。在"和平统一、一国两制"方针的指引下,中国大陆的对台湾广播随即也出现了一个崭新的局面,进入了振兴、改革、兴旺发达的新阶段。

一、夯实既有对台广播,提升宣传实力

这一时期,三家既有对台广播机构都进行了多次改革,加强了力量,提升了对

---

① 《邓小平文选》第三卷,北京:人民出版社 1993 年版,第 49 页。
② 《邓小平文选》第三卷,北京:人民出版社 1993 年版,第 58 页。

台广播宣传的实力。

首先是扩大了既有对台广播的播出平台。1982年10月1日,中央电台对台湾广播从一套节目增加为两套节目,节目数量增加到近20个。其中,第一套节目以普通话播音为主,第二套节目以方言(闽南话、客家话)播音为主。播音时间达到37小时45分钟,发射功率增大到3400多千瓦。① 在节目方面,面对两岸关系的迅速发展和听众心态需求的变化,分别于1986年7月14日和1988年9月11日对节目进行了大调整,在内容上加强服务性、娱乐性,在形式上推陈出新,不断推出更加适合台湾听众收听的新节目,把所有的节目在两套节目中交叉排发,以扩大听众选择收听的机会。② 从1988年起,中央电台台播部在日本东京开设了《中华之声》电话广播,一天24小时无论何时,只要拨通特设的电话号码,就可以听到来自中国的亲切的普通话(1988年至1995年曾设置闽南话新闻),得到有关中国大陆的最新信息③,拓展了单一的广播宣传形式。

1979年2月,经上级机关批准,福建前线广播电台增加和调整了编制,总台机关设编辑部(下设总编办公室、新闻科、评论科、政策科、文艺科、播音科)、技术部(下设技术科、器材科、控制室、技术设备维修队)、政治部(下设组织科、宣传科、保卫科)、管理处4个部门。总台下辖福州、厦门、古田、光泽、下洋5个分台,这是福建前线广播电台组织机构和人数最多的时期。1979年2月12日,前线台对节目做了相应的调整,设置《伟大的祖国》《可爱的家乡》《爱国一家》《台湾军政人员亲人信箱》《对台湾籍乡亲广播》《时事》《台湾海峡地区天气预报》等7个自办的语言节目以及《新闻》和文艺节目。其中《新闻》节目为转播中央电台台播部的新闻4次。调整节目后仍以两套节目播出,总播音时间为36小时。④

1982年7月1日,根据台湾同胞和爱国人士的建议,福建人民广播电台《对金门马祖广播》节目名称恢复为20世纪50年代初办对台广播时的《对台湾广播》。1984年,福建电台的《对台湾广播》节目每天播音8次(普通话5次、闽南话3次),每次30分钟,共计4小时。⑤ 对台广播改变过去综合性专题节目的编

---

①杨波主编,《中央人民广播电台简史》,北京:北京广播学院出版社2000年版,第257页。

②杨波主编,《中央人民广播电台简史》,北京:北京广播学院出版社2000年版,第258页。

③杨波主编,《中央人民广播电台简史》,北京:北京广播学院出版社2000年版,第267页。

④《当代中国广播电视台百卷丛书·海峡之声广播电台卷》,北京:中国广播电视出版社2000年版,第44页。

⑤左漠野主编,《当代中国的广播电视》(上),北京:中国社会科学出版社1987年版,第292页。

排方式,分别举办《新闻》《祖国建设》《故乡与亲人》《唐山风情》《空中邮路》《文艺》等专题节目。1985年9月30日,福建人民广播电台把原来分散为8次广播的半小时对台广播节目,改为集中在22:00—1:00、8:00—9:00的两个时段广播,又增办了《听众服务台》《台胞祖地》《八闽新闻》《九州新闻》。1987年11月,针对台湾当局开放部分民众赴大陆探亲的新情况,又相继开播《说说心里话》《渔民之友》和《旅游天地》3个栏目。1988年12月5日,福建台《对台湾广播》节目又调整了广播栏目,举办《新闻》《福建新闻》《故乡与亲人》《说说心里话》《海峡服务台》《闽南话广播》《文艺》和《台湾海峡地区天气预报》挂牌栏目。每天在第一套节目的22:00—1:00、8:00—9:00广播。《台湾海峡地区天气预报》节目仍分散在一、二套节目播出,每天广播5次,每次5分钟。[1] 这次调整后的广播栏目一直到1990年底没有再变。

其次是加强对台湾情况的调查研究,注意及时掌握台湾形势变化,加强对台宣传的针对性。《告台湾同胞书》发表以后,从台湾回大陆定居的各方面人员逐渐增多,公开来大陆探亲、访友或旅游的人员也逐渐增多。中央电台台播部提倡从港台报刊和回大陆的台胞那里了解和研究台湾情况,改进对台湾宣传。编播人员在采访来大陆的台胞制作节目的同时,也将了解到的台湾新情况整理成文,成为编辑部的共同财富。[2] 1987年初,海峡之声广播电台(原福建前线广播电台)也对播音工作制度和台情调研、广播通讯工作进行改革。台情调研工作在原来编印《台湾情况参考》的基础上,增加了"台情周报""季度综合"和"专题调研",并每天侦收台湾电台广播。根据广播发展趋势和电台的业务工作情况,实行"编播合一"制度,以利播音员加深对节目指导思想及稿件内容的理解,便于编播人员切磋业务、探讨问题,加强编播配合协作,共同完成宣传任务。1987年7月,海峡之声在日本设立了台湾听众信箱,还在福建和浙江沿海8个台湾同胞接待站挂设了台湾听众意见箱,增加台湾受众反馈的便利性,通过反馈增加对台湾的了解,为改进节目宣传提供依据和方向。

再次是区分了既有对台广播的各自定位。1987年6月,对台广播在北京召开协调会议,中央电台台播部、海峡之声广播电台、福建人民广播电台、金陵之声广播电台、厦门人民广播电台和浦江之声广播电台的负责人参加了会议。中宣部批转了协调会议的纪要,指出"海峡之声电台是具有相当规模的综合性电台,

---

①《福建省志·新闻志》,北京:方志出版社2002年版,第266页。
②杨波主编,《中央人民广播电台简史》,北京:北京广播学院出版社2000年版,第257页。

105

应以对台湾军队为主要宣传对象,同时也对台湾人民进行宣传。要继续发挥自己的优势,加强调查研究,做好台湾问题的评论工作和对台湾的宣传,办好文艺节目、闽南话节目和服务性节目",并确定"中央电台、海峡之声电台为综合性的对台广播电台,应承担全面对台湾宣传任务"。这次会议对明确对台广播机构各自的宣传对象,发挥各自的优势和特色,分工合作,进一步扩大对台宣传的影响,具有重要的意义。

二、新建对台广播机构,实现"贴近宣传"

中共十一届三中全会之后,中国大陆的广播事业进入蓬勃发展的阶段。特别是 1983 年第十一次全国广播电视工作会议之后,实施"四级办广播,四级混合覆盖",大陆广播规模得到迅猛扩张。在对内广播数量快速增长的大潮中,对台广播的规模也迎来了历史上的最大一次扩张。1981 年夏,中央指出:"东南沿海省市电台应积极创造条件,开办对台湾广播节目。"随后,地处东南沿海,又与台湾素有渊源的江苏、福建、上海先后开办、复办或兴办了对台广播。

1. 金陵之声广播电台的成立

由于南京在解放前是国民党中央政府所在地,是当时的首都,江苏全境解放前去台湾的人员较多,在国民党军政界上层任职的人物也较多,所以在中央发出指示的当年 8 月,中共江苏省委就在《关于加强对台工作,力促台湾早日回归祖国的决定》中,要求"报纸、刊物、广播、电视等都要加强台湾问题的宣传。省广播事业局要积极筹备,制订计划,举办对台广播节目"。江苏省委的决定下达不久,江苏省委宣传部领导便委派秦志法到江苏省广播事业局研究如何尽快落实中央和江苏省委指示。据此,江苏省广播事业局、省电台开始筹办对台广播,筹备小组由谷立兆负责。1982 年 1 月,江苏省编制委员会批复同意江苏人民广播电台增设对台湾广播部,增列事业编制 20 人,江苏省政府另增拨对台广播开播经费 12 万元。江苏电台立即从内部选派了一批德才兼备、熟悉广播业务的骨干力量到台播部,如陈建之、王友鑫、薛美娟、赵顺生、伍厚琪、吴国良、陈为琳等,接着又开始从外部物色人员。改革开放初期,许多岗位亟需人才,但对台广播需要的干部大多给予优先选调[1],如后成为江苏对台广播领导骨干的杜汝森、司浩等都是由相关领导出面,破格选调进

---

[1] 孙鹰、谷立兆,《架设海峡心桥 促进和平统一》,《世纪回响》,南京:江苏古籍出版社,2002 年版,第 85 页。

来的。在对台广播开播前,史礼泉、李绪元、姚加炎、周永平等业务骨干又先后加入工作。① 2月中旬,江苏台对台广播部成立。1982年7月1日23时,江苏人民广播电台对台湾广播节目正式播出。播出频率为702千赫,中波发射功率150千瓦,呼号和开始语是:"江苏人民广播电台,现在对台湾同胞广播。"每天播音两次,第一次为16:15—16:40(星期二、四除外),第二次为23:00—23:40,节目设置有《江苏新闻》《故乡与亲人》《文艺》节目等。②《江苏新闻》节目每次10分钟,主要报道江苏城乡经济建设、文化体育、社会风尚、科教卫生、人民生活、外事旅游、人物新闻等方面内容。《故乡与亲人》节目每次15分钟,着重报道江苏各地去台人员家属、亲友和在

江苏电台对台广播开播节目文稿

江苏的台湾同胞的生活情况,每周还安排一档家信和寻找亲人启示。《文艺》节目每次15分钟,经常播出江苏各个地方剧种的优秀剧目和曲艺,以及民歌和民族器乐等,一些著名的戏曲演员和歌手经常在这一节目里演播。

随着海峡两岸形势的发展,对台广播需要增加时间,增加节目,原来的对台广播节目已不能适应形势发展的需要。1985年初,江苏省广播电视厅和江苏人民广播电台向中央宣传部和广播电视部提出设立金陵之声广播电台的申请。1985年12月,中宣部和广播电视部批准同意江苏人民广播电台的对台湾广播改用"金陵之声广播电台"的呼号,并使用短波频率播出。1986年11月12日,金陵之声广播电台正式开播。短波频率4875千赫,功率50千瓦,每天晚上19:55—24:00播音。开播之日,正值孙中山先生诞辰120周年纪念日。一年后,1987年11月12日,又启用7215千赫,增加每天上午8:55—11:00播音。③ 金

①孙鹰、谷立兆,《架设海峡心桥 促进和平统一》,《世纪回响》,南京:江苏古籍出版社,2002年版,第86页。

②《江苏省志·广播电视志》,南京:江苏古籍出版社2000年版,第79页。

③《江苏省志·广播电视志》,南京:江苏古籍出版社2000年版,第80页。

金陵之声广播电台节目时间表
（一九八六年十一月十二日起实行）

时间	时长	节目	播出日
19：55	（5'）	开始曲，预告节目	
20：00	（10'）	新闻	
20：10	（15'）	华东大地	（一、三、五）
		故乡与亲人	（二、四、六）
		音乐	（日到20：30）
20：25	（5'）	广告	一到六
20：30	（30'）	民歌集萃	（一）
		文学	（二、日）
		音乐	（三、六）
		戏曲	（四、五）
21：00	（10'）	新闻	
21：10	（15'）	亲友信箱	（一、三、五、日）
		龙的传人	（二、四）
		音乐	（六到21：30）
21：25	（5'）	广告	（一、二、三、四、五、日）
21：30	（30'）	艺坛群星	（一）
		音乐	（二、四）
		戏曲	（三、日）
		民歌萃	（五）
		文学	（六）

金陵之声广播电台开播节目时间表

陵之声广播电台第一任台长由江苏台副台长韩同文兼任，金陵之声编辑部第一任主任谷立兆，编辑部下设新闻组、专题组、综合组，文艺节目由江苏台文艺部承担。

2. 厦门人民广播电台开办对台广播

厦门与台湾、金门隔海相望，对台广播宣传具有天然的地理优势。20世纪80年代，在中央的指示下，厦门人民广播电台也加入对台广播的阵营，于1986年9月成立对金门广播部，10月5日首播对台湾广播节目，栏目名为《为金门同胞服务》。厦门电台对台广播为金门、台湾同胞提供祖国大陆的消息，提供厦门和闽南各地的乡音、乡讯和风土民情，提供医药、寻根问祖、寻找亲人服务，成为联结两岸同胞的纽带。节目设《海峡夜话》《空中服务台》《祖地信息》等栏目，采用闽南话主持人形式播音。开始每周1档，逐步增加到每天1档。1990年7月31日，对金门广播部改为对台湾广播部，节目更名为《对台湾同胞广播》。①

3. 浦江之声广播电台的成立

20世纪80年代后期，海峡两岸局势渐趋缓和，大陆与台湾同胞之间交往频繁，对台广播第一声的发源地——上海，也开始着手恢复和重组对台湾广播。1986年5月，上海电台正式申报恢复、重组对台湾短波广播，获得广播电视部、上海市政府批准。1987年5月11日起，上海电台外宣部由张海鹰负责，抽调储祖诒、季傅耀两名采编人员，开办以台湾同胞、港澳同胞、华侨以及外籍华人为主要对象的《故乡的云》节目，进行对台湾广播试点工作。1987年11月，台湾当局有限制地开放台湾同胞回大陆探亲，海峡两岸关系的松动和发展，进一步推动了上海对台广播的重建。由汪蕾等10余人组成的筹建小组，经过1个多月的努力，完成了前期采编制作等各项任务。1988年1月1日，以"浦江之声广播电台"呼号，用短波频率3280、3990千赫，正式对台湾播音，每天首播2小时，重播2次。李森华、汪蕾分别担任台

---

① 《厦门广播电视史略(1935—2007)》，厦门：厦门大学出版社2009年版，第28—29页。

长、副台长。时任上海市市长的江泽民为"浦江之声广播电台"题写台名,还亲笔题词"传播乡音乡情,弘扬爱国主义",并在开播节目中对台湾听众发表广播讲话。全国人大常委会副委员长周谷城等,也相继题词祝贺。中共上海市委副书记兼对台领导小组负责人杨堤,对上海电台恢复、重建对台广播,改善技术装备等给予支持和关心。1988年和1992年,中共上海市委统战、宣传、新闻系统的领导、专家和社会知名人士毛经权、陈至立、赵祖康、龚心瀚、郑励志、孙贵璋、谈家桢、刘靖基、邹凡扬、高宇等30多人次,分两届担任对台广播的指导、顾问和特约编委工作。①

浦江之声广播电台一面世,便引起了海内外舆论和台、港、澳听众的关注。在浦江之声电台以前,祖国大陆已有5家广播电台播送对台广播节目,在台湾岛内形成了一个相对稳定的大陆广播收听群。浦江之声台开播前夕,台湾报纸在头版以醒目的标题"中共第六电台,开放对台广播"刊登外电报道称:"以流经上海的黄浦江命名的'浦江之声'每天有6小时分别以北平话与上海方言播音","目前海峡两边没有直接通讯往来,双方长久以来一直把电台广播当作宣传的一个重要媒介"。听众来信称赞"浦江之声电台"是"不见面的知心朋友""给海峡两岸炎黄子孙和听众朋友,架起了空中鹊桥"。有的台湾同胞在浦江之声台开播的头1个月里,就寄来了名片和有关商品广告,表达了到大陆投资经商的意向。

4. 福州人民广播电台开办对台广播

1988年7月2日,福州人民广播电台开办《对马祖广播》节目,这是全国第七家对台湾广播,设有《新闻》《故乡行》《罗星夜话》《闽都风情》《为亲人服务》等栏目,用不同形式向台湾同胞、马祖乡亲宣传介绍祖国大陆及家乡福州的发展变化,传播乡音乡情,介绍家乡人情风貌,为台湾同胞提供投资办厂、法律咨询、探亲旅游等方面服务。《罗星夜话》是重点设置的评论性栏目,以三人对话形式,就海峡两岸时政方面的话题进行漫谈,对台湾当局的"两个中国""一中一台"的"台独"倾向进行抨击和揭露。播音在轻松对话中有严肃的主题,在评论时做到有情、有理、有据。

三、依托广播举办活动,深化对台宣传

对台广播在不断深化广播改革的同时,也不断开辟组稿渠道,拓展报道领域,挖掘报道深度,积极探索深化宣传的新路子,宣传形式更加灵活多样。

---

①上海市专志系列丛刊《上海广播电视志》,上海:上海科学出版社1999年版,第297—298页。

1. 主题征文

1987 年 11 月,台湾当局开放民众赴大陆探亲后,一批又一批的台胞回到了阔别 30 多年的故乡,出现了许许多多亲人团聚的动人场面。为了反映海峡两岸关系的历史性转变,适应新形势,开拓节目改革的新路子,开创对台广播的新局面,为增进骨肉同胞的感情和共识,推动祖国和平统一大业,中央人民广播电台台播部几位长期从事对台广播的老同志,提出了举办"海峡情"有奖征文活动的设想,很快得到上级有关部门的赞同和支持。1988 年,中央电台对台湾广播举办了以抒发民族之情、盼望祖国统一为主题的首届"海峡情"征文活动。海内外同胞竞相投稿,共收到作品 600 余件,其中,台湾岛内有 20 多人投稿。有的台胞为使作品安全寄达北京,还特意托人带到海外或大陆邮寄。此后,《海峡情》有奖征文每年举办一次,大陆作者奋笔疾书,来稿遍及 30 个省、市、自治区,台湾岛内来稿也一届比一届多,到第五届,岛内来稿达 100 余篇。作者中有 80 多岁的老翁,也有 10 多岁的孩童;有教授、作家、记者、艺术家,也有农民、渔民、海员、老兵。有的作者连续参加,有的不但自己写,还动员亲人和学生写。正如一位台湾作者在第五届《海峡情》颁奖大会上的感慨:"世界上有无数个海峡,但没有一个海峡像台湾海峡这样,40 年来,演出这么多悲欢离合的故事。'海峡情'征文为很多能够拿起笔来抒发自己感情的中国人,提供了一个写故事的机会。"这项活动超越了征文本身,成为海内外中国人联亲交友、聚首结谊的社会活动。[1] 这项活动一直持续到 1996 年,该活动主要组织者为中央电台对台广播开台元老之一的洪永固。"海峡情"征文活动举办了 9 年九届,连同它的前身,作为一种实验而举办的 1987 年"兔年知识征答",整整 10 年。10 年的《海峡情》征文活动,加强了与台湾听众的直接联系,促进了海峡两岸的交流,开创了台湾、海外听众参与中央电台对台湾广播以及两岸、中外文化交流的新天地,在海峡两岸产生了较大的影响,"为对台广播大挣脸面"。[2]

海峡之声广播电台也先后举办了 10 多次影响较大的征文活动,同样收到不少台湾岛内作者的应征文章。这些征文通过海内外新闻媒介传播后,在大陆、台湾及港澳、东南亚地区引起强烈反响。如,1990 年 6 月,由《探亲和旅游》节目组负责策划,海峡之声广播电台与辽宁省大连市人民政府联合举办了"'大连杯'台胞心声"

---

[1]谢祥儒、刘子民,《〈海峡情〉连结两岸心》,《对台广播回忆录——中央人民广播电台对台湾广播 40 周年》,北京:中国广播电视出版社 1995 年版,第 306—307 页。

[2]杨波主编,《中央人民广播电台简史》,北京:北京广播学院出版社 2000 年版,第 279 页。

有奖征文活动。征文内容,要求应征者在征文中对和平统一祖国提出有益的看法,畅谈与大陆进行经济、文化、艺术、科技、法律、医学、宗教等方面交流的感受,提出有助于大陆各行业或对自己的家乡发展进步的具体意见和建议,反映参加或观看第十一届亚运会比赛活动的感受和经历,抒发游历祖国锦绣山河和重返故乡后的眷恋之情,追忆返乡途中遇到的感人故事等。征文活动的消息,通过新华社、中新社、《人民日报》海外版、《台声》杂志、香港《中国通讯社》、香港《新闻通讯》《华声报》等新闻媒体传播与有关省对台办的配合寄发及其他各种渠道转发后,在台湾岛内产生了较大影响,台胞纷纷拿起笔来,以清新的笔调、真挚的感情,把自己对大陆的见闻和感受倾注笔端,直抒心声。他们盼望祖国早日和平统一,赞扬祖国建设成就,提出各种有益的建议和看法,字里行间充满着胞情、亲情,生动地展示了台胞在结束分离后的情感震荡及对大陆社会疑窦逐开的心理过程,同时也充分显示了广大台胞的民族情感和民族凝聚力所形成的冲破海峡阻隔、摒弃政治歧见、勇抒心声、推进祖国和平统一的巨大力量。[1] 金陵之声广播电台也举办过《风雨同舟四十年》《两岸列车》等征文活动。

2. 文艺晚会

在创新文艺宣传方面,对台广播利用内联外合的方式举办了多场音乐会、戏曲演唱会等文艺类晚会。如,1982 年与 1984 年中秋节期间,海峡之声广播电台与全国政协、全国台联、中国音协等 7 个单位,在北京先后联合举办了首届和第二届海峡之声音乐会,邀请李谷一、吴雁泽等著名歌唱家参加演唱;1985 年 12 月 12 日至 14 日,海峡之声广播电台在福州举办"对台湾同胞广播音乐会",邀请中央、地方和军队 10 家文艺团体的 11 名著名歌唱家蒋大为、于淑珍、姜嘉锵、彭丽媛、董文华、钱曼、张佩君、郑新等参加演出;1986 年 12 月,海峡之声与全国台联、全国音协等单位在西安联合举办了又一届"海峡之声音乐会",并从西安向台湾同胞做了现场直播;同月,海峡之声广播电台与中央人民广播电台、上海人民广播电台在福州联合举办了"越剧尹桂芳流派广播演唱会",著名越剧演员尹桂芳、吕瑞英、傅全香、戚雅仙、李金凤及越剧新秀茅威涛、赵志刚、肖雅等参加了演出;1987 年 10 月 5 至 7 日,海峡之声在福州举办"海峡之声中秋相声晚会",著名相声演员姜昆、唐杰忠、侯跃文、石富宽、李金斗、陈涌泉、笑林、李国盛、牛群、李立山和相声新秀牛振华、李艺应邀参加了演出;同年 12 月 29 日,海峡之声和中央人民广播电台、北京人民广播

---

[1]《当代中国广播电视台百卷丛书·海峡之声广播电台卷》,北京:中国广播电视出版社 2000 年版,第 87—88 页。

电台、北京电视台、青岛人民广播电台、北京京剧院,在北京联合为台湾同胞举办了京剧表演艺术家演唱会,参加演出的有杜近芳、梅葆玖、耿其昌、杨淑蕊、张曼华等16位著名京剧演员。[1]

1988年9月25日,浦江之声电台在开播后的第一个中秋节也专门组织了"千里共婵娟"广播文艺晚会,邀请朱逢博、王正屏、闵惠芬、赵振铎、赵世忠、梅子、俞逊发、王庆隆以及上海和平饭店老年爵士乐队等大陆著名表演团体和演员、台湾歌星周盈妃等参加演出。其中,首次向海峡两岸献演一部气势磅礴的大合唱作品《海峡,只是海峡》。晚会于9月23日举行,演出实况通过3280、3990、4950千赫向台湾及海内外直播,25日中秋节那天,播出了演出实况录音。

3. 书画交流

1980年8月、1984年4月,中央电台先后发起举办了台湾著名作家钟理和、赖和先生的纪念活动。人民文学出版社1979年出版的《台湾小说选》,是中央电台台播部倡议并负责选编的,与人民文学出版社协作,以编辑委员会署名出版。这是新中国成立40年来,在祖国大陆出版的第一部台湾作家的文学作品选集。此书出版以后,成为1980年的全国十大畅销书之一,受到海内外同胞和台湾著名作家白先勇的欢迎和好评。

从1981年到1983年,中央电台台播部又先后编辑、出版了台湾作家的作品《吴浊流小说选》《台湾青年作家小说选》《钟理和小说选》和李乔的《寒夜三部曲》等。20世纪90年代以后,中央电台同出版部门合作,编辑出版了《台湾人三部曲》(《沉沦》《沧溟行》《插天山之歌》)、《神州吟——海峡唱和诗歌选》《杨逵作品选集》和歌曲集《台湾啊,祖国的宝岛》《台湾歌曲选》以及《台湾地图册》等十多种图书[2],增进了大陆受众对台湾的了解。

1987年12月15日至20日,海峡之声广播电台与民革中央《团结报》、福建省外贸中心、福建省国际文化经济交流中心联合举办"海峡诗书画印联谊笔会"和"京沪榕台港澳名家书画展览",启功、溥杰、卢光照、程十发和台湾的书画家陈庭诗、陈子波,澳门的书法家梁披云等也寄来作品参加展出。与会者认为,这是一次促进海峡两岸艺术交流的盛会。笔会期间,与会人员还专程到海峡之声电台,为台湾同胞吟诗作赋,向台湾同胞发表深情的讲话。新加坡的周颖南先生为

---

①《当代中国广播电视台百卷丛书·海峡之声广播电台卷》,北京:中国广播电视出版社2000年版,第71—72页。

②杨波主编,《中央人民广播电台简史》,北京:北京广播学院出版社2000年版,第277页。

台湾同胞朗诵了自己的诗作,并介绍了自己与台湾作家的交谊,表达了海外侨胞盼统一的心情。著名摄影家华国璋教授介绍了他在异国他乡见到台胞的情况,通过电台希望早日到台湾拍摄宝岛风光,以补齐他的《华国璋摄画集》。著名作家杜宣在介绍了他创作反映张学良和赵四小姐经历的剧本《梦迢迢》的情况后,希望海峡两岸文学界尽早进行创作交流。杜老最后也赋诗一首:"情怀无限向澎台,同属炎黄不可开;又是一年传腊鼓,彩云何日再归来?"笔会闭幕时,全体与会人员通过新闻界,呼吁台湾当局扩大开放幅度,让笔会成员成为首批进入台湾的一员,以"文通"促进"三通"。①

第三节 宣传基调的软化

《告台湾同胞书》开创了和平统一祖国的新时期。1982 年 12 月,五届人大五次会议通过的《中华人民共和国宪法》写入了"一国两制"的方针,对台广播的宣传基调也随着从宣传"解放台湾,实现祖国和平统一",转移到"和平统一祖国"乃至"和平统一、一国两制",宣传内容、宣传方式、播音基调乃至广播称谓都进行了调整,展现了和平的诚意。

一、宣传内容:从"揭露瓦解"到"祖国民族"

这一时期,对台广播的内容随着对台方针的战略转变而转变,由过去"揭露国民党黑暗统治和瓦解敌军"的内容,变为"以《告台湾同胞书》的精神为主导思想,进行爱国统一教育,消除台湾听众的各种疑虑,提高祖国观念,提高民族意识,促进和平统一大业的早日实现"。具体来讲,这一时期的对台广播不再号召国民党军官兵起义、投诚,停止播出对国民党军投诚、起义人员奖励规定和办法,将"解放台湾、统一祖国"的口号,改为"台湾回归祖国,实现和平统一",主要宣传爱国主义的传统以及以和平方式解决台湾问题的重大意义,消除敌对情绪,化干戈为玉帛;联系历史和现实,宣传台湾回归祖国,实现和平统一,是大势所趋,人心所向;宣传台湾回归祖国,是关系全民族前途的重大任务,关系台湾人民的根本利益;宣传"一国两制"是实现和平统一祖国的最佳构想,批驳台湾当局提出的"不接触、不谈判、不妥协"的"三不政策";宣传祖国大陆的政治经济形势和社会主义制度的优越性,宣传祖国

---

①《当代中国广播电视台百卷丛书·海峡之声广播电台卷》,北京:中国广播电视出版社2000 年版,第 73 页。

大陆取得的建设成就,尤其是农村的发展和国民党军政人员家乡的变化,勾起他们怀乡之情,思归之志,激发台湾军民对祖国的认同感、自豪感和向心力;宣传"三通"(通邮、通商、通航)和各种交流,是两岸同胞的迫切愿望,对双方大有好处;宣传爱国统一战线,宣传两党合作和两岸合作;宣传爱国之情、民族之情、同胞骨肉之情,增加亲切感;宣传祖国的名胜古迹、山水风光、历史文物、古都名城,以激发国民党军政人员和台湾同胞的民族感情,增强他们的国家民族观念。

二、宣传方式:从"向您宣传"到"为您服务"

这一时期,对台广播进一步树立了热情为台湾听众服务的态度,努力做听众的知心朋友,宣传方式有了较大的改进:一是坚持摆事实,讲道理,循循善诱,启发疏导。注意用事实讲话,不强加于人,以朋友的态度、同胞的感情关心对方,树立为听众服务的思想,想听众之所想,急听众之所急,热心为听众服务;二是坚持真实性原则,强调稿件的事实必须完全真实,反对弄虚作假。强调实事求是,对一些没有把握的事实,认真查对核实,避免差错;三是语言方面力求通俗易懂、口语化,废除套话、空话、过头话。克服宣传说教味,加强生动性、知识性、趣味性,寓理于趣,寓庄于谐;四是提倡写短稿,并强调要短而新鲜,短而实在,短而有味。总之,宣传中坚持实事求是,既报喜,也报忧;既讲成就,又讲差距;既讲大陆的长处和进步,也讲存在的问题和不足。注意寓宣传于服务之中,加强政策服务、思想服务、生活服务,为台湾同胞解忧排难,解疑释惑。例如,福建人民广播电台《对台湾广播》节目适应新形势,进行了大幅度的改革。1982 年 10 月起,执行经中共福建省委宣传部批复的《加强、改进对台湾广播的意见》,以竭诚地为台湾同胞服务,为早日完成祖国统一大业贡献力量为宗旨,改变"向您宣传"为"为您服务",改变过去综合性专题节目的编排方式,陆续开办了《故乡与亲人》《听众服务台》《说说心里话》《海峡服务台》等多个服务类节目,注意摆事实,讲道理,实事求是地介绍祖国大陆尤其是台湾同胞祖籍地福建的各方面情况,既讲成就,也说差距;加强服务,为台湾听众解疑释惑,寓爱国主义教育于服务之中。[①] 江苏的对台广播也立足江苏,面向台湾广大听众,在对台节目中经常报道台湾政界人士所关注的南京的建设和江苏省城乡经济发展的情况,不加政治渲染,多用事实说话。浦江之声电台也不断实践"弘扬爱国主义、促进祖国统一、传播乡音乡情、为台胞服务"

---

①福建省地方志编纂委员会,《福建省志·广播电视志》,北京:方志出版社 2002 年版,第74 页。

的对台广播宗旨,宣传报道立足上海地区,准确生动地阐述"一国两制、和平统一"的对台方针,增进海峡两岸相互了解,帮助台湾同胞解难释疑,沟通海内外信息,为统一祖国、振兴中华的总目标服务。

三、播音基调:从"宣讲式播音"到"交谈式主持"

中央对台政策的调整和大量的深入调查研究,以及台湾回归祖国大陆人士的不断增多,催生了中央人民广播电台对台广播的主持人节目——《空中之友》。以1981年元旦创办《空中之友》为标志,开祖国大陆广播主持人节目的先河,用平实的语调,谈话的方式服务于台湾同胞。① 对台广播的播音风格和语气随着发生了革命性的变化,一扫过去受林彪、"四人帮"极左思潮影响所造成的那种音调高亢的播音腔调,根据对台广播特点,改变了报纸化的广播样式,发挥广播的听觉特点,用主持人形式的节目代替文字稿件的代读代播,改大庭广众宣讲式的播音为促膝谈心的交谈式主持。"上级有关部门对播音提出8个字的要求,'清晰、自然、亲切、动听'。原来的播音比较铿锵有力,后来变得亲切柔和多了"②。1982年5月1日,福建前线广播电台也开办了以主持人面目出现、专门对国民党军官兵和台湾青年广播的《青年之友》节目,在播音方面,提倡播音员"走自己的路""创自己的播音风格",提出"亲切、自然、清晰、优美"的要求。"亲切"就是播音的态度、感情处理方面平易近人,和蔼可亲,克服宣传说教味;"自然"就是播音的语调、语气自然,不做作,使人听了感到舒服;"清晰"就是从稿件的内容、层次到吐字归音,都播得十分清楚明白,使人听得清,听得懂;"优美"就是播音很甜美动人,沁心悦耳,使听众愿意听,喜欢听。③ 江苏对台广播的播音,也力求恳切真挚,以诚相见,以情动人。总之,"播音基调的变化是对台广播20世纪八九十年代最大的变革"④。

四、广播称谓:从"蒋军官兵"到"台湾同胞"

为适应台湾海峡的新形势,促进祖国和平事业的发展,1984年元旦,海峡之声广播电台"以新内容、新格调、新面貌出现在台湾听众面前,开创了一个新的局面",

---

① 韩长江,《长歌向天越海峡——中央电台对台湾广播节目改革纪实》,《路行千里:中央人民广播电台对台湾广播50周年文集》,北京:中国国际广播出版社2004年版,第4页。

② 第一代对台广播播音员陈菲菲之语。

③ 《当代中国广播电视台百卷丛书·海峡之声广播电台卷》,北京:中国广播电视出版社2000年版,第51页。

④ 海峡之声广播电台原副台长林智勇之语。

在台湾和香港引起了反响。台湾听众反映,这个做法"对增进和解有利","听起来顺耳,使人感到亲切"。香港报纸认为,"一名之改,隐含着政策的变化,气氛的变化","是和平政策指引下的一个举动,进一步体现了和谈诚意"①。

虽然只是一个呼号的改变,但正如香港报纸的评论所说,过去"海峡上空,曾经硝烟弥漫,"现在"海峡两岸一派和平,呈现宁谧气氛","两岸被积压了二三十年的团聚之情、统一之望日益炽烈了,化而为强烈的和平统一呼吁","和平统一的旗帜已高高擎起,福建不再是战争的前线,随电波传播的,是海峡两岸的和平统一之声"②。呼号的改变,具有划时代的意义,是两岸关系从对抗走向和缓的缩影,也是对台广播宣传基调软化的标志之一。

此外,对台广播中的称呼也不一样了。在此之前,对台广播往往称对方为"蒋军官兵弟兄们""蒋帮""蒋经国集团""蒋军"等,后来改称为"亲爱的国民党军官兵弟兄们""台湾当局""台湾军政人员""国民党军官兵""亲爱的台湾同胞"等。

第四节　对台广播的节目改革

一、节目形态的创新

1. 主持人节目的诞生与普及

20世纪80年代前后,为了探索对台广播宣传如何适应新的形势,中央人民广播电台对台湾广播部组织编辑记者奔赴各地,对从台湾归来人员进行调查研究,希望从内容到形式,彻底改变"文革"中"帮八股"的广播路线,改变脱离台湾实际的广播宣传方式。1980年7月,于礼厚受指派到山东调研,来到从台湾归来的国民党退伍老兵袁相隆家。在袁相隆详细介绍了他非常喜爱的台湾本地广播的主持人形式后,于礼厚"深信发现了一个无价之宝——主持人的节目形式,便萌生了也办一个主持人节目的念头"③。回到北京以后,于礼厚向对台湾广播

---

① 赵玉明、艾红红,《中国广播电视史教程》,北京:中国广播电视出版社2009年版,第141页。

② 《当代中国广播电视台百卷丛书·海峡之声广播电台卷》,北京:中国广播电视出版社2000年版,第53页。

③ 于礼厚,《他促使我试办主持人节目——忆〈空中之友〉诞生前的一幕》,《对台广播回忆录——中央人民广播电台对台湾广播40周年》,北京:中国广播电视出版社1995年版,第70—71页。

部的领导温磊和吴志高做了汇报,提出了筹办主持人节目的建议,获得了支持。这时,于礼厚无意中又发现了另一件至宝,就是李玲虹在"文革"以前翻译的一篇日本的播音理论文章,提到了交谈式的播音以及这种播音方式所要求的"一对一的对象感"和"面对面的距离感",使于礼厚找到了"如何使播音降调的钥匙,找到了主持人的播音方式"。[①] 1980 年 8 月,由于礼厚牵头,组成了有徐乃文(徐曼)、宋朝玉、陈龙城、王德枫参加的 5 人特设小组,开始进行主持人形式的节目试验。1981 年元旦,中央人民广播电台对台湾广播的主持人节目《空中之友》开播,在对台湾广播的两套节目中,每天播送 10 次,每次 15 分钟。《空中之友》节目坚持为台湾同胞解疑解惑、排忧解难的宗旨,坚持节目内容平实客观,言论不卑不亢、以理服人、平等探讨的原则,坚持对台湾听众来信每信必复、有问必答的做法,热情地为广大听众服务。主持人收到的台湾来信不断增加,接待的台湾来访者不断增多[②],节目的影响也越来越大。

可以说,一位国民党退伍老兵的一席话,为大陆对台广播送来了主持人的节目形式。《空中之友》的开播,不仅意味着于礼厚等人设计的主持人形象、播音方式和节目样式付诸试验,获得成功,同时也标志着中国大陆广播主持人节目的诞生,引领了当时大陆电子传媒节目形态的改革风潮。其他对台广播也不甘落后,纷纷效仿,先后创办了主持人节目,使这样一种新颖的节目样态迅速普及开来。如 1982 年 4 月,福建前线广播电台对部分节目进行改革,开办了该台第一个以主持人面目出现、专门对国民党军官兵和台湾青年广播的《青年之友》节目,于 5 月 1 日正式播出。该节目以广泛的爱国主义题材,联系台湾青年的思想特点,从关心爱护他们的角度,以朋友谈心的方式和热心服务的态度,同台湾青年谈社会、人生、理想、前途、生活、志趣、道德、情操、恋爱、婚姻,以及认同回归、祖国统一等问题,帮助台湾青年排忧解难,解疑释惑。[③] 1983 年 5 月 1 日,前线台将所有语言节目都改为主持人节目形式,逐渐形成"亲切、自然、优美、清晰"的风格特点,受到听众欢迎。听众来信反映,电台播音员的声音"像山涧的清泉,像明澈的小溪","那甜美动人的声音,犹如生命的曙光艳丽多姿","那娓娓动听的话语,又是那样和蔼可亲","温暖

---

①于礼厚,《他促使我试办主持人节目——忆〈空中之友〉诞生前的一幕》,《对台广播回忆录——中央人民广播电台对台湾广播 40 周年》,北京:中国广播电视出版社 1995 年版,第71 页。

②杨波主编,《中央人民广播电台简史》,北京:北京广播学院出版社 2000 年版,第 268 页。

③《当代中国广播电视台百卷丛书·海峡之声广播电台卷》,北京:中国广播电视出版社 2000 年版,第 51 页。

人心"①。1983年7月1日,江苏台对台广播节目《故乡与亲人》也改为主持人形式,是江苏台第一个正式以"主持人"称谓的节目。原台湾著名电视节目主持人黄益腾说,江苏台对台湾广播搞得这样生动活泼,出乎我的意料,播音员的播音,亲切、自然、轻柔、甜美,较好地表达了《故乡与亲人》节目的内容。原台湾空军少校飞行员李大维也称赞播音员"播音很优美,语调很亲切"②。

2. 板块式节目的创新与推广

在主持人节目的普及过程中,一些广播电台又进行了二次创新。在固定的栏目时间,采用杂志组合编排方式,把若干不同内容、不同体裁、不同形式,但有共同点或联系点的节目单元(或称板块、子栏目)加以组合,由节目主持人把它们串联成一个有机整体的节目样式。这种节目形态具有内容丰富、形式多样、安排灵活、能为受众提供多方面服务的优势,打破了以往那种千篇一律的固定节目模式③,也把节目形态改革推向了新的高度。

最早进行板块节目试验的是广东人民广播电台。1985年,广东台将《大众生活》和《农村生活》的专题性主持人节目合并,改为50分钟的内容更为丰富的板块节目,获得了初步成功。在这个基础上,1986年,作为广东台系列台的珠江经济台率先开办了直播大板块节目,把全天19个小时的播出时间分为7个大板块,每个板块1～4小时不等,由一名或多名主持人轮番主持,开创了我国广播大板块节目的先河,并且很快在全国广播界引起连锁反应,全国出现了"板块热"。④ 中央电台对台广播在1986年7月14日的第一次大调整中,也在布局上采用了板块式结构。1987年,海峡之声广播电台新开办了采、编、播合一的《周末小站》节目,改变了文艺节目原来的播出模式,不仅在形态上采取主持人谈心、聊天方式,听起来比较亲切,交流感比较强,而且逐渐改变了过去的制播模式,朝采、编、播合一的方向努力,形成了该台板块式节目的雏形。1989年5、6月间,海峡之声派出一位台领导带队的考察组,赴广东考察,实地了解学习了广东珠江台节目改革的做法和经验,同时还派人去上海考察,了解上海台的情况。之后,根据自身的任务、条件,并吸取兄弟台的成功经验,于1989年7月1日推出了综合性板块节目《空中立交桥》。该节目

①《当代中国广播电视台百卷丛书·海峡之声广播电台卷》,北京:中国广播电视出版社2000年版,第52页。

②金文,《金陵之声广播电台的〈故乡与亲人〉节目》,《视听界》,1992(1),第33页。

③吴郁,《当代广播电视播音主持》,上海:复旦大学出版社2010年版,第84页。

④钟志刚,《岁月留声》,福州:海风出版社2009年版,第320—321页。

以主持人为中心,集采、编、播、录、制为一体,综合反映大陆政治、经济、社会、文化等方面的进步与发展;融时政性、知识性、服务性、娱乐性于一体,以轻松、活泼、风趣、幽默、振奋向上为基调,树立祖国大陆稳定发展、充满活力、大有希望的形象。每组节目时间为 1 小时,每周播出 4 组。第一组以政治、经济为主,第二组以社会、文化为主,第三组以生活、娱乐为主,第四组以与听众交流为主。①《空中立交桥》在节目形态上的创新把板块型主持人节目推向新的高度,引起轰动,在其开播的当年 10 月底,中国广播电视学会主持人节目研究会在海峡之声广播电台召开了全国广播电台主持人节目现场研讨会,推广综合性板块节目的成功经验,再次推动了中国大陆电子传媒的节目改革进程,这种大板块综合节目很快便在对台广播中推广开来。

1990 年元旦和 1991 年 2 月,海峡之声又先后把《青年之友》《闽南话半小时》《文艺大世界》三个专题性节目改造成综合性板块节目,赢得了台湾听众的欢迎和大陆广播界同行的肯定和赞扬。《青年之友》节目针对台湾青年的特点,新开辟了《中华文化魅力谈》《神州一绝》《人生抉择录》等较有分量的专题,新闻时效性增强,信息量增大,两岸交往和地方性新闻增多。台湾同胞在给《青年之友》节目组的信中写道:"在这里收听海峡之声《青年之友》节目,感到非常有趣,每当我收听你们的节目,好像是在和你们一起欢声笑语,愉快极了。你们给海峡两岸青年朋友许多有关两岸的信息,使我们进一步地了解大陆。"

二、节目类型的调整

这一时期,为了适应两岸形势的变化以及对台方针的调整,对台广播除了对节目形态进行创新之外,还对节目类型做了相应的调整,以更好地完成新形势之下的宣传任务。

1. 提升新闻节目的信息量和时效性

新闻节目虽然在对台湾广播中的比例不是最高的,但始终处于骨干地位。1983 年,第十一次全国广播电视工作会议后,大陆的广播电视开始了以新闻改革为突破口的全面改革,对台广播也着手新闻改革,加强了新闻节目,增加了播出次数和总播出时长,提高了时效性。

1982 年 10 月 1 日,中央电台开办两套对台湾节目以后,每天有 30 次《新闻》节

---

① 《当代中国广播电视台百卷丛书·海峡之声广播电台卷》,北京:中国广播电视出版社 2000 年版,第 82 页。

目,有 15 分钟的《新闻》和 5 分钟的《简明新闻》,共 6 个小时,约占整个对台湾节目总时间的 16％。不仅增加了时间,节目内容也有很大的改进,播出的稿件,除了改编新华社、中国新闻社的电讯以外,还向各省、自治区、直辖市对台湾工作部门组织稿件或改编各省、自治区、直辖市报刊有对台湾特点的地方新闻,还有根据台湾、香港报刊以及外电编发的台湾本岛及其他新闻。20 世纪 80 年代中期以后,随着祖国大陆改革开放步伐的加快、海峡两岸隔绝状态的结束,面对两岸关系的迅速发展和听众心态需求的变化,中央电台对台湾广播开始频繁调整节目。第一次调整是在 1986 年 7 月 14 日,目的就是"强化新闻的信息量和提高时效性,突出重点,精办节目"①。1986 年调整后的《新闻》节目,从原来的每天两次发稿,改为 3 次发稿。从节目的设置上,保证了较充足的信息量和较快的时效。② 另外,为适应对台新闻报道的需要,1979 年起,中央电台台播部向香港派驻记者。

海峡之声广播电台设有《要闻简报》节目,每天 15 次,每次 5 分钟,简明扼要地报道国内外重要消息。1986 年元旦,又设置了新闻性的《大陆新闻》《生活天地》节目。为了适应台湾开放探亲的形势和台湾听众的要求,海峡之声广播电台于 1988 年元旦,对广播节目进行了较大的调整和改革,进一步增加了新闻节目组数。

1981 年和 1983 年前后,根据第十次全国广播工作会议和第十一次全国广播电视工作会议精神,福建电台提出"以新闻改革为突破口""抓好新闻改革,带动整个广播宣传的改革",福建电台对台广播的《简明新闻》节目每天播出 8 次,每次 5 分钟,求短、求新、求快、求活,努力增加信息量和时效性。江苏电台设有《江苏新闻》节目,每天 2 次,每次 10 分钟,着重报道江苏省的要闻。③ 浦江之声电台的新闻以有特色的短新闻为主,辅以各种新闻、通讯、小故事等,除选用中央、上海市各大报、专业报和新华社、中新社等报道外,同时适当选用港、台及海外新闻传媒有关材料,追求新闻的独家性和时效性。

2. 评论节目的重新上马与篇幅扩大

为了贯彻中共十一届三中全会的精神,1980 年,中央广播局召开了第十次全国广播工作会议,重申了"自己走路"的方针。中央电台自重新提出广播要"自己走路"以后,即积极筹备本台评论的上马。④ 除了在对内广播节目中重新上马评论节

①杨波主编,《中央人民广播电台简史》,北京:北京广播学院出版社 2000 年版,第 258 页。
②杨波主编,《中央人民广播电台简史》,北京:北京广播学院出版社 2000 年版,第 265 页。
③左漠野主编,《当代中国的广播电视》(上),北京:中国社会科学出版社 1987 年版,第 294 页。
④赵玉明、艾红红,《中国广播电视史教程》,北京:中国广播电视出版社 2009 年版,第 131 页。

目,1982年,中央电台对台广播也在新闻节目中开辟一个言论性的专栏,1次15分钟的新闻节目除了祖国大陆要闻、台湾省新闻、国际新闻之外,会有不定期的台湾问题或国际问题的评论。1986年调整后的《新闻》节目,在内容上加强了"对国内、国际及台湾问题的言论性宣传"①。此外,中央电台的对台广播还开办了专门的评论性栏目。1984年4月1日,中央电台《对台湾军政人员广播》停播,原属于该节目的两个专题《漫谈》和《人物春秋》成为两个独立的节目,《漫谈》节目名称改为《国事论坛》,1986年7月14日,《国事论坛》改名为《国是漫谈》,是一个谈论党和国家方针、政策的言论性节目,以台湾军政人员为主要对象,每次节目15分钟,在两套节目中每天播出10次。1988年9月11日,中央电台对台广播进行第二次节目大调整,重点是"加强信息、加强服务、加强言论、加强交流,进一步提高时效性与针对性"②。这次调整,把《国是漫谈》改名为《时事漫谈》,是阐述我党和政府有关大政方针,特别是有关和平统一祖国、"一国两制"的方针政策,评述国内外时政要事的言论性节目,面向岛内广大台湾同胞,侧重军政界和知识界人士,节目每次10分钟,每天在两套节目中交叉播出14次。③

海峡之声广播电台也开设了《国是论坛》《爱国一家》等专门的评论性节目,主要内容是论述和平统一祖国的方针、政策和"一国两制"的构想,阐述孙中山先生的爱国思想等。④ 1986年元旦,海峡之声在调整改革部分广播节目时,又设置了言论性的《海峡漫谈》节目,再次加强了言论性宣传。浦江之声广播电台也开办了言论节目《外滩漫话》,旨在围绕"和平统一、一国两制"的对台方针,宣传政府各项政策法令,评介大陆及上海地区改革开放、经济建设的举措,及台湾、海外发生的重大事件,帮助受众解难释惑。坚持用事实说话,力求以理服人,即便是批评、反驳、辟谣,也尽可能做到坦诚相见,据事论理。从第一篇《"望娘滩"上话团聚》开始,与台湾同胞谈"团聚"、话"交流"、论"一国两制"、驳"台独"言论,题材涉及上海、大陆和岛内的方方面面。1988年1月起,《外滩漫话》每周一、三、五播出,每次15分钟,1992年起改为每周二、四、六播出。1993年1月起改为新闻评论并入新闻节目,不定期播出。

3. 延展服务类专题的报道领域与方式

对台广播这一时期的服务节目在传统的"家乡现状介绍"和"通信寻亲服务"内

---

①杨波主编,《中央人民广播电台简史》,北京:北京广播学院出版社2000年版,第265页。
②杨波主编,《中央人民广播电台简史》,北京:北京广播学院出版社2000年版。第258页。
③杨波主编,《中央人民广播电台简史》,北京:北京广播学院出版社2000年版,第269页。
④左漠野主编,《当代中国的广播电视》(上),北京:中国社会科学出版社1987年版,第295页。

容方面继续加大报道的力度,并在形式上更加灵活。

在介绍祖国大陆现状方面,中央电台设有《今日祖国》(即 1955 年开办的《伟大祖国》,1977 年改名为《我们的祖国》,每天播出 8 次,每次 15 分钟。1988 年 9 月 11 日,改名为《今日祖国》,1991 年停办)、《龙的故乡》《乡亲在大陆》《神州旅游》(创办于 1982 年 10 月 1 日,每天在对台湾广播两套节目中播出 9 次,每次 15 分钟,1991 年停办)节目;海峡之声广播电台设有《伟大祖国》(1988 年元旦更名为《神州瞭望》)、《可爱的家乡》节目;福建电台设有《可爱的祖国》《唐山风情》节目;江苏电台设有《故乡与亲人》节目(1982 年 7 月江苏人民广播电台开办对台湾广播节目时设置,1986 年 11 月金陵之声广播电台开播后,仍保留了这个节目);浦江之声广播电台设有《故乡的云》《江南好》节目,隔天各播出 15 分钟,1990 年两个节目合并为《故乡的云》节目,天天播出。① 祖国大陆工农业生产、文化教育、体育、卫生等各项建设事业的成就,人民的生活和家土故园变化以及名胜古迹、山川风光和民俗风情,都在这类节目中得到反映。

在为台湾听众直接服务的"信箱"节目方面,中央电台有《亲友信箱》(1955 年开办的《听众服务》,1979 年改为《亲友信箱》,由当时的每天播 4 次、每次 10 分钟,增加到每天播出 8 次、每次 25 分钟。1986 年 7 月 14 日,《亲友信箱》节目由 25 分钟改为 10 分钟,每天在两套节目中播出 11 次)、《为您服务》;海峡之声广播电台有《台湾军政人员亲人信箱》(后改为《海峡信箱》,1986 年又改为《故乡鸿雁》);福建电台有《空中邮路》;江苏电台有《故乡与亲人》节目中每周 1 次的《家信和寻人启事》。各个"信箱"节目播出大量以谈家常、报平安、叙亲情为主要内容的书信、讲话录音和寻人启事。中央电台的《亲友信箱》节目每天有 8 次,每次 25 分钟,一天的节目可以为在台湾的 20 多位亲友提供信息。为了方便收听,相互转告,每个月的某一天,按照省、自治区、直辖市固定日子排列广播,并事先预告。比如,江苏省的信件和寻人启事安排在每月的 1 号和 6 号,浙江省的在 2 号和 17 号,福建省的在 3 号和 18 号。② 为了能够多播报亲友情况,中央电台《亲友信箱》节目大都采用亲人消息、寻找亲人启事和简短的亲人讲话录音。

在为台湾听众提供生产、生活服务方面,除了保留传统的气象预报服务之外,更增加了直接为听众排忧解难,与听众探讨各种问题的节目内容。如中央电台的

---

① 上海市专志系列丛刊《上海广播电视志》,上海:上海科学出版社 1999 年版,第 301 页。
② 左漠野主编,《当代中国的广播电视》(上),北京:中国社会科学出版社 1987 年版,第 296 页。

《空中之友》和海峡之声广播电台的《青年之友》,由节目主持人出面为听众解答、阐述或一起探讨有关祖国大陆社会制度、社会生活等各种问题,介绍和台湾同胞生活密切相关的知识等。《青年之友》节目还以台湾青年为对象,和他们一起探讨人生问题,像如何对待社会、理想、前途、抱负和待人接物、品德情操、志趣爱好、恋爱婚姻等方面的问题,并介绍各种有关的知识,甚至还为他们代购药品。

随着台湾开放赴大陆探亲,两岸交流的大门缓缓开启,交流的领域逐步扩大,服务的需求也不断拓展,对台广播服务类节目的触角也随之不断延伸。

(1)开展探亲旅游服务

1987年10月19日,中央电台创办了《空中服务台》节目,介绍台胞来大陆探亲的手续,有关部门对台胞的接待办法和服务项目;介绍大陆的宾馆、交通、邮电设施,为台胞提供食、宿、行及通信方面的服务;介绍大陆的风景名胜、旅游线路和费用,充当台胞的空中导游;介绍大陆行政区划的沿革,为久别故乡的台胞回乡探亲提供方便;帮助台胞查找在大陆的亲友,促成他们早日联系和团聚;介绍大陆的经济、文化、商品信息,为有志于来大陆投资、贸易和进行经济、文化交流的台胞牵线搭桥,等等。该节目每周一、五在中央电台对台湾广播第一套节目中播出,每次10分钟,每周三和次周一在对台湾广播第二套节目中重播,这个节目于1995年10月31日停播。

1987年11月2日,海峡之声广播电台也及时开办了《探亲和旅游》节目。厦门有线广播站也设置了"为台湾同胞到大陆探亲旅游服务"专题,向台湾同胞介绍祖国政府的接待政策和有关规定,大陆的风景名胜,以及交通、邮电、食宿等服务设施,解答了台湾同胞来大陆后可能遇到的一些问题。节目播出后,立即受到台湾同胞的欢迎。《探亲和旅游》节目开播的第4天,就有台湾听众来信,要求协助寻找其大陆亲人。[1]

浦江之声广播电台从1988年1月1日开播就设立了服务类节目《服务天地》,天天播出,每次15分钟。这档节目由女播音员凌云主持,用平缓亲切的语调与听众谈家常。围绕着为台湾同胞"排忧解难、咨询服务"的八字宗旨,既为海峡两岸同胞寻亲找根,还给来沪探亲旅游的台湾同胞、港澳同胞和海外华人介绍名胜古迹、民情风俗、生活百科、交通食宿、医药卫生、图书出版等等,当导游角色;又向来大陆投资者宣传投资环境,商业特色,解答有关政策法律等问题,做咨

---

[1]《当代中国广播电视台百卷丛书·海峡之声广播电台卷》,北京:中国广播电视出版社2000年版,第70页。

询参谋。①

(2)提供经济信息服务

随着两岸经济交往增多,1989 年 5 月 28 日,浦江之声广播电台新辟《经济之窗》节目,为两岸工商界人士提供信息,每周播出 4 档节目,每档 15 分钟,不久改为每周 7 档。节目中设有《大陆经济要闻》《股市金融行情》《两岸供求信息》《台商投资指南》专栏。针对台湾工商界人士切望到大陆投资的需求,节目中经常组织大陆企业家通过广播讲话,向海峡彼岸提供征求合作伙伴的信息。1989 年到 1992 年,播出 500 多位大陆厂长、经理对台广播讲话,有 10% 的企业家收到台湾同行的回应,其中 30 多位企业家和台湾、香港客商联手,在大陆办起了三资企业。1992 年,该档节目还以两岸企业界听友为对象,举办了《话说经营之道》征文活动,后又将播出稿件编选成册,出版了《经营者之歌》一书。征文中邀请大陆工商界知名人士,交流经营管理经验,畅谈共同发展宏图,为海峡两岸建立更紧密的经济联系服务。②

(3)开办体育服务节目

这一时期,对台广播还开办了体育节目,服务于两岸之间的体育交流。1982 年 4 月 6 日,中央电台对台广播的《体育天地》节目创办,每周二、四、六播出 3 次,每次 15 分钟。1984 年至 1987 年,是《体育天地》节目改革、调整、有较大发展的一个阶段。据统计,在这 4 年间,《体育天地》节目派出记者采访国内体育比赛近 200 次,出国采访国际体育比赛 12 次。1986 年 9 月至 10 月,在韩国汉城举行了第十届亚运会,1987 年 11 月至 12 月,在广州举行了第六届全国运动会,《体育天地》节目对这两次运动会都作了重点报道。特别是在报道第六届全国运动会期间,《体育天地》实现了在北京以外地区直接向台湾播出节目,这是对台湾广播有史以来第一次使用这种方式。③ 1989 年,趁奥运热潮,《体育天地》节目与台湾《摩托车》杂志社联合举办"两岸选手深圳——北京摩托车拉力赛"活动,取得良好的社会效果。1990 年,北京亚运会期间,对台广播也发起了一场声势浩大的体育报道。中央电台台播部组成 20 多人的报道组,开办亚运会专题节目,共播出新闻 1400 多条,特写、专访、评论和现场报道等近 500 篇。这期间,还广播了两场体育比赛实况,开创了对台湾广播体育实况广播的先河。海峡之声电台从当年 8 月 8 日起,就在《神州瞭

---

①上海市专志系列丛刊《上海广播电视志》,上海:上海科学出版社 1999 年版,第 302 页。
②上海市专志系列丛刊《上海广播电视志》,上海:上海科学出版社 1999 年版,第 299 页。
③杨波主编,《中央人民广播电台简史》,北京:北京广播学院出版社 2000 年版,第 266 页。

望》节目开辟了《亚运会前奏曲》,专门报道第十一届亚运会的各项准备工作,还开辟了《亚运会专题》,围绕亚运会"团结、友好、进步"的宗旨,积极开展对台宣传工作,充分宣传了举办亚运会的重大意义,大力宣传了大陆安定团结的新局面,广泛宣传了海内外同胞支持亚运会的爱国热情,全面介绍我体育战线所取得的成就,突出宣传两岸运动员之间的手足情谊等。这次宣传,进一步促进了广大台胞和大陆人民的爱国热情。很多台胞来信,表达他们对祖国大陆的亲近感,盼望祖国早日统一,两岸人民共同携手向世界共展中华健儿的风采;表示台湾一些人的"分离意识"和"台独"言行是愚昧和无知的,他们这样做,只会把台湾引向毁灭,绝不可能使台湾繁荣强大。①

随着两岸交往的发展,1990年3月1日起,金陵之声广播电台的《故乡与亲人》节目也增加了报道两岸在经济、科技、文化、体育、旅游等方面的交流合作以及两岸同胞的骨肉深情的内容。②

4. 丰富文艺类节目的内容与表现形式

随着广播文艺的日益繁荣,这一时期,对台湾广播的文艺节目也得到较大的发展,新节目不断开设,节目量得以加大,表现形式也更加丰富多彩。

1955年5月,中央人民广播电台对台湾广播开始设置固定的文艺节目,文艺节目占全天播音时间的20%,20世纪60年代占40%。从1982年10月1日开始,中央电台对台湾广播两套节目,每天播音37小时45分钟,其中文艺节目占9小时10分钟,约为全天播音时间的25%。文艺节目中有70%移用中央电台文艺部对大陆广播的节目,30%由台播部自行编制。③《百花园地》就是中央电台对台广播1982年10月1日开播的一个专题音乐节目,节目内容有各地民歌和民族乐曲、少数民族歌曲,"五四"以来的优秀创作歌曲和乐曲,古代传统名曲以及对著名作曲家、歌唱家和演奏家的介绍等,节目兼具欣赏性和针对性,每年春节《百花园地》都组织大型综合性的《新春同乐会》文艺演出活动。《百花园地》节目在对台湾广播的两套节目中,每天广播13次,每次15分钟。1988年9月11日,《百花园地》改名为《音乐之声》。《音乐之声》取材更贴近听众,贴近现实,较好地适应了两岸文化交流日益频繁的形势。

---

① 《当代中国广播电视台百卷丛书·海峡之声广播电台卷》,北京:中国广播电视出版社2000年版,第86页。

② 金文,《金陵之声广播电台的〈故乡与亲人〉节目》,《视听界》,1992(1),第33页。

③ 杨波主编,《中央人民广播电台简史》,北京:北京广播学院出版社2000年版,第274—275页。

1984 年,中央电台对台湾广播每天的文艺节目达到 9 小时 30 分钟,增设了《长篇连播》《文学》《戏曲》节目。《长篇连播》节目主要播送传统评书和现代小说。《文学》节目内容有"五四"以来的优秀作品,反映祖国壮丽河山和社会风貌的作品,以及台湾作家的作品等。《戏曲》节目是一个以欣赏戏曲为主的节目,使台湾听众了解祖国大陆戏曲舞台状况。① 至此,中央电台对台广播的文艺节目具有了音乐、戏曲、文学和曲艺四种形式。音乐节目中,中国音乐占 90%,外国音乐占 10%。戏曲节目中,京剧和地方戏各占一半。地方戏以南方剧种为主,如越剧、黄梅戏、粤剧、川剧、汉剧、芗剧、闽剧、高甲戏、梨园戏、莆仙戏等,北方剧种则有评剧、秦腔、晋剧、吕剧等。曲艺节目中,南方的有评弹、南曲、粤曲、四川清音等,北方的有相声、评书、山东快书、京韵大鼓、西河大鼓、二人转等。文学节目包括诗歌、散文、小说、广播剧、电影和话剧录音剪辑等。②

1980 年,福建前线广播电台对部分节目做了调整,把文艺节目播出时间由原来占总播出时间的 30%减少为 25%,把总播出时间由原来的 36 小时调整为 30 小时。1982 年 4 月,在调查研究的基础上,前线台对文艺节目的设置进行了调整。1983 年 9 月,重新增加了文艺节目的播出时间,由原来占总播量的 25%增加到占35%多。1984 年之后,海峡之声广播电台在文艺节目占总播出时数比例保持稳定的同时,又开设了《海峡歌声》《乐坛群星》《唱腔选粹》《家乡戏曲欣赏》《每周一歌》等专题和与台湾地方特色一脉相承的闽南文艺。1986 年元旦起,开办了《九州百花》和《当代中国文坛》两个专题。为了适应台湾开放探亲的形势和台湾听众的要求,1988 年元旦,海峡之声广播电台又对广播节目进行了较大的调整和改革,开办了《周末小站》和《广播剧》两个文艺专题节目,并把文艺节目播出时间增加到占总播出时间的 44%,进一步发挥了文艺节目的优势。

江苏电台的文艺节目经常播出江苏民歌、江苏流行乐曲和江苏各个地方剧种的优秀剧目。1988 年 1 月 1 日起,浦江之声广播电台每天播出半小时综合文艺节目《大世界》,选材以民族民间传统文艺作品为主,兼顾古典与现代选题,体裁包括音乐、戏曲、文学、广播剧等诸方面。开播初期还设有《笑口常开》节目,选播曲艺、相声、独脚戏等。③

---

① 杨波主编,《中央人民广播电台简史》,北京:北京广播学院出版社 2000 年版,第 275 页。

② 左漠野主编,《当代中国的广播电视》(上),北京:中国社会科学出版社 1987 年版,第297 页。

③ 上海市专志系列丛刊《上海广播电视志》,上海:上海科学出版社 1999 年版,第 302 页。

5. 增加方言节目的播出量和报道内容

台湾同胞中讲闽南话和客家话的人大约占台湾总人口的80％,为此,对台广播一直都比较重视方言节目。这一时期,对台广播的方言节目也顺应形势得到长足发展。1986年,中央电台对台广播的《闽南话》节目改为综合性专题节目《闽南话广播》,由20世纪70年代末的每天播出5次增加到每天播出12次,共计5小时。节目内容以台湾同胞的需要为出发点,强调以服务性贯穿于节目的始终。这一办节目的指导思想,是随着海峡两岸政治与经济形势的发展、变化而逐步强化和实现的。另外,《乡亲在大陆》《为您服务》《龙的故乡》这三个节目,也用闽南话广播。《乡亲在大陆》节目专门报告在大陆生活的台湾籍乡亲的情况,《为您服务》节目是向台湾同胞提供咨询服务的节目,《龙的故乡》为台湾同胞报告大陆祖地的情况和消息。[①] 海峡之声广播电台的闽南话节目也一直没有间断,1986年元旦,《闽南话广播》节目更名为《唐山乡情》节目,方言广播的地位进一步得以强化。

中央电台客家话节目从1956年开办到1976年的20年间,一直由对外部华侨部(国际台华语台的前身)的客家话播音员代播,内容基本上是普通话节目的翻版。直到1976年12月26日,才由中央电台第一代客家话播音员播音,开创了以广东梅州客家话为标准语音、有台湾客家话特点的方言播音,使客家话广播开始适应台湾客家听众的收听习惯。节目内容有新闻、台湾问题评论、大陆专题介绍,以及去台人员家属的家信、大陆台胞专访等。中央电台客家话第一代播音员是1976年8月从广东梅县调入的,为了使对台湾广播的客家话节目能合乎台湾客家听众的收听习惯和心理,1977年5月,中央电台特地请来暂居住在大陆的台胞范发镇、陈维赞、范阳河做指导。他们从台湾客家话与广东梅县客家话的比较、台湾的生活用语与习惯用语等多方面,对新播音员进行辅导。同时,从1977年开始,中央电台派人赴广东梅县请教嘉应师专(嘉应大学的前身)的教授及当地的语文老师,并一起收集、整理客家话语音、语汇。客家话的编播人员根据多年的学习与研究,收集、整理、汇集了《普通话与客家话的语音对照》,弥补了客家话节目没有工具书的空白,规范了客家话节目的语音、语汇、语法。在多年实践中,客家话节目不断把有争议的字音加以区别,分清广东梅县客家话与台湾

①于礼厚,《北京的对台广播》,《今日中国》(中文版),1984(12),第46—47页。

客家话发音的不同,并确定了运用原则,为以后客家话播音员的培养提供了依据。① 1986 年,中央电台对台湾广播节目调整时,《客家话》节目的内容做了较大的变化,并将节目名称改为《客家乡亲》,每次节目时间由原来 30 分钟改为 15 分钟。调整后的《客家乡亲》节目,拓宽了台湾客家同胞的祖地中原地区和广东、福建、江西、广西、湖南等省、区客家人聚居地区的报道面,增加了为台湾客家同胞来大陆寻根探祖、旅游观光、求医问药提供各项实用性服务的内容。受台湾客家乡亲欢迎的《客家文艺》节目,固定在每周日广播。1984 年到 1987 年期间,中央电台又为台湾客家听众采录了客家山歌、汉调音乐、广东音乐、潮州音乐、采茶戏、汉剧、山歌剧、客家小调等品种的 60 多个新节目。②

第五节　对台广播宣传的效果

《告台湾同胞书》发表以后,两岸的紧张关系逐渐和缓,随着对台广播建设的加强和节目改革的不断推动,对台广播的宣传效果得以优化。

一、"入岛、入耳"的效果良好

1. 台湾受众的数量增加

首先,台湾同胞不远万里、辗转曲折的来信来访日趋频繁。来信来访者都是对

对台广播收到的大量台湾听众来信

台广播的"忠实听众",他们或寻亲探友,或质疑询难,或求医问药,或投书供稿,或寄送礼品,还提出了许多改进对台湾广播的建议。以海峡之声广播电台为例,这一时期,海峡之声广播电台的台湾受众来信不断增加,1990 年达到 371 封,是海峡之声建台以来台湾听众来信最多的一年。从反映来看,收

---

①杨波主编,《中央人民广播电台简史》,北京:北京广播学院出版社 2000 年版,第 324—325 页。

②杨波主编,《中央人民广播电台简史》,北京:北京广播学院出版社 2000 年版,第 274 页。

听的人包括军政界人员、公教人员、商人、学生、海员、渔民、工人、农民等各个阶层。① 中央电台台播部从1981年元旦《空中之友》节目开播后不久,台湾听众来信逐渐增多。当时,为台湾听众提供投寄信件的只有"北京2105信箱",之后,又相继在香港、日本、美国设立了4个信箱,为台湾听众来信创造了更为便利的条件。以1984至1987年来说,台播部共收到台湾、香港、海外华侨听众的来信1227封,其中,台湾听众的来信1040封,约占来信总数85%②,《空中之友》节目收到的来信最多。来信数量增加的同时,来信听众的范围也扩大了,反馈的内容也相当广泛。

其次,从受众的直接反馈来看,也可以印证受众人数的增长。据一位从台湾到大陆旅游的听众说:"现在岛内收听大陆广播相当普遍,各种各样的人都喜欢听。大部分是晚上听,躺在床上用耳机听,很方便。有时也到外边听,吃过晚饭,或者说天太热了,到山坡乘凉去! 知心朋友之间心里就明白,实际是到那里听北京的广播。老兵不怕死,白天也听,躲在树荫下听大陆的家信广播。农民也听大陆广播。有一次我开着车子到台中农村,中途停下来休息,看到一个农民在听大陆广播,声音很大。我赶紧叫他小心点,那个农民一点也不在乎,照样听。"③据台湾省来信和从台湾到大陆旅游、探亲、定居的同胞反映,自从全国人大常委会发表《告台湾同胞书》以后,祖国大陆对台湾广播的听众越来越多。据他们估计,台湾省的当地人约有50%,从大陆去台湾的人员约有80%收听大陆广播。④ 收听大陆对台广播的台湾受众有年过七旬的老人,也有十几岁的少女;有高等学府的大学生,也有身披袈裟的佛教徒;有跨越长空实现报国理想的飞行员,也有寻根追源探索创作生命的艺术家;有饱尝两地相思之苦的大陆籍退伍军人,也有从未到过祖国大陆的台湾籍家庭妇女,遍布台湾各地及社会各阶层。

2. 得到台湾受众的认可和信任

首先,随着改革开放的进程,对台广播也进行了较大力度的改革,使广播面貌焕然一新,可听性大大增强。如,对台广播进行主持人节目的改革后,播音员在节目中的地位改变了,由第三人称变成了第一人称。播音方式由过去的念稿,改变为

①《当代中国广播电视台百卷丛书·海峡之声广播电台卷》,北京:中国广播电视出版社2000年版,第59—60、87页。

②杨波主编,《中央人民广播电台简史》,北京:北京广播学院出版社2000年版,第276页。

③于礼厚,《北京的对台广播》,《今日中国》(中文版),1984(12),第46页。

④左漠野主编,《当代中国的广播电视》(上),北京:中国社会科学出版社1987年版,第298页。

与听众谈心。对象感强了,思想感情上更拉近了与听众的距离,受到台湾听众的喜爱。如福建前线广播电台《青年之友》节目开播后仅 10 天,就收到台湾青年来信,说他听了《青年之友》节目后"受益匪浅"。1985 年 9 月 22 日,一位署名"一个爱国同胞"的台湾听众在写给邓小平的信中说:"福州地区有海峡之声电台,每天用两套节目播出,内容充实,台湾日夜收听者不少,效果良佳。"①许多台湾听众称赞祖国大陆的对台湾广播是"海峡上空的彩虹",把对台湾广播节目的主持人视为可以信赖的朋友。有一位台湾听众要经日本来大陆旅游,到我驻日本大使馆办理手续。当他填写"在大陆亲友"一栏时写上了"徐曼"(中央电台对台广播《空中之友》主持人)这个名字。他说:"我是徐曼空中的朋友,徐曼是我的亲人。"②不少听众直接写信或访问节目主持人,有些台湾听众在来信中能够把对台广播的男女播音员名字如数家珍般地一个个准确地写出来。一位姓曾的国民党退役少将说:"海峡之声电台的播音员先生后一村、景川,小姐王薇、晓婵、丽卿、曲萍等,我特别敬佩,仰慕已久。听他们主持的节目,感到亲切、可信。"③

对台广播的节目改革还引起台湾媒体在内的传媒界的关注,这也提高了对台广播的美誉度。如,海峡之声广播电台的主持人板块节目《闽南话半小时》《文艺大世界》一播出,《人民日报》(海外版)首先在显要位置上,对这两个节目的开播做了特别报道,并对其主要栏目做了较为详细的介绍;新华社向国内外发出通稿:"以海峡两岸懂闽南话听众为服务对象的综合广播节目将在海峡之声广播电台开播",对《闽南话半小时》做了专门报道;中新社则以《大陆第一个闽南方言板块节目开播》和《海峡之声创办文艺大世界》为题,报道了《闽南话半小时》《文艺大世界》节目的宗旨和开办目的;菲律宾《世界日报》以套红醒目大字标题,对《闽南话半小时》和《文艺大世界》两个新板块节目的开播作了报道;《中国广播报》在头版对《文艺大世界》的内容、形式、栏目设置作了比较充分的报道。同时,大陆的《港台信息报》、台湾"中国广播公司"、《中央日报》《联合报》等新闻媒体也对《闽南话半小时》进行了特别报道。台湾的"亚洲之声"主持人更在节目中告诉听友:"海峡之声又推出了一个较有特色的节目,叫《闽南话半小时》。"对台广播部分节目的调整和改革,引起如

---

①《当代中国广播电视台百卷丛书·海峡之声广播电台卷》,北京:中国广播电视出版社 2000 年版,第 60 页。

②左漠野主编,《当代中国的广播电视》(上),北京:中国社会科学出版社 1987 年版,第 298 页。

③《当代中国广播电视台百卷丛书·海峡之声广播电台卷》,北京:中国广播电视出版社 2000 年版,第 64 页。

此之多的海内外传播媒介的反映,这在过去是少有的。①

其次,传统的服务节目继续为对台广播赢得了听众,成为听众最可信赖的朋友。寻亲服务是台湾受众需求最大的,尤其是大陆去台人员,无时不关心家乡的情形和思念家中的亲人。他们不仅仔细收听,而且有的边听边录音,经常在同乡好友中相互播放,传播乡音。一位回浙江兰溪探亲的去台人员说:"有些大陆籍去台人员天天总有一个时候守在收音机旁,总想听到亲人们的呼唤。我有个好友这样等候了20多年,仍不泄气,还有毅力坚持继续听下去,盼望有一天能听到亲人的呼唤。"这一时期,台湾听众委托对台广播帮助寻找大陆亲友的来信逐年增多,许多人急于知道亲友下落,以便尽快实现团聚愿望。1984年至1987年的4年间,中央电台台播部共为187位台湾听众找到了大陆的亲友,其中,1987年找到61位听众的亲友,是找到亲友最多的一年。②

"解疑答惑"以及代购药品的生活服务也为对台广播赢得了不少"忠实听众"。湖北去台人员廖振起在台湾30多年,孤苦伶仃,无比思念大陆亲人,经常收听前线台的广播。1980年他辗转回到家乡定居,并结婚成了家,但仍时常收听前线台广播。他的妻子问他回来了为什么还听?他说:"我永远不会忘记,它是我的'指路人',也是我俩婚姻的牵线人。"1982年,一位署名"光明"的台湾听众来信,询问他在福州老家的一幢房屋的现况,想了解祖国大陆对台属的房屋政策。福建前线广播电台立即派人采访了福州市房地产管理局负责人,及时向"光明"先生播出了采访录音。"光明"先生听到后,了解了情况,消除了疑虑,很快给电台写信表示感谢。此后"光明"先生对海峡台更加信任,又连续来信,要求介绍大陆行政区划分的情况,介绍长江、黄河和祖国的教育情况。一个署名"台湾南部一个老票、戏迷"的台湾同胞来信说,他几乎每天晚上都要听海峡之声电台播的京剧节目,"限于条件,不能回祖国一饱耳音、眼福,只能由你们的贡献一饱耳音。谢谢各位节目主持人多年的服务"。

中央电台方言广播的《为您服务》节目,曾经根据台湾的流行疾病和疑难病症的情况在广播中介绍防治办法。台湾有位肾结石患者,不堪忍受疾病的折磨,听到了中央电台介绍的福建中医学院教授盛国荣《诊病五讲》的药方,立即写信一封,几经周折,寄给盛教授求医。盛教授根据患者病历,精心诊断,慎重配方,转寄到台

---

① 《当代中国广播电视台百卷丛书·海峡之声广播电台卷》,北京:中国广播电视出版社2000年版,第85页。

② 杨波主编,《中央人民广播电台简史》,北京广播学院出版社2000年版,第276页。

湾。患者收到处方,按方服药后,前往医院做肾脏照影,发现结石不见了。他惊喜交集,又专程到香港复查,证实结石确已排出,他立即写信给盛教授,感谢祖国亲人的帮助。还有一位台湾老人患高血压,右侧偏瘫,1982年听到盛教授关于治疗脑血管病的广播讲话,抄录了处方,他特意嘱咐女婿趁出海打渔的机会设法到大陆核对药方。他的女婿在福建东山岛靠岸,经过接待站帮助核对,正是中央电台广播过的处方。① 1982年4月,福建前线广播电台《青年之友》节目播出了介绍祖国大陆医生研制"脱毛霜",为多毛姑娘解除痛苦的事,一位李姓台湾听众听到后,立即给电台来信说,"脱毛霜为台湾地区长毛患者带来了福音",要求前线电台代购这种药。前线台编播人员立即托人从上海购买了20瓶寄去,不久,李姓台湾同胞又来信说:"辗转寄来的脱毛霜,治愈了小女长毛胎痣,内心的感激非文字可以表达于万一。您热心助人之行动,更值得我等敬佩与学习。"②

对台广播这些真诚为台湾听众提供服务的节目,博得了台湾听众的热情赞誉,被他们称为"心桥天使""雪里送炭",是他们"梦寐以求的"。大量的听众来信说明,这一时期的对台广播成为海峡上空的一座"空中桥梁",受到台湾受众的喜爱、认可和信赖。

二、"入脑、入心"的效果显著

台湾受众通过对台广播了解了祖国大陆的政治与经济建设情况,也知晓了大陆的对台方针政策,化解了诸多误解,甚至毅然回到大陆定居、投资。这一时期的对台广播在受众的认知、态度和行为层面都产生了不小的影响。

1. 增进了台湾受众对祖国大陆的认知

由于海峡两岸长期隔绝的历史因素,台湾反共宣传的恶劣影响,以及十年浩劫的干扰破坏,台湾同胞对祖国大陆存在着种种误解和疑虑,甚至产生一定的恐惧心理。这一时期,对台广播进行了全面改革,对大陆的情况也进行了较为充分的客观宣传,台湾听众逐渐通过对台广播改变了对祖国大陆的看法。

一位在台湾当局机关任职的听众来信说:"祖国大陆广播的改进、发达,使大多数台湾人民都非常喜欢听,国民党破坏大陆形象的宣传、破坏大陆形象的教育已被

---

①左漠野主编,《当代中国的广播电视》(上),北京:中国社会科学出版社1987年版,第302页。

②《当代中国广播电视台百卷丛书·海峡之声广播电台卷》,北京:中国广播电视出版社2000年版,第62页。

粉碎。"一位国民党军中尉说:"从广播里知道祖国建成了许多大工厂……久之,对国民党的宣传就产生了怀疑。如果共产党不好,那么为什么搞了这样多的民生建设?"湖南去台人员皮某等3人,1982年从对台广播中听到关于和平统一祖国的"九点建议"后,都"感到大陆政府和共产党不但不像台湾当局说的那么可怕,而且觉得共产党的建议很通情达理",此后产生了收听大陆广播的兴趣,几乎天天听,从广播里了解到祖国政府的各项政策和很多情况。他们同乡见面就问:"最近听到家乡什么消息?"听到新消息就互相转告,聚在一起就议论,大家都非常高兴。驾机归来的原国民党空军少校李大维在台湾经常收听祖国大陆的广播,他说:"我听你们的节目,那么柔和,表现人与人的关系那么和谐,我就觉得共产党完全不像国民党所宣传的那样可怕。你们从人情和人生哲理上谈问题,充满了感情,我听了才感到这边很美。"有一位台湾同胞在广播中听到了大陆乡亲过年的情况,他说:"大家吃年糕,还唱台湾民歌。听了这个节目,好像我也参加进去了,解除了许多对大陆的疑虑。台湾当局欺骗台湾人民,胡说大陆老百姓不过年,听了这个节目,就知道大陆不但过年,而且还做年糕,亲戚朋友在一起过年,热热闹闹,这样的节目使人很爱听!"有些台湾同胞在广播中听到了记者访问原国民党军起义将领林遵(曾任解放军东海舰队副司令员)的家属的录音报道,听到了江苏电台广播的前南京金陵女子文理学院院长吴贻芳过生日的节目,听到了著名越剧演员袁雪芬的讲话和她的唱段,他们认为,这些节目有说有笑,亲切自然,都不是讲大话,说大陆如何好,而是通过具体事例说明人民生活很愉快、很轻松、很自由。

台湾青少年一代自幼生长在海岛,对祖国大陆了解极少,通过大陆的对台湾广播,也对大陆产生兴趣。一位化名"老坚"的大学生在来信中说:"现在我几乎天天都收听祖国大陆的广播节目,因此引发了我不少感触,想在此一抒。"他坚定地表明,"国家统一才是中国唯一自救的出路"。署名"一群台大同学"的听友来信说:"我们一直都是《空中之友》节目的听众……我们身为台湾人,又是台湾大学的学生,我们同北大的同学们一样,也具有高度的爱国热诚……只要大陆能尽快完成'四化'建设,那么民心自然有所依归,这样祖国统一之日,也就为期不远了。"一位署名"台湾小妹"的16岁中学生给徐曼来信说,她每天面临"庞大的升学压力",为了应付"繁重的考试","没有多余的精力去了解有关祖国大陆的事"。她从广播中听到武汉和南京等地建起了长江大桥,很受感动。她说:"在台湾,我们所接触的都是对大陆不利的报道,同学们不能接受。"台湾听众从广播中了解许多事实的真相,从对比中分辨是非,探索前途,寻求希望。一位署名"喜欢你们的笼中鸟"的台湾师范学生来信说:"台湾教育的一贯政策就是反共、仇共。我即将成为一名小学教师,却不愿做台湾当局一派胡言的传声筒去欺骗天真无邪的小朋友,所以我真希望祖国早日统一,救救这一群又一群被谎言欺骗的下一代。"①

2. 沟通了台湾受众与祖国亲人的情感

这一时期,对台湾广播仍是海峡两岸沟通信息的重要渠道。对台广播的"信箱"和服务节目,历来受到台湾受众的欢迎。这些节目,热情为台湾受众提供信息服务、咨询服务、书信服务、生活服务、旅游服务、娱乐服务,播出大量信件和讲话录音,很多都得到了台湾听众的回音,有的还辗转寄来了照片和汇款。

一位在台北任职的钟先生给大陆亲属来信写诗抒怀:"漫长岁月念亲人,电波牵动思乡魂,渴望海峡早逢春……"另一位台湾同胞谭先生在来信中说:"尽管海峡隔绝,游子的心是隔不断的,我此生若不能回家乡,临死爬也要爬朝家乡的方向,要不,死不瞑目!"原籍福建泉州的台湾同胞周先生,1983 年 11 月 7 日给福建电台台长写信,详述自己的身世经历,拜托电台帮助寻找亲人下落。他在信中说:"贵台的广播,我每日必听。我经常收听贵台的《空中邮路》,盼望能听到亲人找我、呼唤我的声音。"福建电台很快找到了他的哥哥,并广播了他的哥哥写给他的信。周先生听到哥哥的信以后,立即寄来了回信,抒写亲情,特别提到大陆电台为两岸骨肉团聚"竭力尽心之义举,实令人钦佩,铭感五内,还望兄长代劳,专程前往鸣谢为是"。辽宁旅大市一位老人对台湾女儿的讲话广播以后,不久就收到女儿的来信,信中情深意切地写道:"亲爱的爸爸:手提笔,心在跳,千头万绪,不知从何说起。我就是您三十年来时刻挂念的女儿,女儿更是日夜思念您及全家人,朝思暮想,希望有朝一日能得知我父的消息。事实告诉我们,只要有恒就会成功。总算上天不负苦心人,到底意外得知我父无恙,仍然健康强壮,全家平安。女儿为这消息,不禁鼻酸泪涌……"②

福建前线广播电台播出台湾省"教育厅督学"陕西籍的徐秉琰的家乡变化后,他于 1979 年 2 月接连给他家乡亲人寄了 3 封信和照片。台湾"立法院内政委员会"主任秘书郭国在听到前线台广播他的妻子林秋帆的信后,要他在美国国务院任翻译的大儿子郭树林回大陆探亲。郭树林于 1979 年 5 月回家后对其母亲林秋帆说:"您的广播信父亲在台湾收听到了,家庭情况都知道了。"前线台广播江西万载县康乐中学教师刘菊初一家对华金祥、刘楠初的讲话后,刘楠初、华金祥写信给其

①左漠野主编,《当代中国的广播电视》(上),北京:中国社会科学出版社 1987 年版,第 302—304 页。

②左漠野主编,《当代中国的广播电视》(上),北京:中国社会科学出版社 1987 年版,第 301 页。

妹刘菊初说:"忽然听到你们的消息,真是恍如隔世,使我又高兴、又兴奋。""妈妈还健在,我真高兴,她老人家是81岁了。"湖北监利县邹姓在台人员由于思亲情切,很注意收听大陆对台广播,探听其亲人消息。邹在台湾过去曾听到"海外传言",说他母亲和二弟已经"遇难了",因此逢年过节他都烧香化纸遥祭故人。听广播后他对那个"海外传言"发生怀疑,于1980年6月直接写信给监利县县长,询问亲人下落。监利县县长亲笔回信,告知他老母健在,一家人安居乐业。邹收信后万分激动,"喜泪横流",将此喜讯传告同乡好友。监利乡亲闻知大陆县长来信,"争相索阅",有的将原稿传抄,广为流传。邹与亲人取得联系后,更加留意从对台广播中了解家乡和亲友消息。另据监利对台办反映,1981年7月间,有8个监利县在台人员收听对台广播后,会同3名在港同乡,于7月15日晚与大陆亲人通电话。通话的时候,双方都非常激动,有的悲喜交集,泣不成声;有的倾吐离愁别恨,声泪俱下;有的为终于与亲人接通电话,抑制不住兴奋,大喊:"哈哈,我很高兴,很高兴!"当时,前往观看通话的群众达200多人。①

对台广播不仅传达了亲人分离的思念、苦苦寻找的期盼,还促成和见证了许多亲人团聚的激动与喜悦,借由空中的电波沟通了他们之间的情感,增加了台湾同胞对大陆的好感。

3. 促动了台湾受众回归祖国的行为

通过对台广播,台湾受众不仅了解了大陆的对台方针政策和真实的祖国大陆,更产生了对政治开明、经济开放的祖国大陆的向往,不少台湾同胞就在这跨越海峡的电波的引导下,毅然决然地选择了"回归"。

原籍浙江省黄岩县的王友定谈到他和台湾省籍的妻子、孩子一家4口人1979年回到大陆定居的经过时说:"大陆对台湾广播的作用是很大的,它是目前台湾人民了解政府政策和大陆情况的重要渠道。同时,它可以感化人,使人对祖国大陆从不了解到有感情。我们在台湾有一定的产业,生活过得很富裕,我太太的亲人又都在台湾。听了你们广播的《告台湾同胞书》,太吸引人了,在台湾的人都觉得这个文告说出了我们内心的希望和想说的话。《告台湾同胞书》发表以后,台湾收听大陆广播的人更多了。在这种情况下,我产生了回祖国大陆探望母亲的念头。我把想法告诉我太太,劝她听听大陆对台湾广播。我们整整听了5个月,一天也没有间断过,她终于同意和我一起回祖国大陆了。"1981年回到福

①《当代中国广播电视台百卷丛书·海峡之声广播电台卷》,北京:中国广播电视出版社2000年版,第61页。

建定居的原台湾基隆海洋学院教授林纑民说:“叶委员长9月30日发表的九点讲话,我10月1日凌晨就从前线台的广播中听到了,心里非常激动,一连听了几遍,觉得大陆提的条件很宽厚,更增强了我回大陆的决心,更认识到回大陆这种想法是对的。”他在叶剑英委员长发表关于解决台湾问题的九条方针以后,仅一个星期就回到祖国大陆定居。① 曾在国民党情治机关任过中校组长的陈某于1984年回福建东山探亲时说,他在台湾“几乎天天听大陆电台广播,特别爱听海峡之声电台,从中打听大陆对台行情,了解共产党政策”。陈说:“我曾两次从海峡之声广播中收听到妻子现在大陆情况很好,当了县人民代表和政协委员,对我思念之情十分深切……一心等我回来团聚。我听了后,感动得禁不住流下了眼泪。”所以这次下决心“冒着风险偷偷回来”。

这一时期最为轰动的回归大陆人员非黄植诚和李大维莫属。黄植诚原是台湾国民党空军五联队督察室少校飞行考核官,1981年8月8日从台湾桃园机场驾驶F—5F型飞机回归祖国大陆。他在祝贺福建前线广播电台建台25周年的信中,述说了他从收听对台广播到决心回归的过程:“记得我刚开始收听的时候,也是怀着一种好奇的心。休假回家时,一个人就偷偷地收听祖国大陆的广播,我从中知道大陆一些情况,感到祖国大陆并不像台湾所讲的那样穷苦,那样可怕。这样一来,我对祖国大陆逐渐消除了恐惧和疑虑,并产生了好感,觉得台湾没有前途,祖国大陆才是人们向往的地方。后来,我下决心回到祖国大陆,原因虽然是多方面,但与前线电台对我的引导是分不开的。”

1983年4月22日,国民党陆军航空队少校分队长李大维驾驶U—BA型飞机也回归祖国大陆。李大维出身于台湾军人世家,两次获得国民党“国军英雄”称号,因此,他的回归引发了台湾军界的巨大震动。他在祝贺福建前线广播电台25周年的信中动情地描述了他回归当晚的心情:“四月二十二日晚,我躺在宁德海军招待所的床上,辗转难眠。这是在梦里吗?可我的眼睛睁得大大的,这又确确实实不在梦里而在现实生活中。我终于回来了!想必此时,我的妻子也一定是夜不能寝,心里默念着:大维你怎么去了那里?大概这时她才明白过来,过去我在家中常戴着耳机听广播,原来是在偷听祖国大陆的广播。正是祖国大陆的广播特别是福建前线电台的声音,使我增强了回归祖国的决心,引导我回到祖国母亲的怀抱里。我和亲人暂时分离了,但是我相信,总有一天,祖国会统一,我和妻子女儿会团圆,我付出

①左漠野主编,《当代中国的广播电视》(上),北京:中国社会科学出版社1987年版,第299—300页。

的代价是值得的。"

其实,李大维的妻子从事国际贸易,家资雄厚,且她已为李大维在美国联系了一个理想的职业,只待他退伍后就职,但李大维却下定了驾机回归的决心。他甚至为此还进行了一番安排,先把妻子支到美国去:"你带一笔钱,美国有一笔重大的秘密生意,你到美国后会有人找你接头的。"从事国际贸易的妻子对此是司空见惯了,她顺从地飞向美国,紧接着,李大维把小女儿带在身边,准备起飞前给女儿打一针安眠剂,捆置在飞机后舱,父女一同回归,之后再通知妻子直接到大陆。然而天不作美,竟连日大雨,飞机无法起飞。一拖,拖到了妻子返台。后来,李大维选择了只身一人回归大陆,他在电话里百感交集地向妻子道了一声"再见",就毅然登机了。①

那么,是什么力量促使李大维做出这样的决定?他在接受原中央人民广播电台记者、现凤凰卫视董事局主席刘长乐采访时如实道来:"台湾的生活环境、经济条件,在目前来讲还算过得去了。可是那个社会的污染程度,以及官方的官僚、腐败已经使每一个人、每一个阶层的人都很了解了。这等于说,对'政府'已失去信心了……黄植诚少校毅然决然地回归祖国,我们知道这个消息以后,心里是一个很大的震撼,越觉得台湾当局没有一个真正的奋斗的方向。社会的不均富,畸形的发展,而且依靠外国,我们没有一种道德的依据,而且把我们中国人的传统道德丧失掉了……而且目前已经逐步逐步腐败到不知道如何收拾,所以在这种状况之下,要寻求一个真理,黄植诚给我们起了一个开端。接着,我就开始常常利用时间收听祖国的广播。有一点好奇心,也有一点想去触摸共产主义是不是真理。"②连日本《读卖新闻》的评论都说:李大维的谈话感人至深。

虽然"在台湾军营里,明文规定上至总司令下至士兵是不准有收音机的。偷听大陆广播要冒极大的风险"③,但对光明的向往和追求让他们"毅然回到了祖国怀抱"。是对台广播为他们打开了了解大陆的窗口,使他们"对大陆的疑虑逐步减少,信任感逐步增加",并在他们心里埋下了回归的种子。

此外,还有不少台湾听众在对台广播的介绍下来到大陆投资。如,一位在台湾经营家用电器的中年商人,从对台湾广播中听到对台湾同胞前来大陆投资的优惠

---

① 左朝胜,《做个堂堂正正的中国人——访李大维》,《大陆生活纪实》,北京:中国国际广播出版社 1988 年版,第 183—184 页。

② 刘长乐,录音专访《访驾机回归祖国大陆的李大维》,中央人民广播电台对台湾广播 1983 年 4 月 25 日播出。

③ 引自李大维为福建前线广播电台 25 周年所写的贺信。

规定以后,1984 年专程到北京访问中央电台。他说:"我在台湾只是一个小企业者,想在大陆投资办厂;同时,也受一些实业家朋友的委托来打前站,如有可能,他们也想设法前来投资办厂。"20 世纪 80 年代初,蔡子民任驻日使馆文化参赞期间,在中央电台的对台广播做了一次广播谈话。台湾一位姓赖的先生听了后,萌发了了解祖国大陆的念头,专程到大使馆找蔡子民。之后,赖先生自己来大陆旅游考察了两次,最后欢欢喜喜地定居在马鞍山市。① 像这样的例子还有不少,这种行为的促发就是对台广播的深层效果,已经直达受众的行动层面。

问题与思考

一、《空中之友》的成功之道是什么

1981 年元旦,中央人民广播电台对台湾广播的主持人节目——《空中之友》开播。虽然关于它是不是整个大陆地区主持人节目的源头,曾经有过争论,但说它是中国大陆广播主持人节目的发端,这是没有异议的。

《空中之友》节目不仅在大陆的传媒界轰动一时,在台湾也形成了不小的影响。该节目开播 20 天以后,中央电台就破天荒地收到了台湾听众写给节目主持人徐曼的信,这封信是通过美国转来的。之后,节目主持人徐曼在台湾越来越出名,主持人收到的台湾听众来信也逐年增加,1981 年收到几十封,到了 1988 年 1 年就收到 601 封。来信的听众遍布台湾各地,不仅有平民百姓,而且有军政官员、大学教授、工程技术人员。有的听众将台湾某些高科技工业的系统资料寄来,委托转交有关部门。有的听众将对国是的建议书寄来,要求转呈给邓小平、杨尚昆等领导人。许多听众在来信中说:"收听《空中之友》节目是每天生活中不可缺的事",是"精神食粮","不听就睡不着觉"②。一位台湾听众来信说:"目前在台湾,徐曼的知名度很高,如果到台湾参加民意代表竞选,徐曼必定当选。"③那么,《空中之友》节目为什么能产生如此大的吸引力、感染力和影响力呢?

---

① 蔡子民,《一个"老台播"的回忆》,《对台广播回忆录——中央人民广播电台对台湾广播 40 周年》,北京:中国广播电视出版社 1995 年版,第 3 页。

② 毕福臣,《简析〈空中之友〉的魅力所在》,《对台广播文集——中央人民广播电台对台湾广播 40 周年》,北京:中国广播电视出版社 1995 年版,第 108 页。

③ 于礼厚,《主持人节目的特征——开办〈空中之友〉节目以来的实践心得》,《对台广播文集——中央人民广播电台对台湾广播 40 周年》,北京:中国广播电视出版社 1995 年版,第 32 页。

1. 形态:对接台媒,传受关系改善

从以上谈到的《空中之友》的创办过程可知,该节目采取的主持人形态是借鉴台湾广播的做法,而且,《空中之友》在节目创办伊始就确立了和听众之间的平等关系、朋友关系,不断在听众身上作"感情投资"。[①] 因此,《空中之友》不仅在节目形态上契合了台湾听众的收听习惯,而且由"一对多"的"居高临下"变为"一对一"的"我和您",传受关系也由过去的"导师和学生"变为"朋友",节目对象感更强,传受关系更加融洽。[②] 有一些台湾听众绕道外国来大陆,不找任何单位,而是找徐曼小姐,可见节目主持人这种形式的吸引力。

2. 语态:亲切真诚,赢得受众信任

20世纪50年代末60年代初,对台广播在播音基调上曾经进行过有益的探索,"特别是当时提出的生动通俗、亲切真诚等对台广播语言风格,实际上深深影响了以《空中之友》为代表的新时期对台广播的语言风格"[③]。20世纪80年代,台湾的广播"主持人很和蔼,轻声细语,而且台湾的腔调很柔和"[④]。《空中之友》节目在开办时,充分吸收了对台广播和台湾广播的经验,在试办节目时首先就试验如何用生活中的语调说话,打破播音腔。对主持人如何在话筒前说话的第一个要求,就是生活化,不要格式化[⑤],而且非常仔细地规定了节目主持人的形象:说话要温文尔雅,和蔼可亲,很讲究礼貌,语调要甜、软、轻、美,有浓厚的人情味和同情心,对听众既关怀又谅解,尊重听众的感情,以商量和探讨的口吻与听众说话……[⑥]节目语态上的改进在当时的大陆广播界曾引起轩然大波,有人大呼:"中国的播音风格被徐曼糟踏了,我要为之一哭!"[⑦]但是,这种在大陆还一时无法被认可的语态却契合了台

①毕福臣,《简析〈空中之友〉的魅力所在》,《对台广播文集——中央人民广播电台对台湾广播40周年》,北京:中国广播电视出版社1995年版,第109页。

②杨伟光,《"节目主持人"的形式好在哪里?》,《新闻战线》,1985(2),第72页。

③谢琪瑛,《试论对台湾广播语言风格的形成及其基本特征》,《业精于思:中央人民广播电台对台湾广播50周年论文集》,北京:中国国际广播出版社2004年版,第269页。

④《大陆人看台湾:80年代台湾广播里的统战》,http://www.chinanews.com/tw/2010/08-19/2478680.shtml

⑤于礼厚,《主持人节目的特征——开办〈空中之友〉节目以来的实践心得》,《对台广播文集——中央人民广播电台对台湾广播40周年》,北京:中国广播电视出版社1995年版,第33页。

⑥于礼厚,《主持人节目的特征——开办〈空中之友〉节目以来的实践心得》,《对台广播文集——中央人民广播电台对台湾广播40周年》,北京:中国广播电视出版社1995年版,第30页。

⑦于礼厚,《主持人节目的特征——开办〈空中之友〉节目以来的实践心得》,《对台广播文集——中央人民广播电台对台湾广播40周年》,北京:中国广播电视出版社1995年版,第32页。

湾听众的心理期待,轻声细语的、口语化的交谈,使听众感到主持人是彬彬有礼的朋友、热情友好的同事、体贴入微的亲人,使台湾听众产生亲切感和信任感。正如台湾一位听众在谈到徐曼的播音时所说:"主持人以个人身份同听众交谈,无形中产生一种具体的人与人之间的亲近感,说话温文尔雅,给人一种美好的感觉,给人一种温情,自然而然地消除了电台与听众之间政治上的隔阂,产生了信任感。"①

3. 内容:平实客观,服务至上

随着海峡两岸人员往来日渐增多,台湾同胞对大陆情况只能听不能看的状况得到改变,这要求对台广播的内容必须更准确、客观、实事求是,否则,贻害无穷。所以《空中之友》节目在坚持对听众进行"感情投资"的同时,运用平实客观的服务性内容对听众进行"信任投资"。作为一个政策性综合节目,《空中之友》节目从一创办就确定了为听众"解疑、解惑、解忧、解难"的服务方针。虽然各个时期报道的重点不同,但在整体节目编辑上注意了将政策性寓于服务性之中,在节目内容上力求平实客观。不论解答问题、分析政策、介绍情况,都是实事求是,既讲合情合理的一面,也讲尚未完善的一面;介绍大陆情况既讲进步的一面,也承认在某些方面还存在着落后的一面;既讲大陆人民生活普遍得到改善,又承认还不富裕。不讲过头话,不选用缺乏代表性的典型,而尽量选用那些具有大众性、普遍性的情况,把真实地介绍共产党和祖国人民政府的政策、真实地介绍大陆社会状况,当作《空中之友》节目的灵魂,让听众从平实、客观的内容中,自己去理解和识别,自己去作出结论。② 真实、客观和服务也增加了《空中之友》的魅力。如台湾听众莫雨木在给徐曼的信中写道:"第一次听到大陆广播时心跳胆怕,听听停停,深怕窗外有人探知。细听之下,你的节目有吸引人之处……大陆广播有实情的报道,有大胆的批评,有深度的分析,言之有物,以事理折服对方。"他说:"唯以真相、实情告诉大家,才能使听众共鸣,这点你们已经做到了。"再如,1986年,一位台湾听众来大陆探亲旅游时,没找任何接待单位,没找任何人,从广州、杭州、上海到北京,一路上自己买车票,自己找旅馆,自己乘公共汽车。到北京以后,他说,这次来大陆就是要检验一下徐曼广播中说的事是不是真实的。结果,他说:"你们广播中没有讲一句假话,我看到的大陆比我想象中的要好。"③

①杨伟光,《"节目主持人"的形式好在哪里?》,《新闻战线》,1985(2),第72页。

②毕福臣,《简析〈空中之友〉的魅力所在》,《对台广播文集——中央人民广播电台对台湾广播40周年》,北京:中国广播电视出版社1995年版,第112页。

③毕福臣,《简析〈空中之友〉的魅力所在》,《对台广播文集——中央人民广播电台对台湾广播40周年》,北京:中国广播电视出版社1995年版,第113—114页。

4. 手法:情感入手,细节切入

曾经担任过中央电台对台广播部副主任的梁继红非常精辟地总结过情感在对台广播中的作用:情感是认知互动的催化剂;情感吸引是激起共鸣的磁力;情感是人类美感活动最重要、最活跃的心理因素。虽然当时的《空中之友》编创人员还没有如此深入地提出情感的作用,但却有意识地利用了人情、亲情、乡情、友情、民族之情、爱国之情等情感对宣传效果的催化作用,从话题的选择、角度的切入、稿件的撰写、主持人的表达都追求于细微之处见真情,收到"以心换心的效果"①。

如,一位听众洪先生在一封来信中明显流露出他的"台独"思想,认为"台湾主权应属于台湾人"。《空中之友》节目编辑在认真分析他的来信后认为,这位洪先生虽有"台独"思想,但并不是真正的"台独"分子,他的看法在台湾民众中具有一定代表性。为此,撰写并制作了《台湾主权属于中国——答台湾听友洪先生》的广播节目。在这期节目中,主持人首先饱含感情地说:"尊敬的洪先生,首先我要感谢你不断给我来信,感谢你从台湾打电话来问候我和我的同仁。你的每一封信都写得很长,内容很丰富,每一次拜读,都感到受益匪浅,使我们似乎触摸到一位祖国赤子的心,仿佛在倾听你那如歌如泣的心声。你在信中倾诉了你对台湾社会几十年来发展变化的看法,介绍了台湾同胞在有关祖国统一,以及对'台湾独立'等问题上的各种心态,并要我回答一些问题。今天,我就选一个最重要的问题来和你一起探讨,你看好吗?"接着,主持人以国际法、中国历史和中国共产党对台政策为依据,从两岸人民血浓于水的感情出发,列举大量事实,对他信中提出的观点进行多侧面的剖析,供他思考、对比、选择,通过诱导他的自我意识来改变其观点定势。节目播出后,这位听友洪先生来信说,他是流着眼泪听完这个节目的。此后不久,他又来信表示,愿将他的一项发明捐献给祖国。②

再如,1985年12月29日播出的《空中之友》节目,是谈海峡两岸通商的话题,主持人冬艳从自己买鞋的细节说起:"前几天,我在街上买了一双白色的旅游鞋,价钱嘛,22块人民币,合新台币大约是400多元吧,穿起来感觉还不错。您也许会想了,真的是的,买鞋就买鞋吧,还值得在广播上说一说吗? 是啊,照理随意买一双鞋没有什么可说的,不过这双旅游鞋还真有点说头,因为啊,它是台湾出

---

①于礼厚,《主持人节目的特征——开办〈空中之友〉节目以来的实践心得》,《对台广播文集——中央人民广播电台对台湾广播40周年》,北京:中国广播电视出版社1995年版,第28页。

②梁继红,《情感——在对台广播中的作用》,《业精于思:中央人民广播电台对台湾广播50周年论文集》北京:中国国际广播出版社2004年版,第120页。

产的。"在引到正题上之后,依然是从细节切入:最近几年,大陆上的一些商店,出现了不少台湾的产品,像电动剃须刀、收录机、照相机,还有电视机什么的。有一天,我在一家商店卖照相机的柜台前,看见几位顾客在挑选所谓的"傻瓜"相机,就是那种不用对光圈对距离,一按快门儿就行的相机……有个顾客开玩笑说:"那,这不是最傻的'傻瓜'呦?"情感与细节的结合让《空中之友》充满人情味和生活味,散发着独特的魅力。

此外,个性也是《空中之友》受欢迎的原因之一。主持人的节目形态凸显了主持人的形象,同时也塑造了主持人的个性,如徐曼的"甜美",冬艳的"清雅"。① 反之,主持人的个性形象又进一步形成了节目的风格和标识,提高了节目的辨识度,增加了节目的特色与吸引力。

二、《空中立交桥》的创新发展在何处

在对台广播史上,《空中立交桥》是与《空中之友》齐名的品牌节目。《空中立交桥》由海峡之声广播电台创办于 1989 年 7 月 1 日,每周播出 4 档,每档节目时间为 1 小时。该节目不仅受到台湾听众的喜爱,也深受大陆听众的热捧。《空中立交桥》节目正式开播半年时间,就直接收到台湾听众来信 30 多封,间接收到台湾听众反馈 80 多次,收到大陆听众来信 2 万余封。台湾听众在来信中说:《空中立交桥》节目的开播,使我们有了一个全面真实地了解大陆方面的园地。台湾新闻界认为,《空中立交桥》是一个很有特色的节目。大陆听众在来信中说:这座无形的桥,沟通的是民族意愿,它跨越的不仅仅是台湾海峡,还有人为的藩篱和历史的隔阂,是一座令人喜闻乐见的七彩桥。《空中立交桥》不仅是海峡之声收到听众反馈最多的一个节目②,也是"海峡之声广播电台历史上最响亮的一个品牌"③。这个品牌来自台湾与大陆听众的反响,也来自大陆广播界的肯定和好评。1990 年 3 月,在全国第八届优秀广播节目评选会上,1989 年 8 月 26 日播出的《空中立交桥》节目被评为特等奖。这是自举办全国优秀广播节目评选活动以来,第一次把特等奖授予综合性板块节目,也是海峡之声广播电台首次在全国优秀广播节

---

①冬艳,《对节目主持人的探索——我主持〈空中之友〉节目的体会》,《对台广播文集——中央人民广播电台对台湾广播 40 周年》,北京:中国广播电视出版社 1995 年版,第 47 页。

②《当代中国广播电视台百卷丛书·海峡之声广播电台卷》,北京:中国广播电视出版社 2000 年版,第 83 页。

③林智勇、廖雪方,《初论板块节目的优势及其发展前景》,《中国广播电视学刊》,1992(6),第 46 页。

目评选中获得最高奖。① 1990 年 10 月底,中国广播电视学会主持人节目研究会在海峡之声广播电台召开全国广播电台主持人节目现场研讨会,总结和推广《空中立交桥》的经验。那么,同样作为主持人节目,《空中立交桥》相对于《空中之友》来讲,是哪些方面的创新发展为它带来了成功与赞誉呢?

1. 多体裁的板块结构

作为主持人节目,《空中之友》每期只选取一个话题,而《空中立交桥》除进行了主持人的形态改造之外,还采用了多个板块单元的组合结构,把不同的话题与内容串联在一起,使节目内容更加丰富、多元和立体,给了听众更加多彩的听觉体验。如章节中所说,板块结构不是《空中立交桥》节目的首创,但它却把板块节目推向新的阶段。

首先,打破了题材与内容的界限。《空中立交桥》既有严肃的时政话题,又有轻松的文艺内容,更有听众直接参与的板块,集新闻性、议论性、服务性和娱乐性为一体。《空中立交桥》每周 4 组节目各有侧重:第一组以政治、经济为主,第二组以社会、文化为主,第三组以生活、娱乐为主,第四组以与听众交流为主。② 该节目辟有《新闻》《立交桥漫步》《立交桥专访》《九州采风》《华夏风情》《家乡曲》《经济窗》《爱的诗柬》《生命随想》《歌迷时间》《名曲欣赏》《中华医药》《点歌台》等板块和节目单元,就如一道超级大杂烩或东北乱炖,别有一番风味。

其次,构思新颖,编串巧妙。《空中立交桥》并不是简单地把多种体裁和内容杂糅在一起,而是以"编串艺术"为粘合剂,避免任意堆砌的"杂而无章"。《空中立交桥》将政治论题、新闻信息和社会生活话题作了巧妙的穿插,始终给人一种新鲜感和吸引力,尤其是在运用乐曲串联方面做了成功的尝试。通过新颖的构思,对内容进行优化组合,根据听众的"口味"和收听规律,精心选择话题,搭配内容,配置乐曲,使文字、音乐和音响有机结合,互为烘托,板块之间衔接自然,做到了"杂而有序","杂而有味",使多种内容、多种体裁、多种声音融为一体,和谐流畅,犹如一曲美妙的"交响乐",跌宕起伏,充满韵律。③

这种具有高度思想性和艺术性、丰富内容和完美形式相结合的多体裁板块

---

① 《当代中国广播电视台百卷丛书·海峡之声广播电台卷》,北京:中国广播电视出版社2000 年版,第 83 页。

② 《当代中国广播电视台百卷丛书·海峡之声广播电台卷》,北京:中国广播电视出版社2000 年版,第 82 页。

③ 陆锡初,《"立交桥"上的"交响乐"——评海峡台〈空中立交桥〉节目》,《视听界》,1990(4),第 37 页。

结构,就是《空中立交桥》的重要创新之一,也是它引起轰动效应的原因之一。正如它获得全国优秀广播综合性板块节目特等奖时,评委会的评价所说:既有重大严肃的政治题材,又有轻松活泼的文艺节目;既有专题稿件,又有评论文章;内容丰富,形式多样,制作精巧,雅俗共赏。大陆广播界也把《空中立交桥》的特色概括为:以大时段、多色彩、小环节的节目组合,把新闻、知识、文艺、服务、娱乐等多种内容,有机地融成一体。① 到海峡之声广播电台参加全国广播电台主持人节目现场研讨会的领导、专家和同行也这样总结《空中立交桥》的创新经验:"形式上的突破、形式与内容的有机统一、创造独特风格。"听众也对这种节目形态创新予以肯定。台北一位吕姓听众来信说:"我喜欢贵节目,原因包括丰富的种类,中肯的内容及清晰悦耳的声音。我相信还有一部分人士,他们处在台湾的各个角落,真心实意地了解到台湾的前途在大陆,愿把自己一颗赤子之心,奉献给祖国的统一,使台湾重回自己的大家庭。"台湾蔡姓听众在来信中说:"《空中立交桥》节目的各个单元都让人相当喜欢,对于我们这一代年轻人都蛮适合,听完之后,回味的东西很多。"

2. 多个性的群体形象

《空中之友》的主持人个性形象是其吸引听众的因素之一,《空中立交桥》也刻意塑造主持人的个性形象。为此,海峡之声对传统的工作程序和工作方法进行改革,让主持人在话筒前大胆地充分展现自己的个性和才华,并且在选拔主持人时,很注重两点:一是要具备良好的综合素质,二是必须以显著的特点形成个人独特的风格。② 但是与《空中之友》不同的是,《空中之友》凸显的是主持人的个性标识,《空中立交桥》打造的则是多种个性的主持人群体形象。如果说《空中之友》的魅力在于徐曼的"甜美"或冬艳的"清雅",那么,《空中立交桥》的魅力则是一个由弘力、刘武、钱锋等几位主持人的鲜明个性而组成的群体形象。弘力的"活泼开朗、风趣幽默",刘武的"思维敏锐、快人快语",钱锋的"感情真挚、善解人意",在多位主持人个性反差中又形成互补,构成了一个不可多得的《空中立交桥》主持人群体形象,这正是该节目最大的成功之处。③ 这种融"感性、知性、理性、灵性"于一体,"如阳光

---

① 林智勇、廖雪方,《初论板块节目的优势及其发展前景》,《中国广播电视学刊》,1992(6),第46页。

② 《当代中国广播电视台百卷丛书·海峡之声广播电台卷》,北京:中国广播电视出版社2000年版,第82页。

③ 钟志刚,《岁月留声》,福州:海风出版社2009年版,第325页。

般明亮、似兄弟般友好、像智者一样博学、有相声演员般幽默"的整体节目风格,营造了"十分和谐的传播情境",使节目散发着十足的个性魅力和超强的吸引力。① 许多听众就是因为喜欢这一群主持人,才每一次都准时地"开着收音机,不在意他们讲了什么,只为了听他们的声音"②。如台湾郭姓听众在信中说:"我喜欢《空中立交桥》,因为主持人轻松的对话及笑声都吸引着我,从而使我成了立交桥上的另一员。"这一点也得到参加第八届全国优秀广播节目复评的评委们的认可,认为《空中立交桥》除了节目形态的创新发展之外,"几位主持人个性鲜明,形象突出,轻松自如,配合默契"③,是《空中立交桥》节目深受海峡两岸听众欢迎、喜爱的主要原因。

除以上两点之外,模拟直播的现场感也是《空中立交桥》吸引听众的因素之一。《空中立交桥》在创办之前,节目组曾到广东珠江台参观学习,也希望能够像珠江台那样实行直播,但鉴于对台广播宣传的敏感性,选择了直播形态与录播制作相结合的模拟直播方式,兼具了创新和稳妥的特性。④ 虽然不是真正的直播,但完全按照直播要求进行录制,在当时的情况下还是具备了一定的创新性,与其他完全录播的节目相比,仍具有一定的先进性。

无论是《空中之友》还是《空中立交桥》,都没有逃脱品牌节目的生命周期。不管是因为主持人个性化的不可复制,还是创新力度相对于媒介生态变化的乏力,至少都告诉我们,节目的创新永无止境,时刻都要与时俱进。不过,它们曾经的成功之道与创新发展经验,至今仍能带给我们一些启示。

---

①高严京,《论主持人与文艺广播节目的形象结构》,《探索与改革》,福州:海风出版社 1992 年版,第 106 页。

②海峡之声广播电台总编辑卢文兴之语。

③《当代中国广播电视台百卷丛书·海峡之声广播电台卷》,北京:中国广播电视出版社 2000 年版,第 83 页。

④引自海峡之声广播电台总编辑卢文兴的论文《延伸节目品牌生命周期》。

第五章 "反独反分裂"时期的对台广播

（1990—2004）

第一节 对台方针政策的发展

中国共产党制定"和平统一、一国两制"的基本方针后，两岸在经贸、文化等领域出现了交流交往的可喜局面，两岸关系也朝着良性互动方向发展，但台湾岛内的分裂倾向也在发展。

20世纪80年代末90年代初，随着东欧剧变、苏联解体，国际形势发生了第二次世界大战结束以来最大的变化，国际战略力量对比严重失衡。美国开始利用其唯一超级大国优势，加紧对中国进行分化、西化，包括进一步利用台湾问题对中国进行牵制与遏制。台湾当局认为遇到了前所未有的大好机会，企图对既已形成的一个中国格局展开持续挑战，力图形成"两个中国"并存的局面：在国际上增加所谓"邦交国"数量，并且竭力推行"务实外交"，在与中华人民共和国建交的国家中推动官方往来，谋求"双重承认"，特别是于1993年开始鼓噪"参与联合国"，在两岸关系上以要大陆承认台湾为"对等的政治实体"、放弃使用武力、给台湾"国际生存空间"等作为发展两岸关系的条件，并且阻挠两岸直接"三通"和政治谈判；在台湾内部，加紧进行所谓"宪政改革"，力图奠定"两个政治实体分治海峡两岸"的法源基础。[①]"台独"势力也加紧活动，削弱台湾同胞的中华民族意识和与祖国的文化联系。外国反华势力和台湾岛内的"台独"势力、台湾当局的种种分裂活动，对两岸关系良性发展形成挑战，造成严重冲击。

一、台湾当局开始逐步推行"台独"路线

1. 台湾当局进行"宪政改革"

1990年5月，李登辉当选为台湾第八届"总统"，立即将"宪政改革"提上日程。

---

①张春英主编，《海峡两岸关系史》第四卷，福州：福建人民出版社2004年版，第1025页。

1991年以后,台湾当局开始实质性的"宪政改革",承认中华人民共和国对大陆有管辖权,企图以此获得大陆承认台湾当局对台、澎、金、马拥有主权,成为与大陆对等的政治实体,并开始从"一个中国"的立场上后退,把政治性谈判作为其推行"一国两府"的砝码。

(1)"宪政改革"的内容

蒋经国1987年宣布解除"戒严"是解除"戒严令",而"戒严法"依然存在,台湾仍处于"动员戡乱时期"。李登辉推行的"宪政改革"则是由"戡乱体制"向"宪政体制"转变,具体内容主要有:

一是终止"动员戡乱时期"。即停止实施国民党政府于1947年7月4日第六次国务会议上通过的"厉行全国总动员,以戡平共匪叛乱,扫除民主障碍,如期实施宪政,贯彻和平建国方针案",包括废止或修订构成"动员戡乱法系"的149种"法律""法规"和"命令"。1991年4月30日,李登辉宣布从次日起终止"动员戡乱时期"。按照台湾当局的说法,"动员戡乱时期"的终止,等于"中华民国"片面宣布内战的停止,也就是宣告今后不再以武力解决海峡两岸的争端,而两岸统一的问题将采取和平的手段进行,宣告对"中共政权"定位为"中共当局",正式承认中共为一政治实体,放弃过去40多年"叛乱团体"的名称。[①] 台湾当局企图以此获得祖国大陆承认台湾当局对台、澎、金、马拥有主权,成为与祖国大陆对等的政治实体。

二是废除"临时条款"。1948年4月28日由国民大会通过的以"宪法补修条文"形式出现的"动员戡乱时期临时条款",是台湾实行几十年"戡乱戒严体制"的"法律"依据。该条款赋予"总统"无限期连选连任,并享有至高无上权力的"非常时期"。该条款于1991年5月1日正式被废止,这意味着台湾恢复了常态下"宪法"关于"总统"连选连任一次,"总统"与"行政院""国会"相互制衡运作的有关规定。

三是全面改造"国会"。即对1946年12月产生的第一届"国民大会""立法院"和"监察院"进行全面改选。被称为"中央民意机构"的"国大""立法院""监察院"是"中华民国""法统"的象征,维系国民党在台湾统治的根基,然而40多年来一直未作改选。尽管台湾当局以选举"增额代表"的方式充实国会,但其成员仍然严重老化凋零。台湾当局把改造"国会"体制作为"宪改"的一个重大步骤,规定第一届"资深民意代表"任期到1991年底以前结束,同时完成二届"国大代表"选举。

四是进行"实质修宪"。由新选出的"国大代表"对"中华民国宪法"中不适用的

---

①台湾《中央》月刊,1991年6月号。

条文进行修订,主要对"中央政治体制"及"地方自治制度"做出若干重要调整。

李登辉主政台湾后,实施"宪政改革",增加了对台湾前途选择的"灵活性"。台湾当局政治企图主要有三:一是通过渲染台湾"主权"和"法统"观念,与祖国大陆分庭抗礼,实现"主权共享";二是通过"宪政改革",造成"台湾政权台湾化"的事实,迫使祖国大陆承认台湾为"对等的政治实体",实现"治权分拥""分而两立";三是通过推行"弹性务实外交",扩大台湾"国际生存空间",谋求"双重承认",实现"重返国际社会"。① 台湾当局不断从"一个中国"原则上后退,声称"一个中国在国际上容易被误解为是指中共,对台湾加入联合国不利",因而"不能再谈一个中国,再谈一个中国会把自己箍住",台湾当局根本就不愿意通过谈判而达到两岸统一。

(2)"宪政改革"的恶果

李登辉推行的"宪政改革",对台湾的政治生态与政局走向产生了重大影响。虽然它使台湾从国民党一党专政走向多党政治,从"戡乱体制"过渡到"宪政体制",这对于适应世界大势,缓和岛内各方面矛盾,以及扩大两岸交流交往等方面,具有一定的积极意义,但是,"宪政改革"也带来了两大恶果。

一是"台独"意识凸显。通过"宪政改革",台湾当局谋求"独立政治实体"地位获得了"法律"基础,也使台湾权力结构"本土化"和"台湾化","独台"路线获得保证。另外,修改相关"法规",客观上也为"台独"存在提供了"法律"依据。"宪政改革"使台湾政治力量向多元化方向发展,各种"台独"理念、主张在"言论自由"的环境下出现。解除党禁后,台湾的政党、社团如雨后春笋涌现出来,"台独"分子也趁机拼凑各种名目的"台独"组织,或明或暗地宣传"台独"主张。

二是"台独"势力坐大。随着"宪改"的进行,特别是台湾当局对"刑法 100 条"等的修订,使"台独"在岛内"合法化",在押的"台独"骨干纷纷出狱;"黑名单"的取消使海外"台独"返台"合法化",海外"台独"向岛内渗透、转移,岛内外"台独"合流,使"台独"力量得以膨胀。这股力量聚集在民进党的羽翼之下,利用其第一大在野党的地位,在岛内推动一波又一波的"台独"浪潮。

由于台湾当局推行"独台"路线,在"反共拒和""两岸对等"、谋求台湾"独立国际人格"等问题上,与民进党相互包容,在政策运作上相互利用,在某种程度上给"台独"势力提供了发展空间,使"台独"思潮蔓延,"台独"活动更加猖獗。

在李登辉的纵容、扶持下,民进党集海内外"台独"于一体,使岛内"台独"势

---

① 张春英主编,《海峡两岸关系史》第四卷,福州:福建人民出版社 2004 年版,第 1056 页。

力大为膨胀。他们动辄走上街头,宣传"台独"主张,制造社会动乱;或者以在野党地位,在"国会"内以"言论免责权"的有利条件,鼓吹"台独",制造"打斗火爆场面",掀起一波又一波"台独"恶浪,民进党成为"台独"势力的大本营和"台独"运动的策源地,岛内进入了以民进党主导"台独运动"的时代,"台独"在岛内泛滥成灾。[①]

2. 李登辉抛出"两国论"

随着时间的推移,李登辉的分裂活动更加肆无忌惮。1995 年 6 月,李登辉以所谓"私人身份"公然访问美国,到国际社会上妄图分裂中国,制造"两个中国""一中一台"。1999 年 7 月 9 日,李登辉在接受德国媒体采访时,公然冒天下之大不韪,宣称台湾当局已将两岸关系定位在"国家与国家,至少是特殊的国与国的关系"。台湾当局有关方面负责人也一唱一和,表示两岸关系已从"两个对等政治实体"走到"两个国家",称两岸会谈是"国与国会谈"。[②] "两国论"的提出,标志着李登辉的分裂主义达到登峰造极的地步。它再次暴露了李登辉一贯蓄意分裂中国领土和主权、妄图把台湾从中国分裂出去的政治本质,与"台独"分裂势力沆瀣一气,在分裂祖国的道路上越走越远。

3. "台独"政党上台执政

在 2002 年 3 月 18 日台湾地区领导人的选举中,民进党籍的陈水扁、吕秀莲以 4977737 票、39.3% 的得票率,分别当选"中华民国"第十届"总统""副总统"。宋楚瑜、张昭雄得票率为 36.84%,连战、萧万长得票率为 23.1%。这样,台湾首度发生政党轮替,"台独"政党民进党首次取得执政权,统治台湾地区达 55 年之久的国民党落败,台湾"变天",台湾政局空前巨变。

陈水扁上台后,虽极力淡化"台独"色彩,但始终没有放弃"台独"理念,民进党谋求"台湾独立"的宗旨丝毫没有改变。陈水扁就职后,台湾新当局利用执政地位和资源,在内外政策中贯彻落实"台独"理念,以强化民众的"台独"意识,巩固权力基础。由此,新一轮的"台独"活动在政治、经济、文化、军事、对外关系等各个领域展开和推行。但这一"台独"活动是在某种掩饰下或"只做不说"中悄悄进行,以量变达到质变,可谓之"渐进式台独"或"柔性台独"。[③]

---

① 张春英主编,《海峡两岸关系史》第四卷,福州:福建人民出版社 2004 年版,第 1091 页。
②《人民日报》,1995 年 7 月 12 日。
③ 张春英主编,《海峡两岸关系史》第四卷,福州:福建人民出版社 2004 年版,第 1108 页。

4. 陈水扁提出"一边一国"论

2002 年 8 月 3 日,陈水扁在台北以视讯直播的方式,向正在东京开年会的极端"台独"组织"世界台湾同乡联合会"发表讲话,再次鼓吹台湾是"主权独立的国家",首次正式、公开和明确地将海峡两岸说成是"一边一国",并声称要加强所谓"公民投票立法",以备"有需要的时候"决定"台湾的前途、命运和现状"。这些严重的"台独"分裂言论,与早已声名狼藉的李登辉的"两国论"如出一辙,甚至有过之而无不及。① "一边一国"论是"渐进式台独"发展的产物,它同"两国论"一样,严重危害了两岸关系的发展,阻碍了祖国和平统一的进程。

陈水扁"一边一国"的"台独"分裂言论一出,台湾股市下滑,人心动荡,一时间岛内外舆论哗然。为了平息众怒,陈水扁在 8 月 6 日的"五点表示"中,为其"一边一国"的谬论进行狡辩,诡称两岸"一边一国"是对现状的重申和描述。民进党中央秘书长张俊雄也紧急向媒体记者"说明"称,陈水扁的讲话"不是要改变现状",而只是"保护现状"。然而,这只是欲盖弥彰,陈水扁狡辩时仍继续宣称"台湾是一个主权独立的国家",实质上仍然是在鼓吹"台独"分裂主张。

二、"和平统一"基本方针下对台政策的调整

台湾当局在"台独"与"分裂"的道路上越走越远,使反"台独"反分裂成为对台工作的首要任务。为了阻止"台独"势力和分裂主义的发展,确保两岸关系的良性发展,促进祖国和平统一大业的进程,以江泽民为核心的第三代中共中央领导集体适时地对具体对台政策进行了调整。

1. 以经济促政治

以"三通"促统一,通过扩大两岸经贸联系,加强经济融合,遏制"台独"发展。为落实"以经促政"的政策,发展两岸的经贸关系,中国共产党采取了一系列措施。1990 年,中共中央对台工作会议特别提出了经贸工作在整个对台工作中的中心地位,强调要加强两岸的经贸联系。江泽民在中共十四大报告中提出:"我们将继续促进两岸直接通邮、通航、通商,推动两岸人民的来往和多个领域的交流合作,特别是大力发展两岸的经济合作,共同振兴民族经济。"此后,江泽民又提出了"不以政治分歧去影响、干扰两岸经济合作"的主张。不仅如此,还强调要通过发展两岸经贸往来,逐步增进两岸同胞的相互了解,相互信任,逐步化解政治分歧,并通过谈判

---

① 张春英主编,《海峡两岸关系史》第四卷,福州:福建人民出版社 2004 年版,第 1122 页。

来"求大同存小异",以经促政,最终使两岸关系良性互动发展。

2. 以"民间"促官方

自 1949 年国民党当局逃台后,国民党当局一直奉行"不接触、不谈判、不妥协"的所谓"三不政策"。20 世纪 80 年代之后,因处理一些偶发事件,两岸之间开始陆续进行了几次民间机构的谈判。随着两岸经贸交流的迅速发展,人员往来以及各项交流活动的不断扩大,衍生出了更多有关两岸人民权益的棘手问题。有感于有共同解决事务性、功能性问题的迫切需要,大陆和台湾分别成立了海峡两岸关系协会(简称"海协会")和海峡交流基金会(简称"海基会")。海基会是台湾当局授权与大陆联系、协商、处理两岸事务的唯一机构,于 1990 年 11 月 21 日成立,1991 年 3 月 9 日开始运作。海协会是大陆社会团体法人性质的民间团体,以促进海峡两岸交往,发展两岸关系,实现祖国和平统一为宗旨,于 1991 年 12 月 16 日成立。从 1992 年 3 月起,海协会与海基会进行了多次事务性商谈,达成了"九二共识",为两岸谈判奠定了重要的政治基础。

1993 年 4 月 27 日至 29 日,海协会会长汪道涵和海基会董事长辜振甫在新加坡海皇大厦正式举行第一次会谈,签署了"两岸公证书使用查证协议""两岸挂号函件查询补偿事宜协议""两会联系与会谈制度协议"和"辜汪会谈共同协议"等 4 项协议。"汪辜会谈"是 1949 年以来,两岸高层人士以民间名义公开进行的最高层次的会谈。这次会谈的成功,对扩大两岸经贸、科技合作和人员往来、各项交流产生了积极的作用。同年 5 月 6 日,江泽民会见台湾一个大陆考察团时说:"汪辜会谈是成功的,是有成果的,它标志着海峡两岸关系发展迈出了历史性的重要一步。"①"汪辜会谈"是两岸关系发展史上的一块里程碑,虽然后来在台湾当局的阻挠和破坏下,第二次"汪辜会谈"姗姗来迟,且之后便中断多年,但这种以民间名义的高层会谈形式为两岸官方的沟通与互动铺就了一条重要的管道。

3. 以"八项主张"指导对台工作

针对世界格局以及两岸关系的变化,1995 年 1 月 30 日,江泽民发表《为促进祖国统一大业的完成而继续奋斗》的重要讲话,进一步阐述了邓小平"和平统一、一国两制"思想的精髓,并就发展两岸关系,推进祖国和平统一进程,提出了"八项主张"。江泽民的重要讲话,其主要内容及基本思想是:

---

①《江泽民总书记关于汪辜会谈的重要谈话》,http://www.chinataiwan.org/zt/lszt/web/web6/web6/200806/t20080605_656473.htm

(1)坚持一个中国的原则,是实现和平统一的基础和前提。这是"江八点"的核心内容,同时也是推动两岸关系健康发展的立足点。

(2)海峡两岸和平统一谈判可以分步骤进行。这是"江八点"中最具新意的内容之一,江泽民提议:"作为第一步,双方可以先就'在一个中国的原则下,正式结束两岸敌对状态'进行谈判,并达成协议。在此基础上,共同承担义务,维护中国的主权和领土完整,并对今后两岸关系的发展进行规划。"这是中共过去没有提出过的新的对台政策宣示和解决台湾问题的新思路。这是一个极富创意的主张,这一主张既坚持了中共一贯的原则立场,又充分体现了中共对台政策的灵活性和务实精神。

(3)进行海峡两岸和平统一谈判,且在一个中国的前提下,什么问题都可以谈。谈判过程中,可以吸收两岸各党派、团体有代表性的人士参加。这一主张和以往的提法不同,不再提"国共谈判""国共合作",这显然是针对当时台湾政治生态发生重大变化的实际情况所做出的重要调整,颇具创意。

(4)努力实现和平统一,但不承诺放弃使用武力。江泽民强调:"我们不承诺放弃使用武力,决不是针对台湾同胞,而是针对外国势力干涉中国统一和搞'台湾独立'的图谋的。"江泽民还第一次使用了"中国人不打中国人"的感性语言,充分表达了对台湾人民的同胞之爱。

(5)面向 21 世纪,大力发展两岸经济交流与合作。

(6)两岸同胞要共同继承和发扬中华文化的优秀传统。这说明早在 20 世纪 90 年代中期,大陆对台湾岛内的"文化台独"倾向已经有所警惕,在促进两岸关系发展、推动和平统一的进程中,十分重视两岸的文化交流,并把它视作维系两岸人民的"精神纽带"和实现和平统一的"重要基础"来加以推动。

(7)进一步落实"寄希望于台湾人民"的方针。江泽民在讲话中指示:"我们党和政府各有关部门,包括驻外机构,要加强与台湾同胞的联系,倾听他们的意见和要求,关心、照顾他们的利益,尽可能帮助他们解决困难。"这是对"寄希望于台湾人民"对台方针的进一步发展,使这一方针更加具体化了,内容更加丰富了。

(8)两岸领导人以适当身份互访。以往中共主张以"国共两党谈判"的方式解决两岸统一问题,"江八点"对上述政策做了重大调整,首次使用了"我们欢迎台湾当局的领导人以适当身份前来大陆访问;我们也愿意接受台湾方面的邀请,前往台湾"的新提法。所谓"适当身份",意指访问的身份应符合一个中国的原则。

从上可知,"江八点"不仅充分体现了中共对台方针政策的一贯性和连续性,同时也是在新形势下对邓小平"和平统一、一国两制"基本思想的具体运用和重大发展,体现了以江泽民为核心的中共第三代中央领导集体在推动两岸关系发展、谋求祖国和平统一的过程中,既坚持原则立场又与时俱进、灵活务实的科学态度,是继《告台湾同胞书》、"叶九条""邓六条"之后,又一份系统阐述中共对台方针政策的纲领性文献。

第二节 对台广播的改革

为适应"反独反分裂"舆论斗争形势的要求,对台广播机构建设的投入加大,对台广播宣传的力量进一步增强。与此同时,在中国大陆媒体改革深化的背景下,对台广播也进行了大幅度的改革创新。

一、进一步夯实对台广播机构

这一时期,依据新的对台宣传形势,对台广播机构又进行了增容和扩建。

1. 新建对台广播

新建了中国华艺广播公司,使大陆对台广播达到八家。1991年11月1日18时,中国华艺广播公司(简称华广)在福州正式开播。中国华艺广播公司是经国家广播电影电视部批准、国家工商行政管理局注册的中国大陆第一家广播公司。发射总功率275千瓦,使用90.6兆赫、99.6兆赫、107.1兆赫和666千赫、6185千赫5个频率,广播覆盖中国东南沿海、台湾以及东南亚地区。[①] 中国华艺广播公司拥有世界水平的播控设备,每天播出8小时,服务范围可达包括台湾省在内的国内多数省市,东南亚及欧美等地区也可收听到中国华艺广播公司的广播。中国华艺广播公司实行董事会领导下的总经理负责制,公司设总经理、副总经理各1人,公司内设3部2室1台,即新闻部、专题部、文艺广告部、办公室、控制室和发射台。左漠野担任名誉董事长,胡宏为首任董事长,曹金旺为首任总经理,弘力为首任副总经理。[②]

2. 扩建原有平台

部分既有对台广播得以扩建,由只开设了个别对台节目发展成为对台专用频率。1993年元旦,经国家广播电影电视部批准,福建电台在对台湾广播部的基础

[①]《福建省志·新闻志》,北京:方志出版社2002年版,第249—250页。
[②]《1992中国广播电视年鉴》,北京:中国广播电视年鉴社1992年版,第281页。

上组建的对台专用频率——东南广播公司在福州使用普通话、闽南话正式播音。东南广播公司以促进祖国和平统一大业的早日实现为宗旨,全面调整节目结构,设置《清晨好时光》《东南经济网》《生活交响》《跨越彩虹》《闽南话广播》以及星期日特别节目《早安!星期天》《东南度假村》《今天我休息》《假日游乐宫》《华人世界》和《激光音乐厅》《梨园剧场》12个板块节目。1994年春,增办《东南报道》《585信息网》等节目。① 组建专用频率后,福建台的对台广播每天广播时间从之前的4小时增加到10小时。2002年4月,厦门电台对台部并入新闻频率,也实现了全频率对台广播。②

3. 增加播出频率

在新建和扩建对台广播的同时,增加了既有对台广播的播出频率,扩大了广播的覆盖面,提高了信息的到达率,丰富了受众的选择。例如,中央电台中华之声所使用的播出频率达到9个:中波549、765、1116千赫,短波5925、7620、9410、9425、11620、15710千赫。中央电台神州之声所使用的播出频率也达到8个:中波684、909、1089千赫,短波6140、6165、9170、11905、15880千赫。海峡之声广播电台开播时只有1个中波频率,20世纪80年代中期一度拥有25个中波、短波频率,后经过调整,到2001年时有中波、短波、调频共16个频率。2002年7月,浦江之声电台在上海文广新闻传媒集团的领导下,也增加了FM97.7和AM1422两个播出频率,提高了信号的质量。

4. 广播节目扩容

随着播出平台的扩大,对台广播的节目也进行了扩版,增加了对台广播节目的播出量或播出次数。如,1993年1月1日,浦江之声广播电台增辟大型综合文艺节目《欢乐浦江》和专题节目《华夏风采》,在11点至13点用中波首播,晚间与短波联播,这样,全部播出时间由原来的6小时增加至8小时,第一次实现白天、晚间都有节目播出。③ 1994年,中国华艺广播公司的播出时间由开播时的8小时增加为9小时,1995年再增加到11小时。2001年4月16日,中国华艺广播公司进行了建台历史上最大规模的一次节目改革,在对台广播中率先实现了全天24小时不间断播出。1994年4月18日,厦门人民广播电台《对台湾同胞广播》节目改名为《海峡时空》,实现了日播(每周7档,每档1个小时),设有《新闻集锦》《政论专题》《经贸

①《福建省志·新闻志》,北京:方志出版社2002年版,第267页。
②《2003中国广播电视年鉴》,北京:中国广播电视年鉴社2003年版,第56页。
③浦江之声广播电台对台节目负责人刘莉的介绍。

话题《商海泛舟》《华夏风情》《祖国医药》和《海峡飞鸿》等栏目。1995 年 7 月 1 日起,《海峡时空》节目从 1 小时延长到 2 个小时。2002 年 4 月,《海峡时空》节目进行全新改版,以男女搭配的双主持人形式播出,大大增强了节目的针对性和可听性。内容主要以宣传对台政策和弘扬闽南传统文化为主线,凸显厦门对台尤其是对金门的特色。2003 年 3 月 20 日,《海峡时空》节目进行调整,2 小时节目分为上下两部分,分别用普通话、闽南话主持播出:《新闻简报》《厦门风光》《乡音乡情》《吃在厦门》《百姓与健康》等栏目用普通话播音,《新闻简报》《海峡漫谈》《华夏风情》《经济广角》《上下五千年》《服务台》等栏目用闽南话播音。①

5. 实现"驻台采访"

1987 年 9 月 15 日,台湾《自立晚报》记者李永得、徐璐绕道日本自费到大陆探亲、旅游和采访,这次突破之举在两岸引起巨大震动。1991 年 8 月 12 日,中国红十字总会代表赴台湾探望因在"7·21"渔事纠纷中被台湾当局扣押的 18 名大陆渔民,新华社记者范丽青(现为国台办新闻发言人)和中新社记者郭伟峰(现任香港中评社社长兼总编辑)随同赴台北全程采访,这是 40 多年来大陆记者首次入岛采访,由此拉开了两岸新闻交流的序幕。1992 年 9 月 3 日,应台湾"海基会"的邀请,18 名大陆记者乘飞机离开北京,踏上为期 8 天的赴台采访行程。这是两岸分隔 43 年后,大陆记者首次正式组团赴台采访,受到台湾媒体的一路追访。这个采访团中有两名大陆对台广播的记者,一位是中央电台对台广播的王求,另一位是海峡之声广播电台的刘武,王求在台湾采访张学良的录音报道还获得了中国新闻奖一等奖。1993 年 5 月 24 日至 6 月 2 日,应台湾"中国广播公司"邀请,首批大陆广播记者采访团一行 7 人入台进行了为期 10 天的采访。这 7 位广播记者都来自对台对外广播战线:中央电台对台广播的王汝峰和徐曼、中国国际广播电台的罗建辉、海峡之声广播电台的沈英艺、金陵之声广播电台的史礼泉、浦江之声广播电台的周勤高、厦门人民广播电台的张飞舟。

其后,虽因"千岛湖"事件以及一些政治事件的影响,两岸的新闻交流起起伏伏,但一直在艰困中持续推动,最终,台湾当局宣布有限开放大陆记者赴台驻点采访。2000 年 11 月 22 日,新华社台港澳编辑部副主任范丽青和记者陈斌华接到台湾有关部门颁发的"大陆地区人民进入台湾旅行证",这是大陆第一宗获得台湾当局批准的入岛驻点采访的申请,也意味着海峡两岸正式实现了双向驻点

---

① 《厦门广播电视史略(1935—2007)》,厦门:厦门大学出版社 2009 年版,第 15—16 页。

采访。2001 年 5 月,中央人民广播电台也开始派出记者赴台湾驻点采访,这标志着中央人民广播电台到台湾采访有了实质性的突破。① 这也是大陆对台广播入岛采访的一个突破。中央人民广播电台赴台湾驻点采访每批两名记者,时限 30 天。截至 2005 年 11 月,中央人民广播电台赴台湾驻点采访记者达 45 批,共 90 人次。赴台湾驻点记者每年发回广播报道 500 多篇,图片数千张,主要在中国之声、中华之声、神州之声中播出,并在《你好,台湾》网站上播发,对促进两岸的沟通与交流起到了积极的作用。

6. 广播技术升级

这一时期,对台广播在技术建设上加大投入,取得较大发展。首先就是加大发射功率,提高入岛信号的质量。如,中央电台对台广播的发射总功率在 1982 年刚开办两套节目时是 3400 多千瓦,2003 年,这两套对台广播的发射总功率已经增加到 4700 千瓦,信号覆盖祖国大陆及台湾省、东南亚、南太平洋和日本等国家和地区。为了解决广播节目在台湾听得到、听得清、听得好的问题,2000 年 4 月初,海峡之声广播电台经反复考察、论证,选定了发射机功率等级和型号,并完成了发射机及备件的定购等各项准备工作,随后,工程建设全面铺开。2001 年 7 月,海峡之声广播电台投资 3000 多万元的大功率中波发射台在福建平潭建成,8 月 18 日,这台从国外引进的大功率中波发射机正式试播,强大的电波立刻对台湾多家电台形成"盖台"之势。② 至此,海峡之声广播电台的播出总功率从建台之初的 1 千瓦增加到 1600 多千瓦。

其次是更新和购置技术设备,改善播出和传输质量。1999 年,中央电台对台广播完成了节目自动化播出的实施工程,在中央电台首次实现了自动化播出,从而使中央人民广播电台在广播技术自动化道路上迈出了历史性的第一步。在 1998 年的技术工作中,海峡之声广播电台也加快了技术设备的更新步伐,技术改造成果显著,完成了中波发射机调制制式改造和中波发射机、半自动放音微机监控系统、调频发射台计算机监控系统等 4 项技术革新成果的技术鉴定。③ 此后,又投资 220 多万元,建起了广播节目卫星传输系统,并于 2000 年 2 月正式投入使用。2001 年,大陆又购买了法国 THALES 公司生产的 1000 千瓦(3×400kW)S7HP 型水冷式全固态

---

① 杨波主编,《中央人民广播电台简史》(续编)2001—2005,北京:中国广播电视出版社 2005 年版,第 136 页。

②《2002 中国广播电视年鉴》,北京:中国广播电视年鉴社 2002 年版,第 62 页。

③《1999 中国广播电视年鉴》,北京:中国广播电视年鉴社 1999 年版,第 73 页。

中波发射机,用于824台对台湾地区广播。① 另外,一些对台广播网站也进行了大幅度的技术改造和技术升级,科技含量大大提升,整体性能和品质显著提高。

二、对台广播的深化改革

20世纪90年代之后,大陆改革开放走向深入,大陆的媒体改革也随之不断深化,在包括体制在内的诸多方面取得突破,这也带动了对台广播的进一步变革,较好地适应了对台宣传的形势与需要。

1. 频率专业化

1992年春天,邓小平发表南巡讲话,接着党的十四大召开,中国大陆的计划经济向市场经济转轨,在这种背景之下,媒体也由规模扩张型向集约效益型转轨。② 大陆对内媒体在数量收缩的同时,专业化成为新一轮改革的方向。就广播而言,频率专业化成为时代与广播事业发展的必然,这也契合了对台广播加强针对性的需要,因此,对台广播的频率专业化闻风而动,虽不算改革的引领者,但也走在专业化改革大潮的前列。

1995年初,中央电台对台广播进行了20世纪90年代以后的第二次大调整(第一次大调整在1991年底),主要是"调整充实第五套(对台第一套)节目,改造第六套(对台第二套)节目",决定实验性地将第六套节目办成一套兼顾海外华人、华侨听众的节目,呼号为"中央人民广播电台《华语世界》"。1995年10月31日,中央电台第五套调整充实节目,进一步完善和强化以新闻为主体、突出服务功能的节目布局。同时,经调整改造后的中央电台第六套节目采用《华语世界》这一新的呼号正式开播,内容以服务性、娱乐性为主,除新闻类节目以外,还设有重要的综合性、专题性节目。③ 这次调整改变了之前两套节目内容大同小异,着重播音语言区分的状况,迈出了频率专业化的第一步。

2002年,中央人民广播电台在原有基础上进行频率调整,频率化改革初见成效。2003年12月29日,中央人民广播电台对台湾广播以"突出新闻、加强方言、整合专题、充实文艺、重在服务"为原则,推出两套全新的节目——中华之声、神州之

①刘洪才、邸世杰主编,《广播电影电视专业技术发展简史(广播电视)》,北京:中国广播电视出版社2007年版,第132页。

②张俊德,《频率专业化与广播事业发展前景》,http://academic. mediachina. net/article. php? id=4375

③杨波主编,《中央人民广播电台简史》,北京:北京广播学院出版社2000年版,第258页。

声。改革后的节目改变了以往对台广播两套节目重复播出的格局,每天首播的新节目由 7 小时增加到 18 小时 40 分钟。中华之声定位为新闻综合频率,用普通话播出,全天设置 9 次整点新闻播报和早、中、晚三个新闻密集区,并创办新闻评论节目,加强深度报道,普通话专题实现专业化、个性化服务。神州之声定位为方言、文艺频率,分别设置每天各 120 分钟的闽南话广播和客家话广播,并设置每天 360 分钟的文艺节目。这是继 1954 年对台湾广播开播、20 世纪 80 年代初主持人节目《空中之友》创办之后,(中央电台)对台广播史上力度最大的全方位改革。① 中华之声、神州之声开播后,台湾岛内的 30 多家媒体以《中华之声响彻台湾》《大陆对台湾广播增加"闽南语""客语"节目意在促统》等为题进行了报道。

海峡之声广播电台为了进一步推进广播改革,于 1993 年 7 月派人赴上海、山西等地考察广播改革情况,并成立论证小组,对所了解的情况进行综合分析,然后从本身实际出发,结合记者进岛了解的台湾情况及听众特点和要求,在反复酝酿、论证的基础上,于 1994 年对广播节目做了较大幅度的调整和改革。这次改革将过去一套节目内容在两套广播重复播出,改革为两套宣传内容各有侧重、节目各自相对独立、针对性较强的名副其实的两套节目格局。公开呼号为第一广播网和第二广播网,以适应不同层次听众的不同需求,增强听众收听海峡之声电台广播的选择性。在宣传内容的安排上,第一广播网重点加强新闻,以新闻时政为主干,充分体现海峡台作为全国性综合性广播电台应有的权威性。第二广播网以经贸宣传服务为主,通过加强经贸宣传,提供经贸服务,落实中央关于把加强两岸经贸往来作为对台工作重点的指示。在节目形式和风格上,第一广播网以专题为主,第二广播网以大时段、大板块节目为主。文艺节目,第一广播网以欣赏性的专题文艺节目为主,内容侧重格调高雅的民族传统文艺。第二广播网以大时段的综艺节目为主,适当选播一些流行音乐、通俗歌曲,形式活泼多样,内容雅俗共赏。② 经过改革,海峡之声广播电台的两个广播网在特色和风格上形成区隔,这是海峡之声广播电台频率专业化的开端。海峡之声广播电台的这次改革,同样受到包括台湾、香港及东南亚部分华文报纸在内的近 30 家海内外媒体的关注。台湾"中国广播公司新闻广播网"在报道中说:"中共主要对台广播的海峡之声广播电台,从 4 月 1 日起,对原有

---

①杨波主编,《中央人民广播电台简史》(续编)2001—2005,北京:中国广播电视出版社 2005 年版,第 135 页。

②《当代中国广播电视台百卷丛书·海峡之声广播电台卷》,北京:中国广播电视出版社 2000 年版,第 105 页。

的广播节目做了重大调整,推出第一广播网和第二广播网",并称此次节目调整是"向先进国家学习,采用滚动播出方式,以丰富节目内容、活泼节目形式"。台湾当局在香港的主要喉舌《香港联合报》也在当日大陆版显著位置刊登了新华社对外稿全文,泰国的《星暹日报》《中华日报》《京华中原报》等华文报纸也对海峡台及这次节目调整作了报道。①

2000 年,随着新任台长张建平的到任,海峡之声广播电台再次掀起改革的热潮。经过全台的改革大讨论,2001 年,海峡之声广播电台步入"改革建设年",讨论形成的共识开始付诸实施。8 月 18 日,两套全新的广播频率——新闻时政频道、文艺生活频道开播,总播出时间由过去的 14 小时增加到 55.5 小时,节目时间也由过去的 346 分钟增加到 1845 分钟。② 这次改革是海峡之声广播电台频率专业化的起步之举。2002 年,海峡之声广播电台继续"改革、发展、探索、创新",对频道的整体风格进行了重新定位。2002 年元旦,把新闻时政频道中 4 小时的闽南话节目抽离出来,成立了中国大陆第一个闽南话方言广播频道——闽南话频道。4 月 16 日,文艺生活频道改版;6 月 16 日,新闻时政频道改版;8 月 18 日,闽南话频道改版。《666 经济快车》《海峡观潮》《军事在线》《相约主播台》以及《闽南话新闻》《闽南语林趣话》《功夫茶馆》《海峡虹桥》等一批对台针对性强、特色浓郁的节目相继开办,海峡台各频率的定位更加清晰,专业化程度进一步提高。2004 年 1 月 1 日,海峡之声广播电台又增办了音乐资讯频道,使用调频 99.6 播出,至此,海峡之声的专业频率达到 4 个。

2. 直播常态化

由于录音设备的缺乏,中国大陆的广播起初多为直播,一直到 20 世纪 50 年代后期仍以直播为主,极少数台的节目是录播与直播两者兼有,"文化大革命"开始以后统改为录播。随着媒体改革的不断推进,广播的播出状态也重新改为直播,且得到更高层次的发展。有学者把 1986 年珠江经济广播电台"主持人直播、大时段、开放式"改革称为大陆广播改革的"第一次浪潮"或"第一个里程碑"③,1992 年 10 月东方广播电台"全天 24 小时直播,热线电话参与"的运作模式又把广播的播出状态改革推向新的高潮,掀起广播改革的"第二次浪潮"。

---

① 《当代中国广播电视台百卷丛书·海峡之声广播电台卷》,北京:中国广播电视出版社 2000 年版,第 106 页。

② 《2002 中国广播电视年鉴》,北京:中国广播电视年鉴社 2002 年版,第 62 页。

③ 张俊德,《中国广播改革的一座新里程碑》,《新闻大学》,1998 年春季号。

这一时期的对台广播也基本完成了直播常态化的改革。2003 年,中央电台对台广播由录播为主改为直播为主,直播节目占新节目三分之二以上,采用录播形式制作的主要是些曲艺类传统节目和预告节目等。由录播改为直播,大大提高了节目的时效性、内容的鲜活性,增加了节目的信息量。[①] 2003 年 12 月 29 日,中央人民广播电台对台湾广播推出中华之声、神州之声两个专业化频率后,四分之三以上的节目实现了直播。如,神州之声的闽南话综合性节目《天风海涌》、客家话综合性节目《客家乡亲》,都是长达 120 分钟的大板块直播节目。

海峡之声广播电台 2001 年的频率专业化改革借鉴了各地电台的成功经验,播出状态吸收了联线直播、热线参与等,节目直播率达 50％以上,其中首播节目的直播率,新闻时政节目达到 90％,文艺生活节目达到 70％,闽南话节目达到 46％。[②] 如此高比率的直播化改革对当时的海峡台来说,是一项巨大的挑战,据一位老编辑说,长期以来习惯了录播的编播人员刚开始直播时"都非常紧张",每次都让技术人员全程跟棚,生怕出现差错。2002 年 4 月 16 日,海峡之声文艺生活频道进行改版,改版后的文艺生活频道基本实现了全天候直播。

1995 年,中国华艺广播公司的播出形式由原来的模拟直播向直、录播结合方式转变,《华广午间潮》《华广欢乐园》两个节目率先在华广实现了直播。之后,直播逐渐成为播出的常态。厦门台对台广播 2002 年也加强了新闻连线和现场直播的分量,比如电台记者赴金门采访的连线报道、"中秋月圆海中相会"活动直播等,进一步突出节目的现场感,拉近了与听众的距离。

3. 广播网络化

随着互联网的兴起,传统的广播媒体也开始进军互联网空间,以弥补自身的不足。1997 年底,上海电台在内地首次进行了 4 小时互联网上直播广播,之后,其他广播电台纷纷跟进,对台广播也陆续建立了自己的网上广播。

2001 年 5 月,中央电台台港澳广播中心创建了自己的广播网站——《你好,台湾》网(www.hellotw.com),把传统的无线电广播和现代的网络传播相结合,实现了对台湾广播节目在线音频直播和点播。网站有 15000 多个页面,60 多个栏目,音频节目静态点播 150 多个小时,每日动态音频直播(对台港澳广播第五、第六、第七套节目同步网上播出)58 小时。[③] 2002 年,《你好,台湾》网站进行了

---

①《2004 中国广播电视年鉴》,北京:中国广播电视年鉴社 2004 年版,第 65 页。
②《2002 中国广播电视年鉴》,北京:中国广播电视年鉴社 2002 年版,第 62 页。
③《2002 中国广播电视年鉴》,北京:中国广播电视年鉴社 2002 年版,第 62 页。

改版,一是分类更加明确,二是推出了《统一论坛》FLASH。2003年,配合对台广播,初步实现了网上实时广播、互动广播和听众即时点播等多种功能,完成了FLASH《统一论坛》的其他各集的制作,在台湾主要网站都有链接,并在台湾的一些BBS上引起讨论。《你好,台湾》BBS,吸引了大批的台湾同胞,注册人数达6000多人,特别是汇聚了一批台湾的年轻网民。日均入坛的两岸网民3000人左右,两岸网民互动性发帖500至1000封,成为当时大陆最好的两岸交流论坛。截至2005年11月,《你好,台湾》网已经成为规模最大的对台传播网络平台,每天点击人次超过100万。[1]

"海峡之声"网上广播网站(网址:www.radiohx.com)于2000年4月1日开始试运行,在国内外引起了较大反响。"新浪网"和"台湾雅虎"第二天就做好了海峡之声网的链接,不但吸引了香港、台湾以及上海、北京、重庆、广东、湖北、湖南、四川、甘肃、山东、江苏、辽宁、新疆等近20个内地省市的网友,还有来自美国、法国、加拿大、德国、日本、新加坡等国的网友造访。海峡之声网站采用实时广播、音频点播和web服务相结合的形式,网络系统采用快速以太网结构。计算机和集线器之间用超五类线相连,采用DDN专线经长城网与Internet相连,音频实时压缩工作站用模拟音频线与数字音频网播出工作站相连。网上广播网与数字音频网没有逻辑上的关联,这样确保了数字音频网的安全,万一网上广播服务器被攻破,也不至于影响数字音频网和无线广播的正常播出。[2] 在广播改革的推进中,海峡之声网站建设也不断取得进展。2002年,海峡之声网先后推出了新闻时政、文艺在线、生活点击、海峡军事及英语5个新频道,网上直播节目增加到3套,互动式栏目增加到7个,网站日访问量突破10万。

2001年11月1日,中国华艺广播公司10周岁生日当天,也开通了自己的网站——华广网(www.chbcnet.com)。2002年11月18日,华广网开通实时在线广播。1998年7月,东南广播公司通过《福建之窗》在《中国国际互联网络新闻中心》《中国之窗》两大系列服务区开始进行网上广播,这在福建广播界属首创。虽然当时由于技术条件的限制,每天只有闽南话《新闻》《东南漫谈》和普通话《东南报道》三个节目共30分钟在网上播出,但已引起了海内外许多网友的浓厚兴趣,访问率逐步上升。以1998年12月4日这一天的抽样调查为例,访问东南广播公司节目

---

[1] 杨波主编,《中央人民广播电台简史》(续编)2001—2005,北京:中国广播电视出版社2005年版,第136页。

[2] 虞欣平、李梦虎,《"海峡之声"网上广播系统》,《中国新闻科技》,2000(8),第28页。

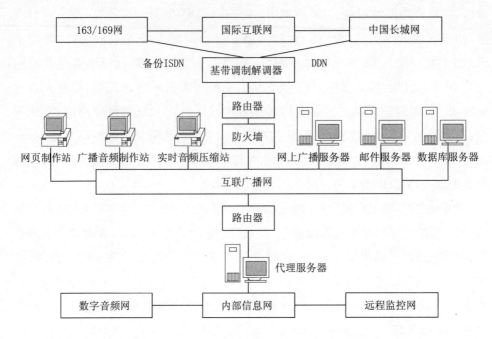

海峡之声网上广播系统结构图

的达 400 多次。1999 年初,福建人民广播电台完成了设备数字化的改造工程。东南广播公司抓住这个机会大量扩充网上广播的内容。1999 年 5 月 19 日,东南广播公司在国际互联网上正式建立了自己的主页(www. sebc. com. cn),随即大量增加了网上广播时间,从原先每天 30 分钟增加到每天 160 分钟,其中包括新闻、评论、专题和文艺共 12 个节目,天天更新,并设有提供听友交流意见的"留言版"。①2000 年 4 月,东南广播公司适时对网站进行改版,改变了原来网站为传统媒体翻版的做法,增加了文稿新闻、专题、网站精品推荐等内容。

4. 定位差异化

20 世纪 80 年代,随着对台广播数量的增长,各自的差异化定位已具雏形:中央电台、海峡之声电台为综合性的对台广播电台,承担全面对台湾宣传任务,其他对台广播机构各有侧重。这一时期,香港、澳门相继回归,反独促统的任务加大,对台广播根据形势的变化以及认识的深入,定位的差异化又有进一步的发展。

海峡之声广播电台的定位保持不变,中央电台在承担全面对台湾宣传任务

---

①闻达,《继往开来　为祖国统一大业立新功——东南广播公司在改革创新中前进》,《回眸50 年:福建人民广播电台成立 50 周年纪念文集》,福州:海峡文艺出版社 2000 年版,第 423 页。

的基础上,对宣传对象进行了多次调整。1995年初,为了区隔两套对台广播节目,壮大海外华人华侨的反独促统力量,中央电台把第六套(对台广播第二套)广播改造成为兼顾海外华人、华侨听众的"中央人民广播电台《华语世界》"。1998年,随着香港回归,为适应新的形势,更好地做好台湾人民的工作,中央电台对台湾广播做了调整,把对台宣传与对港澳宣传合并,成立了台港澳广播中心,同时,自1998年1月1日起,把第六套节目呼号由"中央人民广播电台《华语世界》"恢复为原来的"中央人民广播电台对台湾广播"。1999年1月1日,中央电台台港澳广播中心承办的第五、六套对台湾广播,第七套对港澳广播节目以崭新的面貌呈现在听众面前。① 2002年9月,随着中央人民广播电台"频率专业化、管理频率化"的改革,加之对对台广播宣传的新认识,成立于1998年初的原台港澳广播中心所辖的第七套节目——"华夏之声"单列为频率单位,原台港澳中心随之于当年10月更名为对台湾广播中心,下辖新闻节目部、台播部(2003年12月起改为专题节目部)、方言节目部、文艺节目部和中心直属通联秘书组(2003年12月起改为中心办公室)。②

其他对台广播的差异化定位更加明显。1991年开办的中国华艺广播公司的定位是向"台湾各界大众,兼顾海外华侨、华人,也包括来大陆探亲、旅游、经商、投资的台胞"介绍中华文化和传统美德,提供服务和娱乐。东南广播公司以"台湾同胞、港澳同胞以及东南亚地区侨胞"为对象。2002年7月,浦江之声电台在上海文广新闻传媒集团的领导下,根据中央和市台办关于"走出灯下黑,做好身边台胞工作"的要求,针对上海及周边地区的台湾同胞越来越多的实际,对浦江之声电台进行了改革,以"上海及上海周边地区的台商、台胞"为服务对象。在广播内容上,将浦江之声电台融入财经频率的版块中,以两岸日益紧密的经贸交往为抓手,以商情为契机,改变思路,变教育为服务,变教导为引导,开出了面对50万台商的《台商家园》《生活大富翁》等节目,针对台胞、台商关心的投资环境、子女就学、求医等话题,邀请相关部门的专业人士介绍上海的具体政策,关注台湾人在上海的生活现状,讲述台湾人在上海打拼的故事。③ 1991年,福州人民广播电台《对马祖广播》节目改为《对台湾广播》节目,1994年改为《两岸知音》节目,向台湾同胞、马祖乡亲宣传介

---

①杨波主编,《中央人民广播电台简史》,北京:北京广播学院出版社2000年版,第260页。

②杨波主编,《中央人民广播电台简史》(续编)2001—2005,北京:中国广播电视出版社2005年版,第136页。

③浦江之声广播电台对台节目负责人刘莉的介绍。

绍祖国大陆及家乡福州的发展变化,传播乡音乡情,介绍家乡人情风貌,为台湾同胞提供投资办厂、法律咨询、探亲旅游等方面服务。① 厦门台对台广播的定位也历经多次调整。1994 年 12 月 25 日,厦门人民广播电台对台湾广播部改名为对台对外广播部。1996 年 1 月 18 日,厦广新闻台开播,对台对外部停止运作。1999 年 3 月 11 日,对台对外部重新运作,加强对台对外宣传。2002 年 5 月,厦门电台内设机构进行局部调整,第一套节目部和对台对外部合并为新闻中心。②

在定位差异化发展的同时,对台广播依然继承了联合制胜的传统。如,1992 年夏秋之际,浦江之声电台与江苏的金陵之声电台联手,组成沿江行报道组,从上海浦东开始,分别到南通、苏州、无锡、南京等地,以录音报道、录音专访以及现场报道等形式,向台湾同胞及海内外听众报道沿江经济发展成就。1996 年,8 家对台广播机构联合举办"中国统一大家谈"联合采访活动,吸引了许多台湾同胞参与到关心祖国统一、积极为统一大业献计献策的行列中来,整个宣传有规模、有深度。1998 年,8 家对台广播联合举办了"两岸关系大家谈"大型专题征文活动,此次征文活动从 1998 年 1 月 1 日开播至 12 月底结束,共收到海内外听众来信来稿 900 多篇。来稿内容紧紧围绕两岸关系的诸多问题展开,充分反映了听众对两岸关系许多问题的思考,其中有不少议论透彻、见解深刻的佳作。1999 年 11 月,8 家对台广播又联合举办"百姓论坛"活动,在近一年的节目制作、播出期间,收到大量来自全国各地包括台湾、香港、澳门以及海外的来信、来电及电子邮件等,反响热烈。尤其是岛内听众的来信、来稿,用他们熟悉的表达方式,力陈统一的主张,批判"台独"分子的观点。③ 这些联合举办的对台宣传活动,较好地发挥了对台广播的整体优势。

第三节 对台广播的节目改革

这一时期,对台广播面临"反独反分裂"的艰巨任务,所以,在进一步加大大陆对台方针政策和建设成就宣传力度的同时,加强了对台湾当局和"台独"分子分裂言行的批驳,以反"独"促进祖国和平统一的进程。在节目类型上,着重加强了评论与军事宣传,引导舆论、震慑"台独";增加经济与文化宣传,促进两岸的经贸与文化交流。

---

① 福州市地方志编纂委员会编,《福州市志》第 7 册,北京:方志出版社 1999 年版,第 97 页。
② 《厦门广播电视史略(1935—2007)》,厦门:厦门大学出版社 2009 年版,第 15、16、28 页。
③ 《八家电台举办的〈百姓论坛〉活动落幕》,《两岸关系》,2000(12),第 40 页。

一、突出新闻节目的主体地位

以新闻改革为突破口的全面改革强化了新闻节目的主体地位,对台广播的新闻节目也在改革的深化中得以强化和凸显。

新闻节目在对台广播中主体地位的强化,首先表现在加大新闻节目量以及增加新闻报道的深度。以中央电台对台广播为例,1991年12月2日以后,《新闻》节目每天在两套节目中播出15次。同时,新开办了《新闻与时事》节目,以对国内和国际新闻事件进行及时报道、述评、分析为主体,每天在两套节目中播出9次。1995年,又开办了一个30分钟的板块式新闻专题节目——《新闻广场》,以报道国内外重要新闻事件、热点问题为主要内容,兼及人

中华之声 2003 年 12 月 29 日开播节目时间表

物介绍、社会新闻等。1999年元旦,《新闻》节目由台港澳中心主办以后,分《综合新闻》和《地方新闻》两版,节目每次10分钟,安排在第五、六、七套节目整点播出,每天播出8次。1999年,《新闻广场》节目改为以深度报道为主,兼顾国内外要闻。此外,体育新闻节目——《体育天地》也于1991年11月4日、1995年10月31日、1999年元旦三次调整,扩大了报道面。2003年,"中华之声"开办后,新闻信息量进一步增加,设置9次正点播报和早中晚三个新闻密集区。①《正点播报》从早9点到晚8点,逢整点滚动播报即时新闻,每次10分钟,全天累计播出时间为90分钟,《体育天地》增加到50分钟。至此,中华之声全天自制新闻的首播量达到170分钟。如果加上重播和转播中国之声《新闻和报纸摘要》《新闻纵横》的时间,中华之声全天的新闻节目时长达到300分钟,占全天播出时间的四分之一强。

海峡台1993年也把确立新闻主干地位,扩大新闻容量,作为改革的重要内容,

---

① 《2004 中国广播电视年鉴》,北京:中国广播电视年鉴社 2004 年版,第 65 页。

在原来每天播出 3 组正点新闻的基础上,重点推出集新闻与时政为一体的半小时板块节目《时事广角》;《经贸纵横》节目开设了《经贸快讯》和《经济信息》栏目;《闽南话半小时》增设《金三角快讯》;《空中立交桥》增设了《体坛万花筒》。此外,建立了卫星地面站,直接接收新华社的新闻稿件,加强与各记者站的联系,密切与地方台办的关系,增加新闻的信息来源。海峡台 2001 年开始的世纪大改革提出了"以新闻时政为龙头"的口号,新闻播出量实现跨越式增长,新闻时政频道的大板块新闻资讯节目有《VOS 新闻特快》《VOS 午间新闻》《VOS 晚间报道》《传媒中国》等 5 档节目,加上 5 档《VOS 简明新闻》,1 档军事新闻类的《军情快递》,共 345 分钟。另外,文艺生活频道有 170 分钟新闻,闽南话频道有 110 分钟新闻,合计达 625 分钟,是改革前资讯量的 6 倍。① 2004 年初,海峡之声新闻时政频道的新闻日播出量达到 670 分钟,占该频道全天播出时长的 51%。

1996 年初,中国华艺广播公司重点对资讯类的《华广快车》节目进行了改版,采用记者评述的方式加强节目的深度报道,充分发挥广播新闻的优势和特色。厦门台对台广播 2002 年改版时增设《海峡快报》节目,加大了台湾本岛和金门方面的信息报道量。

其次,新闻节目形式多样化,"带响"的新闻增多,增强了新闻的可听性。如,1992 年中央电台对台广播共播发自采新闻 800 多条,其中 70% 是录音报道。1996 年初,中国华艺广播公司把《华广快车》节目的"八面来风"环节改为"地方有声版",采用各地电台地方新闻报道的录音和中央电台的地方新闻报道,增强了节目的听觉效果。

第三,新闻时效性大大加强,遇到重要事件多采用现场转播或临时插播等方式报道。如,大陆"海协会"同台湾"海基会"的几次会谈,由于报道时效快,台港报刊多次根据大陆对台广播的报道内容发新闻,从而扩大了大陆对台广播的影响。再如,1992 年,大陆首批新闻记者访台,中央电台台播部随团记者王求在台湾采访张学良的录音新闻,在中央电台对台广播最近一次的《新闻》节目中及时播出,抢先于其他新闻传媒之前。1993 年,首批大陆广播记者赴台采访团到台湾访问,中央电台台播部随团记者王汝峰和节目主持人徐曼采访的录音新闻,都在最早的一次《新闻》节目中播出。② 为了增加新闻时效,1998 年,海峡之声广播电台要求全体编播人员增强新闻意识和新闻敏感,树立抢新闻的观念,并尽可能多地提供外出采访机

---

①《2002 中国广播电视年鉴》,北京:中国广播电视年鉴社 2002 年版,第 62 页。
②杨波主编,《中央人民广播电台简史》,北京:北京广播学院出版社 2000 年版,第 265 页。

会,对重大事件消息及时抢报,重视抓独家新闻。厦门电台对台广播从 2002 年开始,也加强了新闻连线和现场直播的分量。

二、加强言论宣传的舆论引导

这一时期,批判"台独"势力,打击"台独"嚣张气焰,增强台湾同胞的国家、民族观念,敦促台湾当局尽快走向谈判桌是对台广播的重要使命之一。因此,加强言论节目,实施舆论引导是对台广播这一时期节目调整的一个显著特点。

为了加强舆论引导,对台广播首先结合新闻事件策划和组织评论节目,通过对台湾岛内和两岸关系中的重大事件、突发事件及时发表评论进行针锋相对的驳斥和引导。例如,1993 年,《台湾问题与中国的统一》白皮书发表后,海峡之声广播电台组织播出了《正本清源,推进祖国和平统一》等 38 篇评论。

1995 年,由于台湾当局处心积虑推动所谓"务实外交",李登辉借口以私人身份访美,大肆鼓吹"台独",一时间岛内"台独"势力甚嚣尘上,造成两岸关系严重倒退。中央电台对台湾广播从 4 月份至 11 月初,先后组织采编播发了 230 多篇相关报道,其中新闻评论 59 篇(台播部自己撰写 47 篇),从不同角度揭露批判李登辉搞"一中一台",分裂祖国的行径。中国华艺广播公司先后播发有关言论、评论 25 篇,专稿 5 篇,本台记者署名文章 9 篇。

1996 年,利用江泽民主席对台重要讲话发表一周年的有利时机,海峡之声广播电台组织播出了《纪念江泽民主席对台重要讲话发表一周年系列谈》和《"和平统一、一国两制"是台湾前途之所系》等本台系列评论。针对李登辉顽固推行分裂主义的行径以及颇具欺骗性的"5·20 就职演说",及时播出了我党和国家领导人有关坚持统一、反对分裂的重要讲话,播发中央有关部门组织撰写的批李批"独"评论文章。同时,先后组织播出了《揭开李登辉"台独"真面目》《"台独"是对中华民族的反动》《"一国两制"与中国统一》等本台系列评论。还就台湾当局领导人产生方式变更、台湾军队连连枪击大陆沿海渔民、李登辉改变台湾经济以大陆为腹地的主张、钓鱼岛事件、台湾成立"民主建国党"等重大事件和台湾民众关注的焦点,迅速反应,及时评论,使台湾听众及时了解祖国政府对相关问题和事件的立场、态度。①1999 年,海峡之声广播电台组织播出了《歪曲历史,误导民众——评李登辉的历史观》《于理不通,于史不合——评所谓的"国与国"谬论》《"台独"是祸不是福》等具有

①《1997 中国广播电视年鉴》,北京:中国广播电视年鉴社 1997 年版,第 91 页。

很强针对性的评论文章。对"公投入宪""新台湾人主义"的提出、李登辉《台湾的主张》出版、民进党通过"台独"党纲决议案等及时地进行报道和评论,积极引导台湾舆论。

2000年,针对岛内大选和主张"台独"的民进党上台执政,对台广播结合新闻事件推出一系列评论。如,海峡之声广播电台从1月25日开始,推出6个纪念江主席八项主张发表5周年系列专题节目,共播出消息110条、专稿50篇、本台评论5篇。2月21日,《一个中国的原则与台湾问题》白皮书发表后,海峡之声又立即发表了本台评论,并针对"白皮书"中一些台湾民众十分关注的新提法、新内容,先后采访了国台办、海协会、全国台联权威人士及参与起草"白皮书"的专家学者,播出系列访谈文章,引导民众支持"统一"、反对"分裂"。日本NHK电视台还拍摄了海峡电台开展"白皮书"宣传的专题片。① 针对陈水扁"5·20"讲话中模糊"一个中国原则",割断历史,打"民主""人权"旗号阻挠统一的论调,对台广播也组织播出了声势浩大的系列评论,予以系统批驳。针对2002年陈水扁接连散布危害两岸关系的"台独"谬论,也及时组织评论力量,编播了大量揭批陈水扁搞"一边一国""渐进式台独"和"文化台独"的稿件和专家访谈。

2003年,为了消除台湾当局歪曲大陆政策造成的不良影响,加深台湾民众对"台独"危害的认识,认清"台独"分子的真实面目,中央电台对台广播从多个视角有计划有布局地推出了一系列针对性强的评论,新闻部主要抓住两岸热点问题进行了一系列相关采访报道以及评论工作,制作《汪辜会谈十周年》《两岸热点看三通》等系列节目共计50多集。专题部适时组织专家学者制作访谈节目,对"台独"言行进行揭露和批判。1月28日就"江八点"发表八周年、4月26日就汪辜会谈十周年、5月20日就民进党执政三周年均作了配合性专题报道。下半年又就"修改教科书""公投立法"及"陈水扁出访"等事件,制作了多个专访节目,如《维护祖国领土完整是每一个中国人的职责》《美国究竟能为台湾付出多少?》等。方言部选择在"5·20"期间,组织批驳陈水扁上台三年来的台独言论,采访大陆有关专家、学者及台湾学者朱高正、潘锡堂等,在闽南话和客家话节目中播出。

其次,为了加强舆论引导,对台广播增办了评论性节目,开辟固定阵地进行舆论斗争。20世纪80、90年代,中央电台对台广播开办有言论性节目——《时事漫谈》,阐述我党和政府有关大政方针,评述国内外时政要事,面向岛内广大台湾同

---

①《2001中国广播电视年鉴》,北京:中国广播电视年鉴社2001年版,第61页。

胞,侧重军政界和知识界人士。节目每次 10 分钟,每天在两套节目中交叉播出 14 次。2003 年频率专业化改革时,中央电台对台广播又创办了评论节目《两岸论坛》。该节目是一个以事实为根据,以理服人,做到"两岸热点话题天天评、全球重大事件细细说"的新闻评论节目。节目以海峡两岸专家、学者、知名人士访谈为主要形式,用比较轻松的语言讨论重要话题,内容涉及海峡两岸政治、经济、文化、民生等,力求客观、公正、权威。该节目每天播出 3 次,每次时长 30 分钟。①

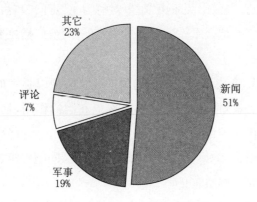

海峡之声新闻时政频率各类节目比例图

言论宣传是海峡之声广播电台多年形成的优势,在世纪大改革时又进行了重点加强,将《海峡漫谈》节目扩充为《海峡论坛》《海峡大视野》和《景艳看台湾》3 个节目,节目形态也由播报本台评论和专家学者的文章为主,改为以主持人跟专家学者交流对话的形式为主,节目更轻松,话题交流更充分,更容易被听众接受。《海峡大视野》后改为《海峡观潮》。2004 年初,海峡之声的评论节目仍保持 3 档,每天播出 90 分钟,占全天播出时长的 7%。

这一时期,金陵之声广播电台将原言论节目《金陵夜话》改为《金陵漫话》,以便白天也可播出。中国华艺广播公司也推出评论节目——《两岸观察家》。1994 年,福州人民广播电台《对台湾广播》节目改为《两岸知音》节目时,依然保留了评论性栏目《罗星夜话》,且是重点设置的评论栏目,以三人对话形式,就海峡两岸时政方面的话题进行漫谈,对台湾当局的"两个中国""一中一台"的"台独"倾向进行抨击和揭露。②

①杨波主编,《中央人民广播电台简史》(续编)2001—2005,北京:中国广播电视出版社 2005 年版,第 139 页。

②福州市地方志编纂委员会编,《福州市志》第 7 册,北京:方志出版社 1999 年版,第 97 页。

三、着力军事宣传的自我展示

在两岸军事对峙时期,对台广播的军事宣传以瓦解蒋军官兵为主要目的,内容多是以家书激发他们的"思乡怀亲"之情,甚少以"宣传解放军"为主,以宣传和展示解放军形象为内容的固定节目更是鲜见(据本人查阅大量历史资料,只有福建前线广播电台在开播之初设置过介绍解放军生活的不固定节目,1961 年短暂开设过《解放军生活》节目)。当两岸关系由"军事对峙为主"走向"政治对峙为主"后,除了海峡之声广播电台依然把台军作为主要对象之外,对台广播主要面向台湾民众,军事宣传逐渐停止。

20 世纪 90 年代,考虑到实现两岸的和平统一必须以强大的军事力量为后盾,强大的军队和国防力量对"台独"势力具有威慑和制约作用,且军队和国防建设的现代化也是四个现代化不可或缺的重要方面,适当地进行对台军事宣传可以增强台湾同胞的民族自豪感和对祖国的认同感,消除台湾同胞对解放军的误解和疑虑,对台广播又恢复了对台军事宣传。

这一时期,最早开办军事节目的是中央电台对台广播。1991 年下半年,在中央电台台播部的节目方案讨论会上,陈桂英提出了办一个军事节目的设想,引起许多同志的质疑,经过耐心解释,几位部主任当即表示:"你们可以试一试。"1991 年12 月 1 日,中央电台对台广播《现代国防》节目正式开播,每次 15 分钟。该节目的对象是台湾军政界人士和广大台胞。宗旨是通过对人民军队和国防现代化建设客观全面的介绍,扬我国威、军威,增强台湾同胞的民族自豪感,增强祖国对台胞的吸引力、向心力,遏制"台独"和分裂势力,促进祖国统一。[1]《现代国防》节目的开播,标志着"在对台广播中首次创办了以宣传人民军队和国防建设为主要内容的专题节目"。[2] 该节目受到台湾听众的喜爱,收到不少听众反馈,上级部门给予了"这是一个创举""走出了一条新形势下对台广播军事宣传的路子"的评价,并指示海峡之声广播电台也要办一个对台军事节目。[3] 由此开始,对台军事宣传作为"对台宣传的一项不可缺少的重要内容"的地位得以确立,对台广播的军事宣传逐渐强化。

---

①杨波主编,《中央人民广播电台简史》,北京:北京广播学院出版社 2000 年版,第 271 页。

②陈桂英,《难忘〈现代国防〉节目的开办》,《对台广播回忆录——中央人民广播电台对台湾广播 40 周年》,北京:中国广播电视出版社 1995 年版,第 243 页。

③陈桂英,《难忘〈现代国防〉节目的开办》,《对台广播回忆录——中央人民广播电台对台湾广播 40 周年》,北京:中国广播电视出版社 1995 年版,第 247 页。

在《现代国防》节目开播一个月之后,1992 年元旦,"为加强对台湾军民同胞宣传祖国大陆国防现代化建设成就和我军将士的爱国情怀,增强台湾军民同胞的民族自豪感和对祖国大陆的向心力"①,海峡之声广播电台开办了《今日国防》(后改为《中国军队》)节目,每次播出 10 分钟,每周播出两组。金陵之声广播电台也开办了《军营内外》节目,介绍中国人民解放军的现代化建设成就、当代军人风貌、丰富多彩的军营生活以及新型的军政、军民关系。

1994 年,海峡之声广播电台对《中国军队》节目予以加强,台湾"中国广播公司新闻广播网"在报道中特别提到"增强《中国军队》节目,似乎透露出某种信息"。1995 年 10 月 31 日,中央电台《现代国防》节目也进行较大幅度调整,时间增加到 20 分钟,节目信息量增加,增强了对台舆论斗争的针对性,同时也适当增加了知识性和服务性内容。1998 年 7 月 31 日,中央电台对台广播又开办了《海峡军事漫谈》节目,以台湾军队为主要对象,同时兼顾岛内民众。其宗旨是:以"和平统一,一国两制"对台总方针为指导,以两岸军队共同点为基础,深入浅出地谈论祖国政府关于结束两岸敌对状态、进而实现和平统一的大政方针;及时评述影响两岸关系的军事新闻事件,有针对性地阐明我国国防政策;观察分析台湾军队受岛内社会变迁影响的情况,围绕台湾军队官兵关心的各种问题解疑释惑。该节目每周播出 2 次,每次 20 分钟。《海峡军事漫谈》节目的开播,使对台湾的军事宣传进一步深入,涉及岛内政治、军事生活,直接评述台湾军队的问题,追踪海峡军事新闻热点,及时进行深入系统的背景分析。② 2001 年 8 月 18 日,海峡之声广播电台在世纪大改革中,再次加强了军事节目,增办了《军事在线》,2002 年 8 月进行改版,每周 4 档,每档 60 分钟。该节目以海峡两岸的军事爱好者为主要收听对象,通过运用各种声像资料,形象、生动地介绍各类军事知识。主要栏目有:《环球军情》《军事百科》《将帅传奇》《兵器大观》《神兵奇旅》《史海钩沉》《谈兵论战》《军品发烧友》《热门军书推荐》《军事影视天地》等。2003 年 12 月 29 日,中央电台对台军事宣传节目也进行改版,《现代国防》节目更名为《国防新干线》,节目时间也从原来的 20 分钟增加到 40 分钟。节目开播的第一天,就收到台湾台中听众的电话,称赞"新版节目很好听,更符合台湾听众的收听习惯"。

除了开办专门的军事节目,展示我军形象与实力之外,对台广播还在其他节

---

① 《当代中国广播电视台百卷丛书·海峡之声广播电台卷》,北京:中国广播电视出版社 2000 年版,第 98 页。

② 杨波主编,《中央人民广播电台简史》,北京:北京广播学院出版社 2000 年版,第 272 页。

目,利用多种方式加大军事宣传的力度。比如,1993年,海峡台的《时事广角》节目也承担了国防现代化建设成就的宣传,《空中立交桥》节目也增设了《军旅风采》栏目,《经贸纵横》节目中增加了军工转为民用、走向市场的报道,文艺节目增加了对优秀军事题材的文艺作品和军队歌星、影星的介绍。还增派驻京记者,重点采访有关军事题材的稿件,增强对台军事报道的权威性。先后组织了《雪域边关行》《中国女飞行员纪实系列报道》《南京军事院校巡礼》等几十个专题,播出稿件150多组。① 1997年,海峡台军事宣传更明确地以反"台独"分裂势力为目标,充分展示解放军的综合实力,以《辉煌七十年——纪念中国人民解放军建军七十周年》大型系列报道为主线,树立解放军威武之师、文明之师、正义之师的形象。同时以军事言论评论台湾岛内发生的政治和军事事件,给岛内分裂势力施加一定的军事舆论压力,针对台湾"汉光13号军事演习"和"黄岩岛事件""美日安全防卫合作指针"出笼等问题及时播发了军事评论。② 1999年,海峡之声电台先后播出了《迈向新世纪的人民海军》和《中国空军飞向新世纪》两大系列报道,与二炮联合采访报道了反映大陆第二炮兵部队风采的《大漠军魂》;借国庆50周年大阅兵,采写制作了展现阅兵部队风采的专题系列报道《走进阅兵村》和特别节目《祖国,请你检阅》,展示解放军的威武强大。针对台湾当局力求加入TMD战区导弹防御系统,妄图与大陆武力对抗的危险举动,播出了《台湾加入TMD意欲何为》《TMD能给台湾带来真正的安全吗》等10多篇军事评论,给"台独"和分裂势力以威慑和压力。

军事宣传也利用了传统的征文手段以丰富内容,活跃形式。如,1994年,《现代国防》节目配合形势举办了"难忘军营""甲午百年看海防"征文活动;1996年,配合反分裂、反"台独"的斗争,举办了"三军将士话统一"征文活动;1997年,配合香港回归,举办了"我看香港回归"征文活动;1999年,海峡之声电台举办了"军人与和平"大型征文活动。

对台军事宣传在拓展内容的同时,也积极谋求新的载体和空间。2002年8月1日,海峡之声广播电台与"福建热线"联手打造开通的海峡军事网,以内容新颖、报道及时、视角独特,引起了海峡两岸网友和媒体的广泛关注。这也是中国大陆首家专门介绍、传递海峡两岸军事信息的综合网站,主打栏目《热点专题》《绿色风景线》等,都是海峡军事网记者在解放军各部队采访获取的第一手资料,真实可靠。网站还设有《今日要闻》《两岸军情》《国际军情》《两岸军力大扫描》《海峡烽火台》和

---

① 《1994中国广播电视年鉴》,北京:中国广播电视年鉴社1994年版,第94页。
② 《1998中国广播电视年鉴》,北京:中国广播电视年鉴社1998年版,第62页。

《军事酷图》等栏目,全面汇集军事热点,传递两岸军事资讯。

四、充实经济节目的服务内容

报道祖国大陆的经济建设成就一直是对台广播的重要内容之一,但随着台湾有限度地开放赴大陆探亲,两岸民间交流交往日益热络,两岸之间的经贸交流也逐渐增长,到大陆投资办厂的台商越来越多,在这种背景下,为受众提供政策、信息等经济服务成为对台广播经济节目的新要素。因此,大力增加经济宣传的比重,提升经济节目的服务功能,成为对台广播这一时期节目调整的另一个显著特点。

根据中央加强两岸经贸往来,以经济促政治的精神,20世纪90年代前后,对台广播开始加强两岸经贸往来和各项交流的宣传,及时而又有针对性地提供各类经贸信息,在解疑释惑和排忧解难中扩大和强化服务,发挥广播宣传以经济促政治,以"三通"促统一,推动祖国和平统一进程的作用。如,1990年中央电台对台广播的《空中服务台》和《经济信息》节目根据台湾工商人士的需要,注意大量而广泛地介绍祖国各地的投资环境和投资条件,正确地解释国家的有关政策规定,宣传各行各业有开发利用前途的名、特、优、新产品,还积极为台湾工商界推荐合作伙伴,赢得了台湾有关人士的信任和欢迎,来信、来电、来访者与日俱增。1990年全年就收到来信400多封,听众称赞这些节目是联络两岸经贸界的热心"红娘"。[1] 1991年12月2日,中央电台对台广播进行1990年代的第一次大调整,充实经济宣传被列为其中的一个重点。经过调整,形成了"以新闻节目为主体,以《空中之友》为重点,《文摘》《现代国防》《闽南话》《客家话》节目相配合,全方位、多角度、多种形式进行经济宣传的总格局"。[2]

浦江之声电台、福建人民广播电台和厦门人民广播电台的对台广播,也都把促进两岸经贸交流合作作为对台广播的重点,增加经济信息量,并深入报道合资企业,尤其是台资企业的发展及其经济效益,用事实驳斥了台湾舆论散布的所谓"大部分台商到大陆投资亏本"的说法。1990年4月,浦江之声电台及时向台湾和海外听众发布了浦东开放的消息,引起台湾工商界的广泛关注。厦门电台除积极为台商到厦门以及闽南三角地区投资经商提供多方面的服务外,还加强了对国家新批准的海沧、杏林台商投资区投资环境的宣传。金陵之声广播电台着眼于决定台湾前途和命运的台湾新生代(中、青年)和中、小工商业者,通过各种形式,向其宣传

---

①《1991中国广播电视年鉴》,北京:中国广播电视年鉴社1991年版,第107页。
②《1993中国广播电视年鉴》,北京:中国广播电视年鉴社1993年版,第45页。

祖国的经济形势,鼓励台胞来大陆投资、经商。厦门电台和福建电台突出地方特色,使宣传服务工作更加具体化和富有接近性。

在经济宣传比重增加的趋势下,一批新的经济类节目或栏目应运而生。中央电台对台广播 1987 年就开办了介绍投资项目,提供大陆经济信息,为海峡两岸经济交流服务的《空中服务台》节目,1995 年 10 月 31 日,该节目停播后又开办了《证券广播网》节目,以增加经济报道的信息量。《空中之友》节目也开办了《市场信息》《经贸咨询》《企业家访谈》《政策解答》等多种栏目,把提供信息、阐释政策、提供咨询结合起来,使服务更加具体化、直接化。2003 年底,又推出了一个关注两岸经贸交流与合作的大板块财经类节目——《财经大视野》,主要栏目有《财经前沿》《财经报道》《传媒链接》《投资新视野》《热点聚焦》《消费直通车》《台商风景线》《收藏与投资》《财富故事》等,每天播出 2 次,每次时长 50 分钟。节目既关注宏观经济和政策,更注重海峡两岸民生话题,"为听众全面、深入展示祖国大陆的经济建设成就和民众生活状况,以及海峡两岸经贸交流交往现状与趋势,介绍祖国大陆投资环境,为台商投资大陆、从事经济活动提供有效的资讯服务"。[①]

1990 年,海峡之声广播电台在《空中立交桥》节目中开辟《经济信息》栏目,提供政策服务,介绍有关大陆投资政策和投资环境,传播经济信息,为台商来大陆投资办厂提供咨询。1992 年 8 月 1 日,海峡电台又推出了《经济纵横》节目,加强经贸宣传,推进两岸关系发展,以经济促政治,以民间促当局,推进祖国和平统一进程。该节目每次播出 15 分钟,每周播出 5~7 组。[②] 1993 年,《经贸纵横》节目又增设了《经贸快讯》和《经济信息》栏目,体现权威性与服务性并举,进一步展示发展趋势,深入剖析经济现象中的热点问题,报道海内外商务经验与成果,及时为台湾提供经贸信息、政策咨询服务,以促进海峡两岸经贸交流与合作。[③] 在新世纪的多波次改革中,海峡之声又推出了 30 分钟的经济大板块节目——《666 经济快车》。

金陵之声广播电台开办有《经济半小时》节目,1992 年春节前后还开辟《江苏之春》专栏。福建电台在《海峡服务台》节目中开辟了《投资指南》栏目,向台湾听众

---

①杨波主编,《中央人民广播电台简史》(续编)2001—2005,北京:中国广播电视出版社 2005 年版,第 140 页。

②《当代中国广播电视台百卷丛书·海峡之声广播电台卷》,北京:中国广播电视出版社 2000 年版,第 98 页。

③《当代中国广播电视台百卷丛书·海峡之声广播电台卷》,北京:中国广播电视出版社 2000 年版,第 105 页。

介绍福州地区、闽东地区、闽北地区一些县市的投资项目和优惠政策。后又开设综合性经济板块节目《看福建》,用轻松、自然的方式与听众进行交谈,成了台湾同胞了解福建的空中桥梁。1992 年,福建电台对台广播增加了《经济窗》栏目。2002年,厦门电台对台广播改版后,开办了介绍两岸经济发展亮点、走向和前景的《海峡商情》。

在常规宣传之外,对台广播还组织重点报道、系列报道,加强经济宣传的深度和广度。中央电台对台广播 1991 年播出了纪念西藏和平解放 40 周年的系列报道和《神州星火》,1992 年又播出了《敲开大门的山东》《珠江三角洲纪行》《晋江正在走向世界》《兰州的魅力》等。为系统宣传以浦东为龙头,带动长江三角洲及整个长江经济带全面发展的新情况,1991 年,浦江之声电台与江苏台、金陵之声台合作,采访了上海、南通、苏州、无锡、扬州、南京等城市,写出了有一定分量的系列报道。厦门电台在经济宣传中充分动用广播特点,也组织了多个战役性系列报道。如1991 年开办了"厦门经济特区建设 10 周年特别专题节目",历时 3 个月,较有深度地宣传了厦门经济特区。系列报道较之单篇零星报道更有分量,有声势,易于展开,形成"气候",帮助台湾听众从总体上更全面、深刻地了解大陆改革开放的形势和成效,给人印象深刻。

五、发挥传统文化的纽带作用

20 世纪 80 年代初,当时的国民党当局出于巩固政权的目的而推行政治"本土化",开始大量启用台湾本土籍"精英"人物,李登辉因此逐渐走上权力的高点。李登辉上台后,开始在政治上明目张胆地进行制造"两个中国""一中一台"的分裂活动,在文化上企图割断台湾与祖国大陆的历史、文化联系,推动文化"本土化"运动,企图搅乱台湾社会的思想。文化"本土化"衍生出了所谓的"台湾意识",最后又异化成了为"台独"政治目标服务的文化分裂主义思潮。[1] 2000 年,主张"台独"的民进党赢得大选,陈水扁上台,在政治上继续拒不承认一个中国原则,在文化方面,他也鼓吹要"立足台湾本土文化",制造台湾人与中国人的对立、台湾文化与中华文化的对立,支持、纵容"文化台独"活动,甚至借教育改革之名,在教材中塞进大量"文化台独"的内容,加紧进行"文化台独"活动。

作为一种文化观念,"文化台独"一旦被民众接受便很难将其彻底根除。因此,

---

①《"文化台独"溯源》,http://www.gov.cn/test/2006—04/26/content_266006.htm

面对台湾当局大力鼓吹和推行"本土文化",人为割断两岸文化渊源的行径,对台广播加大了弘扬民族传统文化的宣传,以中华文化的纽带作用和凝聚力消解"文化台独"的流毒。正如海峡两岸关系研究中心原主任唐树备所指出的:"中华文化历史悠久,源远流长,博大精深……一直是中华民族强大凝聚力的源泉,是维系全体中国人的精神纽带,是中华儿女共同的宝贵财富,也是实现祖国和平统一的一个重要基础。"①

1991 年成立的中国华艺广播公司就是专门从事对台文化宣传的民间机构,以"坚持爱国主义,弘扬民族文化,光大民族气节"为主旨,"翔实介绍中华民族悠久的历史、灿烂的文化,不断提供丰富优美的文艺节目,增进全体中国人的民族认同感"②。因此,在初始的节目设置上,除了新闻节目《华广快车》和服务节目《华广服务台》之外,其余 4 个节目都是文化文艺类:以弘扬中华民族文化、反映中华民族美德的《华广文化街》节目,每周一、三、五各播出 2 次;为听众提供点播服务的综合性文艺节目《华广欢乐园》,专门播放音乐作品的《华广音乐厅》,以嘉宾客座、听友参与主持的综合性文艺节目《华广星期天》。此外,华广还推出多个系列文化专题报道,如,1996 年,《华广文化街》节目推出了"中国名山"系列及"河洛行"系列,大力宣传了中华民族的悠久文化历史,以增强台湾民众的文化认同感、民族自豪感。2000 年又推出了《闽台文化访谈录》《古韵乡情话南音》《妈祖文化寻根》《情系渊州》《第六届中国艺术节采访》《中国新民乐》等八个系列专题。

其他对台广播机构也立足自身优势,加大文化艺术宣传,弘扬民族文化与民族精神。如,中央电台对台广播于 1991 年 12 月 2 日开办了《九州彩虹》大板块综艺节目,以弘扬优秀民族文化、宣传爱国主义为宗旨。1995 年 10 月 31 日,在《九州彩虹》节目基础上,开办了 60 分钟的综合性文艺节目《九州综艺》,设有音乐、戏曲、文学、娱乐等栏目。1999 年元旦,中央电台台港澳广播中心开办了 60 分钟的综合性文艺节目《九州艺苑》,服务于台港澳地区同胞。该节目内容包括民族音乐、创作音乐、文学、戏曲、曲艺、影视、生活时尚等,在第五、六、七套节目播出。此外,还有《华夏原创金曲榜》《评书连播》《阅读和欣赏》《相声欣赏》《戏曲欣赏》等听众喜闻乐见的文艺节目。③ 2001 年,中央电台对台广播相继从不同角度、不同层面推出了一系

①《唐树备在中华文化与两岸关系论坛开幕式上发表讲话》,http://www.chinataiwan.org/wxzl/zhyyl/tshb/200201/t20020129_58176.htm

②《1992 中国广播电视年鉴》,北京:中国广播电视年鉴社 1992 年版,第 281 页。

③杨波主编,《中央人民广播电台简史》,北京:北京广播学院出版社 2000 年版,第 275—276 页。

列文化专题:《相约在西部》《大陆人看台湾》《两岸杰出客家人》《说我中华》《台湾人看大陆》《中华文化系列谈》《中华"世界自然与文化遗产"巡礼》《"开台圣王"祖地行》《我心中的中国》《认识台湾》等。2002年,又推出系列报道《长城万里行》《郑成功祖地行》《细说两岸庙宇渊源》《春江潮水连海平》《同根同源的祭祖文化》等,从不同的角度报道了中华文化的精髓以及两岸文化的渊源。2003年,中央电台对台广播调整频率,推出了以方言、文艺节目为主的专业频率——"神州之声",充分发挥地缘、人缘、亲缘优势,突出乡音乡情,传播中华之文化和民族音乐,增强台湾同胞对祖国的认同。与此同时,中央电台的中华之声开办了"中央电台对台湾广播历史上第一档以台湾青年为听众的全新直播节目《青春在线》"①,通过深刻的文化内涵与鲜明的时代气息,对青年一代进行中华传统文化的熏陶。

海峡之声广播电台1991年针对台湾青年的特点,在《青年之友》节目开辟了《中华文化魅力谈》《神州一绝》等专题,展示民族文化的精华。1992年将专题性节目《当代中国文坛》改为综合性文学板块《中国文坛》,并增办文化类节目,使文化艺术类的节目达到14个。此外,还调整了部分节目的栏目,如《青年之友》节目新辟了《大陆学林》,《闽南话半小时》节目增设了《博雅斋》《天涯芳草》等。1995年组织播出了《'95民俗风情游》《中华博艺馆》《闽南风物志》《文化走廊》《民族金曲100首》等20多个专题、专集、系列节目,还编辑录制了50多集全面介绍中国曲艺品种、选段的曲艺专题节目。1996年加强了中华民族传统历史文化宣传。一是揭示中华文化精神,探寻两岸文化共同根源,播出了系列专题《中华文化纵横谈》,通过多层面地阐述中华文化的源远流长和博大精深及其对连接两岸中国人的强大精神纽带作用,宣传了继承和弘扬中华传统文化是所有中国人共同的责任和使命这一重要主题。二是弘扬中华民族传统美德,充分体现社会主义精神文明。利用唐山地震20周年的机会,组织了系列报道《凤凰涅槃》,通过唐山震后重生的感人事例,宣传祖国大陆继承和弘扬中华传统文化所形成的社会风尚和精神风貌。三是展现两岸炎黄子孙共同创造的灿烂文化,宣传中华文化的博大精深。通过多个专题和栏目,宣传了祖国大陆文化界推陈出新、百花齐放的繁荣景象和丰硕成果。四是报道两岸艺术交流,增进台湾同胞对祖国大陆的感情。五是组织了一批融欣赏性、知识性于一体的文艺专题。1999年组织播出了《中国的世界文化遗产》和《祖国大陆高校巡礼》等专题,使台湾青年在了解祖国大陆风景名胜、高等院校的同时,感受中华文化的博大精深。

---

①冬艳,《〈青春在线〉搭建两岸青年交流互动的平台》,《中国广播》,2006(8),第75页。

金陵之声广播电台 1992 年把《文体大观园》《万家灯火》《华夏揽胜》这 3 个节目合并成一个主持人板块节目《空中杂志》,设置《社会舞台》《万家灯火》《校园生活》《科技之林》《体育天地》《文艺百花园》《法制园地》《诗文欣赏》《神州风采》等专栏,是该台文化宣传的重要阵地。①

浦江之声广播电台为丰富节目内容,1992 年 6 月,《大世界》节目开设"空中地面大世界"专栏,陆续介绍上海大世界游乐场轰动一时的"大世界吉尼斯"项目,把流传在中国大陆各地的奇人绝招,传播给台湾和海内外广大听众,让他们了解改革开放年代大陆人民群众的智慧、创造及众多的世界第一。1992 年 8 月,推出了《两岸情点歌台》节目,接受两岸同胞来信来电互为海内外亲友点歌祝福。节目开播不久,著名科学家谈家桢教授,亲自为蒋纬国先生点歌。编辑特地将点歌内容录制成盒带,托人带去台湾。台湾影星林青霞来沪期间,专为听众点了一首《步步高》乐曲。由于点歌人日众,1993 年初又增加了星期天特别点播时间,容量从半小时扩大到 1 小时。1993 年 1 月 1 日,开辟了长达 2 小时的大型文艺板块节目《欢乐浦江》,融娱乐性、知识性、信息性于一体。设有《八方来客》《美酒当歌》《今日快讯》《娱乐快餐》《午间茶话》《文坛漫步》《昨夜相逢》《地久天长》等 8 个小板块,每周单、双日各安排 1 套节目,于日间和夜间交叉循环播出,平均每天收到听众来信 300 封左右。据 1993 年当年统计,收到海内外信件 6 万多封,其中多数为参与节目,如提供对联、小品、作品欣赏等。为丰富文艺节目内容和扩大对台湾广播影响,1993 年夏秋时节,浦江之声台和上海市第七百货商店、在沪台资豪门酒家等单位联手,举办"七百杯"海峡两岸通俗歌手大奖赛。这是经国务院文化部批准的文化活动,文化部台办主任任秉欣认为,两岸同时组织达数月之久的歌手大赛,这在两岸文化交流史上尚属首次。海协会会长汪道涵听说浦江台举办这次活动,连声说好,并欣然写下"情系两岸——祝首届两岸'七百杯'通俗歌手大奖赛圆满成功"的题词。②

福建电台对台广播 1992 年也增加了《华夏文化》《民族之光》等新栏目,寓文化宣传于服务性、知识性、娱乐性之中。厦门电台对台广播节目《海峡时空》2002 年进行改版,凸显了弘扬闽南传统文化的主线,改版后的节目,有以闽台音乐、民歌为主要内容的《海峡乡音》,介绍金门风土人情的《走进金门》,还有介绍闽台地方性特色文化的《海峡乡土味》。

---

①史礼泉,《"金陵之声"有新声》,《视听界》,1992(1),第 8 页。

②上海市专志系列丛刊《上海广播电视志》,上海:上海科学出版社 1999 年版,第 302—303 页。

在文化宣传上,对台广播也开展了形式活泼、内容丰富的征答、征文活动。如,1992年,海峡之声先后举办了十多个征文、征答活动。春节期间开展的"征联""征集贺语"活动,征集了百副春联,并收到8位台湾同胞献给大陆听友的新春贺语。特别是"海峡两岸集邮知识有奖征答竞赛""两岸青年话明天"和"我的人生观"这三个征文活动,通过《人民日报》(海外版)、《甲子邮刊》《中国集邮》,台湾的《大明报》《凯燕》周刊等新闻媒介传播后,在大陆、东南亚地区引起了较大反响。"海峡两岸集邮知识有奖征答竞赛"收到台湾征文35篇,有3位台湾听众分别获得一、二、三等奖。一位听众在来信中说:"开展集邮知识竞赛活动并不是什么新的创举,但在特定的历史条件下和特定的对象范围内进行,它的深刻意义将远远超过这个活动的本身。电台举办的这次集邮竞赛,对于沟通两岸人民的思想感情,增进彼此间的团结友谊,做了一次很有意义的尝试。"同年6月举办的"两岸青年话明天"征文,消息刚播发,6月18日,台湾"中国广播公司"新闻广播网记者杨菁惠就通过越洋电话采访了《青年之友》节目负责人,并在6月19日岛内新闻联播节目中播出了采访录音,称此次征文活动为两岸提供了一个交流思想感情的园地和抒发对中国前途认识的讲坛。这次征文活动收到台湾及海外听众来稿10篇,台湾彰化县听众在征文中写道:"中华文化延续黄帝礼教已五千年……该为垂成博爱统一中国";台湾师范大学教授陈大络为征文活动赋词4首;德国斯图加特中国留学生严可在征文中记述了在意大利威尼斯巧遇台湾大学历史研究生的事,表达了两岸学子对祖国统一的热切希望。"我的人生观"征文共收到海内外听众来稿1500多篇。[①] 通过这些征答、征文活动,密切了与台湾听众的联系,提升了文化宣传的针对性和有效性。

第四节 对台广播宣传的效果

一、中央电台对台广播的第一次入岛收听调查

2001年12月19日至26日,中央人民广播电台对台湾广播中心委托北京美兰德信息公司在台湾岛内进行了首次对台湾广播听众抽样调查,调查采用电脑辅助电话调查(CATI)方式,并进行同步录音。调查范围为台湾地区25个市县,调查对象为台湾地区18岁以上的市、县居民,抽样总体为1632.1万人,获有效样本2628

①《当代中国广播电视台百卷丛书·海峡之声广播电台卷》,北京:中国广播电视出版社2000年版,第101页。

份。这次调查是中央电台对台湾广播首次在台湾全岛进行总体性的听众调查,也是中国大陆的所有对台广播第一次采用现代抽样方式进行的收听调查。[①] 从这次调查的数据可以较为科学、客观地管窥对台广播这一时期的宣传效果。

主要调查结果如下:[②]

1. 广播信号的质量良好

(1)信号较为清晰

广播频道清晰率为近一个月内听过某一广播频道,并认为该广播频道"清晰"和"比较清晰"的听众人数之和,与听过该广播频道的人数之比。本次调查中,台湾地区的清晰率计算方法为加权平均法,即:台湾地区清晰率＝台北区清晰率×42.9％＋台中区清晰率×21.4％＋台南区清晰率×28.1％＋台东区清晰率×7.3％＋金门马祖清晰率×0.3％,其中42.9％、21.4％、28.1％、7.3％和0.3％分别为各区人口占总人口的比例,即权数(音量稳定率计算方法相同)。从调查来看,中央电台对台广播信号在台湾的清晰率为65.9％,较为理想。如下表所示:

地区	很不清楚	不大清楚	普通	还算清楚	非常清楚	清晰率
台湾地区	1.5	28.4	4.3	25.1	40.8	65.9
台北区	0.0	16.3	3.8	39.8	40.2	79.9
台中区	8.4	49.5	0.0	8.9	33.2	42.1
台南区	0.0	16.4	12.2	21.8	49.5	71.4
台东区	0.0	54.5	0.0	15.8	29.7	45.5
金门马祖	0.0	17.6	0.0	6.5	75.9	82.4

(2)音量比较稳定

广播频道音量稳定率为近一个月内听过某一广播频道,并认为该广播频道音量"稳定"和"比较稳定"的听众人数之和,与听过该广播频道的人数之比。中央电台对台广播信号在台湾的音量稳定率为67.7％,就中短波信号来说,也比较理想。如下表所示:

① 梁继红,《对台湾广播首次抽样调查的思考》,《业精于思——中央人民广播电台对台湾广播50周年论文集》,北京:中国国际广播出版社2004年版,第42页。
② 本部分数据均出自北京美兰德信息公司的调查,由梁继红提供。

地区	很不稳定	不大稳定	普通	还算稳定	非常稳定	稳定率
台湾地区	8.3	17.8	6.2	51.5	16.2	67.7
台北区	26.5	33.9	0.0	10.0	29.5	39.6
台中区	0.0	0.0	0.0	82.9	17.1	100.0
台南区	0.0	14.0	24.5	57.0	4.5	61.6
台东区	1.2	19.4	0.0	79.3	0.0	79.3
金门马祖	0.0	0.0	0.0	33.4	66.6	100.0

2. 听众的规模与构成

(1)听众数量排名靠前

某广播电台或频道的听众是指近一个月内听过该广播电台或频道的人群,包括"很少听""有时听""经常听"及"几乎每天听"的人群。按照这样的标准,台湾有广播听众880万人,中央人民广播电台对台湾广播的听众为23万,其中,有3.7万人是每周听中央电台对台广播三天以上的热心听众。如下表所示:

每周收听天数	人数(万人)	占一月内听众比例
1~2 天	6.1	26.5
3~4 天	2.0	8.9
5~6 天	0.2	0.8
几乎天天听	1.5	6.4
不一定	13.2	57.4
合 计	23.0	100.0

从听众规模上看,中央人民广播电台对台湾广播排在台湾地区以外广播媒体的第二位,即排在美国之音之后,英国BBC之前。如下表所示:

位 次	广播电台	听众规模(万人)	收听比例(%)
1	美国之音	33.5	2.1
2	中央人民广播电台对台广播	23.0	1.4
3	英国BBC	14.5	0.9

如果与台湾本地 100 多家注册的广播媒体进行对比,中央人民广播电台对台广播的收听率也可以排到第 12 位。如下表所示:

位 次	广播电台	听众规模(万人)	收听比例(%)
1	警广交通网	180.8	11.1
2	中广流行网	135.6	8.3
3	中广新闻网	130.8	8.0
4	飞碟联播网	130.3	8.0
5	中广音乐网	117.9	7.2
6	台北之音	50.7	3.1
7	ICRT 台北国际社区电台	43.6	2.7
8	港都广播	34.6	2.1
9	敬广服务网	30.8	1.9
10	NEW98	29.7	1.8
11	亚洲调频广播电台	28.9	1.8
12	全国广播电台	21.2	1.3
13	中广闽南语网	18.6	1.1

(2)听众分布相对集中

从年龄分布情况看,中央电台对台广播的中年听众最多,青年听众次之,但 19 岁以下的青少年没人收听中央电台对台广播。如下表所示:

年 龄	中央台听众(万人)	占听众比例(%)
18～19 岁	0.0	0.0
20～34 岁	5.8	25.2
35～49 岁	8.2	35.7
50～59 岁	2.3	10.0
60 岁以上	6.6	29.1
合 计	23.0	100.0

从族群分布情况看,台湾省籍闽南人最多。如下表所示:

	中央台听众(万人)	占听众比例(%)
本省客家	3.4	14.8
本省闽南	13.9	60.4
大陆省籍	4.5	19.6
原住民	0.8	3.5
合 计	23.0	100.0

从党派倾向分析,无党派人士的听众最多。如下表所示:

	中央台听众人数(万人)	占听众比例(%)
民进党	2.1	9.3
国民党	2.9	12.8
亲民党	3.9	17.2
其他	0.0	0.0
无党派	13.8	60.8

中央人民广播电台对台湾广播的听众男女性别比大体相当,男性听众略多于女性听众。如下表所示:

	中央台听众(万人)	占听众比例(%)
合计	23.0	100.0
男	12.1	52.6
女	10.9	47.4

从文化程度看,中央电台对台湾广播的听众以中等文化者为多,具有初等文化和高等文化的听众也都接近 30%。如下表所示:

	中央台听众(万人)	占听众比例(%)
不识字	1.3	5.7
初等文化	6.8	29.6

续表

	中央台听众(万人)	占听众比例(%)
中等文化	8.6	37.4
高等文化	6.3	27.3
合　计	23.0	100.0

3. 收听方式与时段

从听众收听中央电台对台广播的方式看,以短波收听为主、中波为辅,开始有互联网收听。如下表所示:

地　区	中波	短波	互联网广播	不清楚
台湾地区	17.0	45.0	5.0	37.9
台北区	19.6	35.6	0.7	48.9
台中区	41.1	43.4	0.0	32.8
台南区	0.0	55.0	20.6	24.4
台东区	5.5	50.2	0.0	44.3
金门马祖	31.4	68.6	0.0	0.0

从收听时间段来看,听众主要在晚上收听中央电台对台广播。如下图所示:

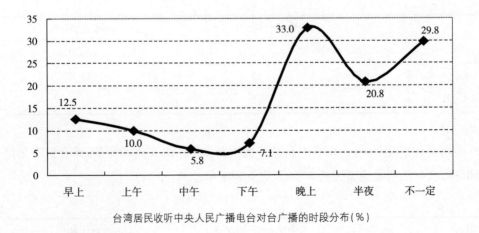

台湾居民收听中央人民广播电台对台广播的时段分布(%)

4. 收听动机和目的

从听众比例看,收听中央电台对台湾广播的目的依次是消遣和无目的、关注祖国大陆、喜欢节目内容等。如下表所示：

收听原因	比例(%)
关注大陆	26.3
好 奇	12.5
了解两岸关系动态	6.3
了解大陆时事	5.8
了解大陆投资政策和机会	4.7
了解大陆经济动态	1.9
因为亲友在大陆工作	1.2
满足一般需求	8.4
学习知识开阔眼界	8.0
满足我本人的兴趣爱好	2.2
消遣和无目的	56.8
娱乐消遣	12.2
没什么特别原因	44.6
喜欢节目内容	10.9
其 他	2.9

5. 受众满意率

调查分别计算了中央电台对台广播节目的相对满意率和绝对满意率。广播节目的相对满意率为近一个月内听过某一广播节目的听众中，"满意"和"比较满意"该节目的人数之和，与听过该广播节目的人数之比。中央电台对台广播主要栏目满意率(相对)如下表所示：

序 号	主要栏目	满意率(%)
1	九洲艺苑	69.9
2	闽南话广播	58.3
3	新 闻	56.4
4	体育天地	55.7

序　号	主要栏目	满意率(%)
5	华夏原创金曲榜	53.5
6	海天风景线	50.6
7	空中之友	45.6
8	现代国防	42.5
9	客家频道	37.0
10	新闻广场	35.1

　　广播节目的绝对满意率为近一个月内听过某一广播节目的听众中"满意"和"比较满意"该节目的人数之和,与该广播电台近一个月全部听众人数之比。中央电台对台广播主要栏目绝对满意率如下表所示:

序　号	栏　目	绝对满意率(%)	满意人数(万人)
1	闽南话广播	20.3	4.7
2	空中之友	15.6	3.6
3	新闻广场	15.4	3.5
4	新　闻	13.2	3.0
5	体育天地	11.3	2.6
6	华夏原创金曲榜	10.1	2.3
7	客家频道	7.7	1.8
8	现代国防	5.7	1.3
9	九洲艺苑	4.1	0.9
10	海天风景线	2.3	0.5

　　由上可见,中央电台对台广播在台湾有较大的影响力,效果比较理想。

二、中央电台对台广播的听众问卷调查[①]

　　中央人民广播电台对台湾广播每年都开展听众问卷调查。2001年5月至8

---

①杨波主编,《中央人民广播电台简史》(续编)2001—2005,北京:中国广播电视出版社2005年版,第149页。

月,通过邮寄调查问卷、开展广播征答以及听众座谈方式,对来自台湾全岛的近500份样本数据进行了统计和汇总分析。

这次调查结果显示,中央人民广播电台对台湾广播在台湾有较大影响力,样本中有66%的人"经常收听"对台湾广播,37%的人"经常讨论"从广播中得到的消息;对广播内容不理解时,40%的人"会向周围人询问它的意义";当广播讨论其所关心问题时,46%的人会"积极参与";当广播观点与个人观点不一致时,17%的人受广播影响"会改变"原有的观点,59%的人"有可能改变"。

这次调查结果显示,新闻消息、两岸关系、新闻评论、风光名胜、科技成就、谈古论今、医疗保健、台商情况、民族音乐,名列听众最喜欢的广播节目内容的前9位。

调查问卷中列出了10种收听动机,经分析发现,了解祖国大陆情况、增加新的知识见闻和休闲娱乐是听众收听中央人民广播电台对台湾广播的主要动机。本次调查结果表明,中央人民广播电台对台广播的听众以男性为主,以中老年听众为主,以高文化层次人群为主,青年听众和台湾省籍听众呈增长趋势。

中央人民广播电台对台湾广播2003年12月29日全面改版,改版后的对台湾广播,在岛内引起了强烈反响。2004年6月至7月,进行了节目改版后的首次广播征答和问卷调查。在短短40天的期限内,共收到岛内有效样本256件。这次调查结果显示,有效样本中,以前从未与中央人民广播电台对台湾广播联系过的新听众占30%以上。这部分新听众,通过广播节目和网站信息,了解到中央人民广播电台的这一活动并踊跃参加,成为对台湾广播受众群体中的新生力量。这部分听众年龄多在30岁至50岁之间,职业和地域分布广泛。参与问卷调查的年轻听众与老年听众的数量几乎相等,中年听众占到三分之一强。这一点,与以往参与广播听众调查活动的听众情况有所不同,年轻人明显增多。其原因,一是中华之声专门面向青年人的节目《青春在线》的推出,吸引了部分台湾青年和在祖国大陆读书的台湾学子的注意力;二是《你好,台湾》网的在线收听和网络信息,为年轻人关注中央人民广播电台对台湾广播提供了有效的渠道。

这次调查结果显示,台湾省中南部的听众有所增加,特别是高雄、台南、嘉义地区有不少听众参与了问卷调查。旅游服务、新闻消息、歌曲音乐被列为听众最感兴趣的前三项内容,反映出台湾听众对祖国大好河山的向往,对海峡两岸关系的关注,以及对广播节目的娱乐休闲、陶冶性情功能的诉求。

三、对海峡之声受众反馈的统计分析

不断推进的改革增加了对台广播的效果,受众反馈呈明显上升趋势。如2002

年1月到11月,海峡之声广播电台共收到台湾及海外来信、电子信件556件,接到台湾打来的电话180个。

笔者随机抽取了海峡之声3个月(2003年10月—12月)的台湾听众来信来电,统计结果显示:在台湾25个县市当中,有听众反馈的县市达21个,占84%。来信来电的详细分布如下表所示:

北部 (53)	台北市	基隆市	新竹市	台北县	宜兰县	桃园县	新竹县
	14	12	3	1	0	15	8
中部 (37)	台中市	苗栗县	台中县	彰化县	云林县	南投县	
	7	2	2	12	10	4	
南部 (11)	高雄市	高雄县	台南市	台南县	嘉义市	嘉义县	屏东县
	4	4	1	1	0	0	1
东部 (6)	台东县	花莲县					
	6	0					
离岛 (13)	澎湖县	金门县	马祖				
	10	2	1				

由于客观条件的限制,海峡之声广播电台没有做过科学的受众调查,但从来信来电统计可以推测:海峡台在台湾有比较广泛的影响面,在台南也有相对固定的受众。从海峡之声网的点击统计也可以管窥海峡之声在台湾的媒介接触情况,海峡之声网站2003年8月份综合统计分析表及来访地区分布图如下:

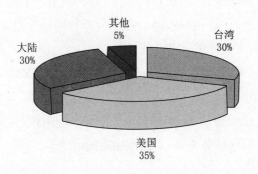

海峡之声网站2003年8主要来访地区分布图

	海峡之声网	海峡军事网	综 合
来访点击总数	2027543	1111813	627.8712 万人次
来访网民总数	72587	35196	21.5566 万人次
来访地址总数	43927	28613	14.5170 万个
来访点击内容相同度	33.9 %	40.16 %	37.03 %
来访者总在线时间	253 天 21 小时 18 分	528 天 20 小时 59 分	781 天
平均每天点击总数	65404.61	35864	20.2537 万人次
每网民平均点击次数	27.93	31.59	29.76 次
每网民平均来访次数	1.65	1.23	1.44 次
每网民平均停留时间	8 分 37 秒	1 小时 7 分	38 分钟
网站总的数据流量	9.5G	12.85G	44.7G

从统计图表得知:在 2003 年 8 月的一个月当中,来访的不同 IP 地址总数为 145170 个,假设海峡台所有的网络受众在这一个月当中至少来访一次,即包括在统计数据之中。具体有无多人用一个 IP 地址或一人用多个 IP 地址,不得而知,也无法统计,假设一个地址对应一个受众,那么,按照大陆、台湾、美国各自所占分布比例计算,海峡台在大陆和台湾的网络受众数都是 145170×30 %=43551(人),海峡台来自美国的网络受众数为 145170×35 %=50809.5(人)。

从中央电台对台广播的入岛收听调查可知,台湾听众通过互联网收听大陆对台广播的比例还不是太高(平均 5%)。如果按照这个比例计算,海峡之声广播电台在岛内的听众规模也是相当可观的。当然,这样的计算未必科学,只能是推测。不过,从其他渠道的反映来判断,海峡之声广播电台的岛内收听人数在大陆的对台广播中仅次于中央电台对台广播,也有一定的影响和效果。

但是,相对于中央电台对台广播和海峡之声广播电台在台湾的效果,据有关调查,其他大陆对台广播的影响开始逐渐衰减。与以往"入岛"即有效不同,这一时期,对台广播的效果开始分化。

问题与思考

一、对台广播宣传效果为何发生分化

这一时期,对台广播的宣传效果开始逐渐分化,规模较大的对台广播机构,如中央电台、海峡之声依然保持一定的影响力,其他对台广播机构则台湾受众反馈寥寥,对台宣传效果开始滑坡。

1. 发射功率的差异是效果分化的重要内因

这一时期,中央电台对台广播和海峡之声广播电台的发射总功率都实现了大幅度的跃升。如之前提到的,中央电台对台广播在 1982 年刚开办两套节目时是 3400 多千瓦,2003 年,这两套对台广播的发射总功率已经增加到 4700 千瓦,信号覆盖祖国大陆及台湾省、东南亚、南太平洋和日本等国家和地区。2001 年,随着大功率中波发射机的启用,海峡之声广播电台的播出总功率也从建台之初的 1 千瓦增加到 1600 多千瓦。而其他对台广播的功率较小,不论是短波、中波还是调频,入岛信号都比较差,这样,"听不清"就从根本上折冲了入岛宣传的效果。另外,这些对台广播多数不是专业对台广播频率,如金陵之声、浦江之声、福州电台、厦门电台等,都只有部分时段是对台湾广播节目,时段少,且播出时间的安排又与岛内听众的收听时段错位,这也是这些对台广播效果越来越小的不可忽视之原因。

2. 对台宣传渠道的丰富是效果分化的外围因素

这一时期,大陆对台宣传的渠道和手段渐次丰富,打破了单纯依赖广播的对台宣传格局。如,1991 年 9 月,中央电视台成立对台节目编辑部,专门负责制作针对台湾受众的电视节目。20 世纪 90 年代中期,台湾当局以接受各系列台提出报备的方式,个别许可中央电视台针对海外地区制作的第四套节目在台播出,台湾年代公司开始代理 CCTV-4 的电视节目,不过并没有经过当局正式授权。此外,一批新的对外媒体开始创办或恢复,如《瞭望海外版》《中国建设》(后改为《今日中国》)、《中国日报》等,新华社、中新社在"文革"后也不断拓展海外业务,成为台湾政界、商界人士(尤其是海外台商)了解大陆的一个窗口。[①] 广播不再是两岸信息沟通的唯一渠道,选择的多样化促使对台广播的效果发生分化。

3. 台湾广播竞争的加剧是效果分化的末端因素

台湾在 1993 年 2 月对社会开放广播频道申设之前,岛内只有 29 家广播公司(电台),岛内听众的选择性不大。不少人选择收听大陆对台广播,除了新奇、刺激之外,实在是别无选择。而 1993 年之后,岛内电台数量猛增。到 2005 年 2 月,共有合法电台 172 家,所辖频道 378 个,另有非法电台 160 多家。在岛内 2300 万人

---

①杨胜云,《对台传播引论》,北京:中国广播电视出版社 2009 年版,第 27 页。

口中,大约有 600 万人收听广播。① 500 多个广播频道争夺 600 万听众,这使得小小的台湾岛成为全球电台最为密集、市场竞争最为激烈的地区。在这种媒介生态之下,对台广播无论是形态、语态和内容,都无法跟上台湾媒体在激烈竞争之中的发展步伐,自然不会再像以前那样——"入岛"就意味着发挥了威力。② 即使"入了岛""听得清",如果不好听、不"入耳"、没"入耳",也一样没效果。

二、"盖台"是大陆得不偿失的有意之举吗

2001 年 8 月 18 日,海峡之声广播电台从国外引进的大功率中波发射机正式试播,强大的电波立刻对台湾多家电台形成"盖台"之势③,台湾"中广"在花莲使用的 AM657 就是被盖者之一。岛内《联合报》等媒体公开报道了这一消息,"中广"高层也多次到大陆找有关方面,寻求解决之道。

其实,"盖台"的不仅只有海峡之声广播电台,被"盖台"的也不仅只有"中广"。据台湾媒体所说,调幅方面总共有中广新闻网台北、台南台、高雄台,正声台中二台、台中一台、北港台,先声电台,凤鸣广播公司以及天声电台。调频方面,则包括竹堑电台、新客家广播电台、大苗栗广播电台、台北爱乐电台、台中广播公司、桃园广播电台,受到大陆海峡之声、华艺电台、上海人民广播电台,大陆中央广播电台以及北京电台的干扰。④ 台湾有关人士几次呼吁大陆正视这个问题,甚至提到了"避免伤害两岸人民感情"的高度。那么,"盖台"是不是大陆得不偿失的有意之举呢?

客观地讲,"盖台"是非常情势之下的一种手段,在电波对抗中屡被使用。但要弄清楚的是,包括海峡之声这次"盖台"在内的大陆广播对台湾广播频率所造成的干扰,并非全是有意之举。海峡之声广播电台这台大功率中波发射机承担的是海峡之声新闻时政频道的发射任务,而该频道使用的频率是 AM666,这与台湾"中广"在花莲使用的 AM657 非常接近,属于邻频。在这种频率非常接近的情况下,一方大幅度增加发射功率,必然对另一方形成压制和干扰,这就不难理解为什么其他大陆对台广播也对台湾广播造成了影响。因为大陆对台广播使用的频率大多在台湾都有相近甚至相同的频率,同频或邻频干扰是正常现象,这也是无线电频率之所

---

① 《"中华民国"广播年鉴 2003 — 2004》,台北:"行政院新闻局"2005 年版。

② 张君昌,《对象变迁与现实选择:再论对台广播的影响力》,http://media.people.com.cn/GB/40628/5700783.html

③ 《2002 中国广播电视年鉴》,北京:中国广播电视年鉴社 2002 年版,第 62 页。

④ 陈增芝,《我方电台遭盖台情形——海基会董监事会议通过去函说明》,http://www.nownews.com/2002/09/26/328-1356278.htm

以要进行指配的原因。那么,大陆能不能避免干扰对方的广播呢?

答案也是明确的,大陆无法单方面避免"盖台"或电波干扰现象的发生。首先,根据《国际无线电规则》,各国可根据自己的需要指配频率。大陆对台广播使用的频率也是经过国家审批的,而在两岸当时的政治僵局之下,还无法实现对无线电频率进行统一指配,重频、邻频无法避免,实际上目前也相当普遍。其次,台湾广播媒体数量庞大,频率拥挤,堪称世界上频率最密集的地区,也不可能为大陆对台广播留出一方清净之地。如此一来,在广播电台数量急剧增长、发射功率不断加大的情况下,发生相互干扰的问题在所难免。

当前,两岸无线电频率重频、邻频的现象依然存在。如果希望这一问题突破"相安无事"的无奈,唯有两岸的协商甚至统一,否则,"盖台"现象就始终无解。

三、从对台湾广播首次收听调查可以得到哪些启示

2001 年 12 月 19 日至 26 日,中央人民广播电台对台湾广播中心委托北京美兰德信息公司在台湾岛内进行首次对台湾广播听众抽样调查。此次调查意义非同一般:首先,它是中央电台对台湾广播近 50 年来首次在台湾全岛进行总体性的听众调查,为未来的发展提供了基础参数;其次,第一次采用了现代抽样方式进行调查,其数据科学、客观,使对台广播科学规范地开展听众调查研究有了良好的开端;第三,首次提供了中央电台对台湾广播在台湾的听众规模、听众分布、听众特征、听众收听习惯、听众喜欢的节目、在台湾同业间的竞争状况等数据,为中央电台进一步办好对台湾广播、做好节目调整改革提供了重要参考依据。[①] 这次调查的经验和所取得的数据都非常宝贵,不仅对中央电台对台广播意义非凡,对所有对台广播都有较大的启发和参考价值。因此,对调查及数据进行分析和总结是很有价值的工作。那么,从这次调查中,可以得到哪些启示呢?[②]

1. 战略层面的启示

(1)集团化整合

本次调查结果显示,中央电台对台湾广播在台湾的听众有 23 万人,若把其他对台湾广播电台的受众相加,听众总数将更加可观,竞争力会更强。但是,对台广

---

①梁继红,《对台湾广播首次抽样调查的思考》,《业精于思——中央人民广播电台对台湾广播 50 周年论文集》,北京:中国国际广播出版社 2004 年版,第 42—43 页。

②中国广播电视协会台港澳委员会秘书长梁继红曾是中央电台对台广播的业务精英和领导,她对首次听众调查进行过相当细致和全面的分析和总结,该部分参考和借鉴了她的分析。

播的隶属关系各异，相互之间更多的仍是"分兵作战"，在联合与协调上还有待加强。如果所有对台广播电台能够在人力、物力、财力、技术等方面进行一些集团化的改造与整合，形成"系统合力"，在联合作战的基础上，再通过合理区分对象与目标，实施分兵作战，对台广播的宣传效果有望实现质的提升。

(2)本地化发展

本次调查结果显示，台湾受众的收听需求、习惯、语态等许多方面与大陆存在不少差异。但是，对台广播仍较深地受对内广播的影响，"一听就是北京的，一听就是大陆的"①，这种差异带来的效果更多的是台湾听众收听的障碍。因此，对台广播应积极推进"本地化"发展战略，积极与台湾媒体进行交流合作，根据台湾地区受众的特点、口味、需求和习惯进行改革，用他们熟悉的语态、习惯的表达、喜闻的形式、乐见的包装，消解台湾听众收听节目的障碍和阻力。

(3)多样化拓展

本次调查显示，中央电台对台湾广播即使功率强大，其入岛信号的均衡度也不很理想，台北和台南地区音量稳定性不好，台中和台东地区声音清晰度不高，有13％的听众"听不到中央电台对台湾广播"。而且，调查还发现，台湾听众80％以上收听调频广播，而对台广播仍在使用传统的调幅（中波、短波）发射方式。由此可见，对台广播在加大发射功率，以提高接收清晰率和音量稳定率的同时，还要尽快发展调频广播以及卫星广播。虽然这次调查发现中央电台对台广播的网络广播受众还比较少，但这并不意味着网络广播没有对台宣传的价值，而是要加大开发与对接的力度，逐步提升网络对台宣传的作用。

(4)品牌化塑造

本次调查发现，27％的被调查听众因"不知道有这个频道"而不听中央电台对台广播，16％是听了当地台就不听中央电台了。这说明：中央电台对台广播的品牌形象欠佳，在台湾的影响力小，受众市场渗透力弱。这一结论同样适用其他对台广播。因此，对台广播应树立市场观念，增强"品牌"意识，塑造对台广播的媒体形象和媒体品牌，提升对台广播的知名度及其品牌形象，进而扩大受众市场的渗透率。

2. 战术层面的启示

(1)在休闲中提升影响力

本次调查结果显示，在收听中央电台对台湾广播的听众中，关心大陆政治、经

---

①中国广播电视协会副会长张振华之语。

济发展和两岸关系、对大陆好奇的听众约占 26.3%，满足本人兴趣和知识需求的听众约占 8.4%，另有约 56.8%的听众是为了消遣，没有什么目的。由此可知，听众对于对台湾广播的需求主要不是政治需求，而是兴趣爱好和休闲娱乐。这对对台广播的启示是：广播内容要情感化、服务化、知识化、艺术化，少些简单生硬的政治宣示，多些"沟通与交流"，在提供休闲娱乐中，通过艺术化的处理，传播一个信息，沟通一份感情；介绍一个观点，寻找一种共识；交流一个心得，争取一份共鸣。

(2)调整节目布局与时段

长期以来，对台湾广播的黄金时段被认为是在晚间至次日凌晨，因此，重点节目大多安排在晚上或半夜播出。本次调查结果显示，台湾听众在白天收听广播比例最高，可见，白天是对台湾广播新的发展空间。因此，应该针对白天受众的需求，开发新的黄金时段，在上午和下午增设生活服务类、综合杂志类、音乐类节目。又如，本次调查显示，48.6%的听众是在"开车时或坐自用轿车时"收听广播，而开车最集中时间是在上、下班的时候。因此，应该努力开发"开车族"受众，在内容上、形式上及播出时段上都尽可能方便"流动收听"。再有，根据听众对新闻信息的需求，实现新闻节目的滚动播出。此外，有 20.8%的听众习惯在半夜收听对台湾广播，应该适当增加午夜益智、休闲、情感节目，尝试 24 小时播音。

(3)加强对青年人的宣传

本次调查发现，收听中央电台对台广播的听众中，中老年听众(50 岁以上)比例较高，中年听众(35～49 岁)比例次之，青年听众(20～34 岁)比例较低，说明中央电台对台广播在台湾青年中影响甚微。而台湾岛内青年是台湾社会未来的中坚，且他们在意识形态、价值观念上与大陆青年差异颇大。如何针对这一群体的心态、特点和需求来办节目，应是对台广播研究的课题。

(4)合理分配各语种广播

本次调查发现，台湾的广播听众除了收听普通话广播外(86.5%)，有 34.8%的听众收听闽南语广播，1.8%的听众收听客家话广播，另有 9%的听众收听英语广播。可见，对台湾各语种广播均有一定的听众市场，但各个对台广播在语种的构成上都有不同的偏废。因此，这就需要根据情况合理分配各语种广播，勿以善小而不为。

当然，听众的调查和研究本身还有深化的空间。如果调查的范围与深度，研究的跟进与指导，都能够再上一个台阶，对效果的促进将更加有力。

第六章 "遏独止独"时期的对台广播

（2004—2008）

第一节 对台方针政策的新发展

一、台湾当局全面推进"法理台独"

2004年,陈水扁借助"3·19枪击案"实现连任后,在"台独"分裂的道路上越走越远,终止了"国统会"和"国统纲领",竭力破坏大陆和台湾同属一个中国的现状,严重危害两岸关系的安全稳定。尤其是在2006年以后,陈水扁弊案缠身,威信扫地,陷入上台以来空前的困境,但仍然加紧推行激进"台独"路线,顽固地通过推动"宪改"进行"台湾法理独立"活动。2007年3月5日,陈水扁赤裸裸地鼓吹"四要一没有",即"台湾要'独立'""台湾要'正名'""台湾要'新宪'""台湾要发展""台湾没有左右路线、只有'统独'问题",在"台独"分裂道路上又迈出了危险一步,两岸关系面临复杂而严峻的形势。

1. 废除"任务型国民大会"

2000年3月陈水扁在大选中获胜,4月底民进党和李登辉就联手推动"国民大会"通过了包含"国民大会虚级化"在内的第六次"修宪案","国大"成为非常设机构。2005年6月,依据"政党比例代表制"选出的300名"任务型国大代表"进行第七次"修宪",复决通过了"立法院"于2004年8月23日通过的"修宪案",废除了"任务型国民大会",将其对"修宪案"和"领土变更案"的复决权交由"全体公民",对"总统、副总统弹劾权"转移到"司法院",这象征着"中华民国五权宪政体制"的"国民大会"正式被废除。

2. 完成"公投入宪"

2003年11月,在台当局的大力推动下,台"立法院"通过了台湾历史上第一部"公投法",实现了民进党长期追求的"公投立法"的目标。2004年8月,台"立法院"通过"宪法增修条文修正案",通过了"立委减半""单一选区两票制""废除任务型国大"和

"公投入宪"等四大议题的"修宪案",2005年5月,"任务型国代"复决通过了"8·23修宪案",完成了"公投入宪"的程序,向"公投制宪"的方向又迈出了重要的一步。

3. 举办"公投"

2004年3月,陈水扁不顾岛内外各方强烈反对,执意举办了"3·20公投",虽然以失败告终,但首次突破了岛内举办针对两岸议题的全台性"公投"的禁忌,开创了用"公投"手段向大陆挑衅、制造两岸对立的恶劣先例。2008年台湾大选,民进党当局又操弄和强力推动了以"台湾"名义加入联合国的"公投",图谋改变大陆和台湾同属一个中国的现状,为对内推动"台独制宪"、对外谋取国际社会承认创造条件。①

4. 启动"第二阶段宪政改造工程"

2003年9月28日,陈水扁在民进党党庆大会上首次公开声称:要在2003年完成"公投立法"、2004年实施"第一次公投"、2006年"催生台湾新宪法"、2008年正式公布实施"新宪",正式提出了落实和推动"法理台独"的时间表。2005年6月,台"任务型国代"复决通过"8·23修宪案"后,陈水扁宣布"启动第二阶段宪政改造工程",相继成立了"宪政改造委员会""总统府宪政改造办公室",全面推进"二阶段宪改",并公开声称"宪改"工程就是要破除"大中国意识",确立"主权属于台湾人民"的"新主权论述",让台湾成为一个"主权独立、自由民主的正常国家"。2006年1月1日,陈水扁在元旦讲话中公开宣称要在当年推出"民间版的台湾新宪法",2007年"举办新宪公投","2008年为台湾催生一部合时、合身、合用的新宪法",并将此定为"台湾的国家总目标"和民进党执政"最重大的意义"。

虽然迫于内外压力,陈水扁为了混淆国际视听,一再宣称"宪改不会涉及主权变更及统独议题","公投制宪不会改变现状,不是'台独'时间表"。然而实际上,他处心积虑要推出的所谓"新宪",根本就是要打破台湾现行"宪法"文件和政治体制中的"一中"架构,建构新的"台湾独立"宪政体系,进而孵化出一个所谓"正常、完整的台湾国",最终实现"台独建国"。②

5. 终止"国统会"和"国统纲领"

"国统会"全名为"国家统一委员会",是李登辉时期设立的一个政策咨询机构,成立于1990年10月,并于1991年制定了"国统纲领",确定在"一个中国"原则之

---

①杨琳,《"入联公投"危及两岸和平》,《瞭望新闻周刊》,2007(37),第44页。

②谢郁,《陈水扁当局利用"宪改"推进"法理台独"的实质与危害》,http://blog.china.com. cn/xieyu/art/8767.html

上、追求未来"中国之统一"的政策目标与方向。2000年陈水扁就任时,出于稳定政权的需要,被迫作出"四不一没有"的承诺,表示"没有废除国统会和国统纲领"的问题。2005年底,在施政不力及一系列重大弊案的冲击下,陈水扁和民进党陷入空前的执政危机,陈水扁选择以激进手段推进"宪改"运动,"国统会"和"国统纲领"成为其炮制"台独新宪"、落实"法理台独"的重大障碍。于是,陈水扁不顾来自大陆、岛内在野党及美国的强烈反对,执意于2006年2月27日下午宣布,终止"国家统一委员会"运作,终止"国家统一纲领"适用。"国统会"和"国统纲领"在法理上承认一个中国,所以它对台湾来说,是一种约定,代表着台湾将来会朝着统一方向走。对陈水扁来说,他废的绝对不仅仅是废了一个搞了七年都没有用的空壳和机构,也绝不仅仅是一张条文,他废的其中包含中国的内涵,这是他的用心。① 其根本目标是要设法去除各种纲领、文件、法规中明确规定的追求"统一"的政策目标与方向,为进一步推进"法理台独"清除障碍。

二、对台方针的创新与发展

为了遏制"台独"势力,以胡锦涛为总书记的党中央审时度势,站在对台斗争全局的战略高度,实施了一系列新政策、新举措,牢牢掌握了两岸关系发展的主导权,有效遏制了陈水扁推行"法理台独"的步伐。

《反分裂国家法》

针对陈水扁连任的严峻形势,2004年5月17日,中台办、国台办受权发表"5·17声明",对"台独"势力发出严正警告。2005年初,积极促成了"台商春节包机",中断56年的两岸航线第一次实现双向飞航。2005年3月4日,胡锦涛在看望参加全国政协十届三次会议的民革、台盟、台联界委员时,发表了重要讲话,就新形势下发展两岸关系提出了四点意见(即"胡四点"):第一,坚持一个中国原则决不动摇;第二,争取和平统一的努力决不放弃;第三,贯彻寄希望于台湾同胞的方针决不改变;第四,反对"台独"分裂活动决不妥协。这四个"决不",从战略高度

---

① 中国社会科学院台湾研究所朱卫东之语,见中央电视台中文国际频道2006年2月28日《今日关注》节目。

准确地把握了台海局势及其变化,充分表明了中国政府坚持一个中国原则、反对"台独"分裂活动的坚定立场,显示了尽最大努力争取和平统一前景的真诚愿望,贯穿了"以人为本"、真心实意为台湾民众谋福祉的深情厚意,体现了新一届中央领导集体务实推动两岸关系发展的新思路,成为继"江八点"之后在以后一个时期指导对台工作的纲领性文件。

随后,在 2005 年 3 月 14 日召开的第十届全国人大第三次会议上,又以高票通过了酝酿多年的、第一部专门针对台湾问题制定的重要法律——《反分裂国家法》。该法的出台,把党的一系列对台方针政策提高到法律的层次,具有了更大的权威性和强制性,开创了"依法遏独"的新阶段。

2005 年年中,中国国民党主席连战、亲民党主席宋楚瑜、新党主席郁慕明先后访问大陆。国、亲、新三党主席大陆行圆满成功,极大地缓和了两岸紧张气氛,增进了两岸同胞的相互了解。祖国大陆还采取了一系列加强两岸交流、惠及台湾民众利益的措施,诸如简化台湾同胞往来大陆的出入境手续,放宽台胞来大陆就业限制、宣布开放大陆民众赴台观光,来大陆就读的台湾大学生与大陆学生同等收费,对原产台湾的部分水果给予零关税,等等。

"胡四点"提出和《反分裂国家法》的制定与颁布,及其后所推动实施的一系列配套措施,显示出中共新一届领导班子对台工作的新特点:即所谓"软的更软,硬的更硬",显示出中共新一届领导班子处理台湾问题愈加充满"自信",而这种"自信"不是凭空而来的,它来自于改革开放 20 多年来国家综合实力的大幅提升,来自于对国际形势和台湾政情、社情的准确把握,其对指导对台工作、遏制"台独"冒险、推动两岸关系和平发展,发挥了巨大的作用。

第二节 对台广播的创新

一、调整宣传重心:向南移、向下沉

为了"遏独止独",对台广播把宣传重心"向南移、向下沉"。所谓南移,就是加大对素有"台独大本营"之称的台湾南部的宣传。所谓下沉,就是贯彻"寄希望于台湾人民"的方针,加大对台湾普通民众的宣传,使基层民众认清"台独"的危险和危害,扩大"遏独止独"的力量和民意基础。为实现重心转移,对台广播进行了如下调整:

首先,加大发射功率,提升台湾南部的信号覆盖质量。如 2005 年海峡之声广播电台在闽南又新建了一座大功率中波发射台,频率为 783 千赫,播送该台"闽南话频道"节目,每天播出 18.5 小时,主要覆盖台湾中南部地区。从实地收测看,效果良好。[①]

其次,编播力量前移,整合资源,发挥前沿阵地优势。为进一步加强对台宣传针对性,更加有效地争取台湾民心,尤其是做好台湾中南部民众的工作,2003 年 8 月 26 日至 27 日,由中央电台和海峡台承办的"闽南话对台湾广播宣传研讨会"在北京召开。会上,中央人民广播电台提出了对台湾广播编辑部前移的设想,即走出北京,在临近台湾的福建厦门和广东梅州设立闽南话、客家话广播编辑部,与会者在此方案上取得共识。之后,中央人民广播电台在国台办和广电总局的指导下开始了两个编辑部的筹建工作,2007 年 8 月 13 日,厦门编辑部和梅州编辑部成立,跨出了中央人民广播电台对台广播靠前延伸的实质性步伐。[②] 方言编辑部的前移,有利于编播人员更好地体验方言区生活,也有利于进行闽南区域内的专家资源储备,还便于利用地缘优势,缩小听众的距离感和排斥心理。另外,前方编辑部还可以利用地缘优势,进行台情调查研究,利用扎根闽南、梅州的机会,建立闽南话、客家话广播产业平台,做到与厦、漳、泉闽南话和梅州客家话对台湾广播共同合作,资源共享,提供两岸民众喜闻乐见的闽南话、客家话文化产品。[③] 总之,方言编辑部前移,开辟了提高节目制作能力和积聚方言对台广播人才的有效途径,为"向南移、向下沉"提供了充足的能量储备。

再次,发挥"五缘"优势,在福建开办方言专业对台广播频率。闽台之间地缘相近、血缘相亲、文缘相承、商缘相连、法缘相循,在"遏独止独"时期,这"五缘"优势被充分运用,福建境内原有的几家规模不大的对台广播得以发展。2004 年 6 月 28 日,厦门广播电视集团挂牌成立,原厦门人民广播电台的对台广播随即得以加强。2005 年 2 月 1 日,厦门广播电视集团的闽南话对台广播频率——闽南之声正式开播,原厦门电台的对台广播节目——《海峡时空》划归新创办的闽南之声广播节目部。[④] 闽南之声广播以报道海峡两岸的经济文化交流,弘扬中华民族优良传统为特色,以服务两岸台胞为重点,以新闻、资讯、音乐、闽台地方戏曲为主要内容,以闽

---

①《2006 中国广播电视年鉴》,北京:中国广播电视年鉴社 2006 年版,第 70 页。

②王求主编,《中央人民广播电台简史》(续编)2006—2010,北京:中国广播电视出版社 2010 年版,第 80 页。

③黄少辉,《试论对台湾广播工作者的未来观》,《业精于思——中央人民广播电台对台湾广播 50 周年论文集》,北京:中国国际广播出版社 2004 年版,第 62 页。

④《厦门广播电视史略(1935—2007)》,厦门:厦门大学出版社 2009 年版,第 28 页。

南话播音为主,一天播出 18 小时,主要节目均从闽台听众所喜闻乐见和方便收听来设置,具有鲜明的特色。① 同年,在台湾同胞重要祖籍地之一的泉州,泉州市广电中心(集团)原承担对台广播任务的电台也成立了闽南话专业对台广播频率——"刺桐之声"。"刺桐之声"于 2005 年 7 月经国家广电总局批准为对台宣传频率,当年 9 月 29 日正式开播。"刺桐之声"以两岸共通的闽南语为播出语言,介绍闽南乡情,宣传泉州区域对台优势,反映两岸交流交往信息,在节目内容设置上突出闽台文缘特色,节目集新闻、服务、娱乐为一体,全天 24 小时播出。几个方言专业对台广播频率的相继开播,不仅壮大了对台广播机构,也提升了对台广播"遏独止独"的宣传遂行力。

二、推进网络建设:台网联动、形成合力

随着中短波收听方式的减少和互联网的蓬勃发展,网络对台宣传的作用日益凸显。这一时期,对台广播在原有广播网站的基础上,加强网络建设,发挥网络对台宣传优势,注重台网联动,形成对台宣传的合力。

2005 年,中央电台对台广播网站《你好台湾》网按时间排序为网友提供广播节目的点播和下载收听,音频节目存储时长为三个月。听众不但可以在网上听节目,还可以看以文字和图像形式提供的节目材料及主持人介绍,并获取节目背景资料,通过各广播节目的论坛 BBS 与节目制作组在网上进行互动交流。年初,网站还建设了全国对台广播信息平台,整合了对台广播宣传资源。2006 年,《你好台湾》网积极配合对台宣传工作部署,加强网站建设,丰富网站内容。全年共上传发布信息 8 万余条,较之上年增加近 40%,制作相关专栏 30 余个,上传发布全年对台广播音频节目,并新增了收听格式,实现了双格式网络点播收听,网站日均页面浏览量较上年增加了近一倍。网站互动交流论坛《中华统一论坛》已成为两岸民间网络平台上较有影响力的专题论坛之一,全年上帖量近 60 万,其中台湾来帖约占 40%。②

经过多次改版,2005 年,海峡之声网的影响力进一步扩大。根据福建省电信分公司和电台 WEB 服务器提供的数据统计,仅 2005 年前 3 个季度,海峡之声网站的点击率就达到 14950 万人次,平均每天点击率 55.6 万人次,其中台湾、香港及海外的访问量占三分之一,收听网上广播约 44 万人次;海外点击总数约 350 万人次,台湾岛内点击总数约 157 万人次,网站最高日点击数超过 100 万人次;共收到 6000

①《厦门广播电视史略(1935—2007)》,厦门:厦门大学出版社 2009 年版,第 199 页。
②《2007 中国广播电视年鉴》,北京:中国广播电视年鉴社 2007 年版,第 763 页。

多条网友留言和电子邮件,网站文章被台湾当局"国际关系研究中心""陆委会"等官方机构以及"中央社""联合报""中国时报"等主流煤体收集转载超过 1000 篇次。[①] 2006 年,海峡之声网将采制的广播新闻和专题内容及时整理成文字,配上图片发布到海峡之声网站,同时配合广播宣传开设各类专题,网站的影响力进一步提升。年内,海峡之声网点击总数达 17847 万人次,平均每天点击率 56.9 万人次,其中台湾、香港及海外的访问量占三分之一,网站最高日点击数超过 100 万人次。来访最活跃的 IP 地址中,前 10 位有 3 名来自台湾,3 名来自美国。有大量的台湾及海外网友访问该网站并留言,其中来自台湾的留言、电子邮件 3000 多条,被台"国防部""陆委会"等机构办的刊物以及"中央社""联合报""中国时报"等主流媒体所收集转载的文章达到 2600 多篇次。[②] 2007 年,台湾岛内的联合报网、全球台商服务网、旅游网、全华军护网和欣伯网等 5 家岛内主流网站首次将海峡之声网设为链接。[③] 2008 年,链接海峡之声网的岛内网站达到 16 家。其他对台广播网站也进行改版,围绕广播宣传拓展宣传功效。

三、与台湾同行合作:共同主持、联合制播

为了提高信息的到达率和有效性,对台广播开拓了与台湾媒体和同行的多种合作方式,发挥了台湾媒体与媒体人在促进两岸关系发展方面的作用。

合作方式之一是邀请台湾人参与主持大陆对台广播的节目。自 2004 年底开始,台湾传媒人开始直接介入浦江之声广播电台的对台广播节目,先后有 4 位在台湾有过电台 DJ 经验的媒体人担任节目的特约嘉宾和主持人一起主持节目。浦江之声的节目从形式到内容,都更符合在沪台湾人的收听方式。正是通过这些实实在在的内容,拉近了浦江之声与台胞之间的距离,相当一部分的台商成了浦江之声的忠实听友。浦江之声的节目收听率也逐年攀升,晚间 8 点到 10 点的收听率在所有频率中名列前茅。[④] 中国华艺广播公司也聘请了台湾艺人参与节目主持。闽南之声广播邀请台湾主持人参与主持介绍闽台风情的《练仙敲鼓》节目,2005 年底,闽南之声新开设《台商漫谈》节目,也邀请台湾嘉宾参与主持。

合作方式之二是邀请台湾媒体联合采访。如,2007 年 8 月,海峡之声广播电台首次以主办方的身份,组织台湾连合通讯社、台湾非凡音联播网、马祖生活资讯

---

①《2006 中国广播电视年鉴》,北京:中国广播电视年鉴社 2006 年版,第 70 页。
②《2007 中国广播电视年鉴》,北京:中国广播电视年鉴社 2007 年版,第 763 页。
③《2008 中国广播电视年鉴》,北京:中国广播电视年鉴社 2008 年版,第 503 页。
④浦江之声广播电台对台节目负责人刘莉的介绍。

电台等媒体 8 名记者赴厦门、泉州、漳州等地,进行《台胞看海西》联合采访活动,反映闽南地区台商的创业和生活状况,节目在岛内 3 家广播媒体共同播出。这一时期,联合采访的形式被大量运用,增加了台湾媒体对大陆的报道量,促进了台湾民众对大陆的认识与了解。

合作方式之三是节目合作与交流。如,2007 年 11 月 1 日起,台湾广播媒体每天两次摘播海峡之声制作的《666 新闻特快》节目部分内容,共 40 分钟。2007 年 10 月 24 日,台湾广播媒体转播了海峡之声制作的《嫦娥探月,中国梦圆》90 分钟大型直播报道。海峡之声还先后与岛内 12 家广播频率负责人进行了接触交流,商谈了节目互换、联播、系列专题播出、新闻内容提供、广播时段购买、广告相互代理等初步的合作意向。[1] 闽南之声也定期提供自己制作的《闽南乡音》节目给台湾美声广播电台播出,通过与台湾同行联办和交流节目,借助对方的优势,扩大自己的覆盖和影响。2006 年,泉州人民广播电台首档闽南语节目"克林趴趴走"在台湾中南部播出,这是大陆媒体在入岛落地方面取得的新突破,随后两年又有两档节目在台湾中南部播出。

四、加强活动策划:扩大报道影响、促进对台交流

这一时期,大型涉台活动较多,对台广播在活动报道上加强了策划,在提高报道质量的同时也把活动的效果和影响最大化。例如,2005 年台商春节包机首航当天,中央电台对台广播与电台总编室、技术中心密切配合,调动驻台记者和北京编辑部记者,首次实现了跨越两岸的户外移动直播。对于胡锦涛总书记分别会见连战、宋楚瑜、郁慕明以及两岸经贸论坛、两岸农业合作论坛、节日包机等重大活动,中央电台对台广播都进行了大时段的直播。其他对台广播也进行了策划,予以大篇幅的报道,并配合活动策划制作了一系列新闻和专题,及时报道祖国大陆出台的优惠措施,阐述加深两岸同胞相互了解、推动两岸交流合作、改善和发展两岸关系的深远意义,充分展示了祖国政府对台湾同胞的关怀,在岛内形成一定的舆论声势。

除了有关部门举办的两岸之间的重要活动,对台广播自己也策划举办了一系列大型报道活动和两岸交流活动。如,中央电台对台湾广播中心这一时期策划制作了一批大型系列报道,大大丰富了对台湾广播的内容,增强了传播的力度。2006 年策划制作播出了一批针对性极强的重点宣传报道节目:大型系列言论节目《走向明

---

[1]《2008 中国广播电视年鉴》,北京:中国广播电视年鉴社 2008 年版,第 503 页。

天——两岸关系和平发展大思考》、系列报道《九二共识与两岸福祉》、系列评论《剖析台独——近看台湾》、大型系列征文"我的彼岸朋友"、系列报道《台商协会会长访谈》、系列报道《两岸农业合作实录》、60集大型系列广播《黄河文化巡礼》、系列报道《国家重点工程巡礼》、100集系列广播《台湾民众大陆生活百问》、20集系列FLASH《台岛麻辣馆》、大型系列专题《两岸闽南语歌曲展播》、20集系列节目《两岸文化名人访谈系列》等等,共计20多个项目700多集,总时长超过2万分钟。这些节目涵盖政治、经济、历史、文化,刚柔相济,相辅相成,紧密配合对台工作形势,遏制"台独",争取台湾民心。2007年又精心策划制作了大型系列广播《两岸交流20年》、系列报道《奥运点将台》、系列广播《中国传统文化经典讲堂》、系列广播《台湾名人祖地巡礼》、系列报道《水流云在——中国经典文学名著遗踪采风》《神州行》等,这些项目紧密配合对台工作大局,拉近台湾民众与祖国的距离,进一步遏制"台独"。①

2005年,围绕着福建省提出的建设海峡西岸经济区的发展战略,海峡之声广播电台策划,与福建省委宣传部合作,联手福建省九地、市共19家广播电台,于10月18日共同推出了23集大型宣传报道活动《海峡西岸行》。这次报道活动历时近3个月,行程4000多公里,足迹遍及八闽大地。联合这么多地、市电台对建设中的海峡西岸经济区作全景式、大纵深的立体宣传直播报道,无论从内容到形式,都是一次全新的尝试和探索,也是一次全新的突破。②

闽南之声广播与集团的其他部门共同策划举办了闽南童谣"读册歌"广播电视大赛,吸引了海峡两岸不少儿童参赛。刺桐之声于2007年举办了首届"海峡两岸闽南语歌星选拔赛",当年台湾即组团参加比赛,台湾云林同乡会会长还带队到泉州为台湾歌手加油助威。2009年,经过努力,泉州电台还把第三届"海峡两岸闽南语歌星选拔赛"的总决赛活动办到了台湾台南,为促进两岸的文化交流做出了积极的贡献和有益的尝试。

第三节　对台广播的节目改革

一、方言节目异军突起

随着宣传重心的南移,对台广播的方言节目迅猛发展,不仅播出量大增,节目类

---

① 王求主编,《中央人民广播电台简史》(续编)2006—2010,北京:中国广播电视出版社2010年版,第94页。

② 《2006中国广播电视年鉴》,北京:中国广播电视年鉴社2006年版,第69页。

型也更加丰富。中央电台对台广播开办以来,闽南话广播始终是其重要组成部分,发挥着独特作用。在 2003 年年底改版时,加强方言广播被列为改革的一大重点,方言节目量因此大幅增加,闽南话和客家话节目时间均由原先的每天各 30 分钟增加到各 120 分钟。新节目加强了对台湾同胞祖籍所在地的经济、文化等各种信息的报道,如闽南话综合性节目《天风海涌》,内容包括了新闻、时评、财经、旅游、饮食、时尚、文艺等;设有《大代志(大事件)讲给你知》《闽南风》《生意经》《神州趴趴走》《阔嘴吃四方》《健康乐园》《周末有约》《台湾人故事》《体育风云》《万成讲古》《青春少年时》等栏目,每天播出 3 次,每次时长 120 分钟。《客家乡亲》也被改造成一档客家话综合性节目,内容以新闻、专题、娱乐为主,节目设有《新闻聚焦》《客家大视野》《闲来打嘴古》《客家同乐园》《精品放送》等栏目,每天播出 2 次,每次时长 120 分钟。[①] 截止 2006 年底,中央电台对台广播的客家话节目日播量为 8 小时、闽南话节目日播量为 7 小时。2007 年 8 月 13 日厦门编辑部和梅州编辑部正式挂牌后,方言节目的制作能力再次得以提升。

海峡之声广播电台闽南话频道作为祖国大陆第一个闽南话专业广播频道,在"遏独止独"时期,特别重视发挥闽南方言的作用,在努力做到用"闽南话报道一切"的同时,加人了对闽南地域的宣传,多次对节目进行改版。2005 年 5 月 18 日,以提高广播整体节目质量为核心,扬长补短,固强扶弱,进一步明确和凸显定位与特色,把闽南方言频道打造成传递资讯、传承文化、沟通情感,具有很强亲和力的综合性方言频道。[②] 2006 年,推出《闽南走透透》节目,增加了《闽南话新闻》板块节目和整点新闻的播出次数,注意深入"闽南金三角"采访报道。为了让两岸青年人能够更多地参与到节目中来,推出娱乐互动节目《快乐斗相报》,加入了生活资讯、闽台文化等方面内容,通过轻松交流的方式让节目成为海峡两岸青年加深理解和友谊的桥梁,节目每天都会有 4 至 8 名台湾受众打来热线电话。[③] 2008 年 2 月 14 日,海峡之声广播电台开办了该台历史上第一个客家话节目——《客家天地》,使该台的方言节目更加全面和丰富。

厦门闽南之声广播在方言节目的设置上凸显了涉台性和闽南地域特色。《海峡新闻》节目,除了常规的新闻报道之外,还设立《读台湾,听电视》和《时事开讲》栏目。《读台湾,听电视》栏目摘编台湾的电视新闻录音,《时事开讲》栏目则以每日一

---

①杨波主编,《中央人民广播电台简史》(续编)2001—2005,北京:中国广播电视出版社 2005 年版,第 141 页。

②《2006 中国广播电视年鉴》,北京:中国广播电视年鉴社 2006 年版,第 69 页。

③《2007 中国广播电视年鉴》,北京:中国广播电视年鉴社 2007 年版,第 763 页。

谈的形式点评涉台的重大事件。整点滚动播出的《海峡新闻资讯》,快节奏地为台胞提供新闻资讯。《金厦之声》则专为来往于金厦"小三通"航线的台胞、金胞提供资讯服务,《台商漫谈》更是为来大陆投资的台商提供一个表达心声的平台。此外,还安排了大比例的闽南地方文化栏目和内容,除专门播出闽南地方戏曲的《戏棚仔脚》,播出闽南曲艺的《闽南乡音》,推荐和教唱闽南语歌曲的《闽南语金曲榜》和《卡拉音乐厅》等节目之外,还有闽南讲古场《方言说书》,具有闽南草根性的笑话节目《逗阵来笑K》,以及教说闽南话的节目《学讲闽南话》。[1] 2006年1月9日,闽南之声广播对节目做了调整,增设《新闻直播室》《趣味闽南话》节目。2007年2月5日,闽南之声广播再次对节目做了微调,重新设置由台湾嘉宾参与主持的《海峡风情》,《海峡新闻资讯》增加了生活提示等服务内容。

刺桐之声的节目集新闻、服务、娱乐为一体,"提供咱厝人的资讯,分享咱厝人的娱乐,传播咱厝人的声音"。《闽南茶馆》《好歌强强滚》《两岸新闻》等节目,得到了在闽台商的喜爱。

在对台广播加强方言广播的同时,彼此之间的合作也越来越密切,经常联办节目,提升方言对台广播的影响力和辐射力。

二、评论与军事节目齐头并进

针对陈水扁终止"国统会""国统纲领"等"台独"冒险活动,配合中台办、国台办受权"声明",对台广播积极开展揭批舆论宣传;针对台湾政局动荡、经济萧条、社会混乱的情况,着力向台湾同胞介绍祖国大陆改革开放和社会发展成就,通过对比,凸显祖国大陆政通人和、百业兴旺的大好局面,增强台湾民众对祖国大陆的认同;加大对台军事宣传的力度,通过大量军事题材的深度报道,集中展示了解放军信息化建设取得的新进展、新成果,展示了中国人民解放军捍卫国家主权和领土完整的坚强决心和强大能力。这一时期的对台广播评论攻心更活,军事分量更重。

在"遏独止独"的关键时期,中央电台对台广播凭借对台舆论引导主渠道的作用,及时调整传播策略,把争取台湾民心、化解国际舆情,揭批和遏制"台独"言行作为对台湾广播工作的重点。[2] 如,中央人民广播电台对台湾广播把反对和

---

①《厦门广播电视史略(1935—2007)》,厦门:厦门大学出版社2009年版,第199页。
②王求主编,《中央人民广播电台简史》(续编)2006—2010,北京:中国广播电视出版社2010年版,第80页。

遏制"法理台独"放在各项宣传工作的首位,直接抨击和揭露"台独"分子言行的荒谬,使民众充分认识"台独"的本质和危害;针对陈水扁的言论,及时采访台湾学者以及岛内的普通百姓,深入分析"台独"的危害性,揭露"入联公投"的欺骗性;完成 40 场国台办新闻发布会现场直播,同时配发时评,增强言论反击的有效性。[①] 在加强评论的同时,中央电台对台广播也加强了军事宣传,对"台独"进行舆论吓阻。这一时期,《现代国防》改名为《国防新干线》,由一般性专题节目改为新闻性专题节目,以介绍中国国防政策,报道中国国防建设成就,展示中国军人风采,追踪世界军事热点为重点。《国防新干线》由新闻信息、深度报道、特色子栏目三部分组成。新闻信息类栏目有《军事新闻》《国防快报》《信息传递》,深度报道栏目主要是《要闻解说》,特色子栏目包括《神州劲旅》《军事发烧友》《军营全接触》《军事报刊揽萃》《一周军事要闻回顾》《周末文化茶座》等。另一档军事节目《海峡军事漫谈》改版后的节目名称、漫谈风格不变,主要采用专家访谈、对谈、座谈、讨论等形式,阐明对台方针政策,评述两岸军事事件,观察岛内政治军事热点,为台湾军队官兵解疑释惑,内容上力求涉及岛内问题更尖锐、更直接,形式上力避呆板、生硬、灌输式的单一说理方式。设 6 个不定期栏目,包括《专家访谈》《岛内观察》《两岸军队纵横谈》《官兵评说》《说古道今》《文章选萃》等,解放军权威专家学者、将军士兵以及岛内民众都可以参与海峡热点话题讨论,使节目生动活泼,可听性、说服力强。

　　海峡之声广播电台在注重评论节目的及时性、主动性、针对性和专业性的同时,也更加凸显了军事宣传的特色。2005 年,海峡之声重点打造了新闻评论类节目《666 新闻观察》。与此同时,通过推出本台的新闻观察员制度,建立起了本台独家的新闻纵深视角,开始建立本台新闻评论的独家话语权。由此,新闻时政频道建立起以《海峡广角镜》《景艳看台湾》《666 新闻观察》和《军事观察》等为评论阵地的"对台、新闻、军事"三极评论体系,使本台的评论宣传更上层楼。如 2007 年,紧跟两岸时事热点,播出批驳"台独"的评论节目 500 多档,大量引用新闻原始录音,增强了评论节目的现场感和可听性。海峡之声这一时期的军事宣传下大力气树立鲜明的军事栏目品牌形象:《军事观察》以"深"为主,充分发挥"主持人功能"和"评论员功能",对最新的军事话题进行深度解读;《海峡军事报道》以"快"为主,报道两岸和全球最新的军情,专家点评和本台报道增加节目的厚度和公信力;《军事在线》以"活"为主,为听众提供经典军事知识,通过短信和信件互动给军事爱好者一个交流

---

① 《2008 中国广播电视年鉴》,北京:中国广播电视年鉴社 2008 年版,第 503 页。

的空中平台;《军营漫话》以"理"为主,密切关注两岸局势的最新走向,积极介入台湾岛内和军中事物,抓住台湾官兵关心的话题,为其解疑释惑,帮助他们明辨是非,增加彼此的信任和理解;《军事周刊》以"精"为主,在周末时段为听众梳理国内外的全球军事资讯精华,以分类排行榜的发布方式,追求军事的角度、前沿的风格、流畅的感觉。①

三、文化与服务节目异彩纷呈

这一时期的对台广播增加了文化与服务节目的分量,使对台广播"文化内涵更深、生活服务更佳、娱乐形式更新、包装形象更好",以文化的共鸣和服务的贴心激发台湾同胞的情感,再用情感的力量化解和遏制"台独"。

中央电台对台广播 2003 年底的节目改革,推出了《文化时空》《中国民歌榜》《华语流行音乐潮》《戏曲与曲艺》《早安,台湾》和《诗文赏析》等 6 个新的文艺节目,每天的节目量由 180 分钟扩充到 360 分钟。同时推出了《两岸有约》《万水千山走透透》《财经大视野》《青春在线》4 个专题节目,加强服务,提供有关投资、经商、求学、就业、旅游、保健等各方面的资讯。2005 年 6 月 18 日,中央人民广播电台又对中华之声、神州之声部分节目进行了重点调整:停办《戏曲与曲艺》,《财经大视野》进一步突出海峡两岸民生话题,《两岸有约》设置"有约信箱",专门回答听众特别是台湾听众提的问题;创办《天天剧场》,播出当代、近现代题材的广播剧、电视剧录音剪辑,通过艺术再现,让台湾听众了解祖国大陆的现实社会;②《文化时空》开办特色栏目《名家访谈》,通过采访海峡两岸的文化大家,介绍中国(包括华裔)著名文学家、艺术家、大学者的奋斗历程、辉煌成就及其高尚品格,使听众了解并且感受中华文化的恒久魅力。此外,中央电台对台广播还精心策划制作了一批重点节目,如2007 年的《中国传统文化经典讲堂》《台湾名人祖地巡礼》《水流云在——中国经典文学名著遗踪采风》等,加强中华传统文化的宣传。

海峡之声广播电台在 2005 年的"5·18"改版中,除了在新闻时政频道和闽南话频道增加文化与服务类节目,还把文艺生活频道打造成了活泼、时尚、充满动感和时代气息的文化娱乐性频道,加大对台文化宣传,寓宣传于服务之中。2007 年 1 月 1 日起,海峡之声广播电台联合福建省气象台和福建省海洋与渔业局(厅),推出

---

① 《2006 中国广播电视年鉴》,北京:中国广播电视年鉴社 2006 年版,第 70 页。

② 杨波主编,《中央人民广播电台简史》(续编)2001—2005,北京:中国广播电视出版社 2005年版,第 138 页。

了专门为两岸渔民服务的《台湾海峡渔业气象与海况预报》和《渔民之友》节目。其中,《台湾海峡渔业气象与海况预报》每天 18 次滚动播出由福建省气象台、海洋预报台发布的 48 小时台湾海峡渔业气象与海况预报,预报内容包括天气、能见度、风力、浪高、水温等,每日更新 4 次,预报区域覆盖福建沿海、台湾海峡及台湾邻近海域的闽东渔场、闽东北外海渔场、闽中渔场、闽南渔场、台湾浅滩渔场等 5 个主要渔场,渔场面积达 210 平方公里。遇台风期间,全天整点前 3 分钟各播一次,共播出 24 次,该节目在新闻时政频道和闽南话频道分别以普通话和闽南话同步播出。节目的开播,受到台湾渔民的欢迎与称赞,岛内 10 多家媒体更以"台湾渔民有福了"为题作了突出报道。

中国华艺广播公司提出了"文化华广"的口号,在历次的改版中,也推出和打造了一批较有特色的文化与服务节目。

第四节　中央台对台广播第二次入岛收听调查

2005 年 12 月,中央人民广播电台对台湾广播委托北京美兰德媒体传播策略咨询有限公司,进行 2001 年后的第二次台湾岛内听众情况调查,仍然采用电脑辅助电话的抽样调查方式,调查对象扩大为 15 岁以上的市、县居民,调查总体为 1834.3 万人(2005 年 5 月台湾统计资料),设计的样本量为 3500 个。根据台湾地区人口分布以及广播收听状况,将台北市、桃园、新竹、宜兰、苗栗、南投、台中、台南、高雄等市、县列为重点调查地区。为了更全面、准确地反映中央台对台广播节目的听众收听和满意情况,将调查分为两个阶段。第一阶段,对全台湾进行大样本(3500 个)的随机调查。第二阶段,追加样本,访问那些收听中央台对台广播的听众。最终获有效样本 3611 份,样本特征覆盖较全,比例构成基本合理,具有很好的代表性。主要结果如下:[①]

一、广播信号质量尚可

这次调查,中央人民广播电台对台广播在台湾地区的清晰率达 61.3%,稳定率为 50.0%,这对于中短波广播来说,信号质量较为理想。

---

① 本部分数据来自北京美兰德媒体传播策略咨询有限公司的调查,由梁继红提供。

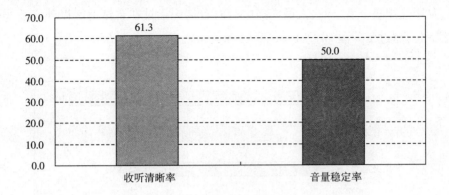

二、听众规模与构成

1. 听众规模逆势增长,竞争力增强

2005 年 12 月台湾有广播听众 628.5 万人,与 2001 年第一次调查的 880.1 万人相比,听众规模减少了 251.6 万人。收听中央人民广播电台对台湾广播节目的听众为 26.6 万人,与 2001 年第一次调查的 23.0 万人相比,对台广播收听表现逆势上升,收听人数稳中有升,收听比例大幅提高 1.6 个百分点。

	岛内居民(万人)	听众规模(万人)	收听比例(%)
台湾地区	1834.3	26.6	1.5
台北区	844.2	11.2	1.3
台中区	350.8	5.5	1.6
台南区	586.7	8.0	1.4
台东区	47.9	1.6	3.5
金门马祖	4.7	0.3	5.8

	岛内听众规模 (万人)	对台广播听众规模 (万人)	占岛内听众的比例 (%)
2005 年	628.5	26.6	4.2
2001 年	880.1	23.0	2.6
差　值	－251.6	3.6	1.6

从听众规模上看,中央人民广播电台对台湾广播排在台湾地区以外广播媒体的第一位,超过了英国 BBC(19.1 万人)和美国之音(17.1 万人)。

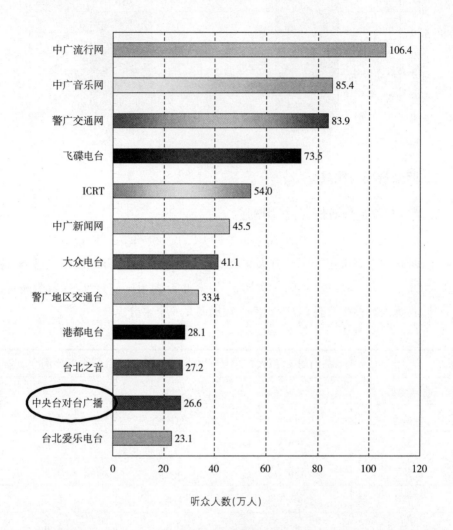

听众人数(万人)

在包括台湾 100 多家注册的广播媒体的综合排名上,中央人民广播电台对台广播列第 11 位,比第一次调查上升 1 位。

2. 听众的构成

中央人民广播电台对台湾广播台湾听众中,35～49 岁、高等文化程度的男性听众比例较高。与 2001 年相比,本次调查中,对台广播听众呈现年轻化特征。

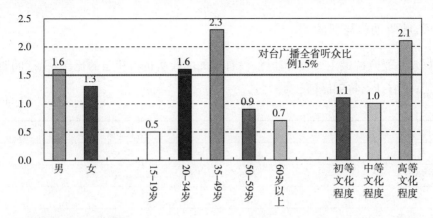

三、收听方式与时段

台湾地区听众主要通过中波收听中央人民广播电台对台广播,使用比例达71.2%。

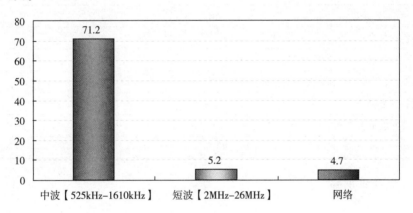

中央人民广播电台对台广播听众中有27.8%表示主要在晚上收听中华之声或神州之声,接下来是上午和早上两个时段,收听比例均在15%以上。

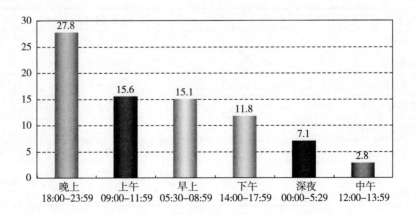

四、收听动机与目的

好奇是受众的最主要收听动机,没有目的的收听也占相当的比例(无意间听到30.7%,没有什么特别原因25.5%)。

	比例(%)
好　奇	39.2
无意间听到	30.7
没什么特别的原因	25.5
娱乐消遣、丰富生活	11.8
满足我本人的兴趣爱好	6.6
收听品质比较清楚	6.6
喜欢节目内容	5.7
学习知识,开阔眼界	4.2
了解各种信息	3.8
喜欢节目风格	1.4
获得精神、艺术等方面的享受	0.9
喜欢节目主持人	0.0
因为亲友在大陆工作	0.0
未回答	0.9

五、受众满意率

中央人民广播电台对台湾广播的在台湾的听众中,明确表达还算满意和比较满意的比例合计30.7%,26.4%的听众未表达具体意见。

	比例(%)
很不满意	7.5
不太满意	27.4
普　通	8.0
还算满意	27.4
非常满意	3.3
不知道、没意见、未回答	26.4
合　计	100.0
听众满意率	30.7

中央人民广播电台对台广播节目均有听众表示喜爱,其中《华语流行音乐潮》的听众喜爱率最高,达到11.8%。

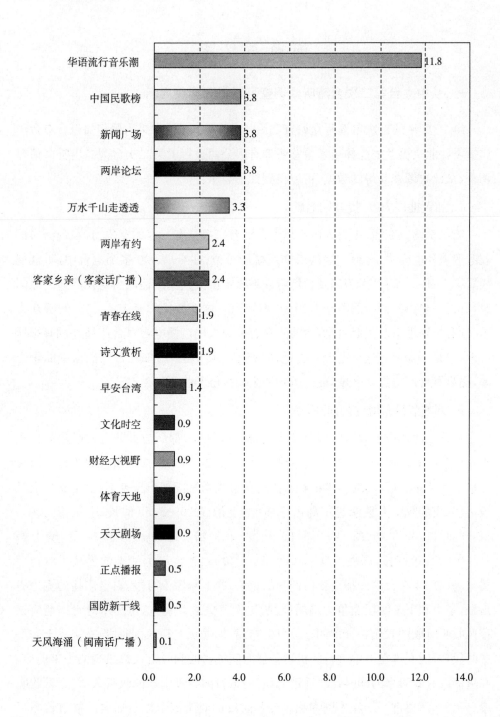

其他对台广播没有相应的数据支撑,也没有足够的反馈印证具体的收听效果,这里不再论及。

问题与思考

一、从中央台第二次台湾听众调查可以得到哪些启示

继 2001 年的首次台湾听众调查之后,2005 年 12 月,中央人民广播电台对台湾广播委托北京美兰德媒体传播策略咨询有限公司进行了第二次台湾岛内听众情况调查,从此次调查取得的数据,可以得到如下启示:

1. 加大推广力度,提高知名度

第二次调查表明,中央人民广播电台对台广播具有一定的竞争力,在台湾居民收听的境外电台中,对台广播的听众规模居首位;在全岛 100 多个电台中,听众规模居第 11 位。调查中,当问及台湾听众不收听中央人民广播电台对台广播的原因时,有近一半(46.4%)的听众是因为"不知道有这个频率",还有 21.5% 的听众表示"没有特别理由",由此可见,台湾听众对中央人民广播电台对台广播并没有排斥心理,只是不知道有这个电台。因此,要利用一切机会,增加在台湾民众中的曝光率,提高对台广播的知名度,促进听众的主动接触和收听。

2. 调整节目布局,提升收听率

从第二次调查的收听时段分布来看,岛内广播的听众与大陆对台广播的台湾听众在收听时段的选择走势上基本吻合,但不同步,岛内广播的黄金收听时段出现在早上和下午时段,而对台广播在台湾的黄金收听时段却出现晚上、上午和早上时段,且深夜的收听人数超过了岛内广播(早上指 5:30—8:59 时段,上午指 9:00—11:59 时段,中午指 12:00—13:59 时段,下午指 14:00—17:59 时段,晚上指 18:00—23:59 时段,深夜指 00:00—5:29 时段)。这也较为清晰地反映了对台广播与岛内广播在台湾广播受众份额上的竞争,晚上和深夜时段,对台广播的竞争力最强,早上和下午时段竞争力最弱(收听比例差值最大)。这也提示对台广播应该按照收听时段的对比来合理调整节目的布局,加强晚上和深夜时段,充实早上和下午时段,习惯安排在下午进行的机器检修时间能否改到收听人数最少的中午前后,在巩固既有收听率的同时,以"适销对路"的节目内容吸引新的收听人群,提升收听率。另外,还要进一步深入调查和研究各时段的收听需求以及岛内广播节目布局

的特点和规律,为增加相对于岛内广播的竞争力提供对策。

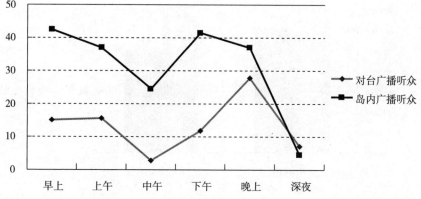

中央电台对台广播听众与岛内广播听众收听时段对比(单位:%)

3. 加大创新力度,提升满意率

第二次调查中,中央人民广播电台对台广播的听众满意率为 30.7%,也就是说 26 万多的听众中,只有 8 万多人对节目满意,近七成的听众对节目还不满意,这种不认可就可能造成听众大量且快速地流失。

要培养听众的忠诚度,留住老听众,发展新听众,就要加大节目改革创新的力度,多借鉴岛内媒体的节目形态与语态,调整宣传理念,增加听众的满意率。但是,改革创新也要注意分析和区分自身优势与劣势,并坚持和发扬自身的特色。例如,相对于台湾本地的广播节目,岛内听众认为中央人民广播电台对台广播的"节目内容信息量大",并可以"获得更多精神、艺术的享受",这在调查的"听众的改进意见"中也有所体现,排在前三位的意见分别是"增加音乐信息""增加大陆旅游信息"和"增加知识教育性节目",这就是大陆对台广播需要保持和加强的部分相对优势。

二、从两次台湾听众调查的对比中可以得到哪些启示

中央电台对台广播先后两次入岛听众调查相隔 4 年,对这两次调查数据进行对比,可以提供一种历时考察,从中可以得到更多的发现与启迪。

1. 继续加大功率,改善信号质量

对比两次调查发现,中央人民广播电台对台广播在台湾地区的信号清晰率和音量稳定率均出现下滑,如下图所示。这说明随着广播频率密度的增加和竞争的加剧,如果仍要留住传统收听人群,发射功率也要不断增加,否则在干扰增多之下,

信号质量会越来越差,影响传播效果。

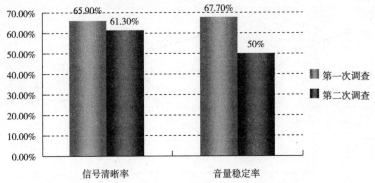

2. 转变收听方式,对接收听习惯

对比两次调查发现,台湾听众使用调频波段收听广播的比例已经达到80％以上,使用中波收听的比例从2001年的18.4％下降到2005的11.3％,但是,对台广播仍以中短波收听为主(如下表所示)。因此,对台广播可以调整中短波频率的使用,在加大功率、留住中短波听众的同时,还要尝试开辟调频落地播出方式,以对接更多听众的收听习惯。

另外,通过第二次调查发现,台湾网民规模已超过听众规模。在15岁以上的1834.3万台湾居民中,有861.8万人近一个月使用过网络,占全部15岁以上人口的47.0％。且通过网络收听的比例,中央人民广播电台对台广播与岛内广播最为接近,因此,网络收听大有前途,也大有可为,应重视和加强网络空间的建设。

中央人民广播电台对台广播听众接收方式与岛内听众对比(单位:％)

收听方式	对台广播听众	岛内听众
FM 调频电台(87MHz－108MHz)	—	84.5
AM 调幅中波(525kHz－1610kHz)	71.2	11.3
SW 调幅短波(2MHz－26MHz)	5.2	1.3
网　　络	4.7	4.8
不清楚	18.9	5.3

3. 巩固听众构成,提升影响力

对比两次调查的听众年龄和文化程度构成可以发现:在年龄上,50岁以上的听众比例下降,49岁以下的年轻听众比例上升,且19岁以下听众实现了"0"的突破(如下图);在文化程度上,"高等文化"的比例从第一次调查时的第三位(低于"中等文化"和"初等文化")一跃升至第二次调查的第一位,这说明中央人民广播电台对台广播听众年轻化和高知化工作取得了一定成效,听众构成已经从之前的"年老、文化程度低"听众居多变为以"年轻、高知"的社会中坚听众为主。这也提示对台广播在坚持正确的改革方向和节目架构的前提下,继续推进广播的创新发展,巩固和提升既有成果。

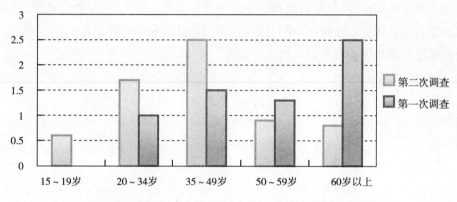

不同年龄居民收听中央人民广播电台对台广播比例对比(单位:%)

4. 跟踪收听时段变化,优化节目编排

通过对比两次调查关于收听时段的分布可以发现,中央电台对台广播的日间节目改革取得成效,早上、上午、下午时段的收听比例均有所上升,但晚间收听有所弱化。当然,这其中不排除台湾听众收听习惯变化的因素,且时段选择也是动态变化的,这也提示对台广播需要持续调查研究,跟踪时段变化,及时把握节目调整的方向与重点,不断优化节目编排。

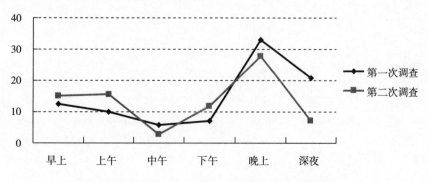

中央电台对台广播台湾听众收听时段分布两次调查对比(单位:%)

5. 把握受众心态,提升有效性

第一次调查中,台湾听众出于"消遣和无目的"而选择收听中央电台对台广播的比例以 56.8% 高居收听动机的第一位,出于"好奇"的比例是 12.5%。第二次调查中,"好奇"以 39.2% 的比例占据了收听动机的第一位,"娱乐消遣"的比例也由第一次的 12.2% 下降至 11.8%。这说明,在 2005 年两岸关系高度紧张的时期,台湾听众对大陆对台广播的主动关注迅速上升,成为拉升对台广播收听率的主要动因,且紧张局势之下的消遣需求降低。这对大陆对台广播的启示就是:要仅仅抓住两岸关系发展的形势,紧贴职能和任务开展对台传播。换言之,对台广播要及时把握两岸关系不同发展阶段之中的台湾受众心态变化,准确地满足其信息饥渴,在针对性精准的前提下提高对台传播的有效性。

第七章 "和平发展"时期的对台广播

（2008 年以后）

第一节 对台方针的第三次战略调整

2008 年是两岸关系发生历史性重大转折的一年。3 月 22 日,陈水扁和"台独"分裂势力企图通过"入联公投"谋求"台湾法理独立"的图谋遭到挫败,认同"九二共识"、主张发展两岸关系的国民党候选人马英九当选台湾地区领导人。大陆的对台方针政策依据形势再次进行了适时调整,由反"独"遏"独"转变为"和平发展",两岸关系也开始取得一次次突破性的进展,步入了和平发展的轨道,"和平发展"成为新形势之下指导对台工作的方针。尤其是 2012 年的台湾大选,大陆因素第一次成为选举之中的正面因素,坚持"九二共识"的马英九获得连任,不仅印证了两岸和平发展的正确性,也标志着两岸关系发生了转折性的转变,"和平发展"进入巩固深化期。

一、"和平发展"对台方针的形成

2008 年 3 月 22 日,台湾地区举行领导人选举,代表国民党参选的马英九和萧万长以高票当选台湾地区领导人,重新夺回"执政权",实现了岛内第二次"政党轮替"。自此,台海局势出现了结构性的积极变化,扫除了民进党执政时期动荡不安的因素,大陆抓住难得的历史机遇,及时调整对台方针政策,两岸关系得以改善。

2008 年 12 月 15 日,《告台湾同胞书》提出的两岸"大三通"正式实现,两岸关系进入一个崭新的阶段。短短 16 天后,胡锦涛在纪念《告台湾同胞书》发表 30 周年座谈会上发表重要讲话,提出被称为"对台政策又一纲领性文件"的"六点意见",以新思维、新方法、新举措赋予了对台工作方针政策新的内涵,成为相当长一段时间对台工作的指导思想。这"六点意见"也被认为是继对台方针从"武力解放台湾"转为"和平解放"和《告台湾同胞书》的发表之后,我党对台政策的第三次战略性调整。[①]

---

①杨中旭,《胡锦涛讲话昭示大陆对台政策第三次战略性调整》,http://news. ifeng. com/mainland/200901/0108_17_958780. shtml

1."和平发展"概念的提出

中共十六大形成了以胡锦涛为总书记的新的中央领导集体,各项建设面临新的艰巨任务,但台湾当局却竭力推行"台独"及"去中国化"路线,有计划地向"法理独立"目标迈进,严峻的形势不仅对台海地区局势稳定造成威胁,而且直接影响大陆的发展战略,因而中共重新思考、部署对台政策与对台工作,将遏制"台独"分裂活动、稳定台海局势作为当务之急的重点,而将促进和平统一大业的目标退居其次。① 为此,中共中央两手并用,提出了一系列新的论述,采取了一系列新的做法,"和平发展"的概念就是在这一过程中被提出来的。

2003 年 3 月,胡锦涛就做好对台工作提出"四点意见":一是坚持一个中国原则;二是大力促进两岸经济文化交流;三是深入贯彻寄希望于台湾人民的方针;四是团结两岸同胞共同推进中华民族的伟大复兴。这里首次提出了"团结两岸同胞"的概念。2004 年,中台办、国台办受权发表的"5·17 声明",具体提出了承认"一中原则"、不搞"台独"两岸关系即可展现的六大光明前景,首次提出了"共谋两岸和平发展"的概念。2006 年 4 月 16 日,胡锦涛会见中国国民党荣誉主席连战和两岸经贸论坛与会人士时,发表了"四点意见",首次提出了"牢牢把握两岸关系和平发展主题"的问题,成为两岸关系和平发展的指导性文件。

2."和平发展"方针的形成

随着台湾泛蓝三党领袖相继到大陆参访,国共达成"两岸和平发展共同愿景",中共中央关于促进两岸和平发展的论述逐渐增多。

2005 年 4 月 29 日,胡锦涛在与到大陆参访的中国国民党主席连战举行会谈,国共两党达成了《两岸和平发展共同愿景》。该愿景指出:目前两岸关系正处在历史发展的关键点上,两岸不应陷入对抗的恶性循环,而应步入合作的良性循环,共同谋求两岸关系和平稳定发展的机会,互信互助,再造和平双赢的新局面,为中华民族实现光明灿烂的愿景。"共同愿景"的达成,标志着促进两岸和平发展成为国共两党的共同语言。②

2006 年 4 月 16 日,胡锦涛会见参加首届两岸经贸论坛的台方代表,首次明确提出:"两岸同胞携起手来,牢牢把握两岸关系和平发展这个主题,推动两岸关系朝

---

①杨立宪,《两岸关系和平发展理论是怎么形成的?》,http://blog. china. com. cn/yanglixian/art/2491031. html

②杨立宪,《两岸关系和平发展理论是怎么形成的?》,http://blog. china. com. cn/yanglixian/art/2491031. html

着和平稳定的方向发展,使我们的感情更融洽、合作更深化,共同开创两岸关系和平发展的新局面,共同促进中华民族的伟大复兴。"同时,就促进两岸和平发展提出四点建议:一、坚持"九二共识",是实现两岸关系和平发展的重要基础。二、为两岸同胞谋福祉,是实现两岸关系和平发展的根本归宿。三、深化互利双赢的交流合作,是实现两岸关系和平发展的有效途径。四、开展平等协商,是实现两岸关系和平发展的必由之路[1]。勾画了两岸关系和平发展的基本路径。

2007年10月15日,胡锦涛在党的十七大报告中,更为详细地论述了两岸关系和平发展的思想:"牢牢把握两岸关系和平发展的主题,真诚为两岸同胞谋福祉、为台海地区谋和平,维护国家主权和领土完整,维护中华民族根本利益。""坚持一个中国原则,是两岸关系和平发展的政治基础。尽管两岸尚未统一,但大陆和台湾同属一个中国的事实从未改变。中国是两岸同胞的共同家园,两岸同胞理应携手维护好、建设好我们的共同家园。台湾任何政党,只要承认两岸同属一个中国,我们都愿意同他们交流对话、协商谈判,什么问题都可以谈。"并且郑重呼吁:"在一个中国原则的基础上,协商正式结束两岸敌对状态,达成和平协议,构建两岸关系和平发展框架,开创两岸关系和平发展新局面。"[2]十七大报告明确了两岸关系和平发展的基本框架,并提出了在一个中国原则下,通过和平谈判、共同发展、共同遏制"台独"等开创两岸关系的新局面,实现中华民族伟大复兴的基本思路,标志着对台政策从强调"和平统一"调整为"和平发展"。和平发展的内容涵盖了"和平统一、一国两制"的大政方针、推动祖国和平统一进程的"八项主张",特别是胡锦涛2005年3月就新形势下发展两岸关系提出的"四点意见"等重要主张。[3]

2008年3月4日下午,胡锦涛看望参加全国政协十一届一次会议的民革、台盟、台联委员时再次呼吁,两岸同胞团结起来,牢牢把握两岸关系和平发展的主题,共同开创两岸关系和平发展新局面,共同促进中华民族伟大复兴。[4] 2008年3月22日,中国国民党参选人马英九和萧万长在台湾地区领导人选战中胜出。4天之后,胡锦涛与美国总统布什通话时表示,在"九二共识"的基础上恢复两岸协商谈

---

① 陈斌华等,《胡锦涛会见连战和参加两岸经贸论坛的台湾人士》,http://news. xinhuanet. com/newscenter/2006-04/16/content_4431676. htm

② 胡锦涛,《高举中国特色社会主义伟大旗帜为夺取全面建设小康社会新胜利而奋斗——在中国共产党第十七次全国代表大会上的报告》,北京:人民出版社2007年版,第44~45页。

③《人民日报》,2007年6月26日。

④ 孙承斌,《胡锦涛强调牢牢把握两岸关系和平发展的主题》,《新华每日电讯》,2008年3月4日。

判,期待两岸共同努力、创造条件,在一个中国原则的基础上,协商正式结束两岸敌对状态,达成和平协议,构建两岸关系和平发展框架,开创两岸和平发展新局面。2008 年 4 月 29 日,胡锦涛在北京会见中国国民党荣誉主席连战,并提出新时期两岸关系的 16 字方针:建立互信、搁置争议、求同存异、共创双赢,切实为两岸同胞谋福祉、为台海地区谋和平,开创两岸关系和平发展新局面。① 胡锦涛的这一对台政策表达既表现了祖国大陆坚持以两岸人民福祉为基本政策出发点的一贯立场,同时,也反映出祖国大陆对台政策的理论创新和思想突破。② 为年底"胡六点"的推出,提前搭好了框架。

2008 年 12 月 31 日,胡锦涛在纪念《告台湾同胞书》这一历史性文献发表 30 周年时,以《携手推动两岸关系和平发展,同心实现中华民族伟大复兴》为题提出了"六点意见",在两岸交流需要扩大领域和提升层次、在两岸关系和平发展需要全面推进的重要时刻,对 5 年多来的"对台意见"进行了总归纳,涵盖了过去重要谈话的主要内容,形成了完整严密的论述体系。"六点意见"在总结两岸关系发展规律的基础上,对于两岸关系和平发展的实践来说,指导思想更为鲜明,战略设计更为完美,政策结构更为系统,理论论述更为丰富,实践基础更为扎实,主攻方向更为明确,推动交流更为务实,开展工作更为主动。"六点意见"的核心内容,就是首次全面系统地阐述了两岸关系和平发展的思想,鲜明地提出了争取祖国和平统一首先要确保两岸关系和平发展的论断,科学回答了为什么要推动两岸关系和平发展、怎样推动两岸关系和平发展的重大问题。这"六点意见"集中体现了这些年对台政策中的重大创新,明确两岸关系目前处于和平发展的历史阶段,成为此后相当长时期内主导两岸关系发展的纲领性文件。③ 以胡锦涛"12·31"讲话为标志,象征并意味着中共中央关于两岸关系和平发展的主张,历经实践检验和经验总结逐步臻于成熟完善,已经形成较为系统完整的理论架构。

二、两岸关系开创和平发展的新局面

两岸关系和平发展的对台方针抓住了两岸关系发展当中存在的主要矛盾与问题,撷取了两岸与国际社会三方利益的最大公约数,既坚持了维护国家领土主权完

---

①张勇,《胡锦涛总书记会见中国国民党荣誉主席连战一行》,http://www.xinhuanet.com

②李立,《2008 年大陆对台政策的完善和发展》,《中央社会主义学院学报》,2009(1),第 53 页。

③王淑翩,《坚持一个中国原则推动两岸关系和平发展——论十六大以来对台政策的发展》,《新中国 60 年研究文集》(三),北京:中央文献出版社 2009 年版。

整、实现国家完全统一的原则性,又充分考虑了两岸关系的历史与现实,特别是两岸共同面对的新世纪、新情况、新特点,以及台湾同胞的特殊心理,秉持以人为本、发展为先、全面协调、统筹兼顾、循序渐进的科学发展观,力求通过和平发展逐步解决两岸关系当中存在的各种深层次、结构性的矛盾与问题,从容创造、积累实现两岸和平统一所需的主客观条件,寓和平统一目标于和平发展的过程之中,因而符合客观实际,符合各方利益,有力地指导了对台工作实践,"下活了两岸关系一盘棋",开辟了两岸关系和平发展的新局面。① 两岸执政高层、国共领导人之间的互信与默契不断增强,是 1949 年以来从未有过的。② 在两岸执政高层和两岸人民的共同努力下,两岸关系出现以下重大变化。

1. 两岸协商取得重大成果

2008 年,为落实两岸关系和平发展主题,大陆方面积极主动推动海协会与海基会的商谈。4 月 11 日,在岛内政权移交之前,马英九的搭档萧万长出席海南博鳌论坛,与胡锦涛举行"胡萧会",成为台湾"大选"之后两岸关系的标志性事件,预示着海峡两岸一个新时代的到来,为两岸关系和平发展开创了新局面。4 月 29 日,胡锦涛会见连战,提出了"建立互信、搁置争议、求同存异、共创双赢"的十六字方针,为开创两岸关系和平发展的新局面指明了方向。5 月 26 日至 31 日,中国国民党主席吴伯雄对大陆进行了雨过天晴之旅,两岸在两会复谈、周末包机以及大陆居民赴台旅游等方面达成共识,为两会复谈暖身。6 月 3 日,全国政协主席贾庆林就即将举行的两会复谈,提出了"先易后难,先经济后政治,循序渐进"③的十四字原则,则是两会复谈的具体指导。6 月 11 日至 14 日,两会成功恢复了中断近 10 年的制度化协商,并签署了两份协议书,为两岸同胞"捧"出了丰硕的成果,也为两岸协商谈判写下了新的一页。时过半年,海协会会长陈云林首次赴台,两会领导人实现了首次台北会谈,签署了 4 份协议书,基本实现了两岸"三通",从而使两岸关系发展迈出了历史性一步。之后,大陆居民赴台旅游、两岸经济合作框架协议(EC-FA)等难题得以破解,两岸就共同打击犯罪、加强食品安全和船员劳务合作等关系两岸民生的问题达成了协议。

2008 年以来两岸两会制度化协商成果,创造了经济契机,方便了两岸人民,增

---

①杨立宪,《两岸关系和平发展理论是怎么形成的?》,http://blog.china.com.cn/yanglixian/art/2491031.html

②林志达,《马英九执政后的两岸关系新动向》,《现代台湾研究》,2010(1),第 16 页。

③贾庆林,《两会商谈要先易后难、先经济后政治》,http://www.xinhuanet.com

加了两岸从官员到百姓的了解,巩固了台海地区的和平。更重要的是,协商的价值和观念被两岸越来越多地接受与肯定,因为协商为两岸带来了和解、合作、双赢。[①]

2. 两岸关系进入大交流大合作大发展的新纪元

2008 年,海峡两岸都抓住了难得的历史机遇,推动两岸关系逐渐步入和平发展的轨道,给两岸同胞带来了切实的利益。连续举办的两岸经贸文化论坛、海协会与海基会的多次协商,达成了上百项有益于两岸同胞共同福祉的结论,多项共同协议和共同声明,使得两岸关系达到了历史的新高,两岸交流的层次、领域以及两岸合作的深度和广度都有大幅提升。两岸经济合作框架协议生效,使得两岸经贸合作有了一个非常健全的机制,对两岸经贸自由化、两岸的投资以及两岸的相关合作事项有很大的裨益。同时,两岸经贸交流也由单向交流走向有选择性的双向交流。两岸经贸关系发展的不对等态势得到了部分扭转,两岸资金和人才加快流动,带动金融业、旅游业、教育等多个行业的开放。两岸直接"三通"的实现,促进了两岸"经济一体化""命运共同体"的形成。两岸文化教育交流与合作日益深化,往来更加密切。两岸关系迈入一个大交流、大合作、大发展的美好情势。[②]

正是因为两岸关系的和平发展成就,使马英九在 2012 年的大选中,充分掌握了"主场优势",打赢了"以两岸和平与经贸成就为主轴"的选战,台湾媒体不禁也异口同声地说:马英九连任是"'九二共识'赢了"。这也充分说明两岸关系和平发展得到广大台湾同胞的支持,成为两岸同胞的共同愿望,为两岸关系的进一步发展铺筑了较为坚实的民意基础。

第二节　对台广播的转型

一、对台广播格局的调整

2008 年,"台独"威胁降低,两岸关系开启和平发展的新局面,对台广播也适时调整,呈现出多元化发展的新格局。

中央电台对台广播和海峡之声广播电台继续定位于综合性的对台传播平台,

[①]陈晓星,《两岸两会协商:为两岸带来和解、合作、双赢》,http://www.dzwww.com/roll-news/news/201110/t20111020_7326446.htm

[②]林丰正,《两岸关系正迈入大交流、大合作、大发展》,http://www.huaxia.com/xw/zhxw/2011/09/2580302.html

依照两岸关系的新形势,不断调整节目设置与布局,提升对台传播的水平和效果。

金陵之声广播电台在集团内部的体制调整中,对台对外节目划归了新闻事业部,金陵之声频率其他时段的节目则划归音乐事业部,把金陵之声广播电台改造成了一个"在地化"的都市广播,通过调频99.7播出。2010年,金陵之声的对台对外广播时间也被压缩,由原来的夜间4小时调整为2小时(夜间23:00—次日凌晨1:00),节目减为两档——《海上生明月》《华人时尚拼图》,仍通过短波5860与调频99.7同步播出。

浦江之声广播电台在之前划归第一财经传媒有限公司之后,转型为在沪台商提供经济服务。这一时期,浦江之声继续沿着"在地化"的方向进行扩展。2011年1月1日,浦江之声广播电台全新改版,致力于将其打造成为上海台胞服务的专业广播媒体,围绕"新上海生活"的主题,突出生活服务、子女教育、休闲娱乐,以轻松风格凸显海派生活品味,每天通过中波1422播出18小时。

福州人民广播电台也在新的形势之下寻找到了自己的定位。2010年10月18日,福州人民广播电台开办了福州话对马祖广播频率——"左海之声",通过FM90.1,全天24小时播出。这也是中国大陆第一个24小时以福州方言为主,专门对马祖播音的广播频率。[①] "左海之声"的定位是展示福州风采,传递左海乡音,服务马祖同胞及来榕投资兴业、探亲旅游的台胞、台属。

中国华艺广播公司则继续打造"文化华广"的品牌。东南广播公司、闽南之声以及刺桐之声继续发挥自身优势,结合区位特点,差异化发展越来越明显。

二、对台广播内联外合的深化

在对台广播格局调整的同时,彼此之间业已形成的良好合作继续深化。除了共同策划举办大型报道活动之外,成立闽南话广播协作网是这一时期对台广播加强合作的亮点。

2010年9月18日下午,中央人民广播电台对台湾广播中心与海峡之声广播电台、东南广播公司、厦门广播电视集团"闽南之声"广播、泉州人民广播电台"刺桐之声"广播、漳州人民广播电台等6家开办有闽南话节目的对台广播机构,在厦门联合举行"闽南话广播协作网"成立大会,并启动了协作网合作栏目"闽南话联播网——《有缘来斗阵》"。闽南话广播协作网是中国广播电视协会对台港澳节目委员会的下设机构,致力于弘扬闽南文化,为两岸民众的沟通交流搭建全新的媒体传

①刘栋宾,《用福州话对马祖广播〈左海之声〉今日开播》,《福州晚报》,2010年10月18日。

播平台。① 9月20日,由协作网全体成员单位联合制作的栏目"闽南话联播网——《有缘来斗阵》开始在6家成员单位播出。节目集各成员单位的人才、覆盖、传播形态等方面优势,充分挖掘闽南文化深厚底蕴,结合闽南方言独特魅力,为听众展现了一幅两岸亲情融动、友情相辉、乡情难离的动人画卷。闽南话广播协作网的成立,充分发挥了闽南话在沟通两岸同胞乡音乡情方面的重要"桥梁"作用,也成为闽南话广播事业发展的重大机遇。2011年,漳州市的长泰、漳浦、云霄三县电台以及泉州市的南安电台也加入闽南话广播协作网,使会员台扩大为10家。

两岸关系的和平发展为两岸媒体的交流合作提供了可能,打开了大门。对台广播也开始从"单向宣示"的"宣传"调整为"双向沟通"的"传播",在深化与台湾媒体的双向合作中提升"沟通两岸"的成效。

在与台湾媒体进行合作方面,地处福建的对台广播走在了前列。2006年1月,泉州人民广播电台刺桐之声第一档入岛节目《克林趴趴走》在台湾岛内落地播出,随后,《安安时间》和《三通俱乐部》也陆续在台湾岛内落地播出。三档节目主要介绍台商在泉州的生活工作、大陆的风土人情、风俗习惯以及两岸的信息交流、大陆对台的政策解读等,让更多的台湾民众对大陆有了更深入的了解。2008年,海峡之声广播电台与台湾广播媒体签约,就节目制播达成合作共识,台湾广播媒体每天转播海峡之声40分钟新闻节目,同时,在汶川地震、北京奥运、"神七"发射等重大新闻事件上进行联合采访报道,成为大陆首家与台湾媒体实现常态化合作的广播媒体。2009年2月,海峡之声广播电台把与台湾媒体的合作又推向新的阶段,通过购买台湾6家中功率调频广播的时段,建立了"台湾地区调频联播网",首次实现了大陆对台广播节目在台湾的调频覆盖。之后,其他对台广播媒体纷纷跟进,形成了两岸媒体合作的热潮。比如,2009年,中央电台对台广播与台湾媒体尤其是中南部媒体开展了不同形式的合作,与台湾8家中南部广播媒体签订合约,联合部分台湾中、南部广播媒体组成了"辉煌广播网"(包括3家闽南话电台)和"客家乡情广播网"(包括5家客家话电台),辟出时段播出中央电台对台广播采制的闽南话、客家话节目。闽南话"辉煌广播网"2009年12月1日在岛内电台时段播出,客家话"客家乡情广播网"也在2010年1月1日播出。浦江之声广播电台与台湾高雄大众广播公司 KISS RADIO 自2009年8月14日起交换播出各自制作的节目单元,其中 KISS RADIO 制作的《kiss 带你游台湾》为上海

---

①刘立忠等,《闽南话广播协作网成立》,http://www.cnr.cn/ygzq/201009/t20100919_507069202.shtml

朋友介绍台湾的旅游信息,浦江之声则通过《世界的世博》《上海走透透》,带领听众游遍上海,同时还通过与海宝的对话介绍上海世博中心、世界气象馆等世博会的最新资讯,让台湾民众轻松了解上海、了解世博会。这种合作使浦江之声的节目通过调频覆盖了台湾台中、彰化、南投、新竹、苗栗、嘉义、高雄、屏东等地区,这是浦江之声电台成立21年来首次将节目通过岛内电台传递,一改长期以来仅依赖短波向岛内传送节目的局面。2009年3月24日,FM101.2闽南之声广播也与台中广播公司举行了签约仪式,正式结为"合作伙伴"。从5月4日起,由闽南之声广播制作的《闽南读册歌》在台中四县市落地,同时,闽南之声也播出由台中广播公司制作的闽南金曲节目——《歌声透心肝》。2010年6月7日,中国华艺广播公司总经理柳林岚与台湾快乐联播网执行长黄郁仁签署两台合作备忘录。2010年10月,两台通过连线的方式合办一档周播节目《快乐华广EZgo》,把之前"联合采访"的合作形式推向新的阶段……

广州亚运会期间,海峡之声广播电台携手台湾《旺报》、台湾非凡音联播网、台湾宝岛客家联播网、香港电台、珠海电台、搜狐网、南方网等八家媒体,联合推出《两岸三地看亚运》,并在此基础上推出《中华亚运之星》的评选活动,首次实现了两岸三地广播、网络、报纸的跨媒体联动。根据各媒体统计,两岸三地受众超过1亿,另有近10万人通过网络、信件、短信、电话、传真等方式参与评选。[①] 2011年1月22日,海峡之声广播电台与台湾《旺报》在之前的非正式合作基础上签署合作协议,加强两岸新闻合作,提升两岸文化交流,迈出了两岸媒体跨媒体合作的步伐。

2011年12月18日,台湾闽南话广播领域的主要代表云嘉广播公司、台湾声音广播电台、南方之音广播公司、Apple Line苹果线上联播网、青春线上联播网等5家台湾电台,加入了闽南话广播协作网。此次5家台湾电台加盟是中国广播电视协会正式吸纳首批台湾会员,也标志着该协作网朝"两岸闽南话广播共构"目标又迈出重要一步。[②] 至此,闽南话广播协作网会员单位达到15家,为两岸媒体在重大报道、品牌栏目、业务交流、年度活动等方面的合作开辟了更加宽广的平台。正如台湾云嘉广播公司董事长翁顺福所说,通过加盟,能更好地与大陆同仁进行沟通交流,更迅速、更确实地传播两岸资讯,促进彼此之间交流、交心。

通过媒体的合作,发挥媒体沟通两岸的功能和作用,是对台广播在和平发展时

---

①蔡亿锋,《〈两岸三地看亚运〉回眸》,《新闻战线》,2011(1),第30页。

②杨伏山,《台湾5家电台首次加盟央广闽南话广播协作网》,http://www.chinanews.com/tw/2011/12−18/3540375.shtml

期的创举,正如中央人民广播电台台长王求所说,对台广播"为促进两岸人民之间的了解和沟通,为促进两岸间的交流与合作,倾尽心力,孜孜以求,发挥着其他媒介不可替代的作用"①。但是,也像海峡之声广播电台总编辑卢文兴所说:"对台广播是对台传播的重要但非主要通道,在两岸和平发展的新时期,对台广播如何发挥作用和完成使命,需要继续研究探索。"

三、对台广播新媒体建设的拓展

新媒体(new media)概念的提出可以追溯到 1967 年,美国 CBS 技术研究所所长发表了一份开发 EVR(电视录像)商品的计划,第一次提到了新媒体这个词语。1969 年,美国传播政策总统特别委员会主席罗斯托在向尼克松提交的报告中,也多处使用"新媒体",从此,"新媒体"开始在美国社会流行并扩展到全世界。② 2008年后,新媒体在中国大陆学界也成为炙手可热的名词和研究热点。在对新媒体概念界定进行了各种争论后,中央电视台的杨继红在她的专著中为新媒体下了这样的定义:新媒体是指基于数字基础的、非线性传播的、能够实现交互、具有互联传播特性的传播方式和交互传播的组织机构。③ 在业界,新媒体的强势来袭,也让包括对台广播在内的传统媒体一片惊呼,"危机"声此起彼伏。的确,新媒体在降低传播成本与能耗的同时,提高了传播的质量与互动性,让传播内容从"单一"走向"多元",从"单媒"走向"多媒",也使受众的被动地位发生改变,传受关系更加平等,甚至可以互换。总之,新媒体以技术的超越带动了内容的拓展、传播方式的融合、传播理念的变革以及传播效果的提升。对台广播也紧跟媒体改革的潮流,加强了新媒体空间的建设。

首先,强化了既有的广播网站。一是重视网络建设,扩充网络力量,网络内容极大丰富,突破了传统广播的内容局限。这一时期,对台广播的网站多次改版,网络对台传播实力不断增强。例如,2007 年 8 月 1 日,中央电台对台广播租用了 300M 独享网络出口,并使用了 90M 的 CDN 网络入岛加速服务,从根本上克服了大陆与台湾互联网带宽的瓶颈问题。2008 年 11 月 17 日,中央电台对台广播成立了网络节目部,负责运作你好台湾网站。你好台湾网经过扩容改造,规模逐渐扩大,成为一个拥有专业对台网络宣传队伍、300M 独享带宽的对台专业网站,不仅提供广播节目的直播和点

①引自王求在中央台第十一届对台广播听友联谊会上的讲话。

②谭天,《产业经济学视域下的新媒体》,http://academic. mediachina. net/article. php? id=5576

③杨继红,《谁是新媒体》,北京:清华大学出版社 2009 年版,第 32 页。

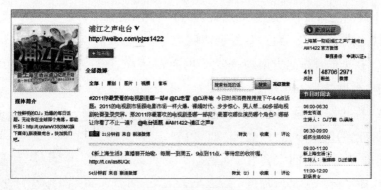

浦江之声广播电台官方微博

播,而且集合了图文新闻、专题报道、统一论坛(BBS)、台湾时政动漫(FLASH)及综合服务。仅2008年一年,你好台湾网站就配合开办了14个频道,更新新闻9万多条,图片1万多幅,制作新闻专题52个,两岸时评219篇,独创FLASH动漫52集。① 2010年5月28日,你好台湾网再次全新改版,定位于立足对台宣传,突出本土特色,服务两岸网民,推动台网一体,引入台湾媒体元素,创新设计,更加贴近台湾受众需求,自主创新推出新闻资讯类《意见平台》《TalkShow访谈》《Live脉动》等和信息服务类、《台湾大小事》《大陆Q&A》等多个特色栏目,其贴近台湾年轻人的互动社区、FLASH动漫等内容产品在大陆涉台同类网站中独树一帜。网站改版后,形式、风格与内容都有很大创新,首页采用繁体版、台湾风格的竖式导航栏、立体主导式版面架构以及台湾人较习惯的色彩图形和LOGO设计。在内容制作上,网站新闻传播理念借鉴台媒经验,更注重新闻的针对性,追求信息的可读性。② 二是推动网络链接,提高受众的接触概率。2008年,你好台湾网的闽南、客家方言音频节目被境外30多家网站所链接。2009年,海峡之声网在台湾及海外的链接达到33家,其中,台湾媒体网站链接海峡之声网的数量为23家。2011年,台湾岛内链接海峡之声网的网站数量增加到27个。随着内容的丰富和链接的增多,对台广播的网站访问量不断增长。2008年,你好台湾网日均访问量近120万(其中境外访问量近32%),BBS论坛年发帖量30多万条,其中《两岸统一论坛》的访问量和发帖量在国内涉台网站BBS中名列前茅。2009年,海峡之声网点击数达到18909万次,而且全球排名大幅靠前。据全球最权威的Alexa排名显示,海峡之声网进入百万大关,最高纪

<hr />

①《2009中国广播电视年鉴》,北京:中国广播电视年鉴社2009年版,第50页。

②王求主编,《中央人民广播电台简史》(续编)2006—2010,北京:中国广播电视出版社2010年版,第81页。

录达到 21 万的全球日排名纪录,在目前涉台广播网站中排名第一。在全球周排名方面,海峡之声网为 72 万位,你好台湾网为 170 万位,金陵之声广播电台网站为 193 万位。在全球月排名方面,海峡之声网为 71 万位,你好台湾网为 87 万位,金陵之声广播电台网站为 146 万位,华广网为 544 万位。

其次,积极扩展新媒体空间。除了自己的网站,对台广播还在其他的互联网空间安营扎寨,扩大传播平台。一是增加网络在线收听的站点。如,浦江之声广播电台就开通了多种网络在线收听方式,除了东方宽频、一财网,还在开心网上建立了收听站点。二是开设官方微博。微博即微博客(MicroBlog)的简称,是一个基于用户关系的信息分享、传播及获取平台,用户可以通过 WEB、WAP 以及各种客户端组建个人社区,以 140 字左右的简短文字更新信息,并实现

闽南之声微电台

即时分享。① 2009 年 8 月,新浪网推出"新浪微博"内测版,成为门户网站中第一家提供微博服务的网站。随即,各大网站纷纷推出微博服务,微博迅速成为网络传播的新宠。对台广播也立即开通了自己的官方微博、节目微博以及主持人微博,有些微博的粉丝量相当可观。三是开设微电台。微电台是新浪微博推出的将传统电台与微博相结合的全新产品,于 2011 年 5 月 10 日正式上线。微电台突破了以往收听电台的地域及终端限制,使网友在浏览微博的同时,也能收听到自己喜欢的电台。此外,微电台还实现了自己与主持人和其他听友的实时互动,边听边聊 HIGH 全场。② 2011 年 5 月 10 日微电台上线当天,有 13 家电台入驻,据统计,在上线仅短短一个小时后,来自微电台的互动微博数便已经超过 1 万条。2011 年 10 月 5 日,新浪微博微电台已超过 230 个频率入驻。12 月 7 日,微电台改版升级,实现了

---

① 引自百度百科对"微博"的解释。
② 引自百度百科对"微电台"的解释。

PC、MAC、iPad、iPhone,Android 全平台流畅播放,收听更随心。12月15日微电台已经有28个省的300多个频率入驻。对台广播也在微电台的迅速普及中紧跟潮流,通过微电台丰富了收听方式,突破了收听制约,也能够更加直接地与听众互动,及时调整和改进节目,提高了传播的质量和效果。

第三节 对台广播的节目改革

在海峡两岸和平发展的新阶段,对台广播以新的对台政策为准绳,以更好地遂行本阶段任务为依归,顺应媒体发展的潮流,与时俱进地推进节目改革,为台湾听众提供丰富资讯,促进交流沟通,推动两岸关系的大融合、大交流、大合作、大发展。

一、新闻节目的组合式改造

信息需求是人的基本需求之一,也是受众接触媒体的重要原动力之一,因此,新闻节目历来是对台广播的主体。但是,在信息爆炸的时代,面对海量信息,受众一方面应接不暇,难以完全消化,另一方面又无所适从,难以准确选择,同时面对信息的饥渴与过剩。对台广播这一时期除了提高新闻选择的针对性外,还对新闻节目布局和呈现方式进行了组合式的改造,以更好地满足台湾受众的信息需求。

1. 整体布局:整点新闻+新闻大板块

不同的信息对受众的作用是不同的,有的如空气,有的则如食物。也就是说,受众对不同信息的需求是有层次之分的,有的知晓即满足,有的则需深度消费才能解渴。因此,对台广播在新闻节目的布局上实行了全天多时段的短时间资讯播报和大板块、大时段、深度解读重点资讯的组合式结构。如,中央电台对台广播2009年8月10日进行了全新的升级改版,首播时间由以前的每天9小时40分钟增至18小时20分钟,这是继2003年12月29日中华之声、神州之声确定新呼号后力度最大的全方位改革。[①] 改版后的中华之声定位为新闻综合频率,以突出新闻为改版重点。在保持对台新闻报道权威性的同时,增加正点滚动新闻信息播报量,改版后新闻信息量占整个频率的60%,进一步提高与强化新闻的时效性和广播特点,设置了即时新闻报道节目《正点播报》,搭起了中华之声

---

① 王求主编,《中央人民广播电台简史》(续编)2006—2010,北京:中国广播电视出版社2010年版,第81页。

的新闻骨架,全天每逢整点播出,每次 10 分钟,全天共播报 19 次,并在内容选择、节目编排和播出形式上充分考虑了台湾听众的收听习惯。另外,采用板块化集中运作模式,整合原有《新闻大视野》《体育天地》节目,新设置早晚两大新闻板块《早间随身听》《海峡在线》,创办以岛内年轻听众为传播对象的新闻节目《资讯达人》。神州之声也设置了全天滚动的即时新闻报道节目《正点资讯》,每次 10 分钟,全天共播报 14 次。海峡之声广播电台在节目改革中也增加了整点新闻的播出次数,并设置了《直通两岸》《环球 360》《晚间报道》《时事透视镜》《军事观察》《海峡广角镜》等大板块的组合报道或深度报道节目。中国华艺广播公司也重点加强了《华广快车》和《两岸观察家》两档节目,在提供早间新闻资讯的同时,也提供两岸新闻的深度解读。

这种组合式安排,既可以及时提供碎片化的信息,也能够提供组合新闻和重点信息的观点解读,满足了受众对信息的多种需求。

2. 信息呈现:主持人＋记者＋专家

对台广播充分吸收了广播改革的成果,以新颖的形式吸引受众。在信息的呈现方式上,摒弃四平八稳的播音腔,改为亲切、自然、口语化的说新闻方式,增加主持人之间的交流互动,大量使用记者连线的报道形式,及时进行专家访谈,对重点新闻予以深度解读,形成了"主持人＋记者＋专家"的多元化信息呈现方式。如,中央电台中华之声的《资讯达人》面向岛内年轻听众,设置了《资讯达人》《资讯加油站》《NEWS 对对碰》《"潮客"正传》《我播我 show》《周末夜疯狂》等栏目,以"精品资讯,鲜活播报"为主旨,颠覆了新闻资讯传统的传播模式,以"演播""评论"等个性方式进行表达,以真挚淳朴的情感贴近听众,以轻松明快的风格、通俗风趣的语言打造"都市脱口秀"型的广播资讯类杂志节目。中华之声的早间新闻板块节目《早间随身听》,在整体风格上突出多层次、多角度和轻松、开放的特色,充分利用多渠道有效资源,强化互动交流,充分发挥广播特点,设置了《新闻首页》《深度头条》《北京在线》《新闻说吧》《尚品快讯》《今日人物榜》《部落格天空》等板块,在两小时的时间中提供了丰富多样兼具深度的资讯大餐。晚间新闻板块《海峡在线》,以当天的重大新闻、两岸新闻、两岸评论和体育新闻为主,设置有《晚间快递》《台北直播室》《两岸观潮》《线上时间》《体育天地》等栏目。其中,《台北直播室》是一档由中央电台驻台湾记者采编制作完成的固定新闻栏目,时长约 10 到 15 分钟,创设于 2009 年 6 月,以记者口头播报新闻及介绍相关背景,现场录音访问,简短分析点评的形式,及时深入地报道当天及连日来在台湾发生的新闻事件、社会动态和焦点现象,突出广播新闻的特点,发挥广播记者在台湾驻点的优势,充分体现对台广播独到的专业素质及独特的新闻视角。①

海峡之声广播电台在 2008 年的节目调整中开办了《直通两岸》节目,开设《记者连线》板块,在《军情直播室》节目中也开设《一线记者》板块,由各地特约记者报道当地有对台性的新闻和军队建设动态。该台还建立了特约专家资源库,就重要新闻进行及时和深入解读,为受众提供观点参考,引导受众深度消费信息。其他对台广播也普遍使用了这种灵活多元的信息推送方式,增加了节目的可听性。

二、方言节目的主力化提升

据统计,在台湾 2300 万人口中,祖籍闽南的占台湾省总人口的 74%,祖籍广东、广西、江西等地的占 12%,台湾讲闽南话、客家话这两种方言的人数占台湾总人口的 86%。对台湾广播开办以来,方言广播始终是重要组成部分,但从整个对台广播格局来讲,在很长一段时间里,普通话广播都是绝对的主力,方言广播无论在编播力量、节目时长、还是在承担的任务上都次于普通话广播。在"遏独止独"时期,随着对台广播宣传重点的南移、下沉,方言广播开始得到迅速强化。这一时期,方言广播的发展趋势得以延续,并成为对台广播的新锐主力。

1. 方言种类更加齐全

2008 年,海峡之声广播电台新办了该台历史上第一个客家方言节目《客家天地》,使海峡之声形成了汉英两种语言、闽客两类方言的对台广播格局②。此举填补了该台 50 年没有客家话节目的空白。另外,海峡之声广播电台的合作入岛节目也主要使用闽南话和客家话播音。2010 年 10 月 18 日,福州人民广播电台的左海之声开始使用福州话对福州和马祖地区播音,设有《左海乡音》《两岸一家亲》《左海故事会》《七讲八听》《细化趴讲新闻》《一路丫透脚》《福州话、齐来讲》《张林时间》《空中剧院》等 10 多个福州话节目,此外,还滚动播出福州话爆笑情景喜剧《虾油弟和橄榄妹》,既起到了保护福州方言的作用,也进一步壮大了方言对台广播的力量。

2. 播出时间大幅增长

2008 年 10 月 15 日,由中央人民广播电台分别在福建厦门和广东梅州建立的

---

① 王求主编,《中央人民广播电台简史》(续编)2006—2010,北京:中国广播电视出版社 2010 年版,第 86 页。

②《2009 中国广播电视年鉴》,北京:中国广播电视年鉴社 2009 年版,第 50 页。

厦门编辑部和梅州编辑部制作的节目——闽南话《祖地乡音》和客家话《客家天地》分别在神州之声早6点和晚6点播出,时长都是1小时。《祖地乡音》设有《祖地大代志》《海峡直通车》《聪明闽南话》《瑞统说泉州》《云顶岩茶馆》《斗阵来Happy》《闽南风》《地方台一小时》等特色名栏目。《客家天地》以两岸交流往来、闽粤赣客家风土人情及原乡的发展变化为主,设有《走进客家》《客家知音》《围龙内外》《谈天说地》等栏目,以轻松、休闲、娱乐为基调。这两档方言节目开播不久就在台湾及福建拥有了一定的知名度。2009年8月10日,中央电台对台广播改版,神州之声定位为"方言文艺频率",重点就是进一步丰富和提升对台湾广播方言节目。改版后,《祖地乡音》和《客家天地》分别由1小时延长至3小时,在北京制作的闽南话《天风海涌》和客家话《客家乡亲》节目也由原来的2小时增加到3小时。神州之声改版后方言节目量由原来的6小时增加至13小时,占整个频率的72%。[1] 4个方言板块的内容也更加丰富,贴近性与可听性进一步增强。

海峡之声广播电台在2008年8月25日的改版中,将原来的闽南话频道改为闽南话广播,充实方言编播力量,增办和调整方言节目,扩大方言在节目中的占比,着力拓展方言节目。此外,随着闽南话广播协作网的成立及扩容,闽南之声、刺桐之声等专业对台方言频率也得以加强,使整体对台方言广播的力量得到加强。

三、服务节目的情势化扩容

服务类节目是对台广播重要的节目类型之一,随着两岸交流交往的不断扩大,对台广播也契合两岸交流交往的情境与形势,对服务类节目进行了扩容。在保留既有对台经济、气象等服务节目的基础上,增办了旅游和情感节目。

1. 提升既有服务内容

随着两岸关系的改善,两岸各领域的交流越来越热络,对台广播顺势加强了既有的服务内容。如,中央电台对台广播的服务专题节目以"真诚服务,有效传递"为目标,努力实现自己的角色定位,以"与时俱进,不断创新"为追求,在历次节目改革中求新求变,使节目内容和形式都更加贴近受众需求。2008年10月15日,中央电台对台广播新创办了反映大陆经济民生、社会生活、两岸经贸交流、人员往来的综合服务类专题节目《捷运900》,节目时长2小时。2009年8月10日改为《捷运2009》,2010年改为《捷运2010》,时长延长至3小时。以提供服务的项目分类,开

---

①王求主编,《中央人民广播电台简史》(续编)2006—2010,北京:中国广播电视出版社2010年版,第80页。

辟多个子栏目,如,财经站:经贸交流、财富人生;民生站:社会民生、百姓故事;交流站:共享发展、互利双赢;台商站:大陆创业、大陆生活;休闲站:流行时尚、追寻品位;气象站:分担风雨、共享阳光;帮帮站:分享智慧、你帮我助;健康补给站:强身健体、科学养生;便利店:旅途加油站——不走了,在这儿歇歇脚、聊聊天。《捷运2010》在直播中两个整点为正点新闻,两个半点为气象服务,中间行走于各站,为台湾听众传递实用有趣的信息,提供服务,沟通情感。节目直播中还通过网络社区,设定话题与台湾听众进行实时的互动,并进行有奖收听问答,吸引了许多年轻的网络听众。在展示祖国大陆经济和社会发展的最新动态,透视大陆民生,讲述老百姓的生活故事,报道两岸经贸交流、人员往来的发展状况,提供有效的资讯,促进大陆与台湾的交流与融合方面发挥了应有的作用。

海峡之声广播电台在历次改版中也非常注重拓展服务性,增加了气象服务节目《风云社区》以及专为渔民服务的互动节目《渔民俱乐部》。其他对台广播的服务节目也占了相当的比例,在"大服务"中进行"大传播"。

2. 增办旅游服务节目

2008年7月,台湾开放大陆居民赴台旅游,首先在13个省(市)实施,翻开了两岸旅游交流合作的崭新一页。2009年2月和2010年7月又先后增加12个和6个开放区域,直至全面开放。台湾方面对大陆居民赴台人数的限制由每日3000人逐步放宽至5000人。2008年12月,两岸两会推动"直航",由"周末包机"扩大为"平日包机",再扩大为定期航班,直航航点和航班数不断增加,使旅游成本不断降低。2011年6月,北京、上海、厦门成为首批"个人游"试点城市,7月又启动了福建省居民赴金门、马祖、澎湖等地"个人游",标志着两岸全面、双向、正常化的民间交流拉开了序幕。对台广播结合这一新形势,适时扩大了旅游服务节目的规模。

2009年8月10日,中央电台对台广播在改版时取消原《青春在线》节目,设置了以旅游为主题的午间节目《乐游神州》,节目时长1小时,节目型态为主持人直播,主要栏目有《现在出发》《行脚台湾》《人气部落格》《"奇"乐无穷》《行者无疆》《小城故事》《乐游攻略》等。该节目旨在带领听众行走两岸,悠游天下的同时,为其打开一扇相互观察、相互了解、相互交流的窗口,在轻松乐游中看两岸风景,观民风民俗,品同源文化,悟祖地乡情。同时在悠游中领略大陆社会、经济和民生的发展与进步,体会两岸合力共赢的美好愿景。①

---

①王求主编,《中央人民广播电台简史》(续编)2006—2010,北京:中国广播电视出版社2010年版,第86页。

　　海峡之声广播电台 2008 年改版时,更是将"文艺生活频道"改造为"旅游广播",打造专业对台旅游频率,专事两岸的旅游交流。2008 年 9 月 10 日,海峡之声广播电台还与台湾非凡音联播网举办了"两马旅游合作研讨会",进一步提升海峡之声广播电台在促进两岸旅游合作与交流中的作为。2009 年,海峡之声新闻广播也开办了《神州纪行》《记者走四方》等旅游类服务节目。

　　2010 年 10 月,中国华艺广播公司与台湾快乐联播网联合制作的广播节目《快乐华广 EZGO》开始在两个电台分别播出,台湾播出时间为每周日下午 4 点～5 点,收听范围为高雄快乐电台 FM97.5(台南、高雄、屏东地区)及台中望春风电台(彰化、台中、南投地区)。节目上半段时间特别针对两岸当周热门话题及新闻时事进行讨论,下半段则由两家电台的特派记者及主持人为听众介绍两岸三地的旅游景点及当地美食,借由深度讨论及专业探访让听众实时掌握两岸的最新信息和观光资源,促进两岸民间交流。

　　浦江之声广播电台也开办了一档旅游休闲类节目《带你去旅行》,风格活泼、轻松、益智,互动性强,内容丰富,同时增加了一定的人文知识,让旅游节目不再只是"泛泛而谈"。① 闽南之声和刺桐之声也开办有《吃喝玩乐 EASY GO》《跟我趴趴走》等类似节目。

　　3. 开设情感互动节目

　　随着两岸交流的深入和"一日生活圈"的逐渐形成,两岸民众渴望进一步了解彼此的生活尤其是内心世界。为了让生活在不同环境下的两岸民众通过广播进行直接沟通,从而加深了解和理解,2010 年 2 月 14 日,海峡之声广播电台开设了大陆对台广播界首档情感互动节目《夜航船》,每晚推出一个"情感"主题,以讲述两岸普通人的故事和情感为主要内容,为两岸听众搭建起一座心灵沟通的空中桥梁。② 在两岸之间的交流多局限于政界和商界,两岸基层民众的相互了解并不多,两岸需要更多平台和渠道展开全方位交流的背景下,《夜航船》的开播被学者称为"对台传播的一个创新",有利于两岸民众增信释疑、加深了解、融合情感。中央电台对台广播的《早安,台湾》和《情歌唱天亮·音乐厅》节目也安排有"夜间情感话题"。

---

　　①引自浦江之声广播电台网站的节目介绍。
　　②李慧颖,《海峡之声电台开播大陆首个两岸百姓互动节目》,http://news. xinhuanet. com/tw/2010－02/15/content_12991793. htm

四、文艺节目的娱乐化发展

文艺节目具有天然的休闲娱乐功能,随着中国大陆社会转型中受众思想的多元化和欣赏口味的多样化,从文艺作品本身特点出发,以广播为载体来展现内容的传统方式已经很难再吸引受众。因此,2008年之后,在节目风格、样式与形态等方面突出娱乐化特征以吸引受众,已经成为广播文艺节目发展的一大追求。① 对台广播的文艺节目也汲取了对内广播文艺节目发展的新成果,进行了娱乐化的改造,以激发台湾受众的收听兴趣。

1. 形式上的娱乐元素:直播 + 板块 + 互动

对台广播文艺节目的直播化和板块化改造在20世纪90年代就已经基本成型,这一时期,主要是凸显互动性。早在1944年,美国广播研究专家H.赫卓格在访谈中发现,人们喜爱知识竞赛节目的心理需求有三种:竞争心理需求、获得新知需求和自我评价需求。当听众的这些需求在收听节目过程中得到满足后,其内心便产生娱乐快感,而广播文艺节目的娱乐化倾向在某种程度上说明了赫氏理论的合理性。② 为了让听众在收听节目时从心理满足中获得娱乐快感,对台广播的文艺节目设置了互动和直接参与环节,最大限度地满足听众的心理需求。如,中央电台中华之声的直播大板块《文化时空》在2010年8月10日由原来的1小时扩版为2小时,开设有《两岸艺评人》《游走部落格》《书香两岸》《佳作收藏夹》等板块,以文化新闻专题及文学欣赏互动为主,增强台网互动功能,及时介绍海峡两岸文化娱乐资讯及新书出版信息,采取直播访谈、电话连线嘉宾和采访录音三种形式,介绍最新热门文化娱乐话题,播出海峡两岸文化名人精彩访谈;在你好台湾网上开设互动平台,直播时与听众及网友随时互动;电话连线听众,随时解答听众的相关问题。用时尚的旋律传播中华传统文化,吸引更多海峡两岸听众及网友收听节目、参与节目,达到最佳的传播效果。③ 神州之声也增强了文艺节目的比重,在娱乐直播板块《娱乐在线》播出与听众互动的娱乐综艺节目,开设直接为听众服务的子栏目《亲情点播》,播出听众点播的文艺节目。同时增强与听

---

①陈强、安治民,《广播文艺:分众传播　注重娱乐》,《中国广播电视学刊》,2009(1),第16页。

②申启武,《广播节目:形态变革进行时》,http://www.rgd.com.cn/rgd/xxyd/nfgbyj/zl/60407.shtml

③王求主编,《中央人民广播电台简史》(续编)2006—2010,北京:中国广播电视出版社2010年版,第87页。

众互动的功能,在你好台湾网上同步开设平台,设置主题,直接向听众征集素材,调动听众参与热情。神州之声 2 小时音乐直播板块《华语音乐汇》,分设《中国民歌榜》和《华语流行音乐潮》两个单元,介绍两岸最新流行音乐和原创音乐;开设以青少年学生为受众的《少年唱游》,推介适合青少年传唱的流行歌曲,并在网络中开辟互动空间与青少年听众直面交流,音频在你好台湾网上同步呈现,先期预告并在节目中直播听众互动回帖,力求与听众零距离交流。其他对台广播的文艺节目也大量引入电话、短信、论坛、微博等互动形式,听众参与答题、点歌、讲故事、唱歌等成为对台文艺节目的常态化内容。

2. 内容中的娱乐元素:趣味 + 幽默 + 人物

文艺节目在内容上更加轻松、时尚,充满了幽默与趣味性,并经常加入"名人、明星、草根"等人物元素,增加节目的吸引力和可听性。如,中央电台神州之声 1 小时娱乐直播板块节目《娱乐在线》,包含了相声、小品、脱口秀、广播剧、电影电视剧剪辑等娱乐内容,主持人也用脱口秀的形式串联节目,另外还选择幽默、娱乐性强的优秀文艺作品引导听众的欣赏与审美。[1] 神州之声 2 小时音乐直播板块《华语音乐汇》安排了两岸歌手及音乐人的访谈,以人物元素增加节目的吸引力。

海峡之声广播电台也引进了《幽默集装箱》,开设《笑笑茶馆》等娱乐化的文艺节目。浦江之声、东南广播公司、中国华艺广播公司、闽南之声、刺桐之声、左海之声也开办了为数不少的类似节目,在轻松搞笑的语境中拉近两岸同胞的情感,增进彼此的了解,促进彼此的沟通。

第四节　合作入岛节目的效果

在两岸和平发展的新时期,两岸媒体的合作不断拓展和深化,通过岛内媒体的入岛播出开辟了对台传播的新渠道和新平台,也提升了对台传播的效果。

一、中央电台合作入岛节目的效果[2]

中央人民广播电台对台湾广播中心和台湾媒体以合作方式,在台湾岛内调频

---

[1]王求主编,《中央人民广播电台简史》(续编)2006—2010,北京:中国广播电视出版社 2010 年版,第 89 页。

[2]王求主编,《中央人民广播电台简史》(续编)2006—2010,北京:中国广播电视出版社 2010 年版,第 102 页。

播出的闽南话"辉煌联播网"和客家话"客家乡情联播网",分别于2009年12月1日和2010年1月1日开播,每天在台湾中南部的8家调频电台累计播出8小时。"联播网"节目以提供软性内容为主,熔信息服务和娱乐服务为一炉,用乡音乡情贴近台湾民众情感,贴近草根族群。节目开播以后,很快获得听众认可。之后,节目不断加强与听众的互动,通过听众点歌、赠送听众小礼品、给予弱势人群听众慰问等方式,有效沟通听众,拉近与听众的距离。这些做法既拓展了媒体的有效影响力,也提升了媒体的社会形象。

据统计数据显示,入岛调频广播两档节目在岛内已经拥有固定的听众群,听众规模稳定增长。例如,"辉煌联播网"2010年6月初开展与听众互动活动以后,一个月之内接到中南部听众电话328个,其中持续收听该节目3个月以上的听众达到45.43％,而根据听众来电意见分类统计,对该节目持正面评价的比例更是超过68％。

从统计数据看,两个"联播网"节目收听群涵盖台湾开车族、自营商、农民、家庭主妇与劳工等阶层。许多中南部草根族群台湾听众对节目持好奇和认可态度,有认为"节目不错"的,有具体表示喜欢某位主持人、询问主持人情况的,有表示"节目内容丰富"并对某个单元表示认可的,所有认可节目的评价合起来约占全部反馈意见的68.60％。另外,听众反映节目"播放歌曲太少"和"节奏太快"的,约占16.77％。根据这些数据,两档节目已经基本适应台湾媒体形态,节目从内容到形式,基本获得台湾听众认同,听众群也在不断扩大。

二、海峡之声合作入岛节目的效果

2009年2月21日,海峡之声与台湾广播媒体在福州正式签约,利用其调频联播成员台的资源,加上原有的其他台湾广播媒体,建立了"海峡之声台湾地区调频联播网",从2009年3月16日开始每天播出1小时普通话、客家话双语节目和1小时闽南话节目。[①] 合作入岛节目在台湾听众中引起较大反响,有听众说:"内容丰富,对于传统文化区块的介绍,能让更多人了解几乎遗失的传统文化,并且唤起许多人小时候的记忆。"另据连续3个季度的收听调查,海峡之声合作入岛节目在台湾的收听率从最初的83.6％稳步提升,主持人和节目的认同度也一路走高。三次调查全部采用电话问卷形式,每次随机抽取250名左右的听众。问卷及结果如下:

---

① 《2010中国广播电视年鉴》,北京:中国广播电视年鉴社2010年版,第98页。

1. 你有收听过海峡之声的合作入岛节目吗？

□有　□没有（如回答没有，请直接跳接第 5 题）

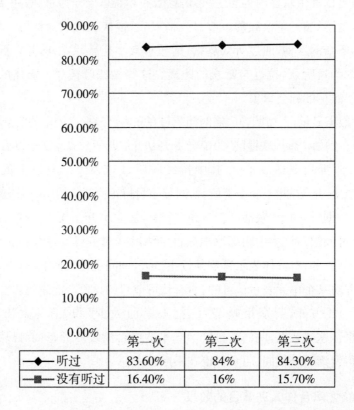

	第一次	第二次	第三次
◆——听过	83.60%	84%	84.30%
■——没有听过	16.40%	16%	15.70%

在连续三次调查中，海峡之声合作入岛节目的收听率持续增长，由 83.6％上升到 84.3％，没有收听过该节目的比例则由 16.4％逐步下降到 15.7％。虽然上升和下降的幅度不是很大，但这样的趋势比较稳定，说明该节目正在赢得越来越多的听众。

2. 你喜欢海峡之声合作入岛节目的主持人吗？

□喜欢　□不喜欢　□无意见

对主持人的喜欢率在三次调查中稳步提高，从最初的 67.8％上升到 68.8％，不喜欢主持人的比例也较最初有所上升，这是由于"无意见"者逐步减少，更多的人开始明确表达对主持人的看法，但是，在开始表达意见者中，相对更多的人"喜欢"主持人，说明海峡之声合作入岛节目的主持人越来越受到认可。

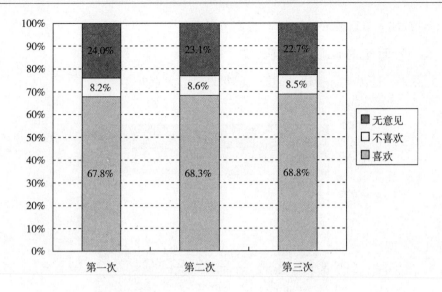

3. 整体而言,你认为海峡之声的合作入岛节目做得如何?

□很差　□差　□普通　□好　□很好　□无意见

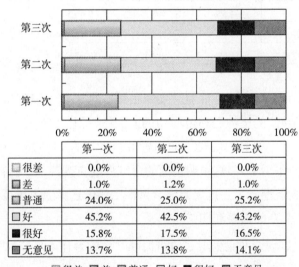

	第一次	第二次	第三次
□很差	0.0%	0.0%	0.0%
□差	1.0%	1.2%	1.0%
□普通	24.0%	25.0%	25.2%
□好	45.2%	42.5%	43.2%
■很好	15.8%	17.5%	16.5%
■无意见	13.7%	13.8%	14.1%

□很差　□差　□普通　□好　■很好　■无意见

三次调查中,没有人认为该节目"很差",认为"普通"的比例由最初的 24% 逐步上升至 25.2%,选择"无意见"的不置可否者也由最初的 13.7% 逐步上升至 14.1%,而认为该节目"好"和"很好"者呈反向波动,但二者之和却由最初的 61% 逐步下降至 59.7%。这说明该节目的满意率较为理想,但却正在逐步下滑,应该

引起重视,加大节目改革创新力度,提高节目质量。

4. 一般而言,每日主题适宜吗?

□很差　□差　□普通　□好　□很好　□无意见

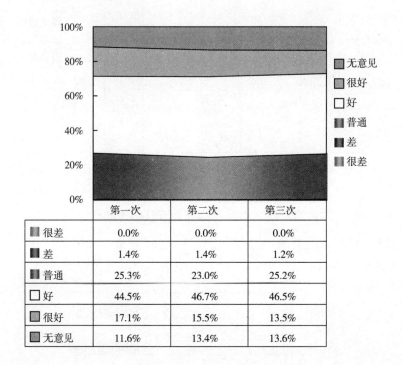

	第一次	第二次	第三次
很差	0.0%	0.0%	0.0%
差	1.4%	1.4%	1.2%
普通	25.3%	23.0%	25.2%
好	44.5%	46.7%	46.5%
很好	17.1%	15.5%	13.5%
无意见	11.6%	13.4%	13.6%

在三次调查中,认为每日节目主题"很好"的比例从 17.1％逐步下滑至
13.5％,"好"和"很好"的比例之和由最初的 61.6％先上升到 62.2％,再下跌至低
于第一次调查的 60％,选择"无意见"的不置可否者却由 11.6％上升至 13.6％,认
为"差"的比例先持平后下降,这说明主题的适宜程度在改善,但与台湾受众的期待
增长之间的差距在逐渐扩大。这需要该节目在主题的选择上进行更有针对性的甄
别,更加贴近台湾受众的需要和期待。

5. 如果你没收听过,你愿意尝试收听海峡之声的合作入岛节目吗?

□愿意　□不愿意

三次调查,愿意尝试去收听海峡之声合作入岛节目的比例均高达九成以上,
且稳步上升,不愿意尝试收听者在一成以下的比例上逐步下降,这说明仍有相当
大的收听市场可以培植,通过持续的推广和节目改革,仍有可能吸引大量的潜在
受众。

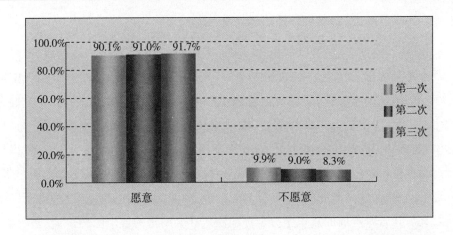

从调查数据来看，通过与台湾媒体进行合作，不仅扩大了大陆对台广播的台湾受众群，也得到了更多受众的认可，提高了传播的有效性，在终端环节上提升了传播效果。其他对台广播的合作节目也取得了不错的反响，这里不再做详细分析。

问题与思考①

一、对台广播当前存在哪些传播瓶颈

纵观对台广播的历史，可谓是硕果累累，取得过不少辉煌的成绩。但随着两岸交流交往的深化及媒介生态的变化，对台广播面临着有别于以往的传播瓶颈，且其已经成为新形势之下提升对台广播传播力的重要制约。

1. 传播客体：台湾民情复杂多变

2008 年以来，两岸关系出现了重大积极变化，步入和平发展的新阶段，两岸各行各业都呈现出大合作、大交流、大发展的良好态势。综合来看，台湾民众产生不少积极反应，对两岸协商成果持支持和肯定态度，对大陆的看法朝积极方向转变，"台独"与统一力量出现此消彼长的态势。比如，台湾《联合报》2011 年 9 月的两岸关系年度民调显示，"急独"（14％）比上一年度减少 2％，缓统（10％）比上一年度增加 1％。② 但是，两岸关系的良性发展仍存障碍，台湾民意舆情的微涨微跌仍没有

---

①此处思考曾以《对台广播的传播瓶颈与突破路径》为题，发表在《中国广播》2012 年第 3 期。
②《台媒两岸关系民调：台民众想"永远维持现状"连 2 年过半》，http://www.taihainet. com/news/twnews/bilateral/2011－09－10/746326.html

根本改变民意的基本面,对台传播依然任重道远。

(1)本土化倾向干扰两岸融合

几十年与大陆的隔绝,使"大中华意识"失去了文化滋养,而西方价值观中的"非大一统"国家民族意识、区域自治意识不断渗入青年一代的思想中,"要把握自己的生存空间、决定自己未来的前途"成为越来越普遍的诉求。"中国意识"与"台湾意识"随着知识界的争论逐步引出,并逐渐演变成"台湾主体意识",这一意识是以台湾为本位,将自身利益与台湾社会变迁紧连一体。随着台湾本土资本的扩张、地方自治的推行、选举制度的完善、反对党的成立、多元政治的形成,这种既区别于"台独"又与其即若即离的意识十分合理地注入社会结构的各个层面。

(2)价值观念隔膜有碍祖国认同

台湾的安全、台湾的繁荣、台湾的选举、台湾的"宪政改革"、台湾人的"总统"、台湾在国际上的地位等,成为所有从事政治、经济、社会、文化活动中的台湾人不可回避的话题,台湾民众的民族国家观念淡化和价值取向上更趋务实已经成为客观事实。从台湾政治主流结构来看,新生代正在成为社会中坚,而新生代的价值观念主要有以下特点:一是重视个性原则,二是多元价值判断取代两极价值判断,三是崇尚西方价值观念,四是实用主义倾向严重。再随着在"台独化"教育下成长起来的新人类进入台湾社会的各个阶层,我们现在面对的台湾人已经变得与祖国大陆更加隔膜。

(3)统独结构异化消解统一基础

过去台湾内部存在统与独两股力量,但随着社会主体力量的更迭、台湾政治生态的变化,如今的台湾社会内部统独结构发生变化,更确切地说,现在已是"独"与"非独"两股力量的对抗,台湾的统一力量大为削弱,遭到边缘化。1992 年,认为自己是台湾人的比例,只有 1 字头(10 几个百分点),到了 1994 年,开始增加到 2 字头,接近2000 年,已经到 3 字头,等到 2002 年陈水扁提出两岸是"一边一国"的时候,逐渐增加到 4 字头,马英九刚接任时为 48.55%,到 2010 年中,两岸签署 ECFA,认同自己是台湾人的比例已经超过 52%,赞成"独立"的趋势逐渐增高。[①] 两岸关系进入和平发展阶段以来,统独力量对比仍没有根本改变。据台湾 TVBS 最新的民调显示,如果只提供"独立"和统一两个选项时,68%选择"独立",18%希望统一,当提供更多选项

---

① 康子仁,《邵宗海:两岸紧张关系缓和 民众思维无变》,http://www.zhgpl.com/crn—webapp/doc/docDetailCNML.jsp? coluid=93&docid=101621393,2011—03—08。

时,21％选择"独立",61％选择维持现状,只有9％选择统一。

由此可见,两岸关系的和平发展并不意味着对台传播重要性的下降,反而使对台广播的传播任务更加艰巨,需要相关部门加大目标投入,切实发挥对台广播的作用。

2. 媒介手段:有效到达逐渐稀释

对台广播非常重视"入岛、入耳、入心",为了使广播传播信息更好地入岛落地,一方面,不断加大对台广播功率,另一方面,不断创新传播入岛的新手段,积极开拓信息入岛的新渠道。如今,对台广播的"入岛"成效显著,但"入耳、入心"成效并没有随之成倍增加,反而因种种因素的影响和制约,有效到达率逐渐稀释。

(1)中短波广播走出台湾广播受众收听习惯

广播依靠发射天线进行信息传输,对台广播由于距离与地形的阻隔,传输距离和声音质量往往成了"鱼和熊掌"不能兼得:短波广播传得最远,但声音质量最差;调频广播声音质量较高,但覆盖范围最小,很难实现直接调频入岛落地。因此,传播距离大于调频广播,声音质量优于短波广播的中波广播成为目前对台广播的首选(虽然仍保留了之前的短波频率发射,但短波使用正在逐步缩减),中波频率建设成为对台广播建设的重中之重,但是,中波广播也已经基本走出了岛内广播受众的收听习惯范围[1],中波的全岛覆盖并没有带来受众的大幅增长。

(2)通过岛内广播的调频落地无法以我为主

随着两岸关系进入和平发展新阶段,两岸媒体交流合作的禁锢有所松动,对台广播敏锐把握这一动向,探索和开拓了广播传播的调频入岛渠道。比如,2008年,海峡之声广播电台与台湾广播媒体签约,就节目制播达成合作共识,台湾广播每天转播海峡之声广播电台新闻时政节目40分钟,成为大陆首家与台湾媒体实现常态化合作的广播媒体,也首次实现了大陆对台广播在台湾的大面积调频落地。2009年,海峡之声广播电台再开广播入岛先河,与台湾六家电台联合建立"海峡之声台湾地区调频联播网",每天固定时段播出海峡之声广播电台专门制作的1小时节目,这六家台湾调频电台电波覆盖台湾全岛大部分地区。[2] 其他对台广播也纷纷与岛内媒体开展了类似合作,扩展了对台广播的台湾受众群。但是,通过与岛内媒体合作,虽然开辟了有效入岛的新渠道,但这种方式受到播

---

①据尼尔森2007广播大调查的数据,AM接触率只占台湾广播受众的5％,FM接触率占台湾广播受众的95％。

②刘宜民,《和平发展形势下的对台广播创新》,《军事记者》,2009(10)。

出时间与内容等诸多方面的限制,节目编排的自由度和灵活性有限,难以实现完全以我为主的传播。

(3)传统广播走出台湾主流群体媒介接触范围

从 AC 尼尔森的调查数据看,这些年台湾传统广播的边缘化趋势也比较明显,新世纪初,台湾广播受众比例还在 40% 以上,如今已经不足 30%。从广播受众的构成来看,以男性、青壮年、三万元以下收入者为多,其次是工作女性、学生、家庭妇女及退休或无业者。从受众教育层次来看,以中等教育文化程度(高中)者为多,其次是大专以上者、初中以下者。此外,台湾广播的年轻受众在流失,受众高龄化趋势明显。[①] 由此可见,传统广播已经不是受教育程度较高、社会地位较高的主流人群的主要接触媒介,这也意味着,通过传统的广播传播方式,对台广播已经很难做到"影响有影响力的人"。

3. 传播主体:力量编成出现失衡

对台广播的从业者是对台广播传播的具体实施者,没有一支高素质的、结构合理的对台广播传播队伍,再有力的传播计划也无法得到有力和有效的执行。但是,随着形势的变化,对台广播的力量编成开始出现失衡迹象,在主体源头上有丧失传播优势之忧。

(1)机构发展不平衡

中央级对台广播 2 家,地市级 4 家,省级 4 家,中央级对台广播一直是对台传播的主力,力量配备上也是最强最多的。省级对台广播在 20 世纪 80、90 年代也曾经辉煌一时,发挥过重要的作用,但随着媒体创收任务的加重,不带来直接经济收益的对台广播被一些省级广播机构忽视,人员逐渐流失,播出时间不断压缩。不过,令人欣慰的是,随着两岸交流交往的全方位发展和深化,地市级对台广播力量迅速崛起:2005 年 2 月 1 日,厦门人民广播电台的专业对台闽南话频率"闽南之声"开播;2005 年 9 月 29 日,泉州市广电中心(集团)的专业对台闽南语频率"刺桐之声"开播;2010 年 10 月 18 日,福州人民广播电台"左海之声"开始对马祖广播。

(2)人员结构不平衡

由于与对内媒体相比,待遇有不如,尤其是对台广播从业人员难以获得出名、交流、深造的机会,社会认可度较低,这使核心的中坚力量不断流失。据介绍,某对

---

① 翁崇闻,《台湾广播听众收听心理与行为分析》,《东南传播》,2007(1)。

台传播媒体从1996年到2008年调离编播岗位的人员约100人,如今,10年以上工龄的编播人员不足10人,其中大部分还担任了领导职务。该媒体一位负责人概括这种现象时说:"调入的是能力参差不齐的新手,流失的是较为成熟的业务骨干,担任领导职务的又没有时间参加一线编播工作。"①

二、对台广播如何突破这些传播瓶颈

台湾民意的走势更加凸显了对台传播的重要性和紧迫性,就对台广播来说,亟需突破瓶颈,提升传播的水平、层次和实效。那么,对台广播如何实现突破? 笔者认为,通过研究为对台传播提供动力和方向,通过信道再造和机制创新提升和积强对台传播力,就是当下最迫切的核心路径。

1. 研究推动:传播流程的全程供血

要使对台传播提升水平就必须依靠研究加以推动,要使研究切实产生推动力就必须把对台传播当作一门学科,组织力量与机构加以研究,并及时促进研究成果的传播力转化。

(1)历史研究——提供经验支撑

历史是人类讲也讲不完的故事。尽管这是一个讲不完的长故事,却也是人人要接着讲的故事,要接下去,就要知道过去的故事,接不好,故事就不好听了,研究历史的重要性就在于此。② 研究对台广播的历史不仅仅是为了接故事,也不仅仅是为了故事的连贯和好听,而是为了充分总结和汲取对台广播传播的历史经验与教训,为做好对台广播传播提供经验支撑。虽然对台广播传播已经有60多年的历史,但目前仍然没有一部完整的对台广播传播史。哲学使人深邃,历史使人聪明,把对台广播传播史的研究工作做细做实,不仅可以促进当下对台广播的媒介建设和业务创新,还可以丰富对台传播的研究成果,深化对台传播的理论与实践研究,更有力、更有效地指导和引导对台广播的传播实践。

(2)发展研究——提供战略支持

对于一般媒体而言,发展战略研究是媒体核心竞争力的关键因素。对于对台广播这样的特殊区域传播媒体而言,改革的深化、策略的运用、水准的提升不仅要

---

①杨胜云,《对台传播引论》,北京:中国广播电视出版社2009年版,第225页。

②M. C·Lemon,《历史哲学:思辨、分析及其当代走向》,毕芙蓉译,北京:北京师范大学出版社2009年版,第625页。

求理论支持,更要求对策支持。目前的对台传播研究多处于零散的静态阶段,只是对已经取得的经验给予解释,但对如何应对正在变化的现实的指导力相对弱一些,在综合考虑各方面因素做出具有战略意义的预测与判断方面相对弱一些,对于现实的许多需要还没有做出足够的方案储备与对策支持。因此,对台传播的理论研究要由理论型向战略型发展,由概念型向对策型发展,定期制订战略计划,形成强力长效的战略支持。

(3)受众研究——提供策略指导

对台广播历来重视台情及受众调研,但今天,受众研究依然是我们的软肋和短板。受众是传播效果的检验者、制约者和反馈者,对受众的研究不仅是为达到预定目标而维持平衡的手段,也是为了触发内部的变革,为了使传播系统能在系统与环境间进行信息或能量的交换,诱发合适的系统反应并由此进行自身调节。因此,注重受众研究,主动取得受众反馈能够提供对传播模式自身执行情况的正确测量并根据预定目标评价决策的有效性,保证将传播系统引向其初始目标。也就是说,对受众一无所知,就无法真正做到"以受众为中心",没有受众研究,就无从检验对台传播效果的好坏与优劣,也无法有效地开展对台传播实践。对受众的研究越详细,对传播策略的指导就越科学。对受众研究的重视,不应仅停留在思想上,更要在方式方法和有效性上寻求突破。

2. 信道再造:传播信息的有效到达

在目前的媒介环境下,对台传播如果仅仅依靠传统广播已经无法直接命中靶心,甚至可能面对脱靶的尴尬。要实现有效信息的有效到达,必须依托既有的对台广播平台,积极地再造和拓展信息传输渠道。

(1)角色变身——疏通新媒体渠道

与大陆新媒体发展方兴未艾相同,台湾的新媒体发展势头也异常迅猛,台湾受众尤其是年轻受众主要的信息和娱乐通道已经转向新媒体。根据台湾网络信息中心(TWNIC)的统计,到 2010 年 2 月份为止,台湾的上网人口约有 1622 万,比上年增加约 40 万人。12 岁以上曾经上网人口有 1466 万人,曾经上网比例超过 72%。[①] 而根据创市际市场研究顾问于 2010 年 10 月份针对网友所做的调查发现,只有两成的受访者近一年内并没有听过广播节目,而关于收听广播的时间点,

----

①《报告称台湾网民数超过 1600 万　约占总人口 7 成》,http://tech. sina. com. cn/i/2010－03－31/07384005425. shtml

有 52.4％的网友最常在乘车/开车/通勤时间收听,其次是放假闲暇时间
(30.9％),紧接在后的是在家使用计算机时间(25.1％),如图所示:①

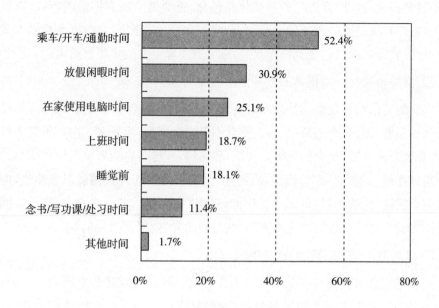

一年内有听广播的受访者 N=3,630
资料来源: 创市际市场研究顾问 Sep 2010

平常会收听广播的时间(复选)

由此可见,通过新媒体渠道,传统广播的到达率大幅提升。这对对台广播的启
示就是:大力发展新媒体技术,在媒介形态上向新媒体变身,在传播方式上向新媒
体靠拢,在传播空间上向新媒体迁移,使传统的对台广播焕发出新的生机。

对台广播在角色变身上已经做了大量工作,首先是进行了传播数字化改造,在
技术上与新媒体对接。对台广播积极发展和运用数字传播技术,用数字技术改造
节目生产和播出手段,已经打下了较好的与新媒体对接的基础,基本实现了采编播
的数字化,但在播出数字化上还有差距,需要技术的继续投入。其次是平台网络化
建设,在渠道上与新媒体融合。对台广播的网络化建设起步较早,不过,在网站内
容建设上还比较落后,形式大于内容的处境没有多大改变,大量信息仍停留在通过
传统广播传播的阶段,新媒体内容生产滞后,新媒体渠道利用率较低。

目前,对台广播在疏通新媒体渠道方面还需加强两方面工作。一是在终端上

---

①教学卓越中心,《案例研究:广播篇》,http://distance.shu.edu.tw/98dmcix/d22.htm

与新媒体融合,通过技术或合作手段与手机媒体无缝链接,实现与新媒体在传播链条终端的融合,彻底打通对台广播的新媒体通道。二是尽快强化新媒体的内容建设,不仅要积极推动广播信息的新媒体化传播,更要健全新媒体的内容,以内容的吸引力提高有效渠道的有效性。比如,台湾一些网站以写实动画或类戏剧方式来诠释新闻的"动新闻",就受到极大欢迎,成为点击率上升的重要推动力。

(2)间接传播——借用第三方平台

媒介的公信力不仅影响受众对媒介接触的选择,也影响着受众对其所传播信息的认知向度,即:媒介的公信度高,受众不但接触率高,而且多正向理解其所传信息,媒介的公信度低,受众的接触率便低,即使接触,也多逆向解读其所传信息。对台广播以往被扣以"统战"的帽子,虽通过"客观、公正"的现代传媒形象塑造,但并没有完全摒除"统战工具"的影子。因此,借用"客观、中立"的第三方平台,以间接传播的方式往往可以收到意想不到的"曲径通幽"的效果。

3. 机制创新:主体势能的优势生成

受众对信息的选择与接受具有自主性,无法强制,这就犹如水流,只有具备一定的相对势能优势才能正向顺畅流动,否则只能被倒灌。对台传播亦如此,只有"高屋建瓴",才可能潜移默化地实现"渗灌"。那么,如何积聚相对的势能优势?笔者认为,核心要素还是"人"。人是对台传播的主体,正如"见多识广"者才可能成为意见领袖,进而影响他人的观点一样,对台广播的势能优势说到底还是主体势能的优势积聚。要扩大对台广播的主体优势,就要积极创新机制,在入口处广纳贤才,在使用中提升素质,于出口处留住人才。

(1)广纳贤才——优化人才配置

为了广纳贤才,首先就要提高人员的社会地位和待遇;其次,还要多为对台传播人员创造功成名就的机会和平台,增加他们的成就感;再次,敞开出口,对不符合对台广播传播需要的人员坚决予以淘汰,以加快人才配置的速度。广纳贤才的手段除了正式招录外,还可以考虑较为灵活的招聘形式,比如吸收一些长期在大陆生活的台生和台胞从事对台广播工作,不啻为一种提升主体优势的捷径。

(2)留住人才——充实核心力量

要提高对台广播传播主体的相对势能,核心人才是关键。要留住这些核心力量,就必须让核心人才真正对业务有足够的主导权和发言权,调动他们的积极性,打破行政岗位的局限性,打开核心人才的发展空间,使他们人尽其才,才尽其用,给才华以充分的施展空间,以发展留住人才。

参考文献

1. 著作与期刊文章

葛懋春主编. 历史科学概论[M]. 济南:山东教育出版社,1984

M. C. Lemon 著,毕芙蓉译. 历史哲学:思辨、分析及其当代走向[M]. 北京:北京师范大学出版社,2009

张春英主编. 海峡两岸关系史(1—4卷)[M]. 福州:福建人民出版社,2004

李松林、杨建英. 中国共产党反分裂反"台独"斗争及经验研究[M]. 北京:人民出版社,2009

[俄]谢·卡拉—穆尔扎(C. Kapa—Myp3a)著,徐昌翰等译. 论意识操纵(上、下)[M]. 北京:社会科学文献出版社,2004

李宏、李民等. 传媒政治[M]. 北京:中国传媒大学出版社,2006

周鸿铎主编. 区域传播学导论[M]. 北京:中国纺织出版社,2005

单波. 跨文化传播的问题与可能性[M]. 武汉:武汉大学出版社,2010

单波、石义彬、刘学主编. 新闻传播学的跨文化转向[M]. 上海:上海交通大学出版社,2011

张晓峰、赵鸿燕. 政治传播研究:理论、载体、形态、符号[M]. 北京:中国传媒大学出版社,2011

戴晓东、顾力行主编. 跨文化交际与传播中的身份认同(一):理论视角与情境建构[M]. 上海:上海外语教育出版社,2010

王海德、周圣坤主编. 传播与沟通[M]. 北京:中国农业大学出版社,2002

陈阳. 大众传播学研究方法导论[M]. 北京:中国人民大学出版社,2007

陆锡初. 节目主持人概论[M]. 北京:中国广播电视出版社,2006

吴郁. 当代广播电视播音主持[M]. 上海:复旦大学出版社,2010

李长顺等主编. 论对台宣传[M]. 北京:华艺出版社,1992

孙波. 对台宣传浅谈[M]. 北京:华艺出版社,2002

李彬. 中国新闻社会史(1815—2005)[M]. 上海:上海交通大学出版社,2007

陈昌凤. 中国新闻传播史:传媒社会学的视角[M]. 北京:清华大学出版社,2009

李秀云. 中国现代新闻思想史[M]. 北京:中国社会科学出版社,2007

申启武.广播生态与节目创新研究[M].广州:暨南大学出版社,2008

申启武.中国广播研究 90 年[M].广州:暨南大学出版社,2010

张铭清.海峡两岸新闻与传播研究[C].厦门:厦门大学出版社,2009

王文利.中国广播电视新闻研究简史[M].长沙:湖南师范大学出版社,2008

陈飞宝.当代台湾传媒[M].北京:九州出版社,2007

陈扬明等.台湾新闻事业史[M].北京:中国财政经济出版社,2002

颜纯钧主编.传播地理与传媒互动——海峡两岸传媒文化比较研究[M].上海:上海三联书店,2009

杨胜云.对台传播引论[M].北京:中国广播电视出版社,2009

北京广播学院新闻系.中国人民广播回忆录[Z].北京:广播出版社,1983

左漠野主编.当代中国的广播电视(上、下)[M].北京:中国社会科学出版社,1987

当代中国广播电视回忆录[Z].北京:中国广播电视出版社,1995

当代中国广播电影电视大事记(1984—1995)[G].北京:中国广播电视出版社,1997

艾知生、刘习良.中国改革开放辉煌成就十四年(广播电影电视卷)[M].北京:中国经济出版社,1993

赵玉明、王福顺主编.广播电视辞典[G].北京:北京广播学院出版社,1999

方汉奇主编.中国新闻事业通史(第 3 卷)[M].北京:中国人民大学出版社,2000

李幸等.传播媒介的历史之光——广播电影电视史论[M].南京:南京师范大学出版社,2001

刘习良主编.改革开放中的广播电视(1984—1999)[M].北京:中国国际广播出版社,2001

艾红红.中国广播电视史初论[M].济南:山东大学出版社,2002

赵水福主编.世纪心语——中国老广播电视工作者感悟录[Z].北京:中国国际广播出版社,2003

徐光春主编.中华人民共和国广播电视简史(1949—2000)[M].北京:中国广播电视出版社,2003

张振华主编.中国广播电视概要[M].北京:北京广播学院出版社,2003

赵玉明主编.中国广播电视通史(上下卷合印本)[M].北京:北京广播学院出版社,2004

哈艳秋. 中国新闻传播史研究[M]. 北京:中国广播电视出版社,2005

郭镇之. 中外广播电视史[M]. 上海:复旦大学出版社,2005

陈卫平主编. 中外广播电视简史[M]. 上海:上海外语教育出版社,2006

刘洪才、邸世杰主编. 广播电影电视专业技术发展简史(上册)[M]. 北京:中国广播电视出版社,2007

赵玉明主编. 现代中国广播史料选编[G]. 汕头:汕头大学出版社,2007

乔云霞主编. 中国广播电视史[M]. 北京:中国广播电视出版社,2007

国家广播电视总局办公厅. 广播影视工作重要文件汇编(1999—2004)[M]. 2004

陈尔泰. 中国广播发轫史稿[M]. 北京:中国广播电视出版社,2008

陈尔泰. 中国广播史考[M]. 北京:中国广播电视出版社,2008

赵玉明、艾红红. 中国广播电视史教程[M]. 北京:中国广播电视出版社,2009

杨波主编. 中央人民广播电台简史[M]. 北京:北京广播学院出版社,2000

杨波主编. 中央人民广播电台简史(续编)[M]. 北京:中国广播电视出版社,2005

杨波主编. 全中国都在倾听——中央人民广播电台的故事[Z]. 北京:中国广播电视出版社,2000

中央人民广播电台对台湾广播部. 对台广播文集——中央人民广播电台对台湾广播40周年[C]. 北京:中国广播电视出版社,1995

中央人民广播电台对台湾广播部. 对台广播回忆录——中央人民广播电台对台湾广播40周年[Z]. 北京:中国广播电视出版社,1995

韩长江主编. 业精于思:中央人民广播电台对台湾广播五十年[C]. 北京:中国国际广播出版社,2004

韩长江主编. 路行千里:中央人民广播电台对台湾广播50周年文集[Z]. 北京:中国国际广播出版社,2004

海峡之声广播电台. 当代中国广播电视台百卷丛书·海峡之声广播电台卷[M]. 北京:中国广播电视出版社,2000

孙波. 辛勤滋润"中国心"——浅谈对台宣传的体验[M]. 北京:华艺出版社,1986

孙波. 对台宣传浅谈[M]. 北京:华艺出版社,2002

周新武主编. 华东人民之声[Z]. 北京:中国广播电视出版社,1994

上海广播电视志[G]. 上海:上海社会科学院出版社,1999

江苏省志·广播电视志[G].南京:江苏古籍出版社,2000

福建省志·广播电视志[G].北京:方志出版社,2002

福建省志·新闻志[G].北京:方志出版社,2002

陈方主编.回眸50年——福建人民广播电台成立50周年纪念文集[Z].福州:海峡文艺出版社,2000

金陵之声广播电台.海峡心桥(1986—1996)[Z].南京:南京出版社,1998

张苏明等.江苏人民广播电台50年[M].南京:江苏人民出版社,2003

江苏省广播电视总台.世纪回响[Z].南京:江苏古籍出版社,2002

厦门广播电视史略(1935—2007)[M].厦门:厦门大学出版社,2009

钟志刚.岁月留声[Z].福州:海风出版社,2009

全国对外对台报道优秀作品选[G].南京:南京大学出版社,1988

中国广播电视年鉴(1986—2010)[G].北京:中国广播电视出版社

汪蕾."浦江之声"对台宣传概况[G].上海文化年鉴,1990

史礼泉.谈谈对台广播[J].新闻大学,1982(5)

许伟、陈昭.曲曲乡音架彩虹——记《空中之友》节目主持人徐曼[J].新闻战线,1984(8)

徐曼.节目主持人的播音[J].现代传播,1985(2)

刘炜.关于主持节目的一些体会和看法[J].现代传播,1985(2)

李绪元.充分利用手中的素材[J].新闻通讯,1985(5)

史礼泉.谈谈选择对台新闻的标准[J].视听界,1986(4)

史礼泉.谈谈对台广播新闻的选择[J].新闻大学,1986(13)

谷亮.主持人节目初探[J].新闻大学,1986(13)

叶择南.对台报道角度探微[J].中国记者,1987(5)

谷立兆、杜汝森、孔建民、王晓明.在自己的国土上建功立业[J].视听界,1987(6)

陆锡初.我国大陆主持人节目的10年[J].中国广播电视学刊,1990(5)

范军.试谈新闻的"借光"[J].新闻通讯,1990(7)

左漠野.谈广播评论[J].中国广播电视学刊,1991(3)

陈廉.增强宣传意识　淡化宣传色彩——《春的馨香——夜访台湾辅仁大学同学》评析[J].中国广播电视学刊,1991(5)

吕德生.统战新闻初探[J].新疆新闻界,1992(1)

陈红梅.心像联想、心理联想和情感联想[J].现代传播,1992(2)

汪良.什么是节目主持人[J].新闻与写作,1992(10)

徐曼. 为祖国统一奉献全部身心[J]. 新闻战线,1992(11)

林智勇、廖雪方. 初论板块节目的优势及其发展前景[J]. 中国广播电视学刊,1992(6)

陈力丹、闵大洪、郭镇之. 从对峙到交流——海峡两岸新闻界交往回顾[J]. 新闻记者,1992(12)

史礼泉. 对台经济宣传的思考[J]. 新闻大学,1993(1)

勇于不断改革　探索广播新路——中国华艺广播公司开播一周年的几点体会[J]. 中国广播电视学刊,1993(1)

古石. 广播节目精品——《华广文化街》[J]. 中国广播电视学刊,1993(3)

王志强. 对台广播中的改革开放宣传[J]. 中国广播电视学刊,1993(3)

黄曼莹. 背后将出现蒋介石铜像……——大陆记者团首次访台的幕后新闻[J]. 国际新闻界,1993(3)

姚文奎. 浅谈"金陵之声"对台广播特色[J]. 视听界,1994(2)

王求. 两岸关系演变与对台广播取向[J]. 中国广播电视学刊,1994(5)

刘水才. 为了祖国的和平统一事业——第七届全国对台湾广播优秀节目评选会综述[J]. 声屏世界,1994(8)

林智勇. 把握对台广播新特点[J]. 声屏世界,1994(12)

赵肃岐. 在台湾听"海峡之声"[J]. 声屏世界,1995(1)

杨德金. 台湾听众心态与对台广播宣传[J]. 中国广播电视学刊,1995(4)

洪永固. 加强听众工作　办好对台广播[J]. 中国广播电视学刊,1995(4)

孔建民. 谈谈对台广播评论的"情"与"理"[J]. 视听界,1995(6)

孔建民. 谈谈对台宣传中对台广播的优势[J]. 视听界,1996(2)

陈祖民. 悠悠两岸情　盈盈一线牵——浦江之声广播电台开播八周年掠影[J]. 新闻记者,1996(4)

台波. 盼统一——时代的潮流　95年台湾听众来信综述[J]. 统一论坛,1996(3)

李绪元. 对台广播节目的题材选择[J]. 新闻通讯,1996(9)

李绪元. 浅谈对台广播节目精品的特性——第九届全国对台广播优秀节目评奖有感[J]. 视听界,1996(5)

程道才、黄磊. 海峡两岸新闻交流初探[J]. 新闻大学,1996(4)

马银生. 把握机遇创精品[J]. 视听界,1996(6)

赵腓罗. 心桥——访中央电台《空中之友》节目负责人冬艳[J]. 新闻记者,1996(12)

冬艳. 女性节目主持人在大众传播中的地位和作用[J]. 对外大传播,1997(Z1)

关光利. 空中电波架心桥[J]. 台声,1997(4)

沈泓涛. 悉心研究两岸经贸交流特点[J]. 新闻通讯,1997(9)

钱锋. 铸造自己的风格——主持人在节目中的自我释放[J]. 声屏世界,1997(11)

李卓钧. 对台宣传与对内报道[J]. 新闻大学,1998(2)

孙维惠. 略论对台宣传工作中的几个问题[J]. 南京政治学院学报,1998(3)

李绪元. 对台广播中的地方台特色[J]. 新闻记者,1998(4)

马银生、曹坚. 对台广播必须加强认同感宣传[J]. 视听界,1998(3)

金青. 周总理与台湾海峡天气预报[J]. 福建党史月刊,1998(7)

罗英春. 坚持一个中国原则 规范涉台宣传用语[J]. 新闻与写作,1998(9)

林万成、林小勇. 闽南话在对台广播中的重要作用[J]. 台声,1998(10)

张长明、王求. 调整方向 深化改革——兼谈对台湾广播的定位[J]. 中国广播电视学刊,1998(10)

郭焰烈. 走过半个世纪[J]. 台声,1998(12)

杜汝淼、谷立兆. 难忘"主持"第一声——江苏电台首档"主持人节目"创办回顾[J]. 视听界,1999(2)

武军仓. 试论我军对台宣传的效果评价[J]. 西安政治学院学报,1999(3)

汪璁. 顺应变化因势利导——关于台湾社会变化及对台宣传策略的思考[J]. 电视研究,1999(5)

李卉妍. 关注生活 品味艺术——关于综艺节目编排的几点思考[J]. 中国广播电视学刊,1999(5)

蔡子民. 峥嵘岁月在上海[J]. 台声,1999(8)

梁继红. 台湾广播发展态势与我对台广播改革思路初探[J]. 现代传播,1999(5)

梁继红. 对台湾广播改革的思路[J]. 中国广播电视学刊,1999(11)

王升. 实现两岸和平统一的最佳模式——关于对台宣传"一国两制"科学构想的几点看法[J]. 中国记者,1999(11)

梁继红. 广播音响美学及其应用初探[J]. 现代传播,1999(6)

李绪元. 谈谈地方台在对台广播中的地方特色[J]. 中国广播电视学刊,2000(2)

陈炳基. 悼念叶纪东同志[J]. 台声,2000(4)

陈国雄. 对台广播宣传要强调有效性[J]. 中国广播电视学刊,2000(5)

游欣蓓. 对台宣传的报道艺术[J]. 新闻三昧,2000(9)

八家电台举办的《百姓论坛》活动落幕[J]. 两岸关系,2000(12)

武军仓、梁宏山. 新形势下增强军队对台宣传效果的几点思考[J]. 西安政治学

院学报,2000(6)

郭红斌.试论增强对台广播宣传的有效性[J].军事记者,2001(1)

林文龙.借助台胞祖籍地优势　拓展对台文化交流[J].对外大传播,2001(1)

陈富清.以改革创新精神办好广播节目——中央人民广播电台节目改版势头可喜[J].新闻战线,2001(3)

吴志高.空中桥　两岸情——记韬奋新闻奖获得者毕福臣[J].新闻与写作,2001(7)

陈育艺.增强对台广播言论节目的说服力[J].中国广播电视学刊,2001(9)

毕福臣.终生事业[J].新闻战线,2001(10)

毕福臣.业精于勤[J].新闻战线,2001(11)

毕福臣."心桥"相通[J].新闻战线,2001(12)

海声.适应两岸形势发展　改进对台广播宣传[J].军事记者,2001(12)

江勇、游天华.大功率中波发射台选址——地波场强计算[J].广播与电视技术,2002(1)

结合实际　突出重点　切实做好统战宣传工作[J].中国统一战线,2002(6)

李绪元.回顾创业历史　展望未来发展——江苏台创办对台广播20周年座谈会侧记[J].视听界,2002(5)

檀江林.张治中与争取和平解放台湾[J].百年潮,2002(8)

甘铁生.郭烈焀:永远的激情[J].台声,2002(11)

傅宁军.潘捷:大陆第一代对台播音员[J].两岸关系,2002(11)

海峡.运用现代广播的创新成果　提升对台宣传整体效应[J].中国广播电视学刊,2003(1)

李绪元.对台评论要强化"四性"[J].视听界,2003(3)

丁建萍.文化为媒　合作交流[J].对外大传播,2003(6)

徐晓燕.试论新时期的对台宣传[J].对外大传播,2003(7)

崔世平.福建前线广播员的圆梦之旅——随《台湾往事》摄制组赴台感怀[J].台声,2003(9)

郑韶风.对台广播创新的多维视角[J].声屏世界,2003(9)

王盛泽.邓颖超情注两岸统一大业[J].福建党史月刊,2004(2)

魏秀堂.二十年前的一个精品栏目——关于"寻亲访友"的回忆[J].对外大传播,2004(10)

刘莉.资源有限　潜力可挖——浦江之声对台宣传有效模式的探索[J].中国

广播,2005(3)

　　贺军. 台湾当局"台独"政策对台湾广播的影响[J]. 中国广播,2005(6)

　　张赤梅. 用声音传递情感与思想——论对台文艺广播中声音的运用[J]. 中国广播,2005(7)

　　柳林岚、郭红斌、刘洪涛. 按照大众传媒规律办好对台广播[J]. 军事记者,2005(10)

　　张晓锋、马汇莹. 两岸沟通中的传媒运用思考[J]. 新闻界,2005(6)

　　韩长江. 抓住要害　以理服人——《6108亿军购为台湾带来什么?》赏析[J]. 中国广播,2006(2)

　　王耀庭. 与时俱进　争取民心——对台宣传工作浅谈[J]. 东南传播,2006(2)

　　隋秋月. 谈对台湾广播节目的风格化[J]. 中国广播,2006(4)

　　始于1986——金陵之声20周岁回眸[J]. 视听界,2006(6)

　　李明. 电波情谊牵两岸——中央电台第九届台湾听众联谊会活动侧记[J]. 中国广播,2006(8)

　　冬艳.《青春在线》搭建两岸青年交流互动的平台[J]. 中国广播,2006(8)

　　肖玉保. 与时俱进　深化对台经贸宣传[J]. 新闻三昧,2006(9)

　　熊仕顺. 海峡传播的实践探索——兼论对台宣传及海峡资讯传播的有效性[J]. 东南传播,2006(10)

　　沟通两岸的电波青鸟——齐莺[J]. 中国广播,2007(1)

　　跨越海峡的乡情呼唤——万成[J]. 中国广播,2007(1)

　　申冬云. 媒体联动——增强对台湾广播宣传效果的有效运作[J]. 中国广播,2007(1)

　　杨春民.《两岸论坛》海峡两岸同胞沟通的桥梁[J]. 中国广播,2007(1)

　　陈瑾.《许诺看台湾》用独特的视角关注台湾　用感性的声音感知台湾[J]. 中国广播,2007(1)

　　郑钦. 新形势下增强对台广播宣传有效性的思考[J]. 东南传播,2007(1)

　　郭福佑. 节目的生命周期　对台广播不能忽视的问题[J]. 东南传播,2007(1)

　　翁崇闽. 台湾广播听众收听心理与行为分析[J]. 东南传播,2007(1)

　　喻梅、杜晓莉. 播音主持20年[J]. 中国记者,2007(4)

　　谢彧. 创新,对台广播发展的动力[J]. 中国广播,2007(5)

　　蒋舟. 对台广播互动形式初探[J]. 东南传播,2007(6)

　　刘聪玲. 浅谈广播的意境美[J]. 中国广播,2007(7)

　　张君昌. 对台评论的对象变迁与现实选择(上)[J]. 中国广播,2007(8)

陈锡宏. 改进文风,增强对台广播实效[J]. 军事记者,2007(8)

张斌."自己走路"三部曲:从中央电台看中国广播改革创新的历史沿革[J]. 现代传播,2007(4)

林瑛陶. 试论对台广播娱乐节目的品质[J]. 中国广播,2007(9)

李剑文. 网络调研是对台广播入岛调查的新手段[J]. 中国广播,2007(9)

郑永、王轶南. 对台广播评论宣传策略分析[J]. 中国广播,2007(9)

贺莹、杨胜云. 试析对台军事节目策划不能忽视的五个着力点——以《中国军人海外见闻录》为例[J]. 中国广播,2007(9)

郑钦. 新形势下增强对台广播宣传有效性的思考[J]. 中国广播,2007(9)

张君昌. 对台评论的对象变迁与现实选择(下)[J]. 中国广播,2007(9)

林溪漫. 两岸广播事业发展变迁谈[J]. 东南传播,2007(9)

彭曙光. 试论对台湾广播语言选择的语境意义[J]. 东南传播,2007(9)

杨光. 浅析对台广播主持人的语言风格[J]. 东南传播,2007(10)

张妍. 从中华传统文化谈对台广播主持人的人格魅力[J]. 东南传播,2007(10)

蔡亿锋. 对台经济宣传如何"入岛入心"——以《台胞看海西》报道活动为例[J]. 东南传播,2007(10)

卢伟峰. 两岸广播业合作初探[J]. 东南传播,2007(10)

杨胜云. 润物无声　春华秋实[J]. 东南传播,2007(10)

郑钦. 发挥资源优势　做足外宣文章——兼谈东南广播公司"外宣"节目的选材及制作特点[J]. 东南传播,2007(11)

张进斌. 从台湾媒体解读十七大看对台宣传方式的改进[J]. 东南传播,2007(11)

"你好台湾"网:功能先进的多媒体交互式互联网站点[J]. 中国传媒科技,2007(12)

黄坚. 借鉴西方修辞理论　改进对台传播[J]. 科技信息(科学教研),2007(35)

陈雅萍. 话筒人生:幸福像花儿一样——小记中央电台节目主持人齐莺[J]. 中国广播,2008(1)

蔡亿锋、王佩瑶. 如何增强大型广播直播节目的感染力——以"嫦娥一号"发射直播报道为例[J]. 东南传播,2008(1)

韩长江. 打造对台传播的权威平台[J]. 中国广播,2008(2)

欧阳明. 以优质的议题设置占据优质的受众注意力——浅评央视《海峡两岸》栏目[J]. 中国电视,2008(2)

谢琪瑛. 对台湾广播中的青年受众心理特征简析[J]. 中国广播,2008(3)

赵玉明、贾临清. 周恩来对我国广播电视事业的贡献——纪念周恩来诞辰110

周年[J].中国广播电视学刊,2008(3)

杨松.对台文艺广播对策研究[J].东南传播,2008(3)

颜纯钧.传播地理和两岸关系[J].现代传播,2008(2)

彭曙光.对台广播的语境分析[J].东南学术,2008(4)

陈致烽.文化搭桥　沟通两岸——析泉州电视台闽南语频道[J].怀化学院学报,2008(7)

申冬云.关爱同胞　传递亲情——中央电台对台湾广播抗震救灾报道入岛效果显著[J].中国广播,2008(7)

龚小莞.老播音员细述对台"攻心战"[J].文史博览,2008(8)

江水.对台广播宣传中的错位与策略分析[J].东南传播,2008(8)

李向阳.解放思想　"自己走路"——中国广播电视事业的回顾与展望[J].视听界,2008(9)

陈江滨.跨越海峡的奥运之声——对台湾广播奥运报道回顾与思考[J].中国广播,2008(10)

王小珍.着力打造对台广播品牌　扩大对台有效传播[J].中国广播,2008(11)

周旻、曾晶、陈富清.跨越海峡　情缘相牵——关于厦门广电对台宣传与交流的对话[J].中国广播电视学刊,2008(11)

汤琤、侯一华.对台广播　特色取胜[J].视听界,2008(6)

卢文兴.对台广播传播有效性探析[J].军事记者,2009(1)

林硕峰.说不尽的闽台缘[J].东南传播,2009(1)

车丽娟.浅谈对台广播播音的情理交融[J].大众文艺(理论),2009(3)

李绪元、侯一华.对台广播评论要强化"四性"[J].中国广播,2009(3)

王小珍.对台广播评论应凸显民生视角[J].中国广播,2009(3)

乐艳艳.多彩节目烘托海峡两岸同庆传统佳节[J].中国广播,2009(3)

安东.岁月如歌半生缘——访全国台联原副会长、上海市台联原会长郭炤烈[J].台声,2009(3)

江德能.闽南话广播播音问题辨析——以海峡之声电台闽南话广播为例分析[J].东南传播,2009(3)

关迎春.改革创新　科学发展——访中央人民广播电台台长总编辑王求[J].中国编辑,2009(3)

柳欣.让认知在娱乐中升华——试论对台广播文艺节目的娱乐性[J].中国广播,2009(5)

陈伟建. 对台广播互动直播节目初探[J]. 中国广播,2009(6)

李明. 关于对台广播如何吸引年轻听众的思考[J]. 中国广播,2009(6)

卢文兴. 播前参与设计、播中互动交流、播后评点鼓励[J]. 中国广播,2009(6)

林卫军. 论大陆涉台电视新闻及其选题原则——以《海峡两岸》《海峡新干线》《海峡报道》等节目为例[J]. 东南传播,2009(6)

石兆阳. 改革开放30年厦门广播改革综述[J]. 东南传播,2009(6)

郑韶风. 浅析传统文化元素在对台广播中的运用[J]. 东南传播,2009(6)

杨陆海. 浅析新形势下福建对台广播的传播策略[J]. 东南传播,2009(6)

洪媛媛. 海峡传播中的受众分析与对策研究[J]. 东南传播,2009(6)

陈育艺. 危机传播管理与对台媒体传播探讨——以"三鹿奶粉"事件为例[J]. 东南传播,2009(6)

杨建华. 略论台湾民众的政治意识现状和两岸文化差异性特征及传播对策[J]. 东南传播,2009(6)

陈筠. 架设了55年的"两岸心桥"——专访中央人民广播电台台长王求[J]. 两岸关系,2009(9)

谢文芬. 踏上宝岛思绪飞扬[J]. 中国广播,2009(9)

刘通鸾. 回忆当年对台宣传工作[J]. 武汉文史资料,2009(9)

陈东健、黄少辉. 增强认同心　共享自豪感——对台湾广播国庆60周年宣传思路探析[J]. 中国广播,2009(10)

谢治国. 关于新形势下大陆对台方言广播的思考[J]. 中国广播,2009(10)

程莎莎. 阳光　碧波　西部情——中央电台第十一届台湾听众联谊会侧记[J]. 两岸关系,2009(10)

刘宜民. 和平发展形势下的对台广播创新[J]. 军事记者,2009(10)

刘宜民. 让海峡之声入岛入心[J]. 两岸关系,2009(10)

石兆阳. 厦门广播媒介传播的变化与发展——以厦门人民广播电台60年足迹为例[J]. 东南传播,2009(10)

陈致烽. 浅析对台广播节目《旅游我最大》[J]. 新闻传播,2009(10)

安东. 一位台湾女性的人生历程——记老台胞、中央人民广播电台原主任播音员李玲虹[J]. 台声,2009(10)

钟岷源. 两岸政治炮兵的"心战"记忆[J]. 南风窗,2009(22)

甘险峰,刘玉静. 60年对外传播的进展[J]. 对外传播,2009(12)

王宗磊、杨胜云、宋印伟. 一次文化宣传和成就报道的成功结合——海峡之声

广播电台"大运河千里行"媒体活动解读[J].今传媒,2009(12)

黄勇.论新中国六十年广播电视的发展道路[J].现代传播,2009(6)

曾爱友.浅谈办好中央电台客家话对台湾广播的设想[J].中国广播,2010(1)

江德能.方言广播形象包装广告修辞运用及创作启示——以海峡之声闽南话广播为分析个案[J].东南传播,2010(1)

张彬.精确 深入 活泼——关于做好对台湾广播评论节目的思考[J].中国广播,2010(2)

亢霖.浅析新时期对台湾广播新闻节目的选题[J].中国广播,2010(2)

田嘉.从台湾政治生态变化浅论对台传播[J].青年记者,2010(6)

陆锡初.披荆斩棘 开拓创新 声屏辉煌——我国节目主持人30年发展历程透视[J].声屏世界,2010(8)

刘逸帆.潮平两岸阔——几代中央电台对台湾广播人的难忘记忆[J].中国广播,2010(10)

曾爱友.让台湾听众在认识世界的过程中增强中国意识——中央电台对台湾广播世博会报道之宣传策略浅析[J].中国广播,2010(12)

子牛.让台湾同胞感受不一样的世博[J].中国广播,2010(12)

2. 内部资料与网站

福建前线广播电台编辑部.《对台广播稿选》系列

福建前线广播电台.《纪念建台二十五周年专辑》

海峡之声广播电台.《海峡之声通讯》

江苏人民广播电台对台广播部.《对台广播之友》

福建人民广播电台对台湾广播部.《祖地故乡亲人》

中国广播电视协会对台节目研委会 http://www.nihaotw.com/tga

你好台湾网 http://www.nihaotw.com

海峡之声网 http://www.vos.com

华广网 http://www.chbcnet.com

东南在线 http://www.sebc.com.cn

金陵之声广播电台 http://www.jsbc.com/jlzs

第1财经浦江之声 http://www.yicai.com/showtopic/642116

闽南之声广播 http://www.fm1012.com.cn

刺桐之声 http://www.qzgb.com/1059

附录一　对台广播人物谱

被视为对台广播发端的上海早期对台广播由苏新负责。当华东台成立,对台湾广播编制由华东局台工委转到华东台。归华东台领导后,苏新兼任对台湾广播科科长,陈方和蔡子民担任副科长,组员有李玲虹、张砚、文上光、张林、郝鸣、李天赠、甘莹、吴河、希华,以后又有郭炤烈、黄清旺、张峰、方宜、徐森源、叶绿云、宋非等10多人参加对台广播工作。[①] 台湾籍老干部江浓也参加了对台广播的开拓事业。[②] 中央人民广播电台于1954年8月15日接办了对台湾广播,华东台对台湾广播科的主要人员苏新、蔡子民、李玲虹、黄清旺、徐森源、郭炤烈被调到中央电台。随着对台广播规模的扩大,对台广播的队伍也逐渐壮大。

在对台广播60多年的发展中,一代又一代满怀新闻理想与民族大义的对台广播人曾经或正在默默地奉献着,用人生最美的年华收获了最珍贵和难忘的人生经历。不少人把对台广播当作自己的终生事业,即使已经退休,仍一直在关注和关心着对台广播的发展。这里对对台广播人物的梳理因种种原因难免挂一漏万,无法详细记载所有对台广播人的奋斗和贡献,笔者希望通过对有限的一些代表人物的记录,向所有曾经和正在对台广播战线奋斗的同仁们致敬!

对台广播之父——苏新

苏新(1907—1981),台湾台南人。16岁(1923年)在台南师范学校就读时,参加了受五四运动影响的"台湾文化协会",由于领导学生罢课,反对日本奴役台湾人民而被学校开除。1924年到日本留学,1927年任"台湾文化协会"驻东京代表,并主编该会机关报《台湾大众时报》,领导留学日本的台湾学生运动,任台湾留学生社会研究会委员长,1928年参加日本共产党并参与台湾共产党的筹建。1929年秘密返回台湾致力于工人运动,1931年当选为台湾共产党中央宣传部长,同年9月被

---

①蔡子民,《忆华东台对台湾广播》,《华东人民之声》,北京:中国广播电视出版社1994年版,第332页。

②上海市专志系列丛刊《上海广播电视志》,上海:上海科学出版社1999年版,第297页。

日本殖民当局逮捕,坐牢长达 12 年之久。台湾光复后,在台北先后任《政经报》《人民导报》《中央日报》《台湾文化》等报刊的主编、总编辑。1947 年参加"二·二八"起义,被国民党当局通缉,1947 年 5 月,苏新带着妻子和女儿苏庆黎离开台湾赴大陆。到了上海,风声甚紧,不得容身,又只身经台湾转到香港,其妻萧不缠则带着仅 1 岁多的女儿苏庆黎回到台湾,从此夫妻、父女就不曾再见面。其妻回台后也受到连累,银铛入狱,女儿由台湾的亲友抚育长大。

被迫转移香港期间,苏新参加了台湾民主自治同盟的组建工作,主编《新台湾丛刊》,发表反对台湾独立、拥护中国共产党领导的新民主主义革命的文章,并以"庄嘉农"笔名撰写了《愤怒的台湾》一书,系统地介绍台湾人民反对国民党法西斯统治的革命斗争。1948 年参加中国共产党,1949 年 3 月回到祖国大陆。上海解放后,中共华东局台湾工作委员会宣传科主办对台湾广播,由苏新负责筹办。1949 年 8 月 20 日上海人民广播电台正式播出了《对台湾广播》节目,成为新中国对台广播的第一声。不久,华东人民广播电台成立,对台湾广播划归华东人民广播电台领导,苏新兼任对台广播科科长。创办了《简明新闻》《祖国通讯》《时事讲话》《广播信箱》《听众服务》等广播专栏节目,文艺节目多选去台人员较多的地方戏剧,以慰藉他们的思乡之情,此外还常邀请在大陆的国民党军政人员现身说法,介绍其在大陆的生活和工作。为了增强宣传效果,使用普通话和台湾闽南话两种语言播音。当时对台广播科里有非台湾籍工作人员,且多数不熟悉新闻广播业务,苏新以他丰富的新闻工作经验,耐心帮助他们修改广播稿件,提高他们的采编能力,并将他在台湾日本侵略者监狱内 12 年中悉心研究的闽南语法、修辞、发音、语调等知识,传授给年轻的闽南话播音员。《对台湾广播》办得有声有色,影响不断扩大。

1954 年,"对台湾广播"由中央人民广播电台接办,苏新调中央人民广播电台对台湾广播部,任主任助理。苏新作为对台湾广播部领导成员,在繁重的工作之余仍为大家定期讲课并讲授闽南话播音知识,包括厦门、福州等地电台来的闽南话播音员,即使在"文化大革命"中,仍坚持在家中挂起小黑板讲课,培养闽南话播音员。"文化大革命"期间被解职去干校劳动,负责全连 100 多人的蔬菜供应。在紧张的劳动空隙,继续进行闽南话研究,到 1976 年终于写成了近 40 万字的《闽南话研究》一书,全书分闽南话形成及其语音、语法 3 个部分。粉碎"四人帮"后不久,苏新得到彻底平反。

苏新从事对台广播工作 20 余年,1978 年以后调台湾民主自治同盟总部任研究室主任,1979 年 10 月当选为台盟总部常务理事,1980 年被推荐为第五届政协全国委员会委员。1981 年 11 月 13 日,在他 74 岁生日前夕病逝于北京。

苏新长期在大陆孑然一身,后在大陆重新成家。他在台湾的长女苏庆黎,是台湾"统派"的重要人物,出生于1946年,台湾大学哲学系毕业,曾经在台大园艺系图书馆工作,学生时代参加过"保钓运动",主编《台大青年》。自1976年起,她先后担任过《夏潮》《鼓声》《生活与环境》及《夏潮论坛》杂志的总编辑,曾先后担任(台湾)工党、劳动党秘书长。苏庆黎后到大陆,但父亲已经过世,自幼时与父亲在上海一别,再见时已是阴阳两隔。2004年,苏庆黎病逝于北京。2009年5月,高雄市长陈菊到大陆"行销2009高雄世运"时,安排的唯一一个私人行程就是到北京福田公墓祭拜故友苏庆黎。对于媒体记者询问有关苏庆黎与父亲苏新皆为统派人士的问题,陈菊答道:"人除了政治,还有人性,人生有那么多政治吗?"让在场记者感动落泪。

对台广播的夫妻档——蔡子民、李玲虹

蔡子民(1920—2003),台湾彰化人,原名蔡庆荣。1939年4月至1943年9月在东京早稻田大学政治学系学习。1945年8月至1946年5月任东京《华侨日报》总编辑、台湾《自由报》总编辑。1946年8月至1947年2月在台湾创办《自由报》,任总编辑。其间,1947年2月参加"二·二八"起义,参与起草和提出《二·二八事件处理大纲》。1947年4月到上海,任台湾旅沪同乡会总干事,同年12月加入中国共产党,1949年7月加入台盟。上海解放后,任华东·上海人民广播电台对台湾广播科副科长,1954年8月起历任中央人民广播电台对台湾广播部编辑组组长、部主任。1960年调往中央对外文化联络委员会日本科,从事中日文化友好工作。1962年9月转到外事工作岗位,历任中央对外文化联络委员会日本科科长,中国对外友协亚洲组组长。1979年任文化部对外联络司副司长。1981—1985年出任中国驻日本大使馆文化参赞。1985年5月回国后,任台湾自治同盟中央常务委员兼宣传部长。1988—1997年任台盟第四、五届中央主席,海峡两岸关系学会顾问,中华海外联谊会副会长。1997年任第六届台盟中央名誉主席,曾任第四、五、六、七、八届全国人民代表大会代表。2003年4月11日因病在北京逝世。

蔡子民从1949年9月被分配到华东人民广播电台对台湾广播科工作,1954年调往北京中央电台台播部,一直工作到1959年9月,从事了整整10年对台广播的编辑工作。1954年8月在接到中央人民广播电台台播部的调令后,蔡子民与李玲虹举家立即登程前往北京。当时他们一家四口,行李只有两个箱子,第二个儿子刚出生28天,也抱着上了火车。由于铁路沿线遭遇大雨洪水,从南京到徐州一段,火车几乎是在水中行进,小儿子的满月就在火车上过了。到北京后不久,接到了李玲虹父亲在上海去世的消息,因为新的工作刚刚开始,离不开,他们也没有回去奔丧。

蔡子民在为中央电台对台广播 40 周年回忆录写序时动情地总结了自己那段从事对台广播宣传的岁月:"尽管当时工作紧张,但自己从不觉得累。回想起来,自己人生中最美好的青春时光,是在对台广播事业中默默度过的,这种奉献是无私的、有价值的。"①

李玲虹(1926—),曾用名李玉惠,播音名李华,主任播音员。1926 年 7 月 30 日生于台湾省彰化县二林镇,1943 年 3 月毕业于台湾台南市长荣高等女学校,1946 年 10 月底从台湾到上海。1949 年 7 月于上海加入台湾民主自治同盟,1949 年 8 月 10 日于上海参加中国人民解放军九兵团,随后被调到上海对台广播从事闽南话播音工作。1954 年,被调到中央人民广播电台继续从事对台闽南话播音。1965 年 11 月 26 日在中央电台加入中国共产党。1981 年 3 月至 1985 年 5 月借调到文化部我驻日大使馆(文化参赞夫人),任一等秘书。1987 年 7 月离休。

1988 年 3 月至 1999 年 12 月曾获北京市"三八"红旗手和全国"三八"红旗手奖章等多项荣誉。1993 年 10 月作为"为发展我国新闻出版事业做出突出贡献的先进个人",受国务院表彰,享受国务院政府特殊津贴。

1988—2004 年任北京市"台港澳侨妇女联谊会"副会长,1994—2003 年任台盟中央妇委会副主任,2004—2009 年任北京市"台港澳侨妇女联谊会"名誉会长。编写出版了《播音技术的基本原则》,编辑出版了《蔡子民文集》《台湾农民运动先驱者李伟光》等。

金门阿兵哥的"梦中情人"——陈菲菲

陈菲菲(1937—),福建晋江安海镇人。由于爱好文艺,上中学时就成了学校的文艺骨干。在一次排练舞台剧时,被同台演出的驻军文工团戏剧队队长看中,从此进入军营。1953 年春天,厦门前线驻军根据"上级决定",设立了对金门有线广播组,针对金门岛上居民和大部分官兵讲闽南话的特征,便在部队中挑选会讲闽南话的播音员。1955 年,当时仍在福建驻军一个文工团服役,不到 20 岁的陈菲菲因为能讲流利的闽南话,而且声音好听,被选派到前线从事对金门有线广播喊话,这一"喊"就是 32 年,直至退休,可谓唱了一辈子"对台戏"。聊及这些往事,陈菲菲笑说:"我这辈子和金门国民党军弟兄们讲的话可能比和自己丈夫孩子讲的话还要多啊。"②陈菲菲当年亲切、甜美的播音,不知俘获了多少"蒋军弟兄们"的心,被金门

---

①蔡子民,《一个"老台播"的回忆》,《对台广播回忆录——中央人民广播电台对台湾广播 40 周年》,北京:中国广播电视出版社 1995 年版,第 2 页。
②钟岷源,《两岸政治炮兵的"心战"记忆》,《南风窗》,2009(22),第 63 页。

"阿兵哥"称之为"梦中情人"。"陈菲菲小姐"在金门的知名度极高,一位从金门回来定居的老兵说,在金门几年,陈菲菲小姐的谈话给了俺很多安慰,不管怎么说,这是从大陆传来的女人的声音啊,她使俺想起留在家乡的亲娘和老婆。① 在今天的"英雄三岛战地观光园"里,陈菲菲当年的播音室还在,她的声音依旧在定时播放。2009 年,陈菲菲还受邀参加了中央电视台《小崔说事》的录制,与原国民党军对大陆广播播音员许冰莹共话那段海峡上空电波战的故事。

对金门闽南语广播第一人——吴世泽

吴世泽(1930—),福建厦门人。由于吴世泽是土生土长的厦门人,能讲一口流利的闽南话,且在少年时去过台北,因此,1953 年,前线成立对金门有线广播时,在部队里做文化教员,23 岁的吴世泽被调到角屿广播组,成为用闽南语向金门守军广播的第一人。吴世泽从 1953 年春天来到角屿,在那里工作了 11 年,后当上了角屿广播组组长,亲历了 1954 年的"九·三"炮战、1958 年的"八·二三"炮战、1960 年的"炮打瘟神"等一系列炮击金门的重大事件。1964 年,吴世泽离开角屿岛,1972 年,转业到厦门市邮电局,1990 年离职休养。

在"八·二三"炮战期间,吴世泽和他的 5 名战友,天天以"政治炮兵"的姿态,向着金门守军发射"政治炮弹"。角屿面积仅为 0.19 平方公里,是厦门海防线上距离金门最近的一块陆地。这个岛上本来荒无人烟,没有淡水,险礁林立,浪涛翻腾,在这里工作、生活,条件十分艰苦。广播组的同志吃的菜、喝的水,全靠补给船从陆地运来。遇上刮大风无法行船,岛上备用的水只能保证做饭和每人每天一杯水,洗脸、刷牙都不够,更别说洗澡了。菜吃不上,只能就着罐头啃压缩饼干,几天工夫下来,一个个嘴上都长了泡。雨季更令人发愁,只要两三天连着下雨,地堡里就开始积水。时间一长,睡觉的铺板也会浮起来,上床睡觉非得"涉水过河"不可。上级配发了防潮的棕垫也顶不了几天,盖的棉被浸透了水汽,湿漉漉、黏乎乎的,躺下后全靠人体的温度烘干。全组五六个人挤在一个不到 8 平方米的水泥地堡里,这里就是他们广播、学习、吃饭、睡觉的唯一场所。

按照任务要求,只要天气好,不管白天黑夜都要连续广播。刚开始还没有录音机,主要以口播为主。后来上级考虑到播音员长期连续播音吃不消,发给角屿广播组一部丹麦产的钢丝录音机,可大家都舍不得用。吴世泽和战友们一直坚持用麦克风喊话,把录音机留在最关键的时候用。

出于对特殊环境的考虑,吴世泽要求全组人员一专多能、一兵多用,以保证在

---

①周军,《大嶝见闻:"炮击金门"停止三十年后》,《文史精华》,2009(12),第 38 页。

减员的情况下广播组还能正常工作。他是厦门人，主要负责闽南话广播，可他不但向北方同志学习普通话，还学会了使用和维修发电机、扩大器等设备。后来，上级从角屿广播组抽调人员组建福建前线广播电台，近3个月时间组里只剩下两个人。那个同志因病出岛做手术，实际上就吴世泽一个人坚持工作。每天早上，他早早起来开动发电机，然后背着40多公斤重的喇叭，一个一个放到前沿伪装好，再到播音室开扩大器，放录音机、电唱机等。持续繁重的工作使本来消瘦的吴世泽更加憔悴，然而他没有一句怨言。有一次，背着喇叭的吴世泽又累又困，脚下一软跌进了弹坑，竟然就熟睡了过去。距离播音地堡十几米远有一门值班火炮，每隔几分钟就朝金门打一炮。剧烈的震动连床板都会跳起来，可他竟然没被震醒，事后连他自己都难以置信。

1954年4月的一天，海上起了大雾。按常规雾天能见度低，一般不对喇叭实施伪装，吴世泽和战友们放好喇叭后就下到播音堡吃午饭。可谁知午间突然起了大风，云开雾散，设置的喇叭在对方的望远镜里一览无遗。饭还没吃完，蒋军的炮弹就咆哮起来。吴世泽一听，糟了，喇叭被发现了。他丢下饭碗，撒腿就朝阵地上跑，战友们也跟着冲了上去。大家只有一个念头：一定要把喇叭抢救下来。炮弹在头顶呼啸而过，弹片四下飞散，吴世泽全然不顾，冲到目的地，抓起"九头鸟"（它是解放战争中的战利品，是二战时期美国海军为作战指挥而设计制造的有线设备，重40多公斤，由9个音箱组合成一个喇叭，因此叫"九头鸟"）就钻进坑道。说时迟那时快，一发炮弹紧接着就落到了刚刚放喇叭的位置。真悬，就三四秒钟，差点就"光荣"了！顾不上灰头土脸，吴世泽立即组织抢修被炮弹震坏的喇叭音膜。下午，广播的声音又准时响了起来。

吴世泽每天的播音内容要通过设在厦门岛内的上级领导机关获得。由于远离大陆，加上当时通信工具落后，角屿和陆上的联系非常困难，平时打一次电话就要花上大半天工夫才能接通。炮战一打响，电话线都给炮兵部队占用了，角屿和上级的联系也就断了，稿件送不过来。没有上级的指示和稿件，吴世泽就组织大家收录中央人民广播电台的对台广播，然后自己剪辑，自己录音，重点播出。即使在炮战最激烈的时候，广播也没有中断。

在那艰苦卓绝的年代，吴世泽曾经连续6个春节没有出岛，"春节是广播效果最好的时候。"吴世泽说，"我在角屿工作那么多年，没有任何的功利，我们凭的就是对祖国的一腔热血，这是我一生最难忘的岁月。"[1]

---

[1]周军，《大嶝见闻："炮击金门"停止三十年后》，《文史精华》，2009(12)，第40页。

叶纪东

叶纪东(1927—2000),中央人民广播电台高级编辑,原名叶崇培、林光洋,台湾高雄人。1947年在台湾《公论报》高雄分社任记者,同年加入中国共产党。1949年春到北平参加中华全国青年代表大会,会后到中央台工作,任闽南话播音员,兼任日语翻译。1951年起为印尼、缅甸、泰语等节目编排新闻和专稿。1954年起任越南语组副组长、组长。1959年以后,先后参加创办法语、德语、意大利语广播,任3个语言组的组长。1973年调中央台对台湾广播部任调研组组长,对台湾各方面的情况和问题做了大量调研工作,并发表过有关文章和广播评论,在台湾和国外有比较大的影响。曾任对台湾广播部副主任,全国记协理事,台湾民主自治同盟中央常委、宣传部长,北京市台胞联谊会副会长。1992年起享受政府特殊津贴。2000年2月11日去世。

黄清旺

黄清旺(1927—),播音名黄清,台湾新竹人。1946年底回到祖国大陆,1947年1月参加中国人民解放军,1947年8月调华北军政大学学习。1947年10月加入中国共产党。1950年军大毕业,调上海市税务局工作,任稽征组组长。1952年调华东人民广播电台对台湾广播科任闽南话播音员。1954年调中央人民广播电台对台湾广播部,先后任闽南话播音员、方言组组长、中央台派驻香港记者、对台广播部业务指导。1985年被评为播音指导并受中央台聘请。1988年离休。

武治纯

武治纯(1931—),河南开封人。1948年10月开封解放时参加中国人民解放军,1950年加入中国新民主主义青年团,1954年加入中国共产党。先后在第二野战军文工团、西南军区战斗文工团、广州军区战士话剧团担任演员、秘书、政治助理等职务。1957年考入北京大学中文系文学专业。1962年到中央人民广播电台对台湾广播部工作,较长时间担任调研、评论编辑,撰写各类对台广播稿件100多篇,其中1985年的时事述评《祝贺台湾体育健儿跨越社会制度屏障》获全国好新闻评选一等奖。此外,经手介绍到大陆的台湾作家有60多人,作品在800万字以上,主编的《现代台湾文学史》为大陆第一部台湾文学史专著。1989年聘为高级编辑,1992年离休。

洪永固

洪永固(1932—),福建厦门人,高级编辑。参与开创中央电台对台湾广播,历任中央电台对台湾广播闽南话播音员、编辑,方言组组长,客家话组组长,台播部业务秘书,先后撰写发表了关于加强对台宣传针对性和策略性的业务研究报告等多篇文章。1962 年撰写的《党是苦孩子的双亲》,获《我和祖国》全国征文活动一等奖并被选为我国中小学语文教材。连续 10 年组织策划了《海峡情》征文活动,开辟了听众深度参与中央电台对台湾广播和海峡两岸、中外文化交流的新天地。

谷立兆

谷立兆(1932—),江苏六合人,高级编辑。1955 年毕业于江苏师范学院,历任江苏人民广播电台、江苏电视台编辑、记者、组长、部主任,参与了江苏人民广播电台对台广播的筹办,曾担任金陵之声广播电台副台长兼编辑部主任。1989 年被评为江苏省优秀新闻工作者。1992 年退休。

吴志高

吴志高(1933—),河北人。中央人民广播电台高级编辑,1952 年参加工作,1953 年入党,曾任职于共青团吉林市委、中共吉林市委。1960 年毕业于中国人民大学新闻系并留校任教,1962 年调入中央电台对台湾广播部工作,1973 年起任台播部副主任,1994 年退休。从事对台广播 30 多年中,采写、编发了一批有影响的各类节目,参与组织创办了新闻、专题、文艺、体育等多个栏目,撰写发表了专业论文 40 余篇(30 余万字)。此外,还与人合作编辑出版了《全国对台广播优秀节目选编》《答台湾同胞问》《海峡情征文作品选》等专辑。20 世纪 80 年代初参与策划创办的大陆第一个主持人节目《空中之友》,在听众和广播界引起广泛反响。之后又组织策划创办了《体育天地》《神州旅游》《空中服务台》《九州彩虹》等节目,主持创办了"中国广播电视协会对台湾广播研委会"并任秘书长。自 1992 年起享受国务院政府特殊津贴。

储祖诒

储祖诒(1935—),著名集邮家,原上海人民广播电台高级编辑,安徽安庆人,中共党员。1957 年复旦大学新闻系本科毕业后,入上海人民广播电台连续从业编辑、记者达 38 年,专长新闻广播编辑及采写、制作业务,兼通对台湾广播。1994 年 12 月评为高级编辑。1995 年 9 月退休。采制的录音特写《以埃德加·斯诺的名义——记热心致力中美人民友好事业的徐家裕、戴蒙德二教授》和续篇《友谊的潜流绵绵太平洋》被美国斯诺基金会列为长期陈列品,并被收入"上海新闻丛书"。与他人合作的广播特写《还数他最有出息》获 1990 年全国对台广播优秀节目一等奖,录音报道《上海腾飞的新标志——南浦大桥》获全国对台广播特等奖、全国广播优秀节目一等奖,配音科普广播《声音档案的百年历程》分获上海和全国优秀科普作品一二等奖。曾编撰《上海对台湾广播简史》和对台湾广播期刊《浦江之友》。

张日联

张日联(1937—　)，印尼归侨，祖籍广东梅县。1958 年回国读书，1964 年从暨南大学中文系毕业后分配到中国国际广播电台印尼语组任编辑、记者。1970 年到中央电台对台湾广播部，曾担任客家话等节目负责人，1986—1988 年担任中央电台驻香港记者。在 30 多年对台湾广播工作中，采编、组织、策划了包括《风华正茂的叶剑英》《台湾爱国志士丘逢甲》等在内的大量专稿、评论等。1988—1997 年间，担任《海峡情》征文活动评委，参与编辑出版了《海峡情》《海峡情(续集)》两书。1980 年入党，1996 年被评聘为高级编辑，1998 年退休。

王汝峰

王汝峰(1939—　)，河北盐山人。1964 年从北京广播学院毕业，先后在中央电台少儿部、青年部、台播部任组长、部主任，1993 年任中央人民广播电台副总编辑，1996 年任中央人民广播电台副台长。1997 年至 1998 年，交流至中国国际广播电台任副台长。在主持中央电台台播部工作期间，适应对台湾宣传的需要，三次全面调整节目，并开办了一些有影响的对台广播的名牌节目，多次成功地主持举办海峡两岸文化、体育交流活动，1993 年率 6 家电台参加的广播记者团赴台采访。在先后任中央台、国际台领导期间，参与组织一些大型活动的报道，如香港回归、1998 年抗洪救灾等。曾创作广播剧《前面是急转弯》，出版广播体小说《铁道小交通》，发表 30 余篇广播业务论文和一些散文。1993 年获政府特殊津贴，曾任全国对台广播研究会副会长、会长。

林智勇

林智勇(1937—　)，福建福州人。1962 年 9 月南京大学中文系毕业，历任海峡之声广播电台编辑部评论组(科)编辑、副组长、副科长，编辑部办公室副主任、主任，编辑部方言科科长，海峡之声广播电台编辑部副总编辑、副台长等职。曾任 1988 年首届全国对台广播优秀节目评选委员会副主任委员，全国优秀广播节目评选委员会评委。1988 年定为高级编辑，编辑、采写各种体裁的稿件，整理调研资料，撰写业务理论文章等共约 300 万字，主编出版了《蒋经国其人其事》《唐山过台湾的故事》《萍踪识小》《上下求索》等四本书，约 100 万字，先后获全国好稿奖 5 次，两篇作品被海外报刊评为优质稿。

谢文芬

谢文芬(1940—　)，云南腾冲人。1963 年从北京广播学院新闻系文艺专业毕业后分配到中央电台对台湾广播部工作至 2001 年退休，1994 年被评聘为高级编辑。曾任新闻、专题编辑，1979 年开始从事文艺编辑，后负责中央电台对台广播文艺节目。1985 年执笔改编、录制了 91 讲长篇小说《红楼梦》,1986 年执笔改编、出版了广播版《红楼梦》(上、下两册),1987 年参与选编录制声音书籍《红楼梦》24 集,组织采编大中型文艺晚会 14 台。采编录制的文艺节目获全国、中央电台、省电台等奖 40 多项。1999 年被云南大学、云南民族学院聘为兼职教授。

韩同熙

韩同熙(1941—　),中央人民广播电台高级编辑,山东昌邑人。1963 年北京广播学院新闻系文艺专业毕业,分配到中央人民广播电台对台湾广播部,曾任文艺、闽南话、专题、新闻、对国民党军政人员广播等节目编辑、文艺组副组长、部副主任,1988 至 1992 年派驻香港记者站。1980 年起致力推动两岸文艺(重点是戏曲)交流,以晓含、潇涵等笔名在报刊发表文章,主要有《台湾〈雅音小集〉革新京剧的尝试》《台湾京剧革新一瞥》《台清京剧简况》等,采编节目主要有《著名京剧演员向台湾同行拜年》《新春同乐会》《台湾京剧演员唱腔欣赏》等。在公开刊物上发表论文主要有:《甩掉套子》《郁永河和他的〈裨海纪游〉》《广播台湾新闻初探》等,与人合编《对台广播论文集》《对台广播回忆录》。1995 年被评为高级编辑,1995 至 2001 年任《中国广播》主编。

毕福臣

毕福臣(1941—　),1961 年 7 月鞍山钢铁学院冶金系毕业,同年 7 月入伍,后任新闻干事。1966 年 10 月调入中央电台对台湾广播部,1995 年被评聘为高级编辑,1999 年获国务院政府特殊津贴,2000 年获第四届韬奋新闻奖。多年来除撰写大量有关台湾情况的调查报告、编写大量广播稿件外,独自或与他人合作编写出版的主要著作有:《台湾省地图册》《台湾省旅游交通图册》《台湾宝岛录》《台湾省经济地理》《台湾省地理》《台湾省城市与县乡镇总览》等。退休后编写《台湾历史故事》(郑成功篇)、(施琅篇),近 30 万字。

徐　曼

徐曼(1940—　),本名徐乃文,1940 年 5 月生。1960 年 9 月北京广播学院播音专业毕业分配到中央电台,1980 年调到中央电台对台湾广播部从事对台湾播音工作,任台播部《空中之友》节目主持人,被台湾同胞誉为"和平的使者""知心的朋友""大陆的亲人"。1991 年被评聘为播音指导。中共十三大、十四大代表,1992 年起享受国务院政府特殊津贴。曾任全国新闻工作者协会常务理事、中国和平统一促进会理事、中广协会播音学研究会副会长及主持人研究会副会长等职。2009 年被中广协会评为"新中国 60 年有影响的 60 位广播电视人物"。

获得的荣誉有:全国"三八"红旗手、全国优秀新闻工作者等多项荣誉称号;主

持的节目曾获全国广播电视优秀节目特等奖、全国对台系统播音一等奖等,1990
年获中国广播电视协会播音学研究会"彩虹杯"荣誉奖,1991 年获中国广播电视协
会主持人研究会授予的"开拓奖"特别金奖,1993 年获首届"金话筒"特殊荣誉奖。

吴养生

吴养生(1942—),安徽亳州人,高级工程师。1960 年考入重庆通信学校,
1961 年 4 月加入中国共产党。毕业后分配到海峡之声广播电台工作,历任技术
员、技材组组长、分台副台长、台长、技术部主任、副台长、台长,兼任海峡之声广播
学会会长、全国台湾研究会理事,广播电影电视部科技委员会委员。在从事技术工
作期间,负责组织研制成功了我国第一部 10 千瓦短波流动广播机,被国家定型为
短波广播发射机系列产品之一;组织领导了 120 千瓦并馈脉宽调制机的研制工作;
领导研制了 GE—1 型微机自控系统,达到国内先进水平,还发表了《广播发射机
的并机》《蒸发冷却发射机输出功率的测量》等文章。后研究对台宣传和台湾情况,
发表的主要作品有《对台广播宣传需要掌握的几个问题》《积极改革对台宣传,努力
增强宣传效果》《对台湾政治转型期的初探》等。

陈国雄

陈国雄(1945—),中央人民广播电台高级编辑,中共党员,台湾基隆人。
1964 年参加工作,在中央电台对台湾广播部任闽南话播音员、记者、编辑,历任中
央电台对台湾广播部副主任、台港澳广播中心副主任、对台湾广播中心副主任,兼
任中广协会理事和中广协会对台港澳广播节目研委会副会长、秘书长。近 20 篇广
播作品获国家级奖项,发表和获奖的主要论文有《试探台湾省籍同胞的心理特征与
需要》《香港回归后对台湾广播宣传的机遇与对策》《提高对台广播宣传有效性的若
干思考》等 10 余篇。曾获全国五一劳动奖章、全国优秀党务工作者、全国常住大陆
台胞服务先进个人、中直机关优秀党务工作者、全国"为四化建设和祖国统一大业
做出突出贡献先进台胞"等荣誉。

杜汝淼

杜汝淼(1945—),浙江余姚人,主任编辑。1961 年入伍,1966 年开始从事新
闻工作,曾任南京军区后勤部政治部宣传处新闻干事。1982 年被调入江苏人民广
播电台从事对台广播工作,历任江苏人民广播电台编辑、副组长、副主任、总编室主
任、副台长,并任江苏省新闻工作者协会理事、江苏省海峡两岸新闻文化交流协会
常务理事。1997 年获江苏省首届"戈公振新闻奖"。

王 求

王求(1954—),山东莘县人,1974 年 1 月参加工作,在河北省满城县插队。

1977 年 2 月—1980 年 2 月在北京大学中文系学习。1980 年 2 月起任北京广播学院学报编辑。1982 年 9 月调入中央人民广播电台台播部任编辑。1986 年 5 月任中央人民广播电台台播部新闻组副组长。1988 年 6 月任中央人民广播电台台播部副主任。1995 年 1 月任中央人民广播电台台播部主任。1997 年 11 月任中央人民广播电台台港澳广播中心主任。1999 年 11 月任中央人民广播电台副台长、分党组成员。2007 年 6 月任国家广播电影电视总局党组成员、中央人民广播电台分党组书记、台长。1992 年 9 月,随首批大陆记者团入岛采访,并担任记者团副团长,采访张学良的录音报道获得中国新闻奖一等奖。

张建平

张建平(1954—　),江苏启东人,1972 年 12 月参加工作,大专学历。他有过多年媒体从业经历,担任过报社记者、编辑和领导工作。2000 年任海峡之声广播电台台长,随即开展了改革大讨论。从 2001 年开始,海峡之声广播电台开始轰轰烈烈的业务改革,在"新闻立台"的理念之下,先后诞生了《666 新闻特快》等一批知名栏目,并逐步推行了频率专业化,新闻时政频道、文艺生活频道、闽南话频道、音乐资讯频道等先后成立,引领了对台广播的改革风潮,产生了较大的影响。

梁继红

梁继红(1955—　),广东梅州人,中央人民广播电台高级编辑,1972 年参加工作。1976 年从广东梅州调入中央人民广播电台工作,是中央电台自己培养的第一批客家话播音员。1983 年至 1985 年在北京广播学院新闻系学习。1999 年至 2001 年在北京广播学院新闻研修班学习。1994 年起先后任对台湾广播部副主任、主任等职。2002 年 9 月起任对台湾广播中心副主任。2010 年 4 月担任中国广播电视协会对台港澳节目委员会秘书长。她在从事具体的对台广播宣传时,策划和组织过几十项重大报道,有《两岸客家亲》《三通的呼唤》等几十篇广播作品先后获得中国广播奖一二等奖及全国对台广播优秀节目特等奖、一等奖等各种奖项。她还勤于理论思考,撰写了 30 多篇论文,其中《情感——在对台广播中的作用》《台湾广播发展态势与我对台广播改革思路初探》等分别获全国广播电视学术论文一二等奖和全国受众调查研究成果一等奖等奖项。2001 年被评为全国广播电视"百优"理论工作者。

冬 艳

冬艳(1955—　),原名牛彦彦,中央人民广播电台播音指导,河北广平人。1971 年 12 月进入中央人民广播电台播音部工作,1982 年担任中央电台对台湾广播《空中之友》节目主持人。1983 年北京市高等教育自学考试北师大主考中文专业首批毕业。1998 年开辟《冬艳时间》专栏。2001 年 5 月成为中央电台首批赴台驻点采访记者。策划、主持的节目曾几十次获奖，包括中国广播奖奖项。发表并获奖的主要论文有《节目主持人的角色定位及其未来发展》《加强针对性是提高对台广播收听率的关键》等。曾获中国广播电视主持人节目"开拓杯"金奖，第二届"金话筒"奖金奖。

弘　力

弘力（1955—2010），祖籍河北，生于江西吉安，大专学历，主任编辑，曾任海峡之声广播电台副总编。16 岁始便开始从事新闻报道和文艺创作、演出工作。1984 年，调入海峡之声广播电台任文学编导，旋即兼任节目主持人。1989 年，参与策划并主持《空中立交桥》节目，以极具亲和力的形象，成为深受两岸听友喜爱的优秀节目主持人，被誉为"影响了两岸一代人"的优秀大陆广播主持人，甚至有台湾同行说，弘力快让台湾主持人没饭吃了！1995 年，获第二届"金话筒"金奖，是海峡之声广播电台历史上的第二位"金话筒"获得者。后转行成为一名电视人，曾任福建电影制片厂党总支副书记、书记、福建广播影视出版中心负责人、福建省广播电视新闻综合频道副总监，还曾经兼任福建省青年联合会常委、福建省青年企业家协会副秘书长、福建省青年商会常务理事兼副秘书长。2010 年 5 月因病去世。

钱　锋

钱锋（1964—　），黑龙江哈尔滨人。北京广播学院播音系毕业后分配到海峡之声广播电台，曾任海峡之声广播电台文艺部主任、主任播音员。2001 年转行进入广州某高校从事教师工作。她在海峡之声广播电台时参与创办了《空中立交桥》节目并担任主持人，开始由单纯的播音员走上了采、编、播合一的主持人之路，自编自采的节目先后获多个全国奖。1993 年获首届"金话筒"金奖，是海峡之声广播电台历史上的第一位"金话筒"获得者。她撰写的两篇关于主持人的论文还曾在全国评比中获一等奖。

林万成

林万成，福建人，播音指导。1973 年 8 月到中央人民广播电台台播部任闽南话播音员，曾先后主持中央电台对台广播《龙的故乡》《人间世事》《闽南话讲古》《天风海涌》等。主持时能旁征博引，随时巧妙运用闽南话俚语、谚语、闽南话掌故、闽南话古音等，听众称赞他的声音跨越了海峡，流动着乡情。他对闽南话古诗词的"变韵"和"变调"进行规范，填补了闽南话由于语言的特殊性所造成的空白，增强节目艺术欣赏力。其播音、主持节目求真、求实，有深刻的理解力和纯熟的驾驭力，形成"潇洒自如、诙谐自然、收放有度"的播音风格。擅长播政论性文章、诗词及闽南话讲古,承担大量社论、对台评论的播出任务。2002年主创《闽南话讲古》,播讲时大胆合理地运用悬念手法,使故事情节更加丝丝入扣、起伏跌宕,人物形象更加鲜明突出,有血有肉,叙述语言和人物对白淋漓酣畅。他播讲的大型系列节目《台湾风云》《民族英雄郑成功》《闽南话古诗词》《剑箫奇侠》等一大批闽台文学作品,深受台湾及海外听众的喜爱。他多次为地方电台、电视台培训闽南话播音员,重视对台方言广播现实问题的研究,具有一定的政策水平和业务研究能力。

谢琪瑛

谢琪瑛,播音名"齐莺",厦门人,毕业于厦门大学。调入中央人民广播电台后,主持对台湾广播知名栏目《闽南话节目》,1998年加盟中央电台对台湾广播名牌栏目《空中之友》,2003年底中央台对台广播节目全面改版后,担纲全新栏目《青春在线》的节目主持人,是颇具知名度的优秀对台广播节目主持人。在2003年中央电台对台中心组织的听众问卷调查中,在"最受喜爱的主持人"的评选中名列第一。她曾受中央电台委派,兼任中央电视台闽南话特别节目《闽南话时间》的第一位节目主持人。2006年荣获"金话筒"广播播音主持作品奖。

附录二 对台广播大事记

1949 年

8 月 20 日,中共华东局台湾工作委员会宣教科在上海人民广播电台开办了对台湾广播节目,使用短波 5985 千赫,用普通话、闽南话广播,这是中国大陆对台广播第一声。

9 月 1 日,播出对台广播节目的上海人民广播电台对华东地区广播开始使用"上海人民广播电台第一台"呼号。

1950 年

4 月 1 日,上海人民广播电台第一台改称"华东人民广播电台",上海的对台湾广播也改用华东台呼号。此外,开办了日语广播,每天广播时间增加到 90 分钟。

8 月 1 日 21:30—22:30,福州人民广播电台(福建人民广播电台前身)与中共福建省委台湾工作委员会联合举办的《对台湾广播》节目正式开播。设置《新闻》《伟大的祖国》《对国民党军政人员讲话》3 个节目,分别使用普通话、闽南话、客家话 3 种语言播音。

12 月 20 日,华东台对台广播编辑组调南京台,节目仍由华东台广播。

1951 年

3 月 26 日,根据中央广播事业局有关规定,福州人民广播电台恢复使用"福建人民广播电台"呼号。

1952 年

9 月,华东人民广播电台对台湾广播科从南京迁回上海工作。

10 月,华东人民广播电台对台湾广播增加播出时间,从每天 30 分钟至 90 分钟增加到每天晚上 4 小时。

12 月底,根据上级指示,对台湾广播统一归华东人民广播电台承办,福建电台《对台湾广播》节目停止广播。

1953 年

3 月 5 日,厦门角屿设立对金门有线广播组,开始对金门进行有线广播喊话。

此后,福建沿海的厦门、大嶝、黄岐半岛先后建成有线广播站,分别对大金门、小金门、马祖等岛屿上的国民党军官兵进行广播。

夏季,华东人民广播电台对台广播的日语广播取消,增加了文艺节目。

10月,华东人民广播电台对台广播调整节目,把原来的新闻、通讯、讲话各10分钟的节目改为30分钟的综合节目。

1954年

7月16日,中共中央宣传部、组织部发出通知,决定由中央人民广播台开办对台湾广播节目。

8月14日,华东人民广播电台的对台广播停止播音。华东台对台湾广播科的主要人员调到中央电台,上海早期对台湾广播告一段落。

8月15日,中央人民广播电台对台湾广播开始播音。

年底,福建厦门前线的香山有线广播站建成。

1955年

中央人民广播电台对台广播开办以报道祖国大陆建设成就为内容的《伟大祖国》节目,每次10分钟。

中央人民广播电台对台广播挂牌开办《听众服务》节目,以大陆去台湾的军政界人士为主要服务对象,以后扩大到从大陆去台湾的军、政、公、教等各行各业的人士。

5月,中央电台对台湾广播开始设置固定的文艺节目,文艺节目占全天播音时间的20%。

5月1日,中央人民广播电台对台广播每天的播音时间增加到10小时15分钟,分早晨、中午、晚上3次。

福州(552台)和泉州(641台)两个对台湾广播的中波发射台建成,发射机为20千瓦,采用木杆悬挂倒"L"形定向天线。

为加强对台湾的广播,491台8号工程开出8部7.5千瓦短波机,采用国产的"双菱形天线"。

1956年

中央电台对台湾广播播音时间延长为12小时,并形成独立的对台广播频道。

10月2日,中央电台对台湾广播播音时间延长为13小时15分钟,并增设了30分钟综合性的《客家话》节目,每天早晚共播两次。《客家话》节目1986年改为《客家乡亲》,1995年10月31日又改为"客家频道"。

1957年

上半年,厦门战区的四个有线广播组合并,成立"对敌广播站厦门总站"。

下半年,福建前线对敌广播站厦门总站正式成立。

1958 年

年初,时任厦门有线广播站机务组组长的马昭智到福建人民广播电台亲自挑选一台 7.5 千瓦的主机运回厦门,从中央人民广播电台拨给厦门前线的一台 7.5 千瓦主机,由中国科学院声学研究所研究特制的几组超大功率的气动高音喇叭,胶带录音机等广播器材亦同时运抵胡里山炮台广播站。

上半年,两台主机被安装到拆空的胡里山炮台西炮台内,设备安装后,用电缆将信号输送到安装在白石头炮台、石胄头和香山等地点的大功率高音喇叭。

8 月 24 日 18:00,中国人民解放军福建前线广播电台在厦门正式向金门国民党军官兵广播,发射功率 1 千瓦,频率 860 千赫。每天播音 8 个小时,分早、午、晚 3 次播出。

10 月 3 日,中央电台对台广播开办《对国民党军广播》。

12 月,福建电台塘池发射台增设 150 千瓦中波自动屏调发射机调试完成,转播中央人民广播电台"对台湾广播"节目(次年 10 月 1 日正式播出福建电台第一套节目)。

1959 年

年初,福建前线广播电台扩建工程动工,新台址选在离前沿较远的厦门杏林锦园。

6 月 16 日 22:10—22:40,福建电台复办对台湾广播,节目名称为《对马祖地区广播》。

1960 年

中央电台对台广播的《对国民党军广播》改名为《对国民党军政人员广播》。

2 月,长期从事宣传工作、文字功底好、业务能力强、经验丰富的毛哲民调任福建前线广播电台总编辑,使该台宣传和编播业务工作得到加强。此外,编辑部还设了新闻组、评论组、专稿组,成立了播控组(包括播音、增音和机务)和发射机房,全台人员增加了一倍多,达到 30 多人。

3 月,福建前线广播电台扩建工程全部竣工,新台的总建筑面积 1460 平方米。

5 月 16 日,福建电台《对马祖地区广播》节目改名为《对金门马祖地区广播》节目(之后,又改名《对金门马祖广播》节目)。

6 月初,福建前线广播电台全部编播技术人员从厦门市迁到了西北郊的杏林锦园新台址。

6 月 19 日,福建前线广播电台第一次用 930 千赫频率试播。

7月1日,福建前线广播电台新发射机进入正常定向广播,原有的860千赫暂以转播930千赫进行播出。

1961年

2月,中国人民解放军总政治部主任罗荣桓视察中国人民解放军福建前线广播电台,对广播宣传工作作重要指示。

3月12日至15日,对国民党军宣传业务会议在厦门召开。这次会议的指导思想是端正宣传方向,加强宣传力度,从政治上、技术上压倒对方。

5月11日,中共中央决定加强福建地区对国民党军广播和对敌干扰设备建设,把它作为国家重点建设项目之一,列为国家七〇〇工程。

7月1日起,福建电台《对金门马祖地区广播》节目增加到每档40分钟。

8月25日,为加强福建前线的广播宣传工作,中央投资95.3万元,由福建省广播事业管理局组织实施,建设福州转播实验台、厦门转播实验台、莆田转播实验台、泉州转播实验台、漳州转播实验台、连江转播实验台6座中波转播台,共安装44部1000瓦发射机,于1962年、1963年先后建成投播。

1962年

年初,为了整体搬迁,福建前线广播电台开始在福州、厦门等地选择场址、勘察地形。总台选定了福州北郊新店的秀山,4个分台分别选在福州的井店、厦门的后溪、长乐的下洋以及古田的新城镇郊。

1月21日,福建电台对台湾广播组邀请原国民党"行政院院长"翁文灏向台湾国民党军政界老朋友作广播讲话。

9月15日,中国人民政治协商会议福建省委员会、中国人民政治协商会议福州市委员会、福建电台于中秋节在福州市联合举办福建省、福州市各界人民中秋对台湾广播大会。福建省副省长陈绍宽、政协福建省委员会副主席练惕生、中国国民党革命委员会福建省委员会主任委员刘通分别在会上讲话,台湾同胞和台湾国民党军政人员亲属的代表也在大会上对自己的亲人叙旧话新,省、市文艺团体作慰问演出。

1963年

中央人民广播电台对台广播的《伟大祖国》节目由10分钟增加为20分钟。

年初,根据上级机关和中央广播事业局批准的《关于七〇〇号工程1963年施工进度计划的报告》方案,为加强福建地区对国民党军广播技术设备的国家七〇〇工程施工按计划全面展开。

5月6日起,福建电台《对金门马祖地区广播》节目每天用普通话广播5次、闽南话广播 3 次。

6 月 1 日,台湾国民党空军上尉徐廷泽驾机起义归来,几天后,他应邀到福建电台向台湾听众作广播讲话。

6 月,福建前线广播电台增加了播音时间,从原来的 11 小时 30 分增加到 16 小时 30 分。

1964 年

10 月中旬,福建前线广播电台由厦门市杏林锦园迁到福州市北郊新台址。

11 月,福建前线广播电台制定了《关于编、播若干问题的意见》和《值班编辑监听的目的、职责和注意事项》。

1965 年

下半年,福建前线广播电台各分台开机发射后,每天有 12 至 13 个频率同时播出。

12 月 1 日,福建前线广播电台正式开办两套节目,根据宣传对象的作息时间特点安排节目,部分节目时间交错安排。第一套节目播音 16 小时 5 分钟,第二套节目播音 10 小时 45 分钟,两套节目总播音时间为 26 小时 50 分。每天从早晨 4 点 30 分至次日零点 55 分,都可以听到前线台的广播。

1966 年

4 月,福建前线广播电台技术部鉴于电台设备已逐渐趋向稳定,对停播率指标提出了更高的要求。为此,要求各分台对限制放大器工作状态、质量指标,认真做一次检验调整,合理使用,充分发挥设备的潜力,努力提高平均调幅度,解决让宣传对象听得响、听得清的问题。

10 月 8 日,上级单位批复福建前线广播电台扩建分台,增加短波发射机。

1967 年

1 月,福建人民广播电台的《对金门马祖广播》节目停播。

1968 年

7 月 11 日,中央就福建前线对台宣传问题批示:对台湾人民和国民党军官兵的宣传,要坚决遵照毛主席关于对外宣传工作的重要指示,“注意区别不同对象,有针对性地进行”。

1969 年

10 月,福建前线广播电台逐步恢复自办节目,但设置的节目却是《毛主席著作选播》《伟大的社会主义祖国》《伟大的人民军队》《广播谈话》《闽南话广播》及“临时节目”(主要是时事)。

11 月 4 日,福建前线广播电台立下赫赫战功的 860 千赫退出电台编制,移交厦门市广播电台。

1970 年

7 月,上级业务部门在福州召开对台宣传工作座谈会,会后形成了《关于对台湾宣传工作座谈会会议纪要》。

7 月 9 日,上级单位批复福建前线广播电台新建转播台,增加几部短波发射机。

9 月 27 日,周恩来总理审批修改了以福建前线广播电台为主起草的福建前线《国庆宣传的请示报告》,在原稿中加上了"宣传我国政府 9 月 21 日声明"。将"反美反蒋"的提法改为"反对美帝及其走狗",删去了"瓦解敌军的规定",并将"蒋匪军"的提法改为"国民党军官兵"。

11 月 7 日,中央批转了《关于对台湾宣传工作座谈会会议纪要》。这个文件对前线对台宣传的基本任务虽然仍坚持"宣传战无不胜的毛泽东思想"的提法,但比较客观地指出了当时对台宣传中存在的问题。

福建前线广播电台先后完成了几部短波机冷却设备由水冷却改为蒸发冷却,减少了维修量和由于机器设备庞大所占的面积。

1972 年

福建前线广播电台撤销了《毛主席语录》《毛主席著作选播》和《时事》节目,增设了《光明前途》节目,针对国民党军政人员对我的误解疑虑,加强了政策宣传。

4 月,福建前线广播电台编辑部恢复评论组、新闻组、文艺组、通联组编制。

5 月 15 日,福建电台恢复《对金门马祖广播》节目,每天使用普通话广播 4 次、闽南话广播 3 次,每次 30 分钟,仍为综合性专题节目。

8 月 14 日,周恩来在审阅中央气象台送去的强台风消息预报时,在消息中的"台湾"二字后边加了一个"省"字,增加了"祝台湾同胞晚安"一句,并批示"要对台湾同胞广播","告以预防台风袭击和表达祖国的关心"。

8 月 15 日零点和 1 点,中央人民广播电台对台广播第一次向台湾广播了预报强台风的消息。从此,中央电台对台湾广播新闻节目中增加了"气象预报"的内容。

1973 年

10 月 1 日,福建电台、福建前线广播电台开办了《台湾海峡地区天气预报》节目,为台湾渔民生产服务。

1975 年

9 月 30 日,福建前线广播电台恢复了自办两套对台广播节目。

1976 年

8 月,中央电台对台广播从广东梅县调入了自己的第一代客家话播音员。

12 月 26 日,中央电台对台广播的客家话节目开始由自己的第一代客家话播音员播音,结束了由对外部华侨部(国际台华语台前身)的客家话播音员代播的历史。

1977 年

中央人民广播电台对台广播的《伟大祖国》节目改名为《我们的祖国》,每天播出 8 次,每次 15 分钟。

12 月,厦门两部 50 千瓦中波发射机和一部 10 千瓦中波发射机安装工程竣工验收,投入使用,分别转播中央人民广播电台第一套、第二套节目的"对台湾广播"和中央人民广播电台第一套节目、福建电台第一套节目。

1978 年

1 月 25 日,中央批转上级领导机关《关于加强对台湾宣传几个问题的请示》,重新明确对台湾宣传的根本任务是大力进行爱国主义宣传,对台广播宣传的基调得以修正。

7 月 20 日至 8 月 6 日,上级业务部门在福州召开对蒋军宣传工作座谈会,对恢复和发扬对台广播对国民党军队宣传的传统起了积极的促进作用。

8 月 30 日,福建前线广播电台调整广播节目,设置了《社会主义祖国》《人民军队》《广播谈话》《光明前途》《对台湾同胞广播》《台湾海峡地区天气预报》《文艺》等节目,并转播中央电台新闻节目,另有短语喊话内容分散安排于各节目播出。

1979 年

1 月 1 日,全国人大常委会发表《告台湾同胞书》,对台湾广播都辟出专门时间,反复进行广播。

2 月,福建前线广播电台增加和调整了编制。

2 月 12 日,福建前线广播电台对节目进行调整,设置《伟大的祖国》《可爱的家乡》《爱国一家》《台湾军政人员亲人信箱》《对台湾籍乡亲广播》《时事》《台湾海峡地区天气预报》等 7 个自办的语言节目以及《新闻》和文艺节目,其中《新闻》节目为转播中央电台台播部的新闻 4 次。调整节目后仍以两套节目播出,总播音时间为 36 小时。

为适应对台湾宣传工作的需要,中央电台台播部向香港派驻记者。

中央电台对台广播的《对国民党军政人员广播》改名为《对台湾军政人员广播》。

1980 年

2 月 16 日,中国人民政治协商会议福建省委员会主席伍洪祥通过广播向台湾本岛和金门、马祖岛屿上的同胞们祝贺新春佳节。

11 月 10 日至 16 日,由福建省有关部门提供的台湾校园歌曲《龙的传人》,首先在福建电台《每周一歌》节目中播放,引起福建省内外听众的关注。

1981 年

1 月 1 日,中央人民广播电台对台湾广播的主持人节目《空中之友》开播,在中央电台对台湾广播的两套节目中,每天播送 10 次,每次 15 分钟,这一节目开大陆广播主持人节目的先河。

8 月 8 日,台湾国民党空军少校考核官黄植诚驾机回归祖国大陆,福建的对台广播迅速报道黄植诚驾机归来后在福建的全部活动。

9 月 30 日,全国人民代表大会常务委员会委员长叶剑英向新华社记者发表谈话,进一步阐明关于台湾回归祖国,实现和平统一的九条方针政策。福建电台《对台湾广播》辟出专门时间,连续几天反复进行广播。

1982 年

1 月,江苏省编制委员会批复同意江苏人民广播电台增设对台湾广播部,增列事业编制 20 人。

2 月中旬,江苏人民广播电台对台广播部成立。

4 月,在调查研究的基础上,福建前线广播电台对文艺节目的设置进行了调整,开办了《乐坛群星》《唱腔选粹》《海峡歌声》《每周一歌》《家乡戏曲欣赏》等文艺专题。

4 月 6 日,中央电台对台广播创办《体育天地》节目,每周二、四、六播出 3 次,每次 15 分钟。

5 月 1 日,福建前线广播电台开办了以主持人面目出现、专门对国民党军官兵和台湾青年广播的《青年之友》节目,在播音方面,提倡播音员"走自己的路""创自己的播音风格",提出"亲切、自然、清晰、优美"的要求。

7 月 1 日,根据台湾同胞和爱国民主人士的建议,经中共福建省委宣传部批准,福建电台《对金门马祖广播》节目恢复使用《对台湾广播》节目名称。

同日 23 时,江苏电台的对台湾广播开播,用普通话广播,开办的节目有《新闻》《故乡与亲人》《文艺》等,使用的频率是 702 千赫,每天平均播音 75 分钟,第一任对台湾广播部主任是谷立兆。

10 月 1 日,中央电台对台湾广播增加为两套、近 20 个节目。第一套节目以普通话播音为主,第二套节目以闽南话、客家话播音为主。播音时间共 37 小时 45 分钟,发射功率 3400 多千瓦。

同日,中央电台对台湾广播创办《神州旅游》节目,每天在对台湾广播两套节目中播出 9 次,每次 15 分钟。

同日,中央电台对台湾广播创办《百花园地》节目,每天播出 13 次,每次 15 分钟。1988 年 9 月 11 日,《百花园地》改名为《音乐之声》。

同日,福建电台《对台湾广播》节目进行改革,夜间 0:00—1:00 增加播音 1 小时,定期举办《祖国建设》《故乡与亲人》《唐山风情》《空中邮路》4 个专题节目,采用节目主持人形式播出。

1983 年

5 月 1 日,福建前线广播电台将所有语言节目都改为主持人节目形式,逐渐形成"亲切、自然、优美、清晰"的风格特点,受到听众欢迎。

6 月 20 日,福建电台贯彻第十一次全国广播电视工作会议精神,以新闻改革为突破口,增加自办新闻次数,全天新闻(包括《对台湾广播》节目、《天气预报》节目中的简明新闻)播出 25 次,还开办了《商品信息》专题。

7 月 1 日,江苏台对台广播节目《故乡与亲人》改为主持人形式,是第一个在江苏台推出正式以"主持人"称谓的节目。

9 月,福建前线广播电台重新增加了文艺节目的播出时间,由原来占总播出量的 25% 增加到占 35% 多。

1984 年

1 月 1 日,海峡之声广播电台以新面貌亮相,在台湾和香港引起反响。

4 月 1 日,中央电台对台广播的《对台湾军政人员广播》停播,原属于该节目的两个专题《漫谈》和《人物春秋》成为两个独立的节目。《漫谈》节目名称改为《国事论坛》(1986 年 7 月 14 日改名为《国是漫谈》,1988 年 9 月 11 日改名为《时事漫谈》)。

11 月 25 日,中共中央政治局委员、全国政协主席邓颖超视察海峡之声广播电台厦门有线广播电台。

福建电台的《对台湾广播》节目每天播音 8 次(普通话 5 次、闽南话 3 次),每次 30 分钟,共计 4 小时。

1985 年

年初,江苏省广播电视厅和江苏人民广播电台向中央宣传部和广播电视部提出设立"金陵之声广播电台"的申请。

海峡之声广播电台进行精简整编,编辑部原来的科改为编辑室,设总编办公室及新闻、政策、专稿、文艺编辑室。

2月19日,福建省省长胡平在福建电台作《向台湾同胞祝贺春节》广播讲话。

2月20日,华东六省一市人民广播电台和海峡之声广播电台春节文艺节目联播开始播出。

6月5日至12日,福建电台和海峡之声广播电台联合主办的1985年全国广播音乐工作年会先后在福州市、厦门市举行。中央电台和各省、市、自治区人民广播电台文艺广播的负责人出席年会,会议主要落实举办《全国音乐厅》广播节目问题。

7月,海峡之声广播电台在香港设立台湾听众信箱,名称为"香港上环邮政局33954信箱"。

9月30日,福建人民广播电台把原来分散为8次广播的半小时对台广播节目,改为集中在22:00—1:00、8:00—9:00的两个时段广播,又增办了《听众服务台》《台胞祖地》《八闽新闻》《九州新闻》。

11月2日,中共江苏省委同意江苏台对台湾广播部次年改用"金陵之声广播电台"呼号。

12月12日至14日,海峡之声广播电台在福州市举办对台湾同胞广播音乐会,11名全国著名歌唱家参加演出。

12月31日,中宣部和广播电视部批准同意江苏人民广播电台的对台湾广播改用"金陵之声广播电台"的呼号,并使用短波频率播出。

1986年

1月1日,海峡之声广播电台增设了新闻性的《大陆新闻》《生活天地》节目。同时,设置了言论性的《海峡漫谈》节目,再次加强了言论性宣传,还开办了《九州百花》和《当代中国文坛》两个专题。另外,《闽南话广播》节目更名为《唐山乡情》节目。

2月13日,中共中央军委副主席杨尚昆视察厦门有线广播站,接见广播站组长以上干部,并对对台湾广播宣传问题作了指示。

5月,上海电台正式申报恢复、重组对台湾短波广播,获得广播电视部、上海市政府批准。

7月14日,中央电台对台广播对节目进行大调整,旨在强化新闻的信息量和提高时效性,突出重点,精办节目。布局上采用板块式结构,把所有的节目在两套节目中交叉排发,以扩大听众选择收听的机会。

7月14日,中央电台对台广播的《客家话》节目做了较大变化,节目名称改为

《客家乡亲》,每次节目时间由原来的 30 分钟改为 15 分钟,拓宽了台湾客家同胞的祖地中原地区和客家人聚居地区的报道面,增加了为台湾客家同胞来大陆寻根探祖、旅游观光、求医问药提供各项实用性服务的内容。

9 月,厦门人民广播电台成立对金门广播部。

9 月 18 日,福建电台、中央人民广播电台、上海人民广播电台在福州市台湾大戏院联合举办海峡中秋广播音乐会,进行现场直播,这是中央人民广播电台与地方广播电台首次合作联网广播。

10 月 5 日,厦门人民广播电台开办《为金门同胞服务》节目。节目立足厦门,兼顾闽南,面向金门,采用闽南话主持人形式播音,为厦门唯一能覆盖金门的媒体。

11 月 12 日,孙中山先生诞辰 120 周年纪念日,金陵之声广播电台正式开播。短波频率 4875 千赫,功率 50 千瓦,每天晚上 19:55—24:00 播音。

12 月,海峡之声与全国台联、全国音协等单位在西安联合举办了又一届"海峡之声音乐会",并从西安向台湾同胞做了现场直播。

同月,海峡之声广播电台与中央人民广播电台、上海人民广播电台在福州联合举办了"越剧尹桂芳流派广播演唱会"。

1987 年

海峡之声广播电台新开办了采、编、播合一的《周末小站》节目,改变了文艺节目原来的播出模式,形成了板块式节目的雏形。

1 月 31 日,农历正月初三的 14:00—17:00,福建电台举办"点歌、猜歌、献歌"节目现场直播。福建省省长胡平到场点播歌曲《党啊,亲爱的妈妈》,并通过广播向全省军民拜年。许多听众热情点播歌曲《血染的风采》献给亲人解放军,不少回乡探亲的台湾同胞点播《故乡的云》,向各自的乡亲恭贺新禧。

2 月 1 日,厦门市邹尔均市长向金门同胞祝贺春节的讲话录音在厦门电台《为金门同胞服务》节目中播出。

2 月 16 日,江苏人民广播电台第一套节目 23:00—23:30 开始转播金陵之声电台节目。

5 月 11 日,上海电台开办以台湾同胞、港澳同胞、华侨以及外籍华人为主要对象的《故乡的云》节目,进行对台湾广播试点工作。

6 月,对台广播协调会议在北京召开。

7 月,海峡之声广播电台在日本设立台湾听众信箱,信箱名称为日本国东京都涩谷区神泉町 20 番地 4 号第二绿 M 管理室。同时,在福建、浙江沿海的台湾同胞接待站设立 8 个台湾听众意见箱。

10月4日,台胞杨风舞在亲人的携扶下,从镇江到南京的金陵之声广播电台赠送"海峡隔绝四十年,电波传讯喜重圆"的锦旗,感谢金陵之声为他找到了失去联系40年的大陆亲人。

10月5至7日,中央电视台、海峡之声广播电台、福建省电视台在福州市联合举办海峡之声中秋相声晚会。

10月19日,中央电台对台广播创办了《空中服务台》节目。每周一、五在对台湾广播第一套节目中播出,每次10分钟,每周三和次周一在对台湾广播第二套节目中重播。1995年10月31日停播。

11月,针对台湾当局开放部分民众赴大陆探亲的新情况,福建电台对台广播相继开播《说说心里话》《渔民之友》和《旅游天地》3个栏目,为台湾同胞回祖国大陆探亲、旅游和台湾渔民生产提供服务。

11月2日,为适应海峡两岸出现的新形势,海峡之声广播电台将《伟大的祖国》节目更名为《神州瞭望》节目,撤销《爱国一家》节目,增办《探亲和旅游》节目。

11月12日,金陵之声广播电台在开播一周年之际,启用7215千赫广播频率,增加每天上午8:55—11:00的播音。

11月26日,海峡之声广播电台研制成功的GZ—1发射机微机控制系统正式通过鉴定。

12月15日,海峡之声广播电台与民革中央《团结报》、福建省外贸中心联合举办"海峡诗书画印联谊笔会"。

12月20日,海峡之声广播电台与福建省国际文化经济交流中心联合举办"京沪榕台港澳名家书画展览"。

12月29日,海峡之声广播电台与中央人民广播电台、北京人民广播电台、北京电视台、青岛人民广播电台、中国京剧院、北京京剧院,在北京市联合为台湾同胞举办京剧表演艺术家演唱会。

1988 年

中央台台播部在日本东京开设了《中华之声》电话广播,1988年至1995年曾设置闽南话新闻,一天24小时无论何时,只要拨通特设的电话号码就可以收听,深受华人、华侨及中国留学生的欢迎。

中央电台对台湾广播举办了以抒发民族之情、盼望祖国统一为主题的首届"海峡情"征文活动。这项活动一直持续到1996年,举办了9年9届,连同它的前身,作为一种实验而举办的1987年"兔年知识征答",整整10年。

1月1日,海峡之声广播电台对广播节目进行了较大的调整和改革,进一步增加了新闻节目组数,并增办了《周末小站》和《广播剧》两个文艺专题节目,把文艺节目播出时间增加到占总播出时间的44%。

同日,上海人民广播电台的"浦江之声广播电台"开播,用3280、3990频率正式对台湾播音,每天首播2小时,重播2次,李森华、汪蕾分别担任台长、副台长。时任上海市市长的江泽民为"浦江之声广播电台"题写台名,还亲笔题词"传播乡音乡情,弘扬爱国主义"。

7月2日,福州人民广播电台开办"对马祖广播"节目,这是全国第七家对台湾广播,设有《新闻》《故乡行》《罗星夜话》《闽都风情》《为亲人服务》等栏目。

8月24日,海峡之声广播电台隆重庆祝建台30周年。

9月11日,中央电台对台广播再次对节目进行大调整,重点是加强信息、加强服务、加强言论、加强交流,进一步提高时效性与针对性。

同日,中央人民广播电台对台广播的《我们的祖国》节目改名为《今日祖国》。

9月23日,浦江之声广播电台组织了"千里共婵娟"广播文艺晚会,于25日中秋节当天,播出了演出实况录音。

12月5日,福建台"对台湾广播"节目又调整了广播栏目,举办《新闻》《福建新闻》《故乡与亲人》《说说心里话》《海峡服务台》《闽南话广播》《文艺》和《台湾海峡地区天气预报》挂牌栏目。

1989年

5、6月间,海峡之声派出一位台领导带队的考察组,赴广东考察,实地了解学习了广州珠江台节目改革的做法和经验,同时还派人去上海考察,了解上海台的情况。

5月28日,浦江之声广播电台新辟《经济之窗》节目,为两岸工商界人士提供信息。每周播出4档,每档15分钟,不久改为每周7档。

7月1日,海峡之声广播电台推出了综合性板块节目《空中立交桥》。

8月14日,海峡之声广播电台在厦门市召开台湾问题研讨会。

11月,中共中央政治局委员、书记处书记丁关根和国务院副总理吴学谦视察海峡之声广播电台厦门宣传站,参观对高山分站的展览室和监收室。

1990年

1月1日,海峡之声广播电台对广播节目进行改革,以节目主持人为中心,集采、编、播、录制于一体的综合性板块节目《空中立交桥》正式开播。这个综合性板块节目,熔时政性、知识性、服务性、娱乐性于一炉,综合反映祖国大陆政治、经济、社会、文化等方面的进步与发展。

6月,由《探亲和旅游》节目组负责策划,海峡之声广播电台与辽宁省大连市人民政府联合举办了《"大连杯"台胞心声》有奖征文活动。

6月10日,海峡之声广播电台和中国广播电视学会联合在东山县举办全国部分广播电台优秀主持人节目研讨会。

7月31日,厦门市广播电视局以厦广视(90)035号批复,将厦门电台《为金门同胞服务》节目改称为《对台湾同胞广播》,"对金门广播部"改称为"对台湾广播部"。

8月1日,福建电台召开座谈会,纪念对台湾广播创办40周年,福建省顾问委员会副主任黄明、福建省委宣传部副部长王仲莘出席座谈会。

10月31日至11月4日,由中国广播电视学会(2004年改为"协会")主持召开的全国广播电台主持人节目现场研讨会,在海峡之声广播电台举行。会议进一步推广海峡之声广播电台节目改革和主持人节目的经验。与会者认为,海峡之声广播电台的综合性板块节目《空中立交桥》的出现,标志着全国主持人节目发展到新阶段。

12月,福州人民广播电台组建对台湾广播部。

1991年

中央人民广播电台对台广播的《今日祖国》《神州旅游》节目停办。

福州人民广播电台《对马祖广播》节目改为《对台湾广播》节目。

9月10日起,为纪念孙中山领导的辛亥革命80周年,江苏省暨南京市政协办公厅、金陵之声广播电台联合举办《中山百记》系列报道。该报道以孙中山从事革命活动到过的地方、《建国方略大纲》中提到的主要建设项目和以孙中山命名的地方为采访点,反映这些地区的建设成就、社会风貌和风光名胜。报道由100篇文章组成,分为"足迹篇""理想篇""缅怀篇",在金陵之声广播电台《故乡与亲人》节目陆续播出。

11月1日18时,经国家广播电影电视部批准、国家工商行政管理局注册的中国大陆第一家广播公司——中国华艺广播公司在福州开播,发射总功率275千瓦,使用90.6兆赫、99.6兆赫、107.1兆赫和666千赫、6185千赫5个频率,覆盖中国东南沿海、台湾以及东南亚地区。

11月5日,厦门人民广播电台推出为台湾、金门同胞服务的主持人直播板块节目《海峡时空》。主要栏目有《新闻集锦》《华夏风情》《海峡漫谈》《天涯芳草》等。

12月2日,中央电台对台广播对节目进行第三次大调整,着眼于总体布局,增加和扩充节目的内涵与外延,重点是加强新闻的主体作用,充实经济宣传,扩充服务内容。

同日,中央电台对台广播的《新闻》节目每天在两套节目中播出15次。同时,新开办了《新闻与时事》节目,以对国内和国际新闻事件进行及时报道、述评、分析为主体,每天在两套节目中播出9次。

同日,中央电台对台广播开播30分钟的《海天风景线》节目,旨在加强对大陆地区受众进行涉台教育,为祖国内地听众及进入祖国内地的台港澳听众提供一个及时知晓台港澳社会发展状况的广播窗口,增强祖国内地与台港澳地区人民之间的相互了解和亲和力。节目在中央台第一、五、六、七套节目中播出。

同日,中央电台对台广播开办军事节目——《现代国防》,每次15分钟,这标志着"在对台广播中首次创办了以宣传人民军队和国防建设为主要内容的专题节目"。

同日,中央电台对台广播开办《九州彩虹》大板块综艺节目,以弘扬优秀民族文化、宣传爱国主义为宗旨。

1992年

1月1日,海峡之声广播电台开办了《今日国防》(后改为《中国军队》)节目,每次播出10分钟,每周播出两组。

1月15日,台湾"中广"责任编辑、主持人马先生到金陵台参访,谷立兆等接待来访者,交流了有关情况,希望彼此保持联系和交流。

春节,厦门人民广播电台和中国国际广播电台联合举办春节特别节目《乡音传乡情》,全国侨联主席庄炎林通过广播向港澳台同胞和海外侨胞恭贺新春佳节,同时播出文艺节目。

6月,浦江之声广播电台《大世界》节目开设《空中地面大世界》专栏,陆续介绍上海大世界游乐场轰动一时的"大世界吉尼斯"项目,把流传在中国大陆各地的奇人绝招,传播给台湾和海内外广大听众,让他们了解改革开放年代大陆人民群众的智慧、创造及众多的世界第一。

6月18日,台湾"中国广播公司"新闻广播网记者杨菁惠通过越洋电话,就海峡之声广播电台举办《两岸青年话明天》征文,采访了《青年之友》节目负责人,并在6月19日岛内新闻联播节目中播出了采访录音,称此次征文活动为两岸提供了一个交流思想感情的园地和抒发对中国前途认识的讲坛。

8月1日,海峡之声广播电台推出了"经济纵横"节目,加强经贸宣传。该节目每次播出15分钟,每周播出5～7组。

8月,浦江之声广播电台推出了《两岸情点歌台》节目,接受两岸同胞来信来电互为海内外亲友点歌祝福。节目开播不久,著名科学家谈家桢教授亲自为蒋纬国先生点歌,编辑特地将点歌内容录制成盒带,托人带去台湾。

9月3日,应台湾"海基会"的邀请,18名大陆记者乘飞机离开北京,踏上为期8天的赴台采访行程。这其中有2名对台广播记者,分别是中央人民广播电台对台广播的王求和海峡之声广播电台的刘武。

夏秋之际,浦江之声电台与金陵之声电台联手,组成沿江行报道组,从上海浦东开始,分别到南通、苏州、无锡、南京等地,以录音报道、录音专访以及现场报道等形式,向台湾同胞及海内外听众报道沿江经济发展成就。

海峡之声先后举办了"征联""征集贺语""海峡两岸集邮知识有奖征答竞赛""两岸青年话明天""我的人生观"等10多个征文、征答活动。

1993 年

1月1日,经国家广播电影电视部批准,福建电台在对台湾广播部的基础上组建的对台专用频率——东南广播公司在福州使用普通话、闽南话正式播音。

同日,浦江之声广播电台增辟大型综合文艺节目《欢乐浦江》和专题节目《华夏风采》,在11点至13点用中波首播,晚间与短波联播,这样,全部播出时间由原来的6小时增加至8小时,第一次实现白天、晚间都有节目播出。

3月,中央电台对台广播的《闽南话广播》节目开通了热线电话,每周二上午9时由节目主持人现场回答听众的询问电话,并就电话中的问题在周五的《谈天说地》栏目中给予答复。之后,又与《中国证券报》联合开办了《大陆证券》节目,拓宽了对台湾广播宣传的内容。

5月18日,金陵之声广播电台节目改版,首次推出《午夜好时光》板块节目。

5月24日至6月2日,应台湾"中国广播公司"邀请,首批大陆广播记者采访团一行7人入台进行了为期10天的采访。这7位广播记者都来自对台对外广播战线:中央电台对台广播的王汝峰和徐曼、中国国际广播电台的罗建辉、海峡之声广播电台的沈英艺、金陵之声广播电台的史礼泉、浦江之声广播电台的周勤高、厦门人民广播电台的张飞舟。

夏秋时节,浦江之声广播电台和上海市第七百货商店、在沪台资豪门酒家等单位联手举办"七百杯"海峡两岸通俗歌手大奖赛。这是经国务院文化部批准的文化活动,文化部台办主任任秉欣认为,两岸同时组织达数月之久的歌手大赛,这在两岸文化交流史上尚属首次。海协会会长汪道涵听说浦江台举办这次活动,连声说好,并欣然写下"情系两岸——祝首届两岸'七百杯'通俗歌手大奖赛圆满成功"的题词。

1994 年

1 月 1 日,为让海内外听友在新年春节期间能抒发心愿、传递祝福,金陵之声开始在《午夜好时光》节目中开展"新春贺词有奖竞赛"活动,到 2 月 1 日止,共收到海内外新春贺词、春联共 1100 多幅。

4 月 1 日,海峡之声广播电台对广播节目做了较大幅度的调整和改革,将过去一套节目内容在两套广播重复播出,改革为两套宣传内容各有侧重、节目各自相对独立、针对性较强的名副其实的两套节目格局,公开呼号为第一广播网和第二广播网。第一广播网重点加强新闻,以新闻时政为主干,充分体现海峡台作为全国性综合性广播电台应有的权威性。第二广播网以经贸宣传服务为主,通过加强经贸宣传,提供经贸服务,落实中央关于把加强两岸经贸往来作为对台工作重点的指示。

4 月,福州人民广播电台的《对台湾广播》改为《两岸知音》节目。

4 月 18 日,厦门人民广播电台《对台湾同胞广播》节目改名为《海峡时空》,实现了日播(每周 7 档),每档 1 个小时。

7 月 1 日,金陵之声广播电台开通中波 846 千赫,用于转播两个短波频率的节目,以加强对内的涉台教育。

7 月 3 日至 4 日,为祝贺金陵之声中波 846 千赫开播和 5860 短波改频成功,金陵台与江苏省外宣办在南京人民剧场联合举办了纪念梅兰芳诞生 100 周年京剧专场演出,北京京剧院梅葆玖、梅葆玥等人与江苏省京剧团的艺术家演出了《挑滑车》《天女散花》《太真传》剧目。

7 月,厦门人民广播电台《海峡时空》节目部门举行"首届海峡两岸业余歌手大奖赛"。两岸业余歌唱爱好者共有 100 多人参加,其中有 10 多位台湾选手特地从台湾搭机绕道到厦门参加比赛,新华社、中新社及省内外一些新闻媒体做了报道。

11 月 29 日,厦广视(1994)98 号文件批复:同意厦门人民广播电台的对台部改为"对台对外部"。

12 月 25 日,厦门人民广播电台对台湾广播部改名为对台对外广播部。

年底,厦门电台对台对外部《海峡时空》首次举办厦门与金门之间的直播节目,主持人与金门县副县长等在节目中直接对话。

1995 年

年初,中央台"调整充实第五套(对台第一套)节目,改造第六套(对台第二套)节目",决定实验性地将第六套节目办成一套兼顾海外华人、华侨听众的节目,呼号为"中央人民广播电台华语世界"。

7月1日起,厦门人民广播电台《海峡时空》节目从1小时延长到2个小时。

10月31日,中央台第五套调整充实节目,进一步完善和强化以新闻为主体、突出服务功能的节目布局。同时,经调整改造后的中央台第六套节目采用"华语世界"这一新的呼号正式开播,内容以服务性、娱乐性为主,除新闻类节目以外,还设有重要的综合性、专题性节目。至此,中央台两套对台湾广播的播出时间为37小时50分钟。

同日,中央电台对台广播的《现代国防》节目进行较大幅度调整,时间增加到20分钟。

同日,中央电台对台广播的《空中服务台》节目停播,开办了《证券广网》节目,以增加经济报道的信息量。

同日,中央电台对台广播在《九州彩虹》节目基础上,开办了60分钟的综合性文艺节目《九州综艺》。

12月19日,金陵之声作为主要成员之一的江苏省苏台新闻交流协会在南京中央饭店成立。苏台新闻交流协会是以江苏省驻宁新闻机构从业人员为主,并吸收台湾《中国时报》《经济日报》《联合报》等媒体人士参加的群众性社会团体,这是继福建省之后成立的第二个同类团体。

1996年

年初,中国华艺广播公司重点对《华广快车》节目进行了改版,采用记者评述的方式加强节目的深度报道,充分发挥广播新闻的优势和特色;把"八面来风"环节改为"地方有声版",采用各地电台地方新闻报道的录音和中央电台的地方新闻报道,增强节目的听觉效果。

1月18日,厦广新闻台开播,对台对外部停止运作。

2月5日开始,金陵之声在每天的18:00—19:00,首次播出一档直播板块节目《金陵大观园》,当晚22:00—23:00重播这档节目。该节目设有《南京之窗》《老字号·新风貌》《金陵名人访谈录》等栏目,着重展示历史文化名城南京的变化和南京人的生活风采,融知识性、服务性、趣味性为一体。

7月1日至10月1日,全国8家对台广播电台联合举办《一国两制》知识有奖征答活动。

7月1日,全国8家对台广播电台联合举办"中国统一大家谈"专题节目,此节目到次年7月1日结束,历时一年。

8月31日至11月12日,为了纪念孙中山先生诞辰130周年,金陵之声与江苏省暨南京市政协办公厅、南大出版社、连云港港务局、中山陵园管理局联合举办"炎黄子孙话中山"有奖征文活动。收到海内外征文共 240 篇,播出 100 多篇,由南京大学出版社正式出版发行。

11 月 8 日下午,中共江苏省委、省政府、省人大、省政协有关领导,省市各民主党派、工商联、台联会的负责人以及经济界、文艺界、新闻界人士,部分台胞台属欢聚在江苏人民广播电台演播大厅,喜庆金陵之声广播电台建台 10 周年。

1997 年

1 月 1 日,海峡之声广播电台开始执行《广播技术维护管理若干规定》,以此为规范电台技术管理工作的重要依据。

5 月 19 日,金陵之声广播电台在每天中午 12:00—13:00 开通直播节目《健康之友》,6 月 1 日正式开通热线。该节目由柳迪主持,马银生、柏国友、李绪元三人轮流担任导播,这是金陵之声电台最早开通的健康类直播节目。

12 月 1 日开始,8 家对台广播联合举办了"两岸关系大家谈"大型专题征文活动。此次征文活动从 1998 年 1 月 1 日开始在节目中播出来稿,至 12 月底结束,共收到海内外听众来信来稿 900 多篇。

1998 年

1 月 1 日起,中央电台第六套节目(即对台广播第二套节目)恢复原有的呼号:"中央人民广播电台对台湾广播"。另外,把对台宣传与对港澳宣传合并,成立了台港澳广播中心。

3 月 18 日,金陵之声收到新加坡丽的呼声有线电台中文节目部经理林碧峰先生发来的电函,商定从 4 月份起每月交换一档节目的合作事宜。节目内容主要反映江苏和新加坡两地旅游景点、风土民情、人文习俗等,每次节目时间为 30 分钟,每月上旬双方用盒式带寄送。金陵台提供的节目在丽的呼声台《飞越时空地球村》节目中播出,丽的呼声台提供的节目在金陵台《环球航班》节目中播出。丽的呼声台是新加坡唯一一家有线广播电台,分金、银两个广播频道,其中金台每天 18 小时是中文节目。在正式交换节目之前,金陵台制作的节目就曾在丽的呼声台《天下一样春》特别节目中播出过。

5 月 29 日至 6 月 2 日,中央台在昆明举办首届台湾听众座谈会,这是中央台对台湾广播开播 44 年来第一次直接从台湾岛内邀请听众来大陆参加座谈会。

7 月,东南广播公司通过《福建之窗》在"中国国际互联网络新闻中心""中国之窗"两大系列服务区开始进行网上广播,这在福建广播界属首创。

7 月 31 日,中央电台对台广播开办另一个军事节目——《海峡军事漫谈》,每周播出 2 次,每次 20 分钟,使对台湾的军事宣传进一步深入。

1999 年

1 月 1 日,中央台台港澳广播中心承办的第五、六(对台湾广播)、七(对港澳广播)套节目以崭新的面貌呈现在听众面前,形成了以新闻为主体,突出服务与娱乐功能的节目布局。

同日,中央台台港澳广播中心开办了 60 分钟的综合性文艺节目《九州艺苑》,服务于台港澳地区同胞。

同日,厦门人民广播电台与中央电台港澳台广播中心等合办《闽南风》节目,在中央人民广播电台第五、六、七套节目中正式播出。

3 月 11 日,厦门人民广播电台对台对外部重新运作,加强对台对外宣传。

5 月 19 日,东南广播公司在国际互联网上正式建立了自己的主页(http://www.sebc.com.cn)。

8 月初,中央台第二届台湾听众联谊会在内蒙古举办,邀请了台湾岛内 14 位不同阶层的听众参加。

11 月,8 家对台广播联合举办"百姓论坛"活动,在近一年的节目制作、播出期间,收到大量来自全国各地包括台湾、香港、澳门以及海外的来信、来电及电子邮件等,反响热烈。

2000 年

2 月,海峡之声广播电台投资 220 多万元建起的广播节目卫星传输系统正式投入使用。

4 月 1 日,海峡之声广播电台网站——海峡之声网(http://www.radiohx.com)试运行。

4 月初,为了增加发射功率,海峡之声广播电台经反复考察、论证,选定了发射机功率等级和型号,并完成了发射机及备件的定购等各项准备工作。

4 月,东南广播公司对网站进行改版,改变原来网站为传统媒体翻版的做法,增加文稿新闻、专题、网站精品推荐等内容。

8 月 23 日至 26 日,中央台第三届台湾听众联谊会在新疆成功举行,来自台湾岛内的 15 位听众代表参加了这次活动。

2001 年

全国 9 家对台广播电台联合举办大型系列广播《台湾同胞看大陆》和《一国两制大家谈》节目。

1 月 20 日,金陵之声与台湾正声广播公司交换节目,向其提供"海安花鼓"的节目内容。此前,台湾正声广播公司向金陵之声提供了贺岁节目,这是金陵台首次与台湾广播电台交换节目。

4月16日,中国华艺广播公司进行了建台历史上最大规模的一次节目改革,将原有每天分两次播音10小时,改为一套创意新颖、内容丰富、24小时全天候播出的广播节目。

5月,中央人民广播电台开始派记者赴台湾驻点采访,这标志着中央人民广播电台到台湾采访有了实质性的突破。

5月,中央电台对台广播创建了自己的广播网站——《你好,台湾》网。

7月,海峡之声广播电台投资3000多万元的大功率中波发射台在福建平潭建成。

8月18日,海峡之声广播电台从国外引进的大功率中波发射机试播,强大的电波立刻对台湾多家电台形成"盖台"之势。

同日,海峡之声广播电台将两套广播改造为专业频率——新闻时政频道、文艺生活频道,总播出时间由过去的14小时增加到55.5小时,自制节目时间也由过去的346分钟增加到1845分钟。节目直播率达50%以上,其中首播节目的直播率,新闻时政节目达到90%,文艺生活节目达到70%,闽南话节目达到46%。

同日,海峡之声广播电台增办了军事节目——《军事在线》,以海峡两岸的军事爱好者为主要收听对象,通过运用各种声像资料,形象、生动地介绍各类军事知识。

9月12日至14日,江苏广播电视总台与中国国际广播电台联合举办"全球华语音乐广播创意节目邀请大赛暨首届全球华语电台论坛",金陵之声广播电台邀请了与其有合作关系的台湾正声广播公司、澳大利亚民族之声广播电台与会,会议期间,与之进一步讨论了今后的合作方式和内容。

11月1日,中国华艺广播公司10周岁生日当天,也开通了自己的网站——华广网(http://www.chbcnet.com/)。

11月9日,金陵之声广播电台召开金陵之声建台15周年座谈会,各有关方面领导同志张苏明、韩同文、潘朗哉、许方明,老同志王若渊、李绍成和金陵之声历任台长(编辑部主任)出席了纪念活动。

12月19日至26日,中央人民广播电台对台湾广播中心委托北京美兰德信息公司在台湾岛内进行了首次对台湾广播听众抽样调查,调查采用电脑辅助电话调查方式,并进行同步录音。调查范围为台湾地区25个市县,调查对象为台湾地区18岁以上的市、县居民,获有效样本2628份。这次调查是中央电台对台湾广播首次在台湾全岛进行总体性的听众调查,也是中国大陆的对台广播第一次采用现代抽样方式进行的收听调查。根据调查,中央电台对台广播在岛内有听众 23 万人。

2002 年

1 月 1 日,海峡之声广播电台闽南话频道开播,这是中国大陆第一个闽南话方言广播频道。

2 月 12 日至 17 日,春节前夕,金陵之声和台湾正声广播电台第二次互换春节贺岁节目。台湾正声广播公司提供了《2001 年台湾歌坛风云榜》《红楼家族贺新春》《跃马迎新春》等三档节目,金陵之声选送了《唐风唐韵中国年》《深谷幽兰 馨香悠远》两档文艺节目。

4 月 16 日,海峡之声广播电台文艺生活频道改版,基本实现了全天候直播。

4 月,厦门人民广播电台对台部并入新闻频率,实现了全频率对台广播。

同月,厦门人民广播电台《海峡时空》节目进行全新改版,以男女搭配的双主持人形式播出。

5 月,厦门电台内设机构进行局部调整,第一套节目部和对台对外部合并为新闻中心。

6 月 16 日,海峡之声广播电台新闻时政频道改版。

7 月 2 日,金陵之声举办江苏台台播部成立暨对台广播开播 20 周年座谈会。当年参加筹办对台广播的老同志和有关领导张苏明、孙鹰、韩同文、王若渊、杜汝淼、谷立兆、史礼泉、姚文奎、柏国友、李乃光、陈为琳、陈适之、王友鑫、薛美娟等 40 多人欢聚一堂,畅谈艰苦创业的历史,勉励年轻人弘扬创业精神,与时俱进,再创对台广播的新辉煌。

7 月,浦江之声广播电台在上海文广新闻传媒集团的领导下,根据中央和市台办关于"走出灯下黑,做好身边台胞工作"的要求,针对上海及周边地区的台湾同胞越来越多的实际,对浦江之声电台进行了改革,以"上海及上海周边地区的台商、台胞"为服务对象,并增加了 FM97.7 和 AM1422 两个播出频率。

8 月 1 日,海峡之声广播电台与"福建热线"联手开通了中国大陆首家专门介绍、传递海峡两岸军事信息的综合网站——海峡军事网,以内容新颖、报道及时、视角独特引起了海峡两岸网友和媒体的广泛关注。

8 月 18 日,海峡之声广播电台闽南话频道改版。

10 月,中央人民广播电台台港澳广播中心更名为对台湾广播中心。

2003 年

3 月 20 日,厦门人民广播电台《海峡时空》节目进行调整,2 小时节目分为上下两部分,分别用普通话、闽南话主持播出。

4月14日,海峡之声广播电台、中国华艺广播公司联手福建人民广播电台和厦广新闻台,在"第七届海峡两岸机械电子商品交易会暨厦门对台出口商品交易会"开幕当天,推出一个小时的《第七届"台交会"直播特别节目》,广播信号覆盖到半个中国(包括台湾)和东南亚地区。

8月26日至27日,由中央电台和海峡台承办的"闽南话对台湾广播宣传研讨会"在北京召开。会上,中央人民广播电台提出了对台湾广播编辑部前移的设想,即走出北京,在临近台湾的福建厦门和广东梅州设立闽南话、客家话广播编辑部,与会者在此方案上取得共识。

9月8日,厦门人民广播电台在会展中心展馆设置"9·8广播联合直播室",与中央电台、国际台、海峡之声广播电台、福建人民广播电台、中国华艺广播公司、上海浦江之声广播电台、漳州人民广播电台和泉州人民广播电台等强强联合,播出"9·8"盛况,同时利用互联网在线制作和直播《9·8"听"厦门》特刊。

10月19日至20日,厦门人民广播电台邀请海峡两岸的专家举办"海峡两岸广告营销研讨会",探讨创作好听有效的广播广告的具体办法。会议还讨论了台湾与大陆广播的发展比较、广播广告经营和现今中国广播广告代理制的发展现状等诸多热点问题。

12月29日,中央人民广播电台对台湾广播以"突出新闻、加强方言、整合专题、充实文艺、重在服务"为原则,推出两套全新的节目——中华之声、神州之声。中华之声定位为新闻综合频率,用普通话播出,《神州之声》定位为方言、文艺频率。改变了以往对台广播两套节目重复播出的格局,每天首播的新节目由7小时增加到18小时40分钟,四分之三以上的节目实现了直播。

同日,中央人民广播电台对台湾广播创办以事实为根据,以理服人,做到"两岸热点话题天天评、全球重大事件细细说"的新闻评论节目——《两岸论坛》。

同日,中央人民广播电台对台湾广播《现代国防》节目更名为《国防新干线》,节目时间也从原来的20分钟增加到40分钟。

同日,中央人民广播电台对台湾广播推出关注两岸经贸交流与合作的大板块财经类节目——《财经大视野》,主要栏目有《财经前沿》《财经报道》《传媒链接》《投资新视野》《热点聚焦》《消费直通车》《台商风景线》《收藏与投资》《财富故事》等。每天播出2次,每次时长50分钟。

2004年

1月1日,海峡之声广播电台音乐资讯频道开播,使用调频99.6播出,至此,海峡之声的专业频率达到4个。

6月20日,全国10家对台广播电台联合推出"全国百家台资企业联播",为台资企业在大陆的蓬勃发展创造了良好氛围。

9月25日,厦广音乐台与厦门台商协会、台湾亚洲调频广播网、厦门优思麦公司在金厦海域"成功号"游船上联合举办别开生面的"中秋海上博饼晚会",活动通过厦广音乐台与台湾亚洲调频广播网同时在海峡两岸进行现场直播。

年底开始,台湾传媒人开始直接介入浦江之声广播电台的对台广播节目,先后有4位在台湾有过电台DJ经验的媒体人担任节目的特约嘉宾,和主持人一起主持节目。

2005 年

1月9日,厦门电台调整节目,新闻广播开办《许诺看台湾》节目,加强对台报道。

2月1日,厦门广电集团闽南话专业频率——闽南之声广播正式开播,引起海峡两岸的关注。

春节期间,全国10家对台广播电台合作,推出春节节目大联播。

5月18日,海峡之声重点打造了新闻评论类节目《666新闻观察》。与此同时,通过推出本台的新闻观察员制度,建立起了木台独家的新闻纵深视角,开始建立本台新闻评论的独家话语权。由此,新闻时政频道建立起以《海峡广角镜》《景艳看台湾》《666新闻观察》和《军事观察》等为评论阵地的"对台、新闻、军事"三极评论体系,使该台的评论宣传更上一层楼。

同日,闽南之声广播与海峡之声广播电台联合制作《戏棚脚仔》节目,并在两台播出,拉开了闽南之声广播"借船出海"的序幕。

6月18日,中央人民广播电台对中华之声、神州之声部分节目进行了重点调整:停办《戏曲与曲艺》;《财经大视野》进一步突出海峡两岸民生话题;《两岸有约》设置"有约信箱",专门回答听众、特别是台湾听众提的问题;创办《天天剧场》,播出当代、近现代题材的广播剧、电视剧录音剪辑,通过艺术再现,让台湾听众了解祖国大陆的现实社会。

9月29日,上午9时泉州市广电中心(集团)第一个专业闽南语频道——FM105.9"刺桐之声"正式开播。在节目内容设置上突出闽台文缘特色,节目集新闻、服务、娱乐为一体,全天24小时播出,"刺桐之声"的开播还被列入由泉州市政府台湾事务办公室评选的"二〇〇五年泉州市对台交往十大新闻"之一。

10月18日,围绕着福建省提出的建设海峡西岸经济区的发展战略,海峡之声广播电台策划,与福建省委宣传部合作,联手全省9地、市共19家广播电台共同推出了 23 集大型宣传报道活动"海峡西岸行"。这次报道活动历时近 3 个月,行程 4000 多公里,足迹遍及八闽大地。联合这么多地、市电台对建设中的海峡西岸经济区作全景式、大纵深的立体宣传直播报道,无论从内容到形式,都是一次全新的尝试和探索,也是一次全新的突破。

11 月 16 日,"刺桐之声"和"海峡之声"广播电台进行了《海峡西岸行·泉州篇》大型直播。直播节目让海内外尤其是台湾听众全方位了解到泉州积淀深厚的历史文化、充满活力的区域经济,领略了泉州这座历史文化名城的独特魅力。

海峡之声广播电台在闽南新建一座大功率中波发射台,频率为 783 千赫,播送该台"闽南话频道"节目,每天播出 18.5 小时,主要覆盖台湾中南部地区。

年底,闽南之声新开设《台商漫谈》节目,也邀请台湾嘉宾参与主持。

12 月 26 日,由厦门团市委、市少工委和厦门闽南之声广播联合举办的闽南之声首届少儿《读册歌》广播电视大赛决赛在厦门广电中心 1000 平米演播室举行。

12 月,中央人民广播电台对台湾广播委托北京美兰德媒体传播策略咨询有限公司进行第二次台湾岛内听众情况调查,仍然采用电脑辅助电话的抽样调查方式,调查对象是 15 岁以上的市、县居民,设计样本量 3500 个。为了更全面、准确地反映中央台对台广播节目的听众收听和满意情况,追加样本,访问那些收听中央台对台广播的听众。最终获有效样本 3611 份,样本特征覆盖较全,比例构成基本合理,具有很好的代表性。根据调查,中央电台对台广播的听众规模逆势增长为 26.6 万人,且竞争力增强。

2006 年

1 月,刺桐之声首档闽南语节目《克林趴趴走》在台湾中南部播出,这是大陆媒体入岛落地取得的新突破。随后两年,该台又有《安安时间》和《三通俱乐部》两档节目在台湾中南部播出。

1 月 9 日,闽南之声对节目做了调整,增设《新闻直播室》《趣味闽南话》节目。

1 月 25 日,"刺桐之声"进行了"2006 年两岸春节包机厦门——台北、厦门——高雄首航仪式"的现场直播报道。"刺桐之声"记者于 25 号凌晨 4 点一路跟随泉州台资企业协会会长郑建良进行独家采访,见证了他在福建的首次包机之行,并在飞机到达台北时,第一时间与他进行联机。在联机中,郑建良道出了"一杯咖啡喝两岸"海峡之近的深情感言。

5 月 26 日,"刺桐之声"联合该台新闻中心对中央电台"心连心"艺术团在泉慰问演出活动及中国闽台缘博物馆开馆仪式进行了现场直播。并于 27 日晚与台湾媒体进行了长达 50 分钟的对播,在第一时间把中国闽台缘博物馆隆重开馆的消息及展馆中体现闽台五缘的展区亮点向台湾听众播出。

6月8日,"刺桐之声"对泉州石井——金门直航进行连续4个小时的现场直播。

9月20日至21日,厦门新闻广播与台湾亚洲调频广播网首度携手在台直播"第二届海峡两岸图书交易会",首开大陆广播在台湾直播的历史。

9月21日,厦门新闻广播《倾听十年》一书在"第二届海峡两岸图书交易会"现场发行,这是大陆广播媒体的专业书籍首次在台湾公开发行。

10月,刺桐之声首届"海峡两岸闽南语歌星选拔赛"开赛,分台湾、大陆两大赛区,在两岸同时进行。

10月18日至30日,应亚洲调频广播网的邀请,厦门音乐广播派出主持人前往台湾制作大型音乐直播节目《台湾音乐文化探访之旅》。

11月,"第二届闽南之声少儿《读册歌》大赛"启动。

2007年

1月1日起,海峡之声广播电台联合福建省气象台和福建省海洋与渔业局(厅),推出了专门为两岸渔民服务的《台湾海峡渔业气象与海况预报》和《渔民之友》节目。其中,《台湾海峡渔业气象与海况预报》每天18次滚动播出由福建省气象台、海洋预报台发布的48小时台湾海峡渔业气象与海况预报,预报内容包括天气、能见度、风、海浪、水温等,每日更新4次,预报区域覆盖福建沿海、台湾海峡及台湾邻近海域的闽东渔场、闽东北外海渔场、闽中渔场、闽南渔场、台湾浅滩渔场等5个主要渔场。节目的开播,受到台湾渔民的欢迎与称赞,岛内10多家媒体更以"台湾渔民有福了"为题作了突出报道。

2月5日,闽南之声再次对节目做了微调,重新设置由台湾嘉宾参与主持的《海峡风情》,《海峡新闻资讯》增加生活提示等服务内容。

6月8日,由泉州市委宣传部及泉州广电中心(集团)主办,台湾菩提岭文化传播公司、泉州市台资企业协会、泉州市音乐家协会协办,泉州人民广播电台1059刺桐之声策划承办的"刺桐之声海峡两岸闽南语歌星选拔赛"五星赛(总决赛)在泉州市广电中心演播大厅举行,泉州赛区的选手叶国伟最终夺得比赛的冠军。

8月1日,中央电台对台广播租用了300M独享网络出口,并使用了90MCDN网络入岛加速服务,从根本上克服了大陆与台湾互联网带宽的瓶颈问题。

8月13日,中央人民广播电台对台湾广播中心的厦门编辑部和梅州编辑部成立,跨出了中央电台对台广播靠前延伸的实质性步伐。

8月,海峡之声广播电台首次以主办方的身份,组织台湾联合通讯社、台湾非凡音联播网、马祖生活资讯电台等媒体 8 名记者,赴厦门、泉州、漳州等地,进行《台胞看海西》联合采访活动,反映闽南地区台商的创业和生活状况,节目在岛内 3 家广播媒体共同播出。

10 月 24 日,台湾广播媒体转播了海峡之声制作的《嫦娥探月,中国梦圆》90 分钟大型直播报道。

11 月 1 日起,台湾广播媒体每天 2 次摘播海峡之声制作的《666 新闻特快》节目部分内容,共 40 分钟。

2008 年

2 月,由海峡之声广播电台、《海峡导报》、中央人民广播电台中华之声、华夏经纬网、你好台湾网,台海网等多家媒体联合主办的"2007 年台湾十大军事新闻"评选结果揭晓,参加票选的海峡两岸受众近 19 万人次。

4 月,海峡之声广播电台完成陕西黄陵"2008 和谐中华大祭祖"广播直播活动和河南新郑"戊子年黄帝故里拜祖大典"国际大联播,直播总时长 190 分钟。这两次直播,无论在联播媒体的权威度、覆盖范围的广度,还是在受众的反响度等方面都实现了历史性的突破。

5 月,四川汶川地震发生后,海峡之声广播电台第一时间研究并启动报道方案,迅速派出 6 名记者奔赴灾区采访报道。连续 18 天的抗震救灾特别报道中,记者深入北川、映秀、青川、什邡、绵阳、都江堰等重灾区,发回 1000 多篇真实感人的一线报道。同时,密切关注台湾同胞的爱心救援行动,连接两岸,连线汶川,成为台湾同胞了解灾区情况的重要管道,受到广大听众赞扬。

6 月,海峡之声广播电台完成"台湾岛内受众满意度有奖调查问卷"。此次调查问卷内容含盖了收听时段、频道及节目内容选择、对主持人及播音员评价、收听效果分析、尚需加强的工作、对海峡之声网整体评价等七个方面。台湾岛内受众对节目设置、播音、主持风格、收听效果总体评价较好,特别是对节目主持人和播音员的评价表示非常喜欢和比较喜欢的听众占 79%。

6 月 27 日上午,海峡之声广播电台与台湾广播媒体就两家电台节目交流签订协议。根据协议,台湾广播媒体每天转播海峡之声广播电台《666 新闻特快》节目部分内容,时长 40 分钟。两家电台共同制作播出《台胞看海西》《家在海西》《两岸故事》《两岸看奥运》《风从客家来》《神州任我行之美丽宝岛——台湾》(全国旅游联播网)等节目。台湾广播媒体负责向岛内媒体推介、使用海峡之声广播电台新闻稿件,帮助海峡之声广播电台在岛内进行新闻采访和收听调查。

7 月,海峡之声广播电台记者魏文莉随"两岸周末包机直航"首发入岛团全程采访,制作播出两个半小时的《大陆居民赴台游(首发)》特别节目。

8月24日,海峡之声广播电台迎来建台50周年。台湾岛内泛蓝政党领导人吴伯雄、连战、宋楚瑜、郁慕明和台湾"立法院长"王金平、"立法委员"黄义交以及周锡玮、朱立伦等10位泛蓝县市长欣然为海峡之声电台题写贺词,两岸许多政要、媒体同行以及忠实受众纷纷题写贺词、赠送匾额、寄来录音、打进热线及网上留言以表祝福,台湾《中央日报》、新语台湾网、台湾新政局网等50多家海内外媒体赞誉海峡之声电台在海峡两岸架起了"半个世纪的空中彩虹"。

8月25日,海峡之声广播电台对现有4套节目进行了较大规模的调整。4套广播频率定位调整为海峡之声新闻广播、闽南话广播、旅游广播和巴士广播网,共办95个节目,其中新办27个节目,调整改进22个节目,撤销21个节目,保留46个节目。节目调整面超过了51%,特别是新办了电台历史上第一个客家方言节目《客家天地》,使海峡之声形成了汉英两种语言、闽客两个方言的对台广播格局。节目改版引起了两岸媒体的普遍关注,受到了岛内听众的充分肯定,岛内听众还为此次节目改版提出了多项宝贵意见和建议。

9月9日至11日,海峡之声广播电台和台湾非凡音联播网在福州成功举办"两马(马尾、马祖)旅游合作研讨会",该活动旨在拓展广播外延功能、促进两马旅游合作、共同打造推动两岸旅游观光媒体推介平台。

9月,海峡之声广播电台全程直播报道"神七"飞天之旅,派出记者赴酒泉卫星发射基地和北京航天飞行控制中心跟踪采访,开设广播专栏两个,制作特别报道300分钟,编发相关新闻700多篇,与台湾多家广播媒体联合播出。

10月,受宋庆龄基金会邀请,海峡之声广播电台新闻部主任杨胜云前往台湾参加"第二届两岸青少年教育论坛"的采访报道。当月,海峡之声广播电台文艺部主任蒋舟应中华全国新闻工作者学会的邀请,随大陆主持人赴台参访团前往台湾参访,并与岛内同行就广播主持业务进行了交流。

10月15日,由中央人民广播电台分别在福建厦门和广东梅州建立的厦门编辑部和梅州编辑部制作的节目——闽南话《祖地乡音》和客家话《客家天地》分别在神州之声早6点和晚6点播出,时长都是1小时。

同日,中央电台对台广播新创办了反映大陆经济民生、社会生活、两岸经贸交流、人员往来的综合服务类专题节目《捷运900》,节目时长2小时。

11月3至7日,应国台办邀请,海峡之声广播电台记者王轶南随团赴台采访海协会会长陈云林率团访问台湾及第二次"陈江会"。此次采访意义大,挑战多,竞争激烈,海峡之声记者圆满完成采访任务,受到国台办致信表扬。

11月17日,中央电台对台广播成立了网络节目部,负责运作"你好,台湾"网站。

12月7日,"第三届闽南之声少儿《读册歌》广播电视大赛"拉开帷幕。

12月15日,海峡两岸海运直航、空运直航、直接通邮全面启动,两岸同胞期盼60年的"三通"终于梦想成真。中华之声于上午9至12点的专题部节目时段推出3个小时的滚动直播——《民心所向、众望所归——两岸三通特别报道》。海峡之声广播电台也精心筹划,组织北京、上海、天津、福州、台北、台中等两岸12个直航点的现场报道,制作了4个小时的特别节目。

12月16日,海峡之声电台和台湾非凡音联播网在厦门就两岸旅游推介、广告代理、台湾著名艺人吴乐天讲古作品授权播出等合作联合召开新闻发布会。台湾旅游部门及媒体代表与会,两岸40多家媒体做了报道。

刺桐之声举办"第二届海峡两岸闽南语歌星选拔赛"。

2009 年

3月16日,海峡之声与台湾6家调频广播电台建立的"海峡之声台湾地区调频联播网"开播,实现了大陆对台调频广播的有效落地。6家台湾调频电台每天固定时段播出海峡之声广播电台专门制作的节目,电波覆盖台湾全岛大部分地区。

3月24日,闽南之声广播与台中广播公司举行签约仪式,正式结为"合作伙伴"。

5月3日,由泉州市委宣传部、泉州人民广播电台与台南市云林同乡会联合主办的"第三届海峡两岸闽南语歌星选拔赛"总决赛在台湾台南市圆满落幕,来自大陆的歌手苏振华获得本年度的总冠军,台湾歌手黄书婷和大陆歌手朱莹分别获得第二、三名。

5月4日,由闽南之声广播制作的《闽南读册歌》在台中四县市落地,同时,闽南之声也播出由台中广播公司制作的闽南金曲节目——《歌声透心肝》。

6月,中央电台对台广播推出一档由中央电台驻台湾记者采编制作完成的固定新闻栏目——《台北直播室》,时长约10到15分钟。

8月10日,中央电台对台广播进行了全新的升级改版,首播时间由以前的每天9小时40分钟增至18小时20分钟,这是继2003年12月29日中华之声、神州之声确定新呼号后力度最大的全方位改革。

同日,中央电台对台广播《捷运900》改为《捷运2009》,2010年改为《捷运2010》,时长延长至3小时。

同日,中央电台对台广播取消原《青春在线》节目,设置了以旅游为主题的午间节目《乐游神州》,节目时长 1 小时,节目形态为主持人直播。

8 月 14 日,浦江之声广播电台与台湾高雄大众广播公司 KISS RADIO 交换播出各自制作的节目单元。

11 月 7 日,海峡之声广播电台《666 新闻特快》节目获"影响新中国广播电视进程的 60 个栏目"殊荣,是所有对台广播中唯一获此殊荣的节目。

12 月 1 日,中央电台对台广播和台湾媒体以合作方式在岛内建立的闽南话"辉煌联播网"开播。

2010 年

1 月 1 日,中央电台对台广播和台湾媒体以合作方式在岛内建立的客家话"客家乡情联播网"开播。

1 月 23 日,"第四届闽南之声少儿《读册歌》广播电视大赛决赛"落幕。来自海峡两岸的小朋友们用他们活泼可爱,充满童趣的表演为观众奉上了一场充满浓郁闽南特色的文化盛宴。

2 月 14 日,作为大陆首个两岸互动类的情感节目,海峡之声电台的《夜航船》开播,为两岸民众搭建了一座心灵沟通的空中桥梁。

5 月 28 日,你好台湾网再次全新改版,定位于立足对台宣传、突出本土特色、服务两岸网民、推动台网一体。引入台湾媒体元素,创新设计,更加贴近台湾受众需求。

5 月 29 日,由泉州市对外文化交流协会、泉州人民广播电台与台北县三重市公所联合主办的"第四届海峡两岸闽南语歌星选拔赛总决赛"在台北县三重市落幕,来自大陆的歌手蔡慧群获得本年度的总冠军,台湾歌手邵大伦和大陆歌手林土生分别获得第二、三名。

6 月 7 日,中国华艺广播公司与台湾快乐联播网签署了合作备忘录。

8 月 10 日,中央电台中华之声的直播大板块《文化时空》由原来的 1 小时扩版为 2 小时。

9 月 18 日,中央人民广播电台对台湾广播中心与海峡之声广播电台、东南广播公司、厦门广播电视集团"闽南之声"广播、泉州人民广播电台"刺桐之声"广播、漳州人民广播电台等 6 家开办有闽南话节目的对台广播机构,在厦门联合举行"闽南话广播协作网"成立大会,并启动了协作网合作栏目"闽南话联播网——《有缘来斗阵》"。

9 月 20 日,由闽南话广播协作网全体成员单位联合制作的栏目"闽南话联播网——《有缘来斗阵》"开始在 6 家成员单位播出。

10 月 18 日,福州人民广播电台开办了福州话对马祖广播频率——"左海之声",通过 FM90.1,全天 24 小时播出。这也是中国大陆第一个 24 小时以福州方言为主,专门对马祖播音的广播频率。

10 月,中国华艺广播公司与台湾快乐联播网通过连线的方式合办一档周播节目《快乐华广 EZgo》。

2011 年

漳州市的长泰、漳浦、云霄三县电台以及泉州市的南安电台加入闽南话广播协作网,使会员台扩大为 10 家。

1 月 22 日,海峡之声广播电台与台湾《旺报》签署合作协议,加强两岸新闻合作,提升两岸文化交流,迈出了两岸媒体的跨媒体合作步伐。

1 月 23 日,由厦门市教育局、团市委、市少工委、厦门广电集团主办,闽南之声广播承办的"第五届闽南之声少儿《读册歌》广播电视大赛决赛及颁奖仪式"举行。比赛举办 5 年来,已逐渐成为唱响海峡两岸、促进两岸少儿交流交往的品牌活动之一。

8 月 27 日,"第五届海峡两岸闽南语歌星选拔赛"开始泉州赛区的海选,标志着该赛事正式开赛。

11 月中旬,"第五届海峡两岸闽南语歌星选拔赛总决赛"在台湾高雄举行。

12 月 18 日,台湾闽南话广播领域的主要代表:云嘉广播公司、台湾声音广播电台、南方之音广播公司、Apple Line 苹果线上联播网、青春线上联播网等 5 家台湾电台加入了闽南话广播协作网。此次 5 家台湾电台加盟是中国广播电视协会正式吸纳首批台湾会员,也标志着该协作网朝"两岸闽南话广播共构"目标又迈出重要一步。至此,闽南话广播协作网会员单位达到 15 家,为两岸媒体在重大报道、品牌栏目、业务交流、年度活动等方面的合作开辟了更加宽广的平台。

专家阅评

中国新闻史学会理事、原南京师范大学新闻与传播学院院长、博士生导师方晓红教授：

审阅《大陆对台湾广播史研究》后，感到该著作选题好、研究细、形式活、视角独到。该书观点正确、论据充分、图文并茂、材料翔实、文字流畅，有一些创新点。

1. 选题好。作者把1949年上海解放后中国大陆开始对台湾广播的整体历史作为研究对象，想法独到，研究内容系统，实用价值大，有利于丰富对台传播理论成果，完善新中国广播事业的研究历史，做法值得提倡。

2. 思路清晰，论述清楚，文献阅读量和检索量较大。作者依据大陆对台方针政策的沿革，从对台广播的历史进程入手，分为7个历史阶段展开系统梳理和研究，分析研究了每个历史阶段的宣传方法、效果、经验、教训等理论和实践问题，提出相应的借鉴、启迪和对策思考，准确地反映了该研究领域的发展状况和成果，问题抓得准，内容紧扣主题，归纳、总结准确。看得出作者对有关史料做了大量艰苦细致的搜集、挖掘、考证、整理工作，填补了这一领域的部分空白，使研究内容变得系统化。同时，作者还围绕有代表性的人物和事件，整理形成人物谱和大事记两个附录，进一步丰富了主体的研究内容。

3. 结构合理。全篇除绪论外，共分7章即7个部分，以上篇下篇统领，每一章节相对独立成篇，整体形成纵向推进。充分运用当事人的回忆、对台广播业务的相关资料和历史背景，采取纵横联合结构框架、微观宏观交替视角、边述边议写作手法，真实中不失生动的语言表达，就中国大陆对台湾广播的历史进行了多维视角的扫描和研究，感到内容丰富、层次分明、间架稳定。

4. 文字流畅；引证资料准确，注释清楚；图表规范，体现出作者本学科扎实的基础理论和系统的专门知识，对相关学科知识也有一定的了解。

5. 有一些创新点。主要是对这一选题展开了系统归纳和理性梳理，为人们进一步的深入研究提供了许多重要的依据。

南京大学新闻传播学院博士生导师丁柏铨教授：

中国大陆对台湾广播史，有加以梳理和研究的必要，该著作的选题颇具价值。作者搜集了大量史料，在此基础上进行观照。在上下篇中对"解放台湾"战略下的对台广播和"和平统一"实践中的对台广播,进行了较为系统的考察,这样的安排是合宜的。该书的结构完整,对几个发展阶段的划分有一定依据,可以成立。

进行这样一项研究,工作量极大,难度可以想见,可以看出,作者的功底比较扎实,写作投入的时间和精力比较多。作者所做的研究,难能可贵。

南京大学新闻传播学院副院长段京肃教授:

作者以中国大陆对台湾广播史为研究对象,对中国大陆对台湾广播进行了全景式、立体化的梳理与分析,填补了中国广播史关于对台湾广播问题的空白,选题有史学价值和现实意义。

在研究过程中,作者注意结构上的纵向与横向结合,视角的宏观与微观结合,手法上的描述与解释结合,点线结合、点面结合,体现了作者宏观把握研究选题的能力。在文章的主体研究层面,作者从中国大陆对台湾广播的背景分析入手,梳理对台湾广播的机构、手段及效果等内容,史论结合,体现了作者较好的史学研究能力。全文结构比较合理,对史料的掌握充分详实,观点的提炼准确,全文文字比较流畅,表述清晰,体现了作者较好的文字驾驭能力。

南京师范大学新闻传播学院院长、博士生导师顾理平教授:

该书的选题来自我党重要的一个新闻宣传领域,具有重要的理论意义和现实意义,表现了作者较强的学术敏感和学术研究的社会责任感。在该领域中,本书是第一次全景式地对大陆对台湾广播进行系统研究的成果,具有填补空白和开拓新的研究领域的重要学术意义。

作者广泛地收集了相关的研究资料和许多的第一手材料,使研究工作建立在扎实的材料基础上,避免了空洞的理论研究和不切实际的空泛描述,有许多材料是第一次进入该领域的研究视野,表明作者较好地掌握了本学科的研究方法和科学的学术规范,也体现了良好的学术作风。

作者将问题的研究纳入了国家和社会发展的大背景之下,阐明了社会发展与媒介发展、与新闻宣传内容与方式变化之间的关系,并力图寻找其中的规律性,具有积极的借鉴意义和现实指导意义。

原《解放军报》社长、高级编辑、博士生导师孙晓青:

作为填补中国大陆对台广播史研究空白之作,本书将新中国对台广播的历史放在两岸关系曲折发展的大背景下加以考察,在大量阅读文献,详尽占有资料的基础上,比较完整地勾勒出一部鲜为人知的特殊领域的新闻传播史。该研究定位准确,框架合理,脉络清晰,史料丰富,具有较强的现实性、系统性和可读性。

对台广播是新中国广播事业的一个分支,诞生于特定的历史条件下,有着特定的对象和特定的内容,其政治属性不容置疑。然而,由"瓦解敌军"任务演进而来的对台广播,又有着远比"战场喊话"更为丰富的内涵和功效。作者总结梳理大陆新闻工作者以广播为武器维护国家统一、争取台湾人民的历史,不仅丰富了当代新闻传播的理念和实践,而且从一个侧面为广义舆论战提供了可资借鉴的经验和范本。

历史是故事的集成,故事是历史的血肉。在讲述历史的过程中,作者善于运用人物和事件说明问题,即便是对传播效果的反馈评估,也多拿经典故事说事儿。例如,通过对炮击金门的细节描述,以及对徐廷泽、黄植诚、李大维等驾机起义的因果解析,既揭示了对台广播的历史贡献,又增强了这段历史的可读性与可信度。

更可贵的是,作者在分析"统独结构异化消解统一基础"一节中,透过一组令人忧虑的数据告诫国人:"两岸关系的和平发展并不意味着对台传播重要性的下降,反而使对台广播的传播任务更加艰巨"。这无疑是作者对忧患意识甚强的广播人的思想传承。

对台广播从业者只是广大新闻工作者中为数很小的一部分,他们多数人默默无闻,业绩亦无人知晓,而这个领域又有许多需要总结的经验和值得讴歌的故事。作者通过讲述历史而为一个富于新闻理想和勇于牺牲精神的群体立传,故此书又可视为向 60 多年来几代对台广播从业者致敬的作品。

后 记

本书是在我的博士学位论文的基础上修改而成的,当初读博的初衷就是为了完成此课题的研究。对于对台广播史研究这样一个庞大的课题,我希望通过读博,不仅可以为自己加压和加油,提供研究的足够动力和知识储备,也可以为研究工作提供更专业的指导和把关,保证研究的质量。所以,我从一开始就没有把博士学位论文仅仅作为换取一纸文凭的"兑换币",而是致力于完成对台广播"通史"的研究,为对台广播的过去留下记录,也为我和我的同仁们更深刻、全面地认识历史,从而以史为鉴,校正前进的方向、推动当下的实践提供帮助。正因为如此,本书倾注了我大量的精力和心血。

在本书的研究写作过程中,要兼顾日常工作,还要承担家庭的责任,有不少不被理解的痛苦和人为的困难,当然,有更多被理解和帮助的温暖以及被支持的感动。单位领导鼎力支持,给我最大的自由度;学校专业系领导多次相帮,使我越过了一个个额外的障碍,在此表达深深的谢意。

在艰辛的研究写作中,女儿从两岁半到五岁半,几乎跨越了她的整个幼儿时期,因为压力巨大,我没能给她完整的父爱,但女儿却给了我最大的精神支撑。无论是她"我不想说了,因为听到你的声音就忍不住想你"的伤心,还是"你还有几篇文章? 快点回来"的催促,抑或是"爸爸很棒,我知道你不会放弃,抓紧时间"的鼓励,都是我莫大的动力,激励着我以最少的睡眠、最高的效率、最严的要求完成了这厚厚的一本专著。在此,谢谢我的女儿,也谢谢我的爱人为我和家庭的所有辛苦付出,谢谢她对我的期许、要求和开导教育。谢谢我的父母对我的鼓励,也谢谢我的岳父岳母替我承担了大量照顾孩子的责任。

为了完成本书,我走访了多家对台传播机构,中央人民广播电台的梁继红、毕福臣、乐艳艳、刘明亮、郭林雄,金陵之声广播电台的谷立兆、李绪元、黄旭曦、陆平,浦江之声广播电台的潘守鉴、陈唯、刘莉以及上海台办的葛凤章等都非常热心地为我提供资料,接受我的访谈,给予我很多启发,收获了不少灵感。这些前辈对对台广播事业相同的热爱,也给我很深的触动:年近八旬的谷立兆老前辈听说我要研究对台广播史,迈着蹒跚的步子亲自到上海的地铁站接我并与我长谈;毕福臣前辈因住所离市区较远,为了节省我的时间,自己赶到北京市区与我见面;梁继红老师为我提供了她自己的所有研究成果,还从同事处为我搜集资料,对我给予鼓励和期许……四处奔波的调研,不仅收集了大量珍贵的资料,深化了对对台广播史的感性和理性认识,也增加了我高质量完成研究工作的使命感。没有他们的帮助,也就没有本书的问世。

在本书的框架搭建和写作、修改中,许多专家学者不吝赐教,为研究的质量提供了基本的保证。南京师范大学新闻传播学院的方晓红院长,母校的恩师蔡惠福教授、王林教授、刘亚教授、吴兵教授、余琦教授、熊忠辉副教授以及历史系的宗成康教授,都给予了我重要的点化和帮助,提供了非常专业的指导。南京大学新闻传播学院的段京肃副院长、丁铂铨教授,南京师范大学新闻与传播学院的顾理平书记,解放军报社的孙晓青社长在论文盲评与答辩中的意见和建议也为我的修改工作提供了诸多有价值的参考。多少次"柳暗"与"花明"的交替,是他们的指引给了我前行的方向,在此,也对他们由衷地说声:谢谢!

在这里,要特别感谢我的导师赵志刚教授。都说一日为师,终身为父,我与导师有幸结下了 6 年的师生情谊,他真如我的慈父,在我困惑时给予谆谆的教诲,在我进步时给予由衷的赞美,在我迷茫时给予热情的鼓励,在我入世时给予细微的叮嘱,在我低头前行时给予方向的提醒……对导师的感谢不仅在于他对我学术研究的指引,更在于他对我为人处事的示范和人生方向的引领。

我的领导、同事和朋友卢文兴、柳林岚、杨胜云等也对研究工作提供了诸多宝贵的建议,并给予我不少精神支持,在此一并深深致谢。我还要向华艺出版社的领导、编辑表示诚挚的谢意,由于他们的鼎力支持,这本书才得以如此顺利地问世。

历史研究结果的高度依赖研究者的能力、素质、判断和分析,由于本人能力与学识有限,史料搜集可能仍有盲点,甚至还可能存在一些自己都未曾意识到的刻板偏见或成见,对历史的分析和总结难免有偏颇之处,请各位专家学者和同仁批评指正。

个人的力量毕竟是微弱的,面对如此浩大的一项工程,的确会令人望而生畏,因此,"预备运动"花了不少时间。如今,虽已完成研究工作,但"整理运动"依然在持续,希望专家学者和对台广播从业者多提建设性意见,历史亲历者多提供建议和资料,以使我可以继续修正和完善它。

也许,我的思考还是肤浅的、有限的,但不论上帝是否会发笑,这种思考着的状态和追求都是可贵的。思考只有起点,没有终点,我希望把思考进行下去,更希望把这些思考播撒开来,以起抛砖引玉之效。

刘洪涛

2015 年 2 月于白马河畔